Craig / George
Zwischen Krieg und Frieden

GORDON A. CRAIG

ALEXANDER L. GEORGE

Zwischen Krieg und Frieden

Konfliktlösung in Geschichte und Gegenwart

Aus dem Englischen übersetzt
von Karl Heinz Siber

VERLAG C.H.BECK MÜNCHEN

Der Übersetzung liegt folgende Ausgabe zugrunde:
Gordon A. Craig and Alexander L. George, Force and Statecraft.
Diplomatic Problems of our Time.
© Oxford University Press, Inc. 1983, New York und Oxford
Lizenzausgabe mit freundlicher Genehmigung der
Oxford University Press, Oxford.

CIP-Kurztitelaufnahme der Deutschen Bibliothek

Craig, Gordon A.:
Zwischen Krieg und Frieden: Konfliktlösung in
Geschichte u. Gegenwart / Gordon A. Craig; Alexander
L. George. Aus d. Engl. übers. von Karl Heinz Siber.
– München: Beck, 1984.
  Einheitssacht.: Force and statecraft ‹dt.›
  ISBN 3 406 09858 4
NE: George, Alexander L.:

ISBN 3 406 09858 4

Für die deutsche Ausgabe:
© C. H. Beck'sche Verlagsbuchhandlung (Oscar Beck) München 1984
Satz: C. H. Beck'sche Buchdruckerei, Nördlingen
Druck und Bindung: May & Co., Darmstadt
Printed in Germany

Inhalt

Dritter Teil

Ethische Imperative und Außenpolitik

Einführung

Seitdem es den Krieg als Mittel zur Regelung der Beziehungen der Völker untereinander gibt, sind nachdenkliche und besorgte Menschen von apokalyptischen Visionen über die ihm innewohnenden zerstörerischen Kräfte heimgesucht worden und haben nach Mitteln und Wegen gesucht, bewaffnete Konflikte rechtzeitig zu verhindern. Die Mittel, in die sie ihre Hoffnungen setzten, lassen sich im großen und ganzen den folgenden fünf Ansätzen zuordnen: Ächtung des Krieges durch religiöse und moralische Gebote; Vereinbarungen, die den Gebrauch bestimmter Waffen einschränken oder ganz unterbinden sollten; Übereinkommen zur Begrenzung militärischer Operationen und zur Reglementierung der Kriegführung; Grundsätze und Anweisungen für eine „ökonomischere" Kriegführung, bei der der Umfang der Gewaltanwendung den politischen Zielvorgaben angemessen sein und unnötige Grausamkeiten und Zerstörungen vermieden werden sollten; schließlich die Entwicklung politischer Systeme, die geeignet wären, die Spannungen zwischen Gruppen oder Nationen so weit abzubauen, daß dem potentiellen Aggressor das Anzetteln eines Krieges als zu riskant und als nicht lohnend genug erschiene.

Die ersten vier Ansätze wurden durchweg nur mit bescheidenem Erfolg erprobt: Die Religion hat es nicht nur nicht vermocht, Kriege zu verhindern, vielmehr wurden in ihrem Namen oft Kriege provoziert; Anläufe zur Rüstungskontrolle und Abrüstung wurden zwar hin und wieder unternommen, der Erfolg war jedoch mäßig, und nur allzuoft betrachteten die Beteiligten die getroffenen Vereinbarungen lediglich als Hindernisse, die es zu umgehen galt; die Konventionen zur relativen Entbrutalisierung des Krieges waren auf die Kriegführung des 18. Jahrhunderts zugeschnitten und haben im Zeitalter der Atomwaffentechnik offenkundig jede Wirksamkeit verloren; und daran, daß die Regierungen der heutigen Welt imstande sind, den Krieg einzig und allein als zweckgebundenes Instrument der Politik einzusetzen und die ihm innewohnende Tendenz zur Eskalation zu unterdrücken, wagt man nach den Erfahrungen aus jüngerer Zeit nicht zu glauben. Das wirksamste Mittel zur Dämpfung kriegerischer Neigungen des einzelnen, gesellschaftlicher Gruppen oder des Staates ist, wenn wir die Geschichte der westlichen Welt vom Mittelalter bis zur Gegenwart betrachten, stets der von außen ausgeübte Druck oder Zwang gewesen. Die Epochen, die am wenigsten von gewaltsamen Auseinandersetzungen zwischen Staaten erschüttert wurden, waren denn auch die, in denen es eine funktionsfähige Staatengemeinschaft und einen allseits akzeptierten Kodex geschriebener und unge-

schriebener Gesetze gab, von denen diese Gemeinschaft sich leiten ließ und
denen sie gehorchte. Gewiß, Perioden solcher Art gab es, zumindest bis zum
19. Jahrhundert, nur selten, und wenn, dann dauerten sie nicht lange an; die
Blütezeit der italienischen Stadtrepubliken bis zum Pontifikat Alexanders VI. und die manchmal als Walpole-Ära bezeichnete Periode in der ersten Hälfte des 18. Jahrhunderts bilden einsame Inseln inmitten einer langen
Geschichte der Unruhen und bewaffneten Konflikte. Dann jedoch, nach
jenem kriegerischen Vierteljahrhundert, das seinen Ursprung in der Französischen Revolution und in den ehrgeizigen Zielen Napoleon Bonapartes
hatte, wurde 1814/15 auf dem Wiener Kongreß ein internationales System
geschaffen, das für die Dauer zweier Generationen und, nachdem Bismarck
es reformiert hatte, praktisch für den Rest des Jahrhunderts den Frieden
sicherte. Dieses Beispiel hat späteren Staatsmännern wenn nicht als Vorbild,
so doch mindestens als Mahnung gedient. Woodrow Wilson versuchte nach
dem Ersten Weltkrieg ein neues kollektives Sicherheitssystem an die Stelle
des alten zu setzen, das 1914 mit so katastrophalen Folgen zusammengebrochen war, und Franklin D. Roosevelt traf während des Zweiten Weltkriegs
Vorbereitungen für die Errichtung eines Nachkriegs-Sicherheitssystems, das
die enge Zusammenarbeit zwischen den Vereinigten Staaten, der Sowjetunion und Großbritannien, wie sie sich im Rahmen der militärischen Allianz
entwickelt hatte, in die Friedenszeit hinein verlängern sollte. In neuerer Zeit
waren es Richard Nixon und Henry Kissinger, die den Versuch unternahmen, die Beziehungen zur Sowjetunion so zu gestalten, daß sie als Fundament für den Aufbau einer internationalen Ordnung dienen konnten, die in
der Lage sein würde, die Spannungen des Kalten Krieges zu überwinden.

Sowohl die Tatsache, daß es bis zum 19. Jahrhundert dauerte, ehe die
europäischen Staaten zu einem funktionierenden Zusammenwirken fanden,
als auch die Tatsache, daß neuere Versuche, den relativen Erfolg jenes frühen
Experiments zu wiederholen, gescheitert sind, lassen sich mittels einer Auf-
zählung der Voraussetzungen erklären, auf denen ein lebensfähiges internationales System beruht. Es müssen drei Bedingungen erfüllt sein: 1. Zwischen den wichtigsten Staaten muß eine Übereinkunft im Hinblick auf Ziele
und Perspektiven bestehen, in der die vorherrschenden Werthaltungen zum
Ausdruck kommen, die durch die Schaffung des Systems und durch die
Mitarbeit in ihm bewahrt und gefördert werden sollen; 2. es muß eine Sy-
stemstruktur geschaffen werden, die der Zahl der miteinander interagieren-
den Staaten, den geographischen Grenzen bzw. der Reichweite des Systems,
dem Kräfteverhältnis der Mitgliedsstaaten untereinander und den zwischen
ihnen bestehenden hierarchischen Status-Abstufungen angemessen ist; und
es muß 3. allseitig akzeptierte Verfahrensregeln geben – Normen, Usancen,
Institutionen, die praktische Wege zur Erreichung der Ziele des Systems
eröffnen. Im Verlauf jener langen Zeitspanne, die zwischen dem Verfall der
Autorität des Heiligen Römischen Reiches und den auf die Reformation

folgenden Religionskriegen lag – Jahrhunderte, in denen Europa ein Sammelsurium politischer Einheiten war, deren Souveränität ebenso unbestimmt war wie ihre Grenzen –, hätten wohl selbst begnadete politische Führerpersönlichkeiten etwas so systematisch Durchgestaltetes nicht entwerfen, geschweige denn entwickeln können. Wie wir sehen werden, wurden Fortschritte in Richtung auf eine wirksame internationale Zusammenarbeit erst möglich, als sich im 17. Jahrhundert Staaten im modernen Sinne dieses Begriffes bildeten, Staaten mit funktionsfähigem Verwaltungsapparat, schlagkräftigen Armeen und einer rationalen politischen Philosophie; und selbst danach bedurfte es noch eines Jahrhunderts immer wieder aufflammender Konflikte und der Gefahr der Vorherrschaft einer einzelnen Macht, ehe die maßgeblichen europäischen Mächte sich zu einer grundsätzlichen Übereinkunft hinsichtlich der wesentlichen Ziele sowie der strukturellen und methodischen Voraussetzungen eines lebensfähigen Staatensystems durchringen konnten.

Daß das im 19. Jahrhundert unternommene Experiment einer internationalen Ordnung letztlich fehlschlug und der im 20. Jahrhundert unternommene Versuch, etwas an ihre Stelle zu setzen, scheiterte, läßt sich mit dem Verweis auf ein weiteres Grundmerkmal eines funktionierenden internationalen Sicherheitssystems erklären: daß es nämlich in der Lage sein muß, sich an äußerliche Entwicklungen und innere Veränderungen in der Binnenstruktur seiner Mitgliedsstaaten anzupassen, die seine Leistungskraft und Selbsterhaltungsfähigkeit beeinflussen. Die jüngste Periode unserer Geschichte ist charakterisiert durch beständige grundlegende Veränderungen der gesellschaftlichen und wirtschaftlichen Strukturen, der Rüstungs- und Kriegstechnik, des Verkehrs- und Nachrichtenwesens, ganz zu schweigen von jenen Wandlungen in der politischen Binnenstruktur der Staaten, die sich als Folge einer zunehmend an Gewicht gewinnenden öffentlichen Meinung, des In-Erscheinung-Tretens einer Vielzahl organisierter Interessengruppen und der zunehmenden Bandbreite und Komplexität staatlicher Zuständigkeiten und Verwaltungsapparate ergeben haben. Es war eine Epoche des intensiven Nationalismus, was sich unter anderem im Auseinanderbrechen der alten Kolonialreiche und in der Entstehung einer Vielzahl neuer unabhängiger Staaten widerspiegelt, und sie war weltweit voller ideologischer Konflikte. Alle diese Faktoren und Tendenzen haben sich, einzeln und in Kombination miteinander, auf die internationale Politik in einer Art und Weise ausgewirkt, die einer diplomatischen Revolution gleichkommt; angesichts dessen ist es zunehmend schwieriger geworden, alte Strukturen zu bewahren oder neue zu kreieren. Die Anpassung an eine sich mit beschleunigtem Tempo verändernde Welt ist zur Hauptaufgabe heutiger Staatskunst geworden, zu einer Aufgabe, die den Einfallsreichtum und das Stehvermögen derjenigen auf die Probe stellt, denen die Verantwortung sowohl für die Suche nach Mitteln und Wegen zur Eindämmung zwischenstaatlicher Konflikte als auch für die Wahrung der Sicherheitsinteressen ihres eigenen Landes zufällt.

Der erste Teil dieses Buches handelt von der Heraufkunft der modernen Staaten, von dem im 18. Jahrhundert angesiedelten Konflikt zwischen ihrem Wunsch nach Ordnung und ihren anarchischen Tendenzen, von der schweren und schmerzensreichen Geburt der Staatenordnung des 19. Jahrhunderts, von den Methoden zu ihrer Erhaltung und den verschiedenen strukturellen Wandlungen, die sie bis zu ihrem Zusammenbruch im Jahr 1914 durchmachte. Aber das eigentliche Thema ist eben jene gerade angesprochene diplomatische Revolution, und die Art und Weise, wie sie die Versuche Woodrow Wilsons, Franklin D. Roosevelts und Richard Nixons, eine neue Ordnung zu errichten, erschwerte und behinderte.

Da den Staatsmännern die Schaffung einer perfekten internationalen Ordnung nicht geglückt ist, bleibt der bewaffnete Konflikt zwischen Staaten weiterhin ein bedeutsamer Faktor der Weltpolitik – in der Zeit seit 1945 haben wir fünf größere Kriege im Fernen Osten erlebt, drei kurze, aber verlustreiche Kriege im Nahen Osten zwischen Israel und den arabischen Staaten sowie einen zwischen dem Iran und dem Irak, ferner zahlreiche Kriege und Bürgerkriege in Afrika und Lateinamerika – unter anderen den Krieg im Südatlantik zwischen Großbritannien und Argentinien. In diesem Buch soll nicht der Versuch gemacht werden, den Ursachen oder den operativen und strategischen Aspekten dieser Auseinandersetzungen bzw. militärischer Konflikte im allgemeinen auf den Grund zu gehen. Dennoch ist die Gewalt zwischen Staaten ein Thema, das zum zentralen Anliegen dieses Buches gehört, und im zweiten Teil liegt der Hauptakzent auf der Rolle der Gewalt als Mittel der Außenpolitik. Eines der hervorstechenden Merkmale unseres Zeitalters ist die Häufigkeit, mit der Staaten zum Mittel der Gewaltandrohung greifen, um damit einer Verletzung ihrer Interessen vorzubeugen oder Einhalt zu gebieten, ein Usus, der einige analytische Bemerkungen über die Techniken der Abschreckung und der Diplomatie der Gewalt auf den nachfolgenden Seiten nötig macht.

Andererseits treiben Konkurrenz und Rivalität zwischen Staaten, manchmal durch Mißverständnisse und Fehlkalkulationen provoziert oder verschärft, die Kontrahenten oft in eine erbitterte diplomatische Konfrontation und führen sie an den Rand des Krieges; die Aufgabe, in solchen Situationen die vitalen Interessen ihres Landes zu wahren, ohne zu den Waffen zu greifen oder ohne einen begrenzten militärischen Konflikt ausufern zu lassen, stellt die politisch Verantwortlichen vor schwierige Probleme. Im Zeitalter der thermonuklearen Waffen kommt es mehr denn je auf ein mit besonderer Sorgfalt betriebenes und erfolgreiches Krisenmanagement an, um so mehr, als Krisen nicht nur Gefahren heraufbeschwören, sondern oft auch die Chance für konstruktive Veränderungen in den internationalen Beziehungen eröffnen. In der Tat hat die potentiell konstruktive Funktion von Krisensituationen im Rahmen der internationalen Beziehungen einige Beobachter zu der These verleitet, daß die Krise in der heutigen Zeit zu einem Ersatz für den Krieg geworden ist. Wenn das der Fall ist, dann wird es kaum nötig sein, die Politiker zu ernsthafter Beschäftigung mit den Anforderungen und Modalitäten des Krisenmanagements zu ermahnen; erlaubt ist in einem Buch wie diesem aber sicherlich der Versuch, die Dinge so zu analysieren, daß es möglich wird, zwischen zweckmäßigem und zweckwidrigem praktischen Vorgehen zu unterscheiden.

Schließlich und endlich ist es, nachdem Staaten, wie wir zu unserem Bedauern feststellen müssen, nun einmal in kriegerische Auseinandersetzungen miteinander geraten, erforderlich, sich auch mit der Frage zu beschäftigen, wie man aus einem Krieg am besten herauskommt. Die Beendigung eines Krieges, und zwar rechtzeitig, bevor eine Seite kapituliert, ist oft viel schwieriger, als einen anzuzetteln. Da der Vorgang der Kriegsbeendigung bis dato wenig analytische Beachtung erfahren hat, schien es uns ratsam, bei dieser Gelegenheit zu untersuchen, welche Faktoren Kriege verlängern bzw. welche Voraussetzungen und Prozesse den vorliegenden Erfahrungen nach am besten geeignet sind, zu Feuereinstellungen und Friedensverhandlungen zu führen.

Spannungen, die zwischen Staaten entstehen, führen glücklicherweise nicht immer zu Kriegen. Eine gefährliche Krise kann durchaus eine ernüchternde Wirkung auf beide Seiten ausüben und bei beiden den Wunsch nach einem Abbau der Spannungen wachrufen, und dies führt dann vielleicht dazu, daß auf diplomatischer Ebene der Versuch gemacht wird, eine für beide Seiten akzeptable Regelung oder eine Beilegung der Interessenkonflikte zu erreichen, sei es, daß die eine Seite die Berechtigung einiger der von der Gegenseite vorgebrachten Forderungen anerkennt und sie mit Zugeständnissen zu beschwichtigen versucht, sei es, daß die beiden Kontrahenten im Zuge des Ausräumens ihrer schärfsten Gegensätze auch gemeinsame Interessen in bestimmten Bereichen entdecken und die Grundlagen für eine künftige Zusammenarbeit schaffen. Wenn aus einer ursprünglich vorhandenen Gegnerschaft heraus eine kooperative Beziehung entwickelt wird, so nennt man das heutzutage gewöhnlich Entspannung, wenngleich dies, wie wir noch sehen werden, ein ungenauer und zweideutiger Begriff ist. Gerade aus diesem Grund jedoch und weil um den Entspannungsprozeß ein Definitionsstreit zwischen den Vereinigten Staaten und ihren europäischen Verbündeten entbrannt ist, tut eine Analyse dieses Punktes not.

Ein grundlegendes Element aller dieser diplomatischen Vorgehensweisen – der Abschreckungspolitik ebenso wie der Diplomatie der Gewalt, des Krisenmanagements ebenso wie der Kriegsbeendigung und der Entspannung – sind Verhandlungen. Verhandlungen sind für die Beziehungen zwischen den Großmächten unserer Zeit ebenso wichtig und als Gegenstand der Untersuchung und des Nachdenkens ebenso interessant, wie sie es in den

Tagen eines Machiavelli, eines Wicquefort und eines Callières gewesen sind. Wegen seiner zentralen Bedeutung wird der Gegenstand „Verhandlungen" gleich zu Anfang des zweiten Buchteils behandelt.

Schließlich schien es uns, daß wir in einer Zeit, in der eine zunehmende Zahl von Bürgern religiöse oder moralische Bedenken gegen die Tendenzen, Methoden und Gefahren des internationalen politischen Geschäfts anmeldet, gut daran täten, in einem dritten Teil zwei eingestandenermaßen tentative Kapitel über das schwierige Problem der Rolle von Ethik und Moral in der Weltpolitik hinzuzufügen.

Dieses Buch ist entstanden aus der langjährigen Beschäftigung der Autoren mit den Aufgaben und Herausforderungen, vor die die amerikanische Außenpolitik gestellt ist, und aus der Überzeugung heraus, daß es der Mühe wert ist, jene Probleme der Machtpolitik und Diplomatie, mit denen es die Staatsmänner zu tun haben, einmal aus der Doppelperspektive des in der Geschichte der Diplomatie bewanderten Historikers und des Fachmanns in Sachen Strategie zu betrachten. In diesem Sinne und mit dieser Zielsetzung im Hinterkopf haben wir ein Kursprogramm entwickelt und es mehrmals zusammen an der Stanford-Universität angeboten. In diesem Kurs wie auch im vorliegenden Buch haben wir zum Zweck kontrollierter Vergleiche eine breite Palette von Fallbeispielen aus der diplomatischen Geschichte des 19. und 20. Jahrhunderts herangezogen, mit deren Hilfe wir Licht auf die Probleme heutiger Außenpolitik werfen zu können hoffen. Unsere Absicht dabei – und der Grund für die Anwendung der vergleichenden Methode – war es, einige tentative generalisierende Aussagen über Verfahrensweisen und Techniken der Diplomatie zu formulieren, um sie mit unseren Studenten zu erörtern. Im folgenden Text, insbesondere in den Teilen II und III, haben wir unsere Seminar-Überlegungen ein Stück weitergetrieben und uns die Kühnheit erlaubt, Theorien über die Vorbedingungen für eine erfolgreiche Anwendung der zur Debatte stehenden Instrumente und Verfahrensweisen sowie über ihren zweckmäßigen Gebrauch und ihre Grenzen zu formulieren.

Wir brauchen wohl kaum hinzuzufügen, daß diese Formulierungen nicht mehr sind als Arbeitshypothesen, die der Modifizierung und Ausarbeitung zugänglich sind. Dies soll allerdings keine Entschuldigung dafür sein, daß wir sie unseren Lesern vorlegen. Es ist an der Zeit, daß ernsthaft über grundsätzliche Fragen der Außenpolitik nachgedacht wird, und wenn die nachfolgenden Seiten mithelfen, ein solches Nachdenken in Gang zu bringen, werden wir damit zufrieden sein, selbst wenn sich unsere Auffassungen als stark korrekturbedürftig erweisen sollten.

DISCIPULIS NOSTRIS
QUORUM INDULGENTIA ET SEDULITAS
AUCTORIBUS EXEMPLO
FUERUNT

Erster Teil

Die internationale Ordnung vom 17. Jahrhundert bis zur Gegenwart

1. Der Aufstieg der Großmächte

I

Der Ausdruck *Großmacht* wurde zwar erst 1815 zum ersten Mal in einem Vertragsdokument gebraucht, doch hatte er bereits seit Mitte des 18. Jahrhunderts zum allgemeinen politischen Vokabular gehört; üblicherweise waren, wenn von den Großmächten die Rede war, Großbritannien, Frankreich, Österreich, Preußen und Rußland gemeint. Im Jahre 1600 jedoch wäre das nicht zutreffend gewesen, als der Begriff *Großmacht* noch nichts bedeutete und in einer Rangliste der politisch gewichtigsten und einflußreichsten europäischen Staaten drei der eben genannten Länder noch gar nicht auftauchten. Rußland zum Beispiel war im Jahre 1600 für die Europäer ein fernes, belangloses, von Europa durch das Territorium des großen polnisch-litauischen Reiches getrenntes Land, von dem man wußte, daß es mit diesem seinem westlichen Nachbarn, ebenso wie mit dem osmanisch-türkischen Reich im Süden, regelmäßig Gebietskonflikte austrug; Preußen in seiner späteren Form bestand noch nicht, und sein Vorläufer, das Kurfürstentum Brandenburg, war, wie etwa Bayern oder Württemberg, eine rein deutsche Größe ohne europäische Bedeutung; und was Großbritannien betraf, so war es zwar eine wichtige Handelsnation, wurde aber nicht als politisch erstrangige Macht betrachtet, obgleich es 1588 mit der Vernichtung der spanischen *Armada* gezeigt hatte, daß es willens und fähig war, sich zu verteidigen. Man kann wohl ohne Bedenken sagen, daß das bedeutendste politische Machtzentrum im Europa des Jahres 1600 das alte Heilige Römische Reich mit seiner Hauptstadt Wien und seinen Bündnispartnern war – Spanien (eine der gefürchtetsten Militärmächte Europas) und die katholischen Staaten Süddeutschlands; die Herrscher dieses von einem militanten Katholizismus inspirierten Reiches träumten davon, den Anspruch ihres Vorfahren, Karls V., auf weltweite Herrschaft erneuern zu können. Für Frankreich schien, verglichen mit Österreich und Spanien, nur eine zweitrangige Rolle in der europäischen Politik in Frage zu kommen, vor allem angesichts der Anarchie und der religiösen Kämpfe, in die das Land nach der Ermordung Heinrichs IV. im Jahr 1610 versank.

Warum blieb diese Konstellation nicht bestehen? Oder, um andersherum zu fragen, weshalb machte die europäische Ordnung eine so radikale Wandlung durch, daß das Kaiserreich zu einer politisch bedeutungslosen Kraft herabsank und der Kontinent schließlich im 18. Jahrhundert von den fünf Großmächten Großbritannien, Frankreich, Österreich, Preußen und Rußland beherrscht wurde? Die Antwort lautet natürlich: Krieg, oder genauer gesagt: Kriege – eine lange Reihe religiöser und dynastischer Konflikte, die zwischen 1618 und 1721 in Abständen wüteten und die Rangfolge der europäischen Staaten veränderten. Als hätten sie es darauf abgesehen, den Sozialdarwinisten des 19. Jahrhunderts Munition zu liefern, erwiesen sich die oben genannten Staaten in den aufzehrenden Kämpfen des 17. Jahrhunderts als die stärksten, als die, die den Anforderungen einer unablässigen internationalen Machtkonkurrenz am besten gewachsen waren.

Der Transformationsprozeß begann mit dem Dreißigjährigen Krieg, der sich von 1618 bis 1648 hinzog. Er wird manchmal als der letzte Religionskrieg bezeichnet, ein Attribut, das seine Rechtfertigung aus der Tatsache bezieht, daß am Beginn dieses Krieges der Wunsch des Hauses Habsburg und seiner jesuitischen Berater stand, die dem protestantischen Glauben anheimgefallenen Teile des Reiches wieder in den Schoß des Katholizismus zurückzuholen; allerdings wich das religiöse Motiv im Verlauf der 30 Kriegsjahre politischen Erwägungen, und in dem Maße, wie der Konflikt sich von Deutschland aus – das sein Zentrum blieb – über ganz Europa ausbreitete, gingen manche Regierungen, vor allem die französische, dazu über, aus materiellen Gründen auch gegen ihre eigenen Glaubensbrüder zu kämpfen. Für die Staaten, die diesen mörderischen Krieg angezettelt hatten, der die Bevölkerung Mitteleuropas am Ende um mindestens ein Drittel dezimiert hatte, erwies er sich als durch und durch verhängnisvoll. Das Haus Habsburg wurde durch ihn so geschwächt, daß es die Kontrolle über die deutschen Staaten, soweit es sie noch besessen hatte, verlor, was bedeutete, daß sie zu souveränen Fürstentümern wurden und das Heilige Römische Reich nun lediglich noch ein Anhängsel der österreichischen Kronländer war. Für Österreich hatte die Schwächung durch die Anstrengungen und Verluste des Krieges darüber hinaus zur Folge, daß es in der Periode nach 1648 größte Schwierigkeiten hatte, seine Besitzungen im Osten vor den Raubzügen der Türken zu schützen – 1683 drohte sogar die Eroberung Wiens durch ein türkisches Heer. Solange Österreich diese Bedrohung nicht abzuwenden vermochte, war es ihm nicht möglich, eine maßgebliche Rolle in der europäischen Politik zu spielen. Zugleich hatte Spanien, Österreichs mächtigster Verbündeter, auf den Schlachtfeldern des Dreißigjährigen Krieges eine Infanterie geopfert, die als eine der besten in Europa gegolten hatte. So etwa 1634 in der Schlacht bei Nördlingen, wo die Spanier einen jener Siege errungen hatten, an denen eine Nation mitunter verblutet. Der Niedergang Spaniens begann nicht mit der Versenkung seiner *Armada*, sondern mit den furchtbaren Verlusten, die es im Dreißigjährigen Krieg auf den deutschen und niederländischen Schlachtfeldern erlitt.

Die Staaten, die aus dem Krieg gestärkt hervorgingen, waren die Niederlande, die im Verlauf des Krieges endgültig ihre Unabhängigkeit von Spanien erkämpften und zu einem bedeutenden Handels- und Finanzzentrum avancierten; das schwedische Königreich, das sich unter Führung Gustav Adolfs, des nordischen Löwen, 1630 in den Kampf stürzte und aus ihm als stärkste Macht im Ostseeraum hervorging; und Frankreich, das formell erst 1635 in den Krieg eintrat und an seinem Ende als mächtigster Staat des westlichen Europa dastand.

Es ist vielleicht kein Zufall, daß gerade diese Staaten sich so erfolgreich behaupteten, denn sie waren Paradebeispiele für jenen Vorgang, den die Historiker als die Herausbildung des modernen Staatswesens bezeichnen, wobei als die drei Hauptkennzeichen des modernen Staates eine schlagkräftige Streitmacht, eine funktionierende Verwaltung und eine Staatstheorie galten, die die dynastische Übermacht einengte und eine pragmatische Definition der politischen Interessen des Staates lieferte. Das 17. Jahrhundert erlebte den Siegeszug der Idee der *Staatsräson* – der Idee, daß der Staat mehr war als die Person seines Herrschers, mehr als die Verkörperung von dessen Wünschen; daß der Staat sich nicht in Krone und Land, Fürst und Volk erschöpfte, sondern als Idee alle diese seine Inkarnationen transzendierte; daß er seine eigenen besonderen Interessen und ebenso, auf diesen beruhend, seine eigenen besonderen Erfordernisse aufwies; und daß die Kunst des Regierens darin lag, daß man diese Interessen und Erfordernisse erkannte und in Übereinstimmung mit ihnen handelte, selbst wenn dieses Handeln unter Umständen gegen gewohnte religiöse oder ethische Normen verstieß. Wenn ein Staat es zu etwas bringen wollte, so mußte er über Diener verfügen, die die Staatsräson weise zu deuten vermochten, und über entsprechende materielle und menschliche Ressourcen, um die gewonnenen Einsichten in praktische Politik umzusetzen. In der ersten Hälfte des 17. Jahrhunderts entwickelten die Niederländer unter der Führung von Männern wie Moritz von Nassau und Jan de Witt, die Schweden unter Gustav Adolf und Oxenstierna und die Franzosen unter der klugen Führung des Ministers Richelieu die für dieses moderne Staatsideal charakteristischen Verwaltungsapparate, Streitkräfte und theoretischen Kenntnisse. Daß sie die Erschütterungen des Dreißigjährigen Kriegs am besten überstanden, war kein Zufall, sondern eine Folge der Tatsache, daß sie ihre Ziele nie aus dem Blick verloren und niemals Ziele anstrebten, die jenseits ihrer Möglichkeiten und Fähigkeiten gelegen hätten. Gustav Adolf griff in den Dreißigjährigen Krieg zweifellos in der Absicht ein, der Sache des Protestantismus in einem Augenblick zu Hilfe zu kommen, da es schlecht um sie bestellt war, aber er verlor keinen Augenblick die Gebote des nationalen Staatsinteresses aus den Augen, die ihm keine andere Wahl ließen, als den Krieg *auch* als ein Mittel zur Erringung einer schwedischen Vorherrschaft an den Gestaden der Ostsee zu betrachten. Von Kardinal Richelieu ist gesagt worden, er sei der größte Staatsdiener gewesen, den Frankreich je gehabt habe; freilich war, wie Sir George Clark trocken bemerkt hat, dieser Ehrentitel „nicht ohne viele kleine Handlungen zu erringen, die schlecht zum Bilde eines Kirchenmannes passen". Seine Fähigkeit, klar zu erkennen, was Frankreich not tat, und die absolute Bedingungslosigkeit, mit der er seine Erkenntnisse umsetzte, machten ihn zum geachtetsten Staatsmann seiner Zeit.

Der Dreißigjährige Krieg führte also zu einer spürbaren Veränderung des Kräftegleichgewichts in Europa, indem er Österreich empfindlich schwächte, den unaufhaltsamen Niedergang Spaniens einleitete und auf der anderen Seite die modernsten, am besten organisierten und, wenn man so will, von den rationalsten Motiven geleiteten Staaten auf den Schild hob: die Niederlande, Schweden und Frankreich. Dies war jedoch ein instabiler Zustand: Nicht lange, und die Holländer verloren ihre handelspolitische und seefahrerische Vorherrschaft an Großbritannien (das in der Zeit des Dreißigjährigen Krieges durch einen Bürgerkrieg gelähmt war); und Schweden, unter einem weniger rational handelnden Herrscher, verschleuderte bald seine großen Gewinne.

Die Gewinne, die Frankreich eingeheimst hatte, waren solider, so solide, daß seine Macht in der zweiten Hälfte des Jahrhunderts, auf dem Höhepunkt der Regierungszeit Ludwigs XIV., erdrückend wurde. Dieser Herrscher berauschte sich an der Macht, die Richelieu und dessen Nachfolger Mazarin für Frankreich erobert hatten, und wollte sie noch vergrößern. Wie er in seinen Memoiren schrieb:

> Die Liebe zum Ruhm behauptet sicherlich den Vorrang vor allen anderen Leidenschaften meiner Seele ... Die Hitze meines jugendlichen Blutes und das Verlangen nach Mehrung meines Ansehens, das mich beseelte, pflanzten mir einen heftigen Tatendrang ein. ... *La Gloire* ist schließlich und endlich nicht eine Mätresse, die man jemals ungestraft vernachlässigen darf; noch kann man jemals einer ihrer geringsten Gunsten würdig sein, wenn man nicht beständig nach neuen verlangt.

Niemand kann behaupten, Ludwig XIV. sei ein Mann von geringem Ehrgeiz gewesen. Er träumte in globalen Dimensionen und suchte seine Träume mit Hilfe einer Kombination aus diplomatischen und militärischen Mitteln zu verwirklichen. Er schloß Bündnisse mit den Schweden im Norden und den Türken im Süden und schob so russischen Einmischungen einen Riegel vor, während er einem Kandidaten seiner Wahl, Jan Sobieski, auf den polnischen Thron verhalf. Seinen guten Draht zu den Türken benutzte er unter anderem dazu, Österreich an seinen östlichen Grenzen in Bedrängnis zu bringen, und wenn er Kara Mustafas Feldzug gegen Wien im Jahr 1683 nicht angezettelt hat, so wußte er doch im voraus davon. Daß die Österreicher im Osten alle Hände voll zu tun hatten, erlaubte es Ludwig, sich nach Belieben in die deutsche Politik einzumischen. Bayern und die Pfalz banden sich durch Heirat an den französischen Hof, und nahezu alle anderen deutschen Fürsten nahmen einmal oder mehrmals französische Hilfe in Anspruch. Für kurze Zeit schien es sogar nicht ausgeschlossen, als werde Ludwig sich selbst oder seinen Sohn als Kandidaten für den deutschen Kaiserthron ins Spiel bringen. Die gleichen Methoden, Einfluß zu gewinnen, praktizierten die

Franzosen in Italien, Portugal und Spanien; der junge spanische König heiratete eine französische Prinzessin, und die Botschafter Frankreichs übten in Madrid so großen Einfluß aus, daß es ihnen schließlich sogar gelang, die Stellung des Mannes zu untergraben, der den stärksten Gegenpol gegen den französischen Einfluß darstellte: Erzherzog Karl von Österreich. Darüber hinaus versuchte Ludwig auch noch, die Unabhängigkeit der Niederlande zu hintertreiben, und damit die Briten ihm dabei nicht allzusehr in die Quere kamen, gewährte er dem englischen König Karl II. eine Pension.

In der zweiten Hälfte des 17. Jahrhunderts war der französische Einfluß in Europa so stark geworden, daß er eine Bedrohung für die selbständige Entwicklung anderer Nationen darstellte. Dies galt, wie der deutsche Historiker Leopold von Ranke im 19. Jahrhundert schreiben sollte, insbesondere auch deshalb, weil dieser Einfluß

durch das Übergewicht der Literatur unterstützt wurde. Die italienische Literatur hatte den Kreis ihrer originalen Laufbahn bereits vollendet; die englische hatte sich noch nicht zu allgemeiner Bedeutung erhoben; eine deutsche gab es damals nicht. Die französische Literatur, leicht, glänzend und lebendig, in streng geregelter und doch anmutender Form, faßlich für alle Welt und doch von nationaler Eigentümlichkeit, fing an, Europa zu beherrschen. ... Es läßt sich nicht leugnen, daß diese Literatur dem Staate völlig entsprach und ein jedes das andere in der Erwerbung seines Supremats unterstützte. Paris ward die Kapitale Europas. Es übte eine Herrschaft wie nie eine andere Stadt, der Sprache, der Sitte, gerade über die vornehme Welt und die wirksamen Klassen; die Gemeinschaftlichkeit von Europa fand hier ihren Mittelpunkt.

Die Auswirkungen auf die kulturelle Entwicklung anderer Länder Europas – und kulturelle Selbständigkeit läßt sich nun einmal nicht von politischer Selbstbestimmung trennen – waren verheerend. In Deutschland nahm die Abhängigkeit vom französischen Vorbild schon beinahe widerwärtige Formen an, und der Schriftsteller Moscherosch beklagte sich bitter über „unsere kleinen Deutschen, die den Franzosen nachtrotten und kein eigenes Herz, keine eigene Sprache haben; ... die französische Meinung ist ihre Meinung, die französischen Ausdrücke, Speisen, Getränke, Sitten und Manieren sind, ob gut oder schlecht, ihre Ausdrücke, Speisen, Getränke, Sitten und Manieren."

Eine solche Übermacht jedoch mußte früher oder später den Widerstand der anderen herausfordern, und aus diesem Widerstand mußten Kombinationen und Bündnisse erwachsen. Und so geschah es auch tatsächlich. Um nochmals Ranke zu zitieren: „Dahin bildete sich der Begriff des europäischen Gleichgewichtes aus, daß die Vereinigung vieler anderen dienen müsse, die Anmaßungen des exorbitanten Hofes, wie man sich ausdrückte, zurückzudrängen." Dies ist eine bemerkenswerte Feststellung. Der Grundsatz des Kräftegleichgewichts war zu Machiavellis Zeiten während der immer wieder aufflackernden Kriege zwischen den Stadtrepubliken der italienischen Halbinsel praktiziert worden. Nunmehr wurde er bewußt zu einer Maxime europäischer Staatskunst, zu einer Vorkehrung gegen die einseitige Vorherrschaft einer Macht erkoren. Wir werden Gelegenheit haben, zu verfolgen, wie sich dieses politische Konzept im Verlauf des 18. und 19. Jahrhunderts weiterentwickelte und verfeinerte und schließlich zu einem der wesentlichen Grundsätze der europäischen Staatenordnung wurde.

Das Zentrum des Widerstands gegen die grenzüberschreitenden Machtansprüche Frankreichs waren zunächst die Niederlande mit ihrem begabten Herrscher Wilhelm III., die sich von den Franzosen in einem ganz unmittelbaren Sinn territorial bedroht fühlten. Wenn ihre Gegenwehr von Erfolg gekrönt sein sollte, so brauchten die Holländer freilich starke Bündnispartner, und die wurden erst verfügbar, nachdem die Engländer die engen Bindungen gekappt hatten, die unter den letzten Stuart-Königen zwischen Großbritannien und Frankreich bestanden, und nachdem ferner Österreich seine Verwaltung und seine Streitkräfte modernisiert, die Bedrohung aus dem Osten abgewehrt hatte und wieder in der Lage war, auf der mittel- und westeuropäischen politischen Bühne eine Rolle zu spielen. Nach der Glorreichen Revolution von 1688 und der Übernahme des englischen Throns durch den holländischen König wurde England zu einem soliden Partner im antifranzösischen Lager. 1683 gelang es den Österreichern, den Angriff der Türken auf Wien abzuschlagen; dies Ereignis wendete die Geschicke des Habsburgerreichs, und dank der glänzenden Feldzüge Prinz Eugens von Savoyen in den darauffolgenden Jahren, die ihre Krönung in dem vernichtenden Sieg über die Türken bei Zenta und in der Niederschlagung der Rákóczi-Verschwörung in Ungarn fanden, vermochte Österreich seine Kräfte wieder in die Waagschale der Gegner Frankreichs zu werfen. So kam es, daß Ludwig XIV. sich in seinem letzten Regierungsjahrzehnt jenem glänzenden Gespann aus Henry Churchill, Herzog von Marlborough, und Eugen, Prinz von Savoyen, gegenübersah, das dem vermeintlich unbesiegbaren Franzosen die Niederlagen von Blenheim 1704, Ramillies 1706, Oudenarde 1708 und – in der blutigsten aller dieser Schlachten – von Malplaquet 1709 zufügte.

Diese Schlachten schufen die Voraussetzungen für eine Reihe von Verträgen (1713 in Utrecht, 1714 in Rastatt), durch die Frankreich gezwungen wurde, die durch die Revolution in England geschaffene Lage anzuerkennen, auf den Plan einer Verbindung der Throne Frankreichs und Spaniens zu verzichten, die Spanischen Niederlande an Österreich abzutreten, seine Festungsanlagen in Dünkirchen zu schleifen und bedeutende Teile seiner amerikanischen Territorien an England zu überschreiben. Die weiterreichende Bedeutung der Friedensregelungen von Utrecht und Rastatt lag darin, daß sie im westlichen Europa wieder ein Gleichgewicht der Kräfte herstellten, dessen Stützen das wiedererstandene Österreich und das erstarkte Großbritannien waren. In der Tat war der in Utrecht ausgehandelte Friedensvertrag der erste, in dem ausdrücklich von einem Gleichgewicht der Kräfte in Europa die Rede war. In den Begleiturkunden zum Artikel VI des Vertrages zwischen Königin Anne von England und König Ludwig XIV. stellte der französische Monarch fest, der Verzicht Spaniens auf alle Rechte am französischen Thron sei in der Hoffnung erfolgt, daß damit „ein allgemeiner Friede erlangt und die ungestörte Ruhe Europas durch ein Gleichgewicht der Macht gewährleistet" werden könne; und der König von Spanien bestätigte die Wichtigkeit der Maxime, „das allgemeine Wohl und die Ruhe Europas für immer sicherzustellen durch ein Gleichgewicht der Kräfte, so daß, wenn Viele in Einem vereint sind, der gewünschte Ausgleich der Gleichgewichte nicht zum Vorteil des Einen und zum Schaden und zur Gefahr der Übrigen ausschlagen möge".

Im Norden Europas sah sich unterdessen Frankreichs Verbündeter Schweden gezwungen, seine Vorherrschaft an die aufstrebenden Mächte Rußland und Preußen abzutreten. Einer der Gründe dafür war die Überbeanspruchung der Schweden durch ihre Teilnahme an den Kriegen, die Ludwig XIV. gegen die Holländer führte; die eigentlichen Ursachen für den Niedergang Schwedens lagen jedoch tiefer: da war zunächst einmal die Tatsache, daß Schweden es einfach mit zu vielen Rivalen zu tun hatte, die ihm seine Vormachtstellung im Ostseeraum streitig machten; dazu kam als weiterer Faktor ein Mangel an Weitblick, Konzeption und Besonnenheit in der Politik Karls XII., des bemerkenswertesten in der Reihe der Nachfolger Gustav Adolfs. Die ernstesten Rivalen der Schweden waren Dänemark, Polen – auf dessen Thron 1699 in Gestalt Augusts des Starken von Sachsen ein ehrgeiziger und skrupelloser neuer König Platz nahm – und das Russische Reich, das seit 1683 von einem jungen, energischen Zaren geführt wurde, der als Peter der Große in die Geschichte eingehen sollte. Im Jahr 1700 verabredeten Peter und August, gemeinsam Schweden anzugreifen und auszuplündern, und überredeten Friedrich von Dänemark, sich diesem ihrem Unternehmen anzuschließen. Dänen und Sachsen drangen denn auch unverzüglich nach Schweden ein, wurden jedoch zu ihrer nicht geringen Bestürzung von einem schwedischen Heer in die Flucht geschlagen, an dessen Spitze der achtzehnjährige König Karl XII. stand. Die Dänen kapitulierten sofort, und Karl setzte, ohne innezuhalten, mit seiner Streitmacht über die Ostsee und stellte sich bei Narwa einem vorrückenden russischen Heer entgegen; obwohl seine Armee den Russen kräftemäßig im Verhältnis eins zu fünf unterlegen war, brachte sie es fertig, die 40000 Mann zählende Streitmacht des Zaren auseinanderzujagen, zu dezimieren und teilweise gefangenzunehmen. Aber eine glänzend gewonnene Schlacht ist oft der Auftakt zu einem verlorenen Krieg. Karl beschloß nun, August zu bestrafen, und stürzte sich in den Sumpf der polnischen Politik. Es war sein Verhängnis. Während er sich abmühte, um eine vertrackte Situation in den Griff zu bekommen – ein Unterfangen, das ihn sieben Jahre lang in Atem hielt –, führte Peter jene

Reformen durch, die Rußland aus seiner orientalischen Vergangenheit heraus auf die Höhe der Zeit katapultieren sollten. Nachdem er seine Streitkräfte reorganisiert hatte, begann er, systematisch die schwedischen Besitzungen längs der östlichen Ostsee zu erobern. Karl reagierte darauf nicht etwa mit dem Versuch, diese Gebiete wieder zurückzugewinnen, sondern mit einem Eroberungszug nach Rußland – und dieser, wie alle späteren Rußland-Invasionen, scheiterte am russischen Winter und am Hunger; die Niederlage in der Schlacht von Poltawa im Jahr 1709 schließlich bedeutete das Ende der Machtstellung Schwedens und den Aufstieg Rußlands zum Erben dieser Macht.

Noch ein weiterer Rivale Schwedens sammelte um diese Zeit seine Kräfte – Preußen. Noch zu Beginn des 17. Jahrhunderts war dieses Land, damals noch das Kurfürstentum Brandenburg, eine bloße Ansammlung dynastisch verbundener Territorien gewesen, von denen sich die meisten um die Hauptstadt Berlin gruppierten, die aber auch versprengte Gebietsteile am Rhein und in Ostpreußen umfaßten; weder der Bevölkerung noch den Ressourcen nach war es ein reiches Land, und seine Fürsten, die Hohenzollern, taten sich mit der Verwaltung bzw. in Kriegszeiten mit der Verteidigung ihrer Territorien schwer. Im Verlauf des Dreißigjährigen Krieges wurde Brandenburg immer wieder von fremden Heeren durchquert und heimgesucht, und Hunger und Pest taten ein übriges, seine Bevölkerung und seine Lebenskraft auszuzehren. Die Dinge wandten sich erst zum Besseren, als im Jahr 1640 Friedrich Wilhelm, der sogenannte Große Kurfürst, an die Macht kam. Als unbestechlicher Realist erkannte er, daß er, um in einer Welt voller Gefahren bestehen zu können, jene Voraussetzungen schaffen mußte, in denen er die Grundpfeiler staatlicher Unabhängigkeit sah: ein zentralisiertes Staatswesen mit einer funktionierenden Verwaltungsbürokratie und ein schlagkräftiges Heer. Dies letztere war der Schlüssel zu allem. Wie Friedrich Wilhelm in seinem politischen Testament schrieb: „... und ist ein Herr in keiner *consideration,* wann er selber nicht Mittel und Volk hat; denn das hat mich, von der Zeit, da ich's also gehalten, Gott sei gedankt, *considerabel* gemacht." In diesem Sinn baute er im Verlauf seiner Regierungszeit – nachdem er zunächst einmal sein Heer von aufsässigen und unfähigen Elementen gesäubert hatte – in kurzer Zeit eine schlagkräftige Streitmacht von 30 000 Mann auf, die 1675 im Krieg der Franzosen und Schweden gegen die Holländer letzteren tatkräftige Hilfe zu leisten vermochte, bei Fehrbellin die Schweden besiegte und sie anschließend aus Pommern vertrieb. Um dieses Heer effizient zu verwalten, legte der Große Kurfürst das Fundament für das später so berühmt gewordene preußische Beamtentum; und um die Versorgung seines Heers sicherzustellen, förderte er die Entwicklung einer einheimischen Textilindustrie; mit Hilfe des neugeschaffenen Heers machte er sich ferner die widerspenstigen Landstände gefügig und zentralisierte den Staat. Und schließlich war es dieses Heer, das durch seine Teilnahme an den Kriegen

gegen Ludwig XIV. (lange nach dem Tod des Großen Kurfürsten) und seine
in den Schlachten von Ramillies und Malplaquet bewiesene Standhaftigkeit
im Gefecht die europäischen Mächte mit dazu bewog, die Erhebung Friedrichs von Brandenburg zum ersten König in Preußen anzuerkennen.

Unter Friedrich I., einem prunksüchtigen und gedankenlosen Mann,
drohte das neue Königreich über seine Verhältnisse zu leben. Doch der
Herrscher, der 1715 den Thron bestieg, Friedrich Wilhelm I., setzte das vom
Großen Kurfürsten begonnene Werk fort, indem er wieder für finanzielle
Stabilität in der preußischen Staatskasse sorgte und durch die Ausarbeitung
einer Reihe von Gesetzen und Statuten, die die Rechte und Pflichten aller
seiner Untertanen festlegten, die Zentralisierung und Modernisierung des
Staatswesens vervollständigte. Er zog sich für sein Heer ein neues, nur noch
aus einheimischen Adligen bestehendes Offizierskorps heran, verbesserte
die Uniformen und Waffen der Truppen, verfaßte für sie das erste Militär-
Handbuch, das Anweisungen für Exerzierübungen und taktische Erläute-
rungen enthielt, und vergrößerte das stehende Heer rasch und systematisch.
Als Friedrich Wilhelm nach der laxen Herrschaft seines Vaters den Thron
übernahm, liefen Gerüchte um über angebliche Pläne benachbarter Staaten,
gegen Preußen loszuschlagen, ähnlich wie die russisch-polnisch-dänische
Allianz es 1700 gegen Schweden versucht hatte. Diese Gerüchte verstummten rasch, als sich die ersten Ergebnisse der Tätigkeit des neuen Königs
zeigten; die Erklärung dafür ist einfach: Friedrich Wilhelm vergrößerte die
Stärke seines stehenden Heers im Verlauf seiner Regierungszeit auf 38 000
Mann, eine Zahl, die die preußische Armee zur viertgrößten in Europa
machte, obgleich das Land unter allen europäischen Staaten gebietsmäßig
nur den zehnten und bevölkerungsmäßig nur den dreizehnten Rang einnahm.

So war also schon bald nach Anbruch des 18. Jahrhunderts die Gefahr
einer globalen Vorherrschaft Frankreichs gebannt; in Europa hatte sich ein
Gleichgewicht der Kräfte eingestellt, und zwei neue Partner hatten sich in
den Kreis der erstrangigen europäischen Mächte hineingedrängt. Es bestand
allgemein Einigkeit darüber, daß die in bezug auf Macht und Einfluß führenden Staaten in Europa Großbritannien, Frankreich, Österreich, Rußland
und vielleicht noch Preußen waren. Was die Zweifel am Großmachtstatus
Preußens betraf, so sollten sie bald weichen. Es waren diese fünf Mächte, die
bis 1914 die Politik auf der europäischen und auf der Weltbühne be-
herrschten.

II

An dieser Stelle sollten wir etwas über Diplomatie sagen, denn im Laufe des
17. und 18. Jahrhunderts nahm sie ihre heutige Gestalt an. Daß sich Herrscher und Regierende eines Sendboten oder Botschafters bedienten, um an-

deren Herrschern eine Botschaft zu übermitteln, ist eine Praxis, die vermutlich bis an die Anfänge unserer Geschichte zurückreicht; in Homers *Ilias* treten Herolde auf, und der Apostel Paulus bezeichnet sich in seinem zweiten Korintherbrief als Botschafter. Doch die moderne Diplomatie, wie wir sie kennen, hatte ihre Ursprünge in den italienischen Stadtstaaten der Renaissance, insbesondere in der Stadtrepublik Venedig und in den Fürstentümern Mailand und Toskana. Venedig war im 14. und 15. Jahrhundert eine bedeutende Handelsmacht, deren fortdauernder wirtschaftlicher Erfolg von einer möglichst zutreffenden Abschätzung der Risiken, von möglichst genauen Berichten über die auswärtigen Marktverhältnisse und von geschickten Verhandlungen und vorteilhaften Vereinbarungen abhing. Da die Venezianer gute Geschäftsleute waren, entwickelten sie den ersten systematisch aufgebauten diplomatischen Dienst, den wir in der Geschichte kennen, ein Netz von Agenten, die die Interessen der Republik mit Loyalität, mit einem realistischen Blick für Chancen und Gefahren und frei von Sentimentalität und Illusionen vertraten.

Von Venedig aus wurde die neuentwickelte Kunst der systematischen Diplomatie an die Staaten Mittelitaliens weitervermittelt, die, weil sie sich in einem von unablässigen Rivalitäten und von Kriegen zwischen wechselnden Koalitionen geprägten politischen Kraftfeld befanden, stets sensibel auf von außen einwirkende Kräfte reagierten und für die demgemäß präzise Informationen und ein entwickeltes Verhandlungsgeschick noch wertvoller waren als für die Venezianer. Bald lernten die großen italienischen Städte die Nützlichkeit der Diplomatie so sehr schätzen, daß sie in ihren Nachbarstaaten permanente Botschaften zu unterhalten begannen; Mailand und Mantua waren im 15. Jahrhundert die Vorreiter dieser Entwicklung, deren theoretische Grundlagen von politischen Denkern wie dem Florentiner Machiavelli geliefert wurden, der sich mit der Frage auseinandersetzte, nach welchen Grundsätzen Diplomatie betrieben werden müsse, um möglichst erfolgreich zu sein, und der diplomatische Verfahrensweisen und die Regeln der diplomatischen Immunität zu kodifizieren versuchte. Diese letztere Entwicklung erleichterte die Übertragung des gemeinsamen Erfahrungsschatzes der italienischen Stadtstaaten auf die aufstrebenden Nationalstaaten des Westens, die bald Florenz und Venedig an Größe und Wirtschaftskraft in den Schatten stellten. So kam es, daß die europäischen Großmächte, als sie im 17. Jahrhundert in ihre Rolle hineinwuchsen, bereits über einen hochentwickelten, auf eine lange Erfahrungstradition gegründeten diplomatischen Apparat verfügten. An die Stelle des gelegentlichen Austausches von Gesandtschaften zwischen den Hauptstädten war die Praxis getreten, permanent besetzte Botschaften zu unterhalten. Die dort tätigen Botschafter repräsentierten ihren Fürsten dem Gastland gegenüber und standen in direkter Nachrichtenverbindung mit ihm; die Berichte, die sie nach Hause schickten, wurden dort in einem ebenfalls ständig unterhaltenen Büro ausgewertet, von dem aus die

Botschafter auch ihre Instruktionen erhielten; diese Büros waren die Vorläufer der Außenministerien. Frankreich leistete in diesem Bereich Pionierdienste, und die meisten anderen Staaten folgten seinem Beispiel; die Einrichtung eines Außenministeriums nach dem französischen Vorbild war eine der bedeutsamen Reformen Peters des Großen. Daß eine einzelne Person mit der Koordinierung der gesamten Außenpolitik eines Landes betraut wurde und seinen Fürsten in der Führung der außenpolitischen Geschäfte vertrat, war eine Entwicklung, die sich erst ein wenig später durchsetzte; zu Beginn des 18. Jahrhunderts besaßen jedoch alle bedeutenderen Mächte solche verantwortlichen Beamten, für die sich die Bezeichnung Außenminister oder Staatssekretär für Auswärtige Angelegenheiten einbürgerte.

Von frühester Zeit an umgab die Person des Diplomaten eine Aura des Intrigantentums, der Verschwörung und des Anrüchigen, und jedermann kennt das berühmte Bonmot Sir Henry Wottons, des Botschafters König James' I. am venezianischen Hof, demzufolge ein Botschafter war „an honest man sent to lie abroad for the good of his country". Moralisten war dieser odiöse Ruf des Diplomaten – der ihm, wie sie fürchteten, nicht zu Unrecht anhaftete – immer ein Ärgernis, und sie haben immer wieder versucht, durch Ermahnungen eine Besserung zu bewirken. Im 15. Jahrhundert verfaßte Bernard du Rosier, seines Zeichens Domherr und später Erzbischof von Toulouse, eine Abhandlung, in der er erklärte, die Tätigkeit des Botschafters gelte dem Frieden, seine Aufgabe sei es, für das Allgemeinwohl zu arbeiten, und er dürfe niemals ausgesandt werden, um Kriege oder innere Unruhen anzuzetteln; und im 19. Jahrhundert definierte Sir Robert Peel der Jüngere die Diplomatie als „die große Maschine, welche die zivilisierte Gesellschaft zu dem Zwecke einsetzt, den Frieden zu erhalten".

Die Realisten waren mit dieser ethischen Sichtweise niemals einverstanden. Schon im 15. Jahrhundert, in einer der ersten Abhandlungen über die Aufgaben des Botschafters, schrieb Ermalao Barbaro: „Die erste Pflicht eines Botschafters ist genau die nämliche wie die eines jeden anderen Staatsdieners: zu tun, zu sagen, zu raten und zu denken, was immer nach seinem Dafürhalten dem Bestand und der Vergrößerung seines eigenen Staates am besten dient."

Die Staatstheoretiker des 17. Jahrhunderts neigten der Auffassung Barbaros zu. Ganz gewiß gilt dies für Abram de Wicquefort, von dem die Definition stammt, der Diplomat sei „ein ehrenwerter Spion", und der in seiner eigenen Laufbahn demonstrierte, daß er das beschönigende Attribut nicht allzu ernst nahm. Von Geburt aus Holländer, stand Wicquefort im Lauf seiner schillernden Karriere zeitweise im diplomatischen Dienst der Fürsten von Brandenburg, Lüneburg und Frankreich sowie der Regierung seines eigenen Landes, und es bereitete ihm keinerlei Skrupel, sich als Doppelagent zu betätigen, eine Übung, die ihn schließlich in einem holländischen Gefängnis landen ließ. Dort verfaßte er seine Abhandlung *L'Ambassa-*

deur et ses Fonctions, ein Werk, das sich sowohl als amüsanter Kommentar zur politischen Moral des Barockzeitalters lesen läßt als auch als scharfsinnige Analyse der Kunst und Praxis der Diplomatie.

Wicquefort beschrieb mit Gleichmut die Schwächen und Verfehlungen seiner Berufskollegen, die von Veruntreuungen und fleischlichen Sünden bis zu Gewaltverbrechen alles umfaßten. Er stellte sich auf den Standpunkt, daß man in einem korrupten Zeitalter nicht erwarten dürfe, daß Botschafter einsame Inseln der Tugend seien. Moral sei in der Diplomatie ohnehin eine irrelevante Kategorie; ein Land könne es sich eher leisten, in seinem diplomatischen Dienst Schurken zu beschäftigen als unfähige Männer. Die erste Voraussetzung zur Eignung für den Beruf des Diplomaten sei, so meinte Wicquefort, ein klares Verständnis für das Wesen dieser Tätigkeit und die Bereitschaft, einzusehen, daß sie nichts mit persönlicher Erfüllung oder Selbsterhöhung zu tun habe. Die Hauptaufgabe des Botschafters, so schrieb er, bestehe darin, ,,eine funktionierende Nachrichtenverbindung zwischen den beiden Fürsten aufrechtzuerhalten, die Briefe zuzustellen, die sein Herrscher an den Fürsten richtet, an dessen Hof er tätig ist, Antworten darauf zu erbitten, ... die Untertanen seines Herrschers zu beschützen und dessen Interessen zu wahren". Er müsse charmant und kultiviert genug sein, um den Hof, an dem er akkreditiert sei, für sich einnehmen zu können, und müsse über die nötige Gewandtheit verfügen, um rechtzeitig an Informationen heranzukommen, die Gefahren für die Interessen seines Landes oder Chancen für deren Beförderung signalisierten. Er müsse die Fähigkeit besitzen, das Temperament und die Intelligenz derjenigen richtig einzuschätzen, mit denen er verkehrte, und auch dazu, seine Kenntnisse in Verhandlungen gewinnbringend einzusetzen. ,,Auch Minister sind nur Menschen und haben als solche ihre Schwächen, will sagen, ihre Leidenschaften und Interessen, die der Botschafter kennen sollte, wenn er für sich selbst und seinen Herrscher Ehre einlegen möchte."

Die Fähigkeiten oder Eigenschaften, die der Diplomat für die Ausübung seiner spezifischen Tätigkeit am sorgfältigsten kultivieren müsse, seien, so Wicquefort, ,,la prudence" und ,,la modération". Das erstere setzte er gleich mit der Fähigkeit zu besonnenem und durchdachtem Handeln, ergänzt durch die Gaben der Diskretion, des Schweigenkönnens und der ,,Indirektheit", der Kunst, ,,gegenüber den Dingen, die einen am brennendsten interessieren, den Eindruck der Gleichgültigkeit zu erwecken". Der Diplomat, der ,,prudence" besaß, hatte es nicht nötig, auf Täuschung oder Lügen, auf ,,tromperies" oder ,,artifices" zurückzugreifen, Mittel, die ohnehin gewöhnlich ihren Zweck verfehlten. ,,Modération" war die Fähigkeit, seine Gefühle im Zaum zu halten und auch in Augenblicken der Erregung und Anspannung äußerlich kühl und phlegmatisch zu bleiben. ,,Jene Geister, die aus Schwefel und Salpeter zusammengesetzt sind und die der winzigste Funke in Brand zu setzen vermag, sind leicht imstande, die Dinge durch ihre Erregbarkeit zu verderben, weil es so leicht ist, sie in Rage zu versetzen oder sie zur Weißglut zu treiben, so daß sie nicht mehr wissen, was sie tun." Die Diplomatie sei, kurz gesagt, ein kaltes und rationales Geschäft, das man tunlichst nicht dem Moralisten oder dem Enthusiasten oder dem leicht aus der Fassung zu Bringenden überlassen sollte.

Denselben Standpunkt vertrat François de Callières, der Autor des berühmtesten Aufsatzes zum Thema Diplomatie aus dem 18. Jahrhundert,* (1716); der Verfasser erteilte in dieser Schrift allen denjenigen, die sich für die diplomatische Laufbahn interessierten, den Rat, zu prüfen, ob ihnen „auch diejenigen Eigenschaften angeboren sind, die da notwendig erfordert werden, in dergleichen Dingen wohl fortzukommen". Dazu gehörten nach Meinung des Autors

ein aufmercksames und emsiges Gemüth, welches sich durch die Wollüste und nichtswürdigen Zeit-Vertreib nicht lässet irre machen; hiernechst ein richtiger Verstand, der die Sachen nicht anders begreifft, als wie sie an sich selber sind, und der die kürzesten und natürlichsten Wege zu dem Zweck nimmt, ohne sich davon durch allzu vieles Künsteln und eitele Subtilitäten groß zu verirren, die insgeheim diejenigen, mit denen man tractirt, verdrießlich machen.

Für wichtig erachtete Callières auch die Fähigkeit, einen Gesprächspartner zu „durchbohren", d. h. ihm seine geheimsten Gedanken zu entlocken, ferner die Gabe, nicht um Auswege und Vorschläge verlegen zu sein, wenn Schwierigkeiten auftauchen, eine gewisse Abgeklärtheit und Geduld sowie ein ungezwungenes und angenehmes Auftreten. Vor allem jedoch, so stellte Callières in einem wahrscheinlich nicht unbeabsichtigten Echo auf Wicquefort und dessen nachdrücklichen Hinweis auf die Tugend der „modération" fest, müsse der Diplomat

seiner so mächtig seyn, daß er der unmäßigen Begierde zu reden, ehe man nemlich demjenigen, was man zu sagen hat, zuvor nachgedacht, gebührenden Einhalt thun kann; und dahero lasse er sich ja nicht einkommen gleich auf der Stelle und ohne gebührendes Nachsinnen auf die ihm geschehene Vorschläge zu antworten, vielmehr nehme er sich wohl in acht, daß er nicht eben den Fehler begehe, in welchen ein berühmter fremder Abgesandter zu fallen pflegte: massen derselbige so hitzig im disputiren war, daß wenn man ihm durch Widersprechen aufbrachte, so offenbahrte er zum öffteren gar wichtige Geheimnisse, nur bloß seine Meynung zu behaupten.

Callières konnte für seine Abhandlung über die Kunst des diplomatischen Verhandelns aus einem Erfahrungsschatz schöpfen, dessen Wicquefort sich nicht hätte rühmen können, denn er war einer der fähigsten Diplomaten Ludwigs XIV. und beschloß seine Laufbahn als Leiter der französischen Abordnung bei den Friedensverhandlungen von Rijswijk im Jahr 1697. Es

---

* Der Staatserfahrene Abgesandte. Oder Unterricht, wie man mit hohen Potentaten in Staats-Sachen klug tractiren soll.

ist angesichts der Tatsache, daß heutzutage im diplomatischen Dienst der Vereinigten Staaten und wohl auch anderer Länder Juristen eine dominierende Rolle spielen (man denke an Präsident Eisenhowers Außenminister oder an Präsident Reagans Sicherheitsberater), sowie angesichts der heute üblichen Praxis, zu Verhandlungskonferenzen mit großen Delegationen anzureisen, interessant, daß Callières von beidem nicht sehr viel hielt. Die juristische Denkweise war seiner Ansicht nach sowohl zu engstirnig als auch zu sehr von einer Neigung zu Haarspalterei und kleinlicher Prinzipienreiterei geprägt, als daß sie sich in einem Bereich bewähren konnte, in dem ein erfolgreiches Wirken letzten Endes nur darin bestehen konnte, daß man Lösungen fand, die für alle Beteiligten vorteilhaft waren. Was die großen diplomatischen Konferenzen anbelangte – ,,Massenaufmärsche von Botschaftern und Gesandten" –, so waren sie seiner Auffassung nach im allgemeinen zu schwerfällige Veranstaltungen, als daß dabei etwas wirklich Gutes herauskommen konnte. Erfolgreich zu Ende geführte Konferenzen seien, so meinte er, zumeist das Ergebnis einer sorgfältigen Vorbereitungsarbeit, geleistet von kleinen Verhandlungsdelegationen, die die Grundlinien der angestrebten Vereinbarung festlegten und sich der Zustimmung ihrer Regierungen dazu versicherten, ehe sie die Bühne für die aus formalen Gründen wohl unverzichtbaren, später in den Geschichtsbüchern gewürdigten Mammutkonferenzen räumten. Die vielleicht interessanteste, weil eigentümlichste Passage in der Abhandlung von Callières ist die, in der er begründet, weshalb die Leitung der auswärtigen Beziehungen einer Nation nur Personen anvertraut werden sollte, die für diese Aufgabe geschult sind.

> Die Diplomatie ist eine eigenständige Profession, welche das gleiche Maß an Ausbildung und konzentrierter Hingabe verdient, wie man es anderen anerkannten Professionen angedeihen läßt . . . Das diplomatische Genie wird geboren, nicht gemacht. Aber es gibt viele Eigenschaften, die durch praktische Übung ausgebildet werden können, und der größte Teil der erforderlichen Kenntnisse läßt sich nur durch beständiges Umgehen mit den Gegenständen erwerben. In diesem Sinne ist die Diplomatie gewiß eine Profession, die für sich allein die gesamte Laufbahn eines Mannes auszufüllen vermag, und diejenigen, die in der Wahrnehmung einer diplomatischen Mission bloß eine angenehme Abwechslung von ihren gewöhnlichen Pflichten sehen, beschwören damit für sich Enttäuschung und für die Sache, der sie dienen, Unheil herauf.

Diese Worte stellen nicht nur eine persönliche Stellungnahme dar, sondern sind zugleich ein Zeugnis für das Bewußtsein um die Erfordernisse des Zeitalters. Die Staaten, die sich im Verlauf des 17. und 18. Jahrhunderts zu anerkannten Großmächten entwickelten, waren eben identisch mit denen, die ihre Verwaltungsstruktur modernisiert, ihre wirtschaftlichen und anderen Ressourcen nach rationalen Maßstäben verfügbar gemacht, ein effektives und straff organisiertes Heereswesen aufgebaut und sich einen Kader von Berufsbeamten herangezogen hatten, der die öffentlichen Angelegenheiten nach den Grundsätzen der Staatsräson führte. Ein unerläßlicher Teil dieses Beamtenapparats war das Auswärtige Amt und das ihm angeschlossene diplomatische Korps, dem die wichtige Aufgabe oblag, eine die vitalen Interessen des Staates wahrende und fördernde Außenpolitik zu formulieren und dafür zu sorgen, daß sie in die Praxis umgesetzt wurde.

2. Diplomatie des 18. Jahrhunderts

Während der ersten Hälfte des 19. Jahrhunderts – einer Zeit, da der Nationalismus als politische Kraft noch verhältnismäßig unentwickelt war – erfreute sich ein Buch unter den beruflich oder akademisch mit internationaler Politik Befaßten eines beträchtlichen Interesses: das *Handbuch der Geschichte des Europäischen Staatensystems* des Göttinger Historikers Arnold H. L. Heeren. Der Autor vertrat darin die Auffassung, die Staaten des europäischen Kontinents bewegten sich seit mehr als einem Jahrhundert unmerklich, aber unausweichlich auf den Status einer Staatengemeinschaft hin; diese Entwicklung werde, so Heeren, gefördert sowohl durch die zwischen ihnen bestehenden Gemeinsamkeiten – daß sie einander in Kultur, Religion und Lebensformen ähnelten und durch beiderseitige Interessen miteinander verbunden waren – als auch durch das, was sie voneinander unterschied, ihre „Mannichfaltigkeit", die, wie er schrieb, „einen größeren Kreis politischer Ideen praktisch im Umlaufe erhielt und, was noch wichtiger war, eine allgemeine Abneigung gegen den Gedanken aufkommen ließ, daß in Europa eine einzelne Macht eine Vorherrschaft erlangen könnte".

Heeren machte keinen Hehl aus seiner Überzeugung, daß bereits das 17. Jahrhundert eine weitgehende Konsolidierung des europäischen Staatensystems gebracht habe. Zwar, so räumte er ein, fehle noch „sehr viel daran, daß unter den verschiedenen Staaten dieses Systems ein rechtlicher Zustand, wie er sich in der Theorie entwerfen läßt, ... förmlich gegründet wäre", doch, so fuhr er fort,

> erzeugte sich allmählig, als Frucht der fortschreitenden Cultur, ein *Völkerrecht*, das, nicht bloß auf ausdrücklichen Verträgen, sondern auch auf stillschweigenden Conventionen beruhend, die Beobachtung gewisser Maximen, sowohl im Frieden als auch besonders im Kriege, zur Pflicht machte und, wenn auch oft verletzt, doch höchst wohlthätig wurde. Selbst das strenge, zuweilen übertriebene Ceremoniel, das die Staaten wechselseitig gegen einander beobachteten, war nichts weniger als gleichgültig, wollte man es auch nur als wechselseitige Anerkennung der Unabhängigkeit, oft bey den durch Macht und Verfassung ungleichartigsten, Staaten betrachten.

Die wichtigsten Früchte dieser Entwicklung waren, so Heeren, zum einen die Anerkennung der „Heiligkeit des anerkannt rechtmäßigen Besitzstandes", die er als die „Hauptstütze des ganzen Systems" bezeichnete, und zum zweiten die Anerkennung des Grundsatzes des politischen Gleichgewichts, „d. i. der wechselseitigen Erhaltung der Freyheit und Unabhängigkeit durch Verhütung der Übermacht und Anmaßungen eines Einzelnen". Für Heeren war die Aufrechterhaltung dieses Gleichgewichts „die jedesmalige Aufgabe für die höhere Politik" und daher die wichtigste Sorge der Diplomaten, die diese Politik gestalteten und ausführten; als segensreiche Folgen ergäben sich dann:

> eine stets rege Aufmerksamkeit der Staaten auf einander, und daraus entspringende mannigfaltige Verbindungen durch Bündnisse und Gegenbündnisse, besonders der entfernteren Staaten; größere Wichtigkeit der Staaten vom zweyten und dritten Range im politischen System; überhaupt die Erhaltung des Gefühls vom Werth der Selbständigkeit; und Erhebung der Politik über den platten Egoismus.

Wenn Heeren die Auffassung vertrat, daß es den europäischen Staaten im 18. Jahrhundert nach so vielen Jahrhunderten der kriegerischen Konfrontation gelungen war, ihre anarchischen Neigungen zu zügeln und ein auf gegenseitiger Achtung und Wahrung des Gleichgewichts der Mächte beruhendes System zu schaffen, so wird ein mit der politischen Geschichte jenes Jahrhunderts Vertrauter dies wohl mit beträchtlicher Verwunderung registrieren. Wie konnte man von einem europäischen System sprechen, wo doch die größeren Mächte dieses Kontinents fast beständig Krieg gegeneinander führten? Das 18. Jahrhundert wird oft das Jahrhundert der Aufklärung oder der Vernunft genannt, und wir wissen, daß seine größten Denker, tief beeindruckt von den Entdeckungen Isaac Newtons über die das Naturgeschehen beherrschenden Gesetze, gerne auch für den Bereich der menschlichen Gesellschaft rationale Verhaltensgesetzmäßigkeiten entdeckt hätten. Allein, zwischen diesen ernsthaften Bemühungen und der Realität der internationalen Politik jener Zeit schien es keinen organischen Zusammenhang zu geben. Wie La Bruyère ironisch feststellte, sprachen die Diplomaten seiner Zeit „unentwegt nur von Frieden, Bündnissen und allgemeiner Besonnenheit, ... dachten [aber unentwegt] nur an ihre ureigenen Interessen". Demselben Gedanken gab ein Staatsmann des 18. Jahrhunderts Ausdruck, der den politischen Zustand seiner Epoche mit den folgenden Worten charakterisierte: „Ein unablässiges Gerangel zwischen unmoralischen, habgierigen und unersättlichen Menschen."

Die Kluft zwischen den Idealen der Aufklärung und den Realitäten der Politik – der Heuchelei und Besitzgier, durch welche sich die Politik der Großmächte im 18. Jahrhundert auszeichnete – läßt sich anhand des politischen Handelns des jungen Friedrich II. von Preußen illustrieren. Friedrich war in vieler Hinsicht ein typisches Produkt der Aufklärung. Zum Leidwesen seines Vaters, des Soldatenkönigs Friedrich Wilhelm I., brachte er als Kronprinz seine Zeit mit Dingen zu, die kaum etwas mit den Belangen der Staats- und Kriegskunst zu tun hatten. Er korrespondierte mit französischen Philosophen wie Voltaire, der später sein Gast auf Sanssouci war; er studierte Dichtung und Musik und bildete sich zu einem ausgezeichneten Flötenspieler; und er verfaßte eine umfangreiche politische Abhandlung, in der er die von Machiavelli aufgestellten Grundsätze aus ethischen und rationalen Gründen verwarf, wie es andere Vertreter der Aufklärung auch taten.

Der junge Friedrich bewegte sich jedoch in seinem Denken durchaus nicht so fernab der Politik, wie sein verzweifelter Vater es befürchtete. Schon 1731 schrieb er in einem Brief an einen seiner Adjutanten, Preußen befinde sich in einer exponierten und schutzlosen Lage im Herzen Europas und werde zum Spielball der anderen Mächte werden, falls es ihm nicht gelinge, sein Staatsgebiet zu vergrößern und zu konsolidieren. Worauf es ankomme, sei, die äußere Gestalt des preußischen Staates auszubessern (,,corriger la figure de la Prusse"); angesichts der Verstreutheit der preußischen Besitzungen sei eine solche territoriale Abrundung geradezu ein Gebot der Ehre für das Haus Hohenzollern, damit dessen Häupter ,,eine gute Figur unter den Großen dieser Welt abgeben und eine ernstzunehmende Rolle spielen" konnten. In diesem Brief mischten sich auf merkwürdige Weise jugendlicher Idealismus und kühl berechnender Realismus, so etwa, wenn der Kronprinz davon sprach, daß Preußen ,,sich aus dem Staub, in den es gefallen ist, erheben" und den protestantischen Glauben in Europa und im Reich zur Blüte bringen müsse, um auf diese Weise eine ,,Zukunft für die Bedrängten, eine Zuflucht für Witwen und Waisen, eine Stütze für die Armen und ein Greuel für die Ungerechten" zu werden. Der kühle Realismus behielt, wie sich in der Folge zeigte, die Oberhand.

Im Jahr 1740 trat Friedrich die Nachfolge seines Vaters auf dem preußischen Königsthron an. Im selben Jahr verstarb der österreichische Kaiser Karl VI., ein belangloser Herrscher, dessen Extravaganzen die österreichische Staatskasse überstrapaziert und dessen Kriegszüge in Osteuropa das Heer geschwächt hatten. Mit Karl starb der Hauptzweig des Hauses Habsburg in männlicher Linie aus, und der Thron fiel an seine Tochter Maria Theresia. In der Sorge, daß ihr Anspruch auf den Thron angefochten werden könnte, hatte Karl die europäischen Mächte dazu bewegt, ein Dokument zu ratifizieren, das die Pragmatische Sanktion genannt wurde und sie dazu verpflichtete, die Unantastbarkeit der österreichischen Besitzungen auch unter einer Kaiserin Maria Theresia anzuerkennen und zu verteidigen. Friedrich von Preußen hatte, wie die meisten europäischen Herrscher auch, dieses Dokument unterschrieben.

Allein, weder diese seine Unterschrift noch die Argumente gegen unmoralisches Handeln, die er in seinem *Anti-Machiavelli* vorgebracht hatte, hielten ihn davon ab, die, wie ihm schien, ideale Gelegenheit zu einer Abrundung Preußens beim Schopf zu ergreifen – eine Gelegenheit, die ungenutzt zu lassen er sich, wie es scheint, geradezu als ein Verbrechen angekreidet hätte. Ohne zu zögern, gab er seinen Armeen Befehl, die reiche österreichische Provinz Schlesien zu erobern, ein Gebiet, auf das Preußen gewisse fadenscheinige Ansprüche hatte, die einem Vorgehen, das im Grunde nichts anderes war als nackte Aggression und tatsächlich auch als der ,,Raub Schlesiens" in die Geschichte eingegangen ist, den Anschein einer rechtlichen Legitimation verliehen.

Bevor Friedrich sich auf dieses Abenteuer einließ, verfaßte er, um die Zweifel seiner Minister auszuräumen, eine bemerkenswerte Denkschrift, die es wert ist, ausführlich zitiert zu werden, weil sie ein bezeichnendes Licht auf Friedrich und auf die diplomatische Praxis des 18. Jahrhunderts wirft:

Von den gesamten kaiserlichen Thronbesitzungen ist Schlesien der Teil, auf den wir am ehesten einen Rechtsanspruch besitzen und der dem Hause Brandenburg am besten konveniert. . . .

Die Überlegenheit unserer Truppen über die unserer Nachbarn, die Schnelligkeit, mit der wir sie in Aktion setzen können, und generell der Vorteil, in dem wir uns gegenüber unseren Nachbarn befinden, ist optimal und verleiht uns in einer unvorhergesehenen Ausnahmesituation wie dieser eine unendliche Überlegenheit über die anderen europäischen Mächte. Wenn wir . . . warten wollen, bis Sachsen und Bayern als erste die Feindseligkeiten eröffnen, könnten wir Sachsen nicht daran hindern, sich zu vergrößern, was . . . unseren Interessen ganz und gar entgegensteht . . . England und Frankreich sind verfeindet; wenn Frankreich sich in die Reichsangelegenheiten einmischt, so würde England das niemals hinnehmen können, und somit wird der Antagonismus dieser beiden Parteien mir immer die Möglichkeit zu einer guten Allianz bieten. England wird keinen Grund haben, meine Erwerbung Schlesiens übelzunehmen, denn es würde dadurch keinen Schaden erleiden, [sondern] darf sich im Gegenteil beim gegenwärtigen Stande seiner Angelegenheiten, die Allianzen erheischt, Vorteile davon erwarten. Holland wird [unseren Schritt] mit Gleichgültigkeit quittieren, und dies umsomehr, als wir den Amsterdamer Kaufleuten ihre auf Schlesien [als Pfand] gewährten Anleihen garantieren werden.

Wenn wir mit England und Holland nicht handelseinig werden, dann sicherlich mit Frankreich, das im übrigen unsere Pläne nicht wird durchkreuzen können und die Demütigung und Schwächung des Kaiserhauses mit einem Gutteil Genugtuung betrachten wird.

. . . Bleibt niemand außer Rußland, der uns Schwierigkeiten machen kann. Solange die Kaiserin lebt, . . . müssen wir unter die hohen Herren des Staatsrats Geschenke streuen, mit denen wir sie zu einem uns genehmen Denken veranlassen werden. Falls die Kaiserin stirbt, werden die Russen so sehr mit ihren inneren Angelegenheiten beschäftigt sein, daß sie nicht die Zeit haben werden, an die äußeren zu denken . . .

Ich schließe aus all diesen Überlegungen, daß wir uns noch vor dem Winter in den Besitz Schlesiens setzen und den Winter über verhandeln müssen; so werden wir . . . mit Erfolg verhandeln, wenn wir bereits im Besitz [Schlesiens] sind, während wir uns im anderen Falle um unsere Vorteile brächten und durch Verhandlungen allein niemals etwas bekommen würden, oder man würde uns sehr lästige Bedingungen stellen und uns dafür ein paar Brosamen hinwerfen.

Diese Darlegungen bedürfen eigentlich keines Kommentars. Hier ist ein Denken am Werk, dem es einzig und allein um die Staatsräson zu tun ist, ein Denken, das keine gesetzlichen oder ethischen Grenzen staatlicher Machtpolitik gelten läßt. Daß Friedrich bis dahin im großen und ganzen freundschaftliche Beziehungen zu Maria Theresia unterhalten, daß er darüber hinaus die Unverletzlichkeit ihrer Besitzungen vertraglich anerkannt hatte, spielte für ihn 1740 nicht die geringste Rolle. Die Gelegenheit zur Machterweiterung, die sich aufgetan hatte, verlangte sozusagen gebieterisch danach,

genutzt zu werden, und Friedrich setzte sein Militär in Marsch. Wie sich am
Ende zeigte, ging seine Rechnung auf: Preußen gewann und behielt Schlesien, eine Tatsache, die von nachhaltiger Bedeutung für die weitere Entwicklung Deutschlands war. Denn nach dem Verlust Schlesiens mit seinem Be-
völkerungsreichtum und seinen bedeutenden wirtschaftlichen Ressourcen
hörte die westliche Hälfte des Habsburgerreiches auf, ein überwiegend deutscher Staat zu sein, und das gesamte Gleichgewicht der Kräfte in Deutschland verschob sich zugunsten Preußens. Sichergestellt war dieses Resultat
freilich erst nach zwei kräftezehrenden Kriegen, in denen die schlesische
Frage zeitweise in den Hintergrund zu treten schien. Im ersten von ihnen,
dem sogenannten Österreichischen Erbfolgekrieg, der von 1740–1748 währte, schlugen sich Frankreich, Spanien, Bayern und Sachsen (das allerdings
1743 die Fronten wechselte) auf die Seite Preußens; sie alle erblickten in
dieser Parteinahme die Chance eines Gebietsgewinns auf Kosten Österreichs, sei es in den Niederlanden, in Italien oder in Böhmen. Österreich
wurde von Großbritannien unterstützt, das Truppen nach Flandern schickte, den größeren Teil seiner Kräfte jedoch darauf konzentrierte, die Besitzungen der Franzosen und Spanier in der Neuen Welt anzugreifen. Die
zweite Etappe war dann der Siebenjährige Krieg, der von 1756–1763 währte
und in dem sich Preußen, nicht zuletzt infolge der genialen diplomatischen
Revolution, die der österreichische Kanzler Kaunitz bewerkstelligte, einer
Phalanx aus Österreich, Frankreich, Rußland, Sachsen und (ab 1762) Spanien gegenübersah und nur von Großbritannien und Hannover unterstützt
wurde. Auch in diesem Krieg war das Hauptmotiv der Gegner ebenso wie
der Bündnispartner Friedrichs des Großen die Aussicht auf territorialen
Gewinn, und es ist bezeichnend, daß einige der wichtigsten Schlachten dieses Krieges nicht in Böhmen und Mähren geschlagen wurden, den Haupt-
kampfgebieten der Kontrahenten Österreich und Preußen, sondern in
Nordamerika und Indien. Wenn man nachliest, welchen Blutzoll diese tita-
nischen Kämpfe gefordert haben, in denen Friedrich unter äußerster Strapa-
zierung der Lebenskräfte seines Landes den Anspruch Preußens auf den
Status einer Großmacht durchsetzte und in denen die anderen Mächte die
Fronten wechselten, ohne dafür andere Motive zu haben als den schäbigsten
Eigennutz, fällt es schwer, im 18. Jahrhundert etwas anderes zu erblicken als
ein Zeitalter der Anarchie und des Faustrechts.

Man muß jedoch betonen, daß nichtsdestoweniger vieles von dem, was
Heeren über die Elemente eines im Aufbau begriffenen europäischen Staatensystems schrieb, richtig war. Ungeachtet der Kriege, die die europäischen
Staaten einander lieferten, war allgemein das Gefühl verbreitet, daß sie Mitglieder einer Staatengemeinschaft waren, verbunden durch dynastische Verwandtschaften, durch eine gemeinsame Religion und eine gemeinsame geschichtliche Tradition. Diese Gemeinsamkeiten waren nach Ansicht vieler
bedeutsamer als die sporadisch aufflammenden Feindschaften, die doch nur

vorübergehender Natur waren. Clausewitz, der Theoretiker des Krieges, traf den Geist des 18. Jahrhunderts, als er schrieb:

> Wenn wir ... die Staatenrepublik des heutigen Europa im Auge haben, so finden wir ... daß sich die großen und kleinen Staats- und Volksinteressen auf die mannigfaltigste und veränderlichste Weise durchkreuzen. Jeder solche Kreuzpunkt bildet einen befestigenden Knoten, denn in ihm ist die Richtung des einen der Richtung des anderen das Gegengewicht; durch alle diese Knoten also wird offenbar ein mehr oder weniger großer Zusammenhang des Ganzen gebildet. ... Wenn also das jetzige Europa über tausend Jahre besteht, so können wir diese Wirkung nur jener Tendenz der Gesamtinteressen zuschreiben ...

Manche Publizisten des 18. Jahrhunderts trugen keine Bedenken, die Konstellation der europäischen Großmächte als eine Staatengemeinschaft oder einen Staatenbund (ein häufig verwendeter Ausdruck) oder als ein „Konzert" zu bezeichnen. Und wenn es auch schwer zu beweisen war, daß ein solches Konzert tatsächlich existierte, so wiesen sie doch gerne und nachdrücklich darauf hin, daß über gewisse Grundsätze oder Grundregeln des diplomatischen Spiels eine breite Übereinstimmung bestand, aus der geschlossen werden konnte, daß eine Art konzertiertes Denken möglich sein könnte.

Zum Beispiel war man sich allgemein darin einig, daß das Vorhandensein von fünf Großmächten normal und wünschenswert sei. Die Vorstellung, daß eine von ihnen von der Bühne verschwinden könnte – beispielsweise daß Preußen im Siebenjährigen Krieg zermalmt werden könnte –, behagte keiner der großen Mächte. Es schien, als ob unterschwellig das Gefühl bestünde (Ranke war es, der diesen Vergleich als erster anstellte), daß das Ausscheiden einer der Großmächte für das europäische System von ähnlich fataler Wirkung wäre wie der Tod des ersten Geigers für ein Streichquintett, das seit Jahr und Tag zusammenspielt.

Zum zweiten bestand allgemeine Einigkeit darüber, daß die Staaten sich, wenn sie schon Krieg gegeneinander führten, doch dabei an gewisse Regeln halten müßten. Die Kodifizierung des sogenannten Kriegsrechts, mit der bereits im 16. und 17. Jahrhundert begonnen worden war, wurde im 18. Jahrhundert fortgeführt. Ausgehend von Regeln für die Handhabung von Kriegsbeute, die Behandlung von Verwundeten und Kriegsgefangenen und ähnlichem mehr, wurden später auch solche Dinge wie das Verhältnis zwischen militärischem und zivilem Bereich in allgemein akzeptierte Regeln gefaßt. Man bemühte sich, Kriterien dafür aufzustellen, unter welchen Voraussetzungen es etwa einem Befehlshaber im Krieg gestattet sein sollte, die Vernichtung von Feldfrucht- oder Viehbeständen anzuordnen, zivile Gebäude zerstören zu lassen oder Geiseln zu nehmen. Es gab keine Instanz, die die Einhaltung dieser Regeln überwachte, und so wurde oft gegen sie verstoßen, aber im großen und ganzen bewährten sie sich recht gut. In ihnen fand ein weit verbreitetes Gefühl seinen Ausdruck, das besagte, daß nur so, wenn überhaupt, Kriege noch führbar waren und daß der Zivilbevölkerung, solange die gegebenen Umstände dies nicht ausschlossen, die Schrecken und Leiden, die der Krieg mit sich brachte, erspart bleiben sollten. Im 18. Jahrhundert gipfelte dieser Gedanke der Begrenzung oder Minimierung der Auswirkungen militärischen Handelns auf die Zivilbevölkerung in den Worten Friedrichs des Großen, der ein kühner und eigenwilliger Feldherr war, aber erklärte, er wolle seine Kriege so führen, daß der Bauer hinter dem Pflug und der Handwerker in seiner Werkstatt nichts davon verspürten.

Schließlich finden wir eine allgemeine Anerkennung des Prinzips des Gleichgewichts der Kräfte; sie stellte sich in zwei verschiedenen Formen dar. Zum einen gab es eine allgemeine Wachsamkeit gegenüber allem, das wie der Versuch einer einzelnen Macht aussah, sich eine übermächtige Stellung zu verschaffen. Blicken wir nochmals auf das Verhalten Friedrichs II. im Jahr 1740 zurück. Daß der Einmarsch in Schlesien ein Akt der Aggression war, steht außer Frage; es ist aber wichtig, sich zu vergegenwärtigen, daß die Sache von vornherein als eine begrenzte Aggression geplant war. Friedrich hätte sogar behaupten können – und hat es tatsächlich auch getan –, daß er durch die Annektion Schlesiens nicht gegen den Grundsatz des Gleichgewichts der Kräfte verstieß, sondern ihn geschützt habe, indem er das Gleichgewicht korrigierte und es ausgewogener gestaltete. Er wußte, daß dieses Argument in den Ohren der anderen Mächte, von denen viele ohnehin Österreich für zu groß hielten, plausibel genug klang.

Friedrich wußte indes auch, daß er, wenn er in seiner Angriffslust so weit gehen würde, die Machtstellung Österreichs als solche zu bedrohen oder gar selbst eine Vormachtstellung in Europa anzustreben, rasch von einer Koalition aller anderen Mächte in die Schranken verwiesen würde. Es soweit kommen zu lassen, war natürlich niemals seine Absicht. Wie für andere europäische Monarchen seiner Zeit, beinhaltete auch für ihn das Prinzip des Gleichgewichts der Kräfte eine Absage an jedwede globalen Machtansprüche. Außerdem bedeutete dieses Prinzip im 18. Jahrhundert, dem Jahrhundert der Vernunft und der Aufrichtung des mechanistischen Weltbildes, ohnehin etwas anderes. Man war allgemein der Auffassung, für das Funktionieren des Gleichgewichtsprinzips sei es notwendig, daß etwa ein Gebietsgewinn, den eine Macht in einem Krieg errang, durch kompensatorische Gebietsgewinne der anderen Großmächte ausgeglichen werde.

Die praktische Durchführung dieser Regel ging mit einer so ausgeklügelten Territorialarithmetik einher, daß einige der damals ausgehandelten Regelungen sich in ihrer Kompliziertheit einer kurzgefaßten Darstellung entziehen. Nehmen wir zum Beispiel den Polnischen Erbfolgekrieg, der in den Jahren 1733–35 ausgefochten wurde. Wie die Türkei im 19., so entwickelte sich Polen, das noch im 17. Jahrhundert als eine potentielle europäische Großmacht gegolten hatte, im 18. Jahrhundert zum „Kranken Mann" Europas. Alle anderen Mächte wachten aufmerksam über seinen Zustand und warteten darauf, einen Anteil an der Beute zu erhaschen, falls das Land zerfiel. 1733 wählte der polnische Reichstag, der sächsischen Könige auf dem polnischen Thron offenbar überdrüssig, den Polen Stanislaus Leszczynski zum König. Das mißfiel sowohl den Russen, die ihren Protest durch die Entsendung einer dreißigtausend Mann starken Armee untermauerten, als auch den Österreichern, die mit den sächsischen Herrschern gut ausgekommen waren und nun ebenfalls mobilmachten. Es gelang den Russen, Leszczynski abzusetzen und von einer unter Druck tagenden Rumpfversammlung August III. von Sachsen zum König wählen zu lassen; diese Entwicklung ließen sich aber wiederum die Franzosen, deren junger König Ludwig XV. eine Tochter Leszczynskis geheiratet hatte, nicht gefallen, und sie erklärten, unterstützt von Sardinien (d. h. dem Haus Savoyen) und Spanien, Österreich den Krieg. Der Krieg wurde in der Hauptsache auf badischen und italienischen Schlachtfeldern entschieden und nahm für Österreich einen ungünstigen Verlauf. Als er sich auszuweiten und England auf den Plan zu treten drohte, gaben die Franzosen das Zeichen zum Einhalten, und eine Friedensregelung wurde ausgehandelt.

Im Interesse der Erhaltung des Gleichgewichts der Kräfte erhielten alle Beteiligten, außer den Polen, deretwegen der Krieg ausgebrochen war, eine Kompensation. Leszczynski verzichtete auf den polnischen Thron, durfte aber weiterhin den Ehrentitel eines Königs führen und erhielt das Herzogtum Bar. Einige Jahre später, 1740, als Herzog Franz von Lothringen, der Gatte Maria Theresias, Kaiser von Österreich wurde und im Tausch gegen die Toskana das Herzogtum Lothringen aufgab, ging dieses ebenfalls an Leszczynski. Es wurde jedoch vereinbart, daß nach seinem Tode sowohl Bar als auch Lothringen an seine Tochter, die Gemahlin des französischen Königs, fallen und damit im französischen Staat aufgehen würden. Die Habsburger erwarben in Italien nicht nur die Toskana, sondern auch Parma und Piacenza. Die Spanier bekamen Neapel, und der König von Sardinien wurde mit einigen kleineren Grenzbegradigungen zu seinen Gunsten abgespeist. Es war ein großer Kuchen, und jeder bekam ein Stückchen davon.

Die Russen hielten es 1735 nicht für der Mühe wert, für sich einen Anteil zu fordern, denn sie waren an Gebietserwerb in Italien und an deutsch-französischen Grenzproblemen nicht interessiert. Aber sie hatten gezeigt, daß sie in der Lage waren, einen polnischen König abzusetzen und einen nach ihren Vorstellungen an seine Stelle zu setzen. Sie hatten die Schwäche Polens aufgezeigt, und sie waren willens, zu warten, bis die Situation dort reif sein würde für einen wirklichen territorialen Happen. Sie waren aber auch bereit, den Grundsatz der gleichgewichtsorientierten Teilung der Beute zu akzeptieren, als es soweit war. Seine spektakulärste Anwendung fand der Grundsatz der ausgewogenen territorialen Vergrößerung in den drei polnischen Teilungen von 1772, 1793 und 1795.

Wir können somit feststellen, daß das 18. Jahrhundert nicht das Zeitalter eines ganz und gar anarchischen Faustrechts war, daß die Großmächte vielmehr gewisse Regeln des zwischenstaatlichen Umgangs anerkannten, wie etwa die gleichsam zur Norm gewordene Existenz von fünf Großmächten, den Grundsatz, daß die Härten des Krieges durch bestimmte für alle Befehlshaber im Felde verbindliche Regeln gemildert werden sollten, und die Überzeugung, daß es wichtig sei, das Gleichgewicht der Kräfte zu wahren, um dem Ehrgeiz einzelner Staaten Schranken zu setzen, und sich bei der Verteilung von Territorien daran zu orientieren. Dies genügt jedoch noch nicht ganz, um die Behauptung Heerens gerechtfertigt erscheinen zu lassen, daß im 18. Jahrhundert bereits ein ausgebildetes europäisches Staatensystem bestanden habe. Vertretbar scheint allenfalls die Feststellung, daß der Gedanke eines Systems, eines europäischen Staatenbundes, eines Konzerts der Mächte, in den Köpfen der Menschen Wurzeln geschlagen hatte. Politische Schriftsteller malten es oft als ein erstrebenswertes Ziel aus, als etwas, das, wenn es Wirklichkeit würde, womöglich zur Folge hätte, daß die bereits anerkannten Regeln des zwischenstaatlichen Verhaltens sich zu einem verbindlicheren internationalen Kodex entwickeln würden, der die Anwendung militärischer Gewalt eindämmen und die fortwährende Überbeanspruchung der Staaten und Völker durch den Krieg verringern würde.

Diskutiert und beschworen wurden diese Vorstellungen freilich vor allem in den Spalten der Zeitschriften und in den Schriften der Philosophen und Staatstheoretiker. Dagegen schlugen sie sich so gut wie gar nicht in den Bekundungen und Handlungen der Regierungen nieder, die ihrer kriegerischen Tradition treu blieben, ohne sich mit Gedanken an einen Staatenbund oder ein Konzert der Mächte abzugeben. Um sie dazu zu bringen, daß sie sich über solche Dinge den Kopf zerbrachen, dazu bedurfte es erst einer schockierenden Erfahrung, die ihnen Furcht einjagte und sie zu wirklich einträchtigem Handeln veranlaßte – etwas, das sie zwang, den Traum eines europäischen Konzerts Realität, und zwar funktionierende Realität werden zu lassen.

Diese Voraussetzungen wurden von der Französischen Revolution und von der Außenpolitik der Republik und des Napoleonischen Kaiserreichs geschaffen. Die europäischen Mächte jedoch verharrten so sehr in ihren eingefahrenen Bahnen, daß sie die Bedeutung der Revolution, als sie sich ereignete, nicht begriffen. Ihre erste Reaktion war Genugtuung – sie glaubten, die Ereignisse in Paris würden nur eine Episode sein, würden jedoch, solange sie andauerten, Frankreich lähmen und ihm die Fähigkeit zu einer aktiven Außenpolitik nehmen, eine Situation, aus der sie Kapital schlagen konnten. Der Gedanke, daß die Revolution ihnen gefährlich werden könnte, kam ihnen nie. Derselbe Kaunitz, der die diplomatische Revolution von 1756 ins Werk gesetzt hatte, verfaßte ein Pamphlet mit dem Titel ,,Gedanken über die angeblichen Ansteckungsgefahren, mit denen die neue Verfassung

Frankreichs andere souveräne Staaten bedrohe"; darin wies er die bloße Vorstellung, daß die Revolution in Frankreich nach draußen ausstrahlen könnte, mit Hohn und Spott zurück.

Diese Geringschätzung wurde den europäischen Monarchien, wie sich erweisen sollte, beinahe zum Verhängnis, denn ihr verdankten es die revolutionären Kräfte in Frankreich, daß sie jene heikle Phase überlebten, in der sie durch eine intervenierende ausländische Macht ohne weiteres aus dem Sattel hätten gehoben werden können. Die Revolution erhielt so die Chance, sich zu festigen und dann zum Angriff überzugehen, und sie tat dies 1792 mit der Veröffentlichung der Dekrete, in denen sie ihre Absicht verkündete, Europa von der Herrschaft der absoluten Monarchen zu befreien.

Indes, auch diese Dekrete und der anschließende Vormarsch französischer Armeen zum Rhein versetzte die anderen Mächte noch nicht in übermäßige Unruhe. Österreich und Preußen schickten Truppen, um die Franzosen zurückzuwerfen, aber ihre Aktivitäten in den Feldzügen von 1793–95 waren unkoordiniert und krankten an einer Unentschlossenheit, die ihren Grund in der nervösen Sorge hatte, hinter ihrem Rücken könnten die Russen vielleicht die Gelegenheit ergreifen und Polen an sich reißen. Der Krieg im Westen war im Grunde so etwas wie ein Tauziehen zwischen Österreich und Preußen um Anteile an der im Osten zu holenden Beute. 1793 gelang es Preußen, bei der zweiten Teilung Polens mit von der Partie zu sein, während Österreich leer ausging; und als 1795 eine weitere Teilung Polens in der Luft lag, zögerte die preußische Regierung nicht, einen Sonderhandel mit den Franzosen abzuschließen, um sich aus dem Krieg im Westen verabschieden zu können, ehe Polen aufgeteilt sein würde. Im 1795 geschlossenen Geheimfrieden von Basel verkaufte Preußen skrupellos den österreichischen Bundesgenossen und versprach Frankreich das linke Rheinufer (das zu annektieren nicht einmal Ludwig XIV. gelungen war), falls Frankreich im Gegenzug preußische Gebietsforderungen im westlichen Deutschland anerkenne. Dann stellte Preußen die Feindseligkeiten ein und wandte sich wieder gen Osten, gerade rechtzeitig, um sich an der dritten und letzten Teilung Polens zu beteiligen.

Es ist unnötig, weitere Einzelheiten aufzuzählen. Es genügt zu sagen, daß diese selbstsüchtige und kurzsichtige Haltung den Armeen der französischen Republik die Möglichkeit eröffnete, das Rheinland zu erobern und nach Süddeutschland, in die Schweiz und nach Italien vorzudringen. Als dann an die Stelle der Republik das Konsulat und anschließend das Kaisertum Napoleon Bonapartes trat, gewann dieser französische Imperialismus an Stoßkraft und Zielstrebigkeit. Wie Ranke später schrieb: „Wie war hierdurch alles, was zu Ludwigs XIV. Zeiten geschehen, so weit übertroffen! Wie war die alte Freiheit von Europa so tief gebeugt! Europa schien in Frankreich untergehen zu wollen. Jene Universalmonarchie, von der man sonst nur die entfernte Gefahr gesehen, war beinahe realisiert!"

Aber immer noch waren die anderen Großmächte offensichtlich nicht fähig, das Ausmaß der Gefahr zu erkennen. Gewiß, England bemühte sich, antifranzösische Bündnisse auf die Beine zu bringen, und gewann Österreich als Bundesgenossen, aber die Russen erwiesen sich als wankelmütige Alliierte, und die Preußen blieben bis 1806 neutral, um dann im falschen Augenblick gegen Napoleon loszuschlagen und sich eine vernichtende Niederlage einzuhandeln, wonach sie sieben Jahre lang zur Ohnmacht verurteilt waren. Napoleon war auf dem besten Weg, sich zum unangefochtenen Beherrscher Europas aufzuschwingen, nachdem er sowohl Österreich als auch Preußen weitgehend in die Rolle bloßer Satellitenstaaten abgedrängt hatte; dann allerdings, 1812, übernahm er sich mit dem Versuch, Rußland zu erobern. Erst als er dabei Schiffbruch erlitt, verstanden sich die anderen Mächte zur Bildung der Großen Allianz, die ihm dann vollends das Genick brach.

Nachdem diese Allianz gebildet worden war und 1813 bei Leipzig ihre erste große gemeinsame Schlacht gegen Napoleon gewonnen hatte, drohte sie bereits wieder an internen Streitigkeiten und Unstimmigkeiten zu zerbrechen. Indes, das Bewußtsein der Gefahr, der die Großmächte noch nicht gänzlich entronnen waren, veranlaßte sie zusammenzuhalten, und brachte sie schließlich und endlich auch dazu, den ersten wirksamen Schritt auf eine praktische Verwirklichung des im 17. Jahrhundert herangereiften Gedankens eines europäischen Mächtekonzerts hin zu tun. In der französischen Stadt Chaumont unterzeichneten am 1. März 1814 die Regierungen Österreichs, Preußens, Rußlands und Großbritanniens auf die maßgebliche Initiative des britischen Außenministers Castlereagh hin einen Vertrag, in dem sie ihren gemeinsamen Willen bekundeten, nicht nur den Krieg gegen Napoleon bis zum endgültigen und entscheidenden Sieg weiterzuführen, sondern auch ihrem Bündnis über diesen Sieg hinaus Bestand zu verleihen. Der Text des Vertrages ist insofern aufschlußreich, als er die Motive und Absichten der Beteiligten deutlich werden läßt.

In Anbetracht dessen, daß der vorliegende Bündnisvertrag sich die Erhaltung des europäischen Gleichgewichts, die Sicherung der Ruhe und Unabhängigkeit der Mächte und die Verhütung der Invasionen, die so viele Jahre lang die Welt heimgesucht haben, zum Ziel setzt, sind die ... Vertragschließenden untereinander übereingekommen, seine Geltungsdauer auf zwanzig Jahre vom Datum der Unterzeichnung an festzusetzen.

Dieser Vertrag schweißte die Allianz zusammen, bis der Korse aus Europa vertrieben und die große Friedensregelung von 1814/15 unter Dach und Fach war. Auf dem Wiener Kongreß und in den Verhandlungen, die zum Zweiten Pariser Frieden führten, dienten die Bestimmungen des Vertrags von Chaumont als Grundlage und Ausgangspunkt für den ersten ernsthaften Versuch, den Grundsätzen der Staatengemeinschaft und des Kräftegleichgewichts im Dienste der Erhaltung des Friedens in Europa verbindliche politische Realität zu verleihen.

3. Mächtegleichgewicht 1815–1914: Drei Experimente

Das drängendste Problem, das sich der Politik im 19. Jahrhundert stellte, war die Aufgabe, eine politische Ordnung zu errichten, die geeignet sein würde, die zwischenstaatliche Gewaltanwendung einzudämmen und zu verhindern, daß jemals wieder die Gefahr eines schrankenlosen, totalen Krieges heraufbeschworen würde, wie er sich in der Napoleonischen Periode abgezeichnet hatte. Drei Generationen von Politikern mühten sich, ein praktikables Gleichgewicht der Kräfte in Europa zustande zu bringen, und ihre Anstrengungen führten zur Ausarbeitung dreier ganz unterschiedlicher Systeme, von denen jedes die charakteristischen Tendenzen seiner Zeit widerspiegelte. Das erste dieser drei Experimente wurde von den diplomatischen Unterhändlern ausgeheckt, die sich 1814 und 1815 in Wien versammelten; das zweite gegen Ende der 70er Jahre vom deutschen Reichskanzler Otto von Bismarck; das dritte schließlich von den überforderten Diplomaten in der Dekade nach 1890. Geht man von der Effektivität aus, so erfüllte das erste noch am ehesten den ihm zugedachten Zweck. Das zweite war von dem Erfindungsreichtum und der Klugheit seines Schöpfers geprägt, war aber zu komplex aufgebaut, um stabil genug in sich selbst zu ruhen; und das dritte war kaum mehr als das Produkt einer Reihe verzweifelter Notoperationen.

I

Zu den berühmtesten bildlichen Darstellungen einer diplomatischen Konferenz gehört zweifellos das Gemälde *Der Wiener Kongreß* von dem französischen Porträtisten Jean-Baptiste Isabey. Im Zentrum dieses großformatigen Tableaus figuriert, in souveräner Pose und mit einem Ausdruck der Zufriedenheit auf seinem wohlgeschnittenen Gesicht, der österreichische Kanzler Fürst Metternich; um ihn herum gruppieren sich die verantwortlichen Vertreter der anderen Mächte: der britische Außenminister Castlereagh mit leger gekreuzten Beinen, König Friedrich Wilhelm II. von Preußen, der den phlegmatischen Engländer finsteren Blickes mustert, der russische Zar Alexander I. in einer Uniform mit so unförmig großen Schulterstücken, daß man sich fragt, ob er sich wohl aus seinem Stuhl werde erheben können, und der Vertreter Frankreichs, Talleyrand-Périgord, mit seinem Klumpfuß, seiner schlecht gepuderten Perücke, seinen lappigen Lippen und seinen sardonisch blickenden Augen. Im Hintergrund stehen, in sternen- und medaillengeschmückten Grüppchen, die Kongreßteilnehmer der zweiten Garnitur – die ständigen Botschafter, die diplomatischen Sekretäre, die Militärattachés und wie sie alle heißen; auf ihren Gesichtern zeigt sich durchweg jenes wissende, herablassende Lächeln, wie es Menschen eigentümlich ist, die den Eindruck erwecken wollen, sie seien in Geheimnisse eingeweiht, die niemals von sich zu geben sie feierlich gelobt haben.

Man tut gut daran, sich die Gesichter dieser herausgeputzten und geschmückten Staatsmänner einmal gut anzusehen, denn sie waren Pioniere. Gewiß, es hatte schon vor Wien Friedenskonferenzen und Kongresse gegeben, wie 1648 in Münster und Osnabrück oder 1713 in Utrecht. Doch hatten diese Zusammenkünfte dem Zweck gedient, Kriege formell zu beenden und zu bilanzieren sowie die Beute unter die Sieger zu verteilen. Die Staatsmänner, die in Wien zusammenkamen, setzten sich jedoch ein weitergehendes Ziel. Metternich machte dies deutlich, als er erklärte:

Es bedarf nicht großartiger politischer Intelligenz, um zu erkennen, daß dieser Kongreß nicht nach dem Vorbild irgendeines früheren gestaltet werden kann. Frühere Zusammenkünfte, die man Kongresse nannte, wurden in der erklärten Absicht veranstaltet, einen Streit zwischen zwei oder mehr kriegführenden Mächten zu schlichten – es ging also um einen Friedensvertrag. In unserem Fall dagegen ist der Friede schon gemacht [gemeint ist der Erste Pariser Friede, der den Krieg beendet hatte], und die Parteien kommen als Freunde zusammen, die, obzwar ihre Interessen divergieren, gemeinsam auf die Vervollständigung und Bekräftigung des bestehenden Abkommens hinarbeiten wollen.

Was meinte er mit „Vervollständigung und Bekräftigung"? Offenbar doch, daß es die Hauptaufgabe der bei diesem Kongreß Versammelten sein müsse, über den formellen Abschluß eines geführten Krieges hinaus zu einer politischen Regelung zu kommen, die bewaffnete Konflikte für die Zukunft ausschließen sollte. Dies war die gestellte Aufgabe, und sie wurde gelöst.

Das soll nicht heißen, daß die Unterhändler von Wien die Dinge, mit denen sich ihre Vorgänger in Osnabrück und Utrecht befaßt hatten, vernachlässigt hätten. Sie sorgten sehr wohl dafür, daß die Mitgliedsstaaten der Großen Allianz nach Maßgabe der von ihnen gebrachten Opfer und des geleisteten Beitrags zum Sieg entschädigt und belohnt wurden, und sie widmeten einen erklecklichen Teil ihrer Zeit dem verwickelten Unterfangen, den von Napoleon ihres Titels und ihres Territoriums beraubten Herrschern etwas von beidem zurückzugeben. Allein, sie ließen nicht zu, daß dieser Tribut an die Grundsätze der Entschädigung und der Legitimität der Erfüllung dessen in die Quere kamen, was Metternich als ihre vorrangige Verpflichtung definiert hatte: der Errichtung einer neuen internationalen Staatenordnung, die stabil und ausgewogen genug sein würde, um sich nicht noch einmal untergraben und überrennen zu lassen, wie es ihrer Vorgängerin durch Napoleon widerfahren war. Sie ließen sich in dem Versuch, diese Aufgabe zu lösen, nicht von den Besitzansprüchen gieriger Duodezfürsten oder von Rachegelüsten gegen Frankreich beirren. Sie machten beispielsweise nicht den Versuch, das Europa, das Napoleon durcheinandergeschüttelt hatte, originalgetreu wieder herzustellen. Sie machten keine Anstalten, in die politische Landkarte Europas wieder eine Vielzahl restaurierter Kleinfürstentümer hineinzuflicken. Und sie erlagen auch nicht der Versuchung, das französische Volk zu bestrafen. Wilhelm von Humboldt, der preußische Botschafter in Wien, der maßgeblich an der Erstellung der Tagesordnung für die Verhandlungen mitwirkte, hatte den Einmarsch der siegreichen Schlesischen Armee unter Blücher und Gneisenau in das eroberte Paris miterlebt, und es hatte ihn mit Bestürzung und Unmut erfüllt, daß preußische Militärs die Absicht bekundeten, alle Brücken über die Seine zu sprengen, weil sie nach siegreichen Schlachten Napoleons benannt waren. Es gelang Humboldt und seinen Kollegen, diesen Geist schäbiger Rachsucht aus den Wiener Konferenzsälen zu verbannen. Sie hatten kein Verlangen, Frankreich nachhaltig zu verstümmeln oder es gar so zu schwächen, daß es in der Zeit danach seine angestammte Rolle als Großmacht nicht mehr hätte spielen können.

Die zwei maßgeblichen Architekten der neuen Ordnung waren der britische Außenminister Viscount Castlereagh und der Erste Minister des österreichischen Kaisers, Fürst Clemens von Metternich. Beide waren überzeugt, daß der Schlüssel zu einer neuen europäischen Staatenordnung nur der Grundsatz des Gleichgewichts der Kräfte sein konnte. Der Kern dieses Prinzips bestand für sie, wie für ihre Ahnen, die im 17. Jahrhundert gegen Ludwig XIV. gekämpft hatten, in der Entschlossenheit der dominierenden Mächte, sich gegen jeden Versuch einer einseitigen Vorherrschaft zu wehren. Aber darüber hinaus waren sie der Überzeugung, daß das Gleichgewicht der Kräfte zwischen den Großmächten so beschaffen sein müsse, daß es Versuche dieser Art von vornherein als aussichtslos erscheinen lasse, und ihrer Meinung nach war die im 18. Jahrhundert geübte Praxis, gewaltsame Gebietserwerbungen durch einzelne Staaten unter der Voraussetzung zu tolerieren, daß alle anderen ihre Kompensation erhielten, ganz und gar nicht geeignet gewesen, dieses Ziel zu fördern. Überhaupt war das territoriale Gleichgewicht im 18. Jahrhundert ihrer Auffassung nach nicht präzise genug austariert worden, so daß sich mitunter gefährliche Ungleichgewichte ergaben (wie dasjenige, das Friedrich II. 1740 zu seinem blutigen Vorgehen verleitete).

Unter der Leitung Castlereaghs und Metternichs unternahmen daher die Teilnehmer des Wiener Kongresses alle nur möglichen Anstrengungen, um die zur Disposition stehenden Gebiete in bezug auf Größe, Ressourcen und Bevölkerung so gleichmäßig wie möglich unter den Großmächten zu verteilen. Die russischen Zugewinne in Polen wurden mit Gebietserweiterungen der Österreicher und Preußen in Italien bzw. im Rheinland aufgewogen, und es wurden Pufferzonen zwischen den Großmächten geschaffen: in den

Niederlanden durch die Vereinigung Belgiens und Hollands zu einem Staat und durch die kleineren deutschen Staaten, die zwischen Preußen und Österreich lagen. Deutschland mußte, wie ein Kongreßgesandter es später erläuterte, als eine Art Stoßdämpfer fungieren und daher im Interesse des Friedens, im Dienste der Erhaltung des ,,Gleichgewichts durch eine eingebaute Gravitationskraft", zersplittert bleiben. Die Arbeit, die auf diese durchkalkulierte Neugestaltung der politischen Landkarte Europas verwendet wurde, war mühsam und langwierig, und ihre Ergebnisse wurden in der Schlußakte des Wiener Kongresses niedergelegt.

Die Männer, die diese Arbeit dirigierten, waren freilich nicht so naiv, zu glauben, sie hätten sich mit dieser bemerkenswerten Übung in politischer Kartographie gegen zukünftige Unbilden abgesichert. Sie waren sich sehr wohl dessen bewußt, daß das Auftreten eines neuen Friedrich oder eines neuen Napoleon nicht auszuschließen war, und vertraten die Auffassung, es müsse ein mit bestimmten Machtbefugnissen ausgestattetes Organ geschaffen werden, das in der Lage sein würde, Bedrohungen des Gleichgewichts zu begegnen, sobald sie sich abzeichneten. Im 18. Jahrhundert hatte eine solche Instanz nicht existiert; und wenn auch Schriftsteller wie Voltaire es sich angelegen sein ließen, in ihren Artikeln davon zu sprechen, daß die europäischen Monarchen durch religiöse und geschichtliche Gemeinsamkeiten sowie durch familiäre Bande aneinandergekettet seien und insofern einen europäischen Fürstenbund oder ein europäisches Mächtekonzert konstituierten, so war dies doch stets viel mehr eine Idealvorstellung als eine Beschreibung der Wirklichkeit. Metternich, Castlereagh und ihre Kollegen konkretisierten diese Vorstellung nun, indem sie auf den Vertrag von Chaumont vom März 1814 aufbauten. Der Vierbund vom November 1815 (in den später auch Frankreich aufgenommen wurde) gab sich ein Statut, das nicht nur die wichtigsten in Chaumont aufgestellten Grundsätze bekräftigte, sondern darüber hinaus vorsah, daß die Außenminister der beteiligten Staaten regelmäßig zu Gesprächen zusammenkommen sollten, ,,die den gemeinschaftlichen großen Interessen sowie der Prüfung derjenigen Maßregeln gewidmet sein sollen, die ... als die ersprießlichsten für die Ruhe und Glückseligkeit der Völker sowie für die Aufrechterhaltung des Friedens von Europa anerkannt sein werden".

Man kann somit sagen, daß die neue Ordnung in einem gewissen Sinn sowohl mit einer Verfassung als auch mit einem verfassungsmäßigen Wachhund ausgestattet wurde: Das Gleichgewicht der Kräfte (wie in der Schlußakte definiert) war ihre Verfassung und ein Konzert der Mächte übernahm das Wächteramt.

In seiner ursprünglichen Form hatte das System nicht lange Bestand. Als Metternich und Zar Alexander von Rußland sich Gedanken über die potentielle Gefahr für die europäischen Herrscherthrone zu machen begannen, die vom liberalistischen Zeitgeist ausging, versuchten sie die Viereralllianz in eine

Instanz umzuwandeln, die sich automatisch in die inneren Angelegenheiten eines jeden Landes einschalten würde, in dem revolutionäre Aktivitäten oder auch nur agitatorische Kritik am Status quo aufflammten, um die revolutionären oder demokratischen oder liberalen Kräfte gewaltsam zu unterdrükken. Die britische Regierung betrachtete solche Versuche als Verrat an den eigentlichen Zielen der Heiligen Allianz; in einer energischen Protestnote vom 19. Oktober 1818 erklärte Castlereagh: ,,Nichts wäre unmoralischer oder würde die allgemeine Aufgabe der Regierungen mehr pervertieren als die Vorstellung, sie müßten ihre gemeinsamen Kräfte in den Dienst der Stützung jedweder etablierten Macht stellen, ohne Rücksicht auf den Grad, in dem diese mißbraucht wird." Die Bündnispartner ließen sich jedoch nicht bremsen, und so fühlten die Briten sich genötigt, ihre Teilnahme an den Zusammenkünften der Außenminister einzustellen.

Es war ein eher vordergründiger Rückzug aus dem Mächtekonzert. In einer Note vom 5. Mai 1820, in der er gegen die Politik Metternichs Protest einlegte, ließ Castlereagh deutlich werden, Großbritannien könne zwar eine Politik des gemeinsamen Hineinmischens in die inneren Angelegenheiten kleiner Staaten nicht gutheißen, aber bei jeder ernsthaften Bedrohung des europäischen Friedens und des Gleichgewichts der Kräfte könne man auf England zählen. Seine Nachfolger bekräftigten diese Zusage in den darauffolgenden Jahrzehnten immer wieder. Noch 1851 erklärte Lord John Russell im Unterhaus:

> Wir stehen, und zwar schon seit mehr als einem Jahrhundert, in Verbindung mit dem allgemeinen europäischen Staatensystem, und jeder Gebietszuwachs einer Macht, jede Vergrößerung, die das allgemeine Gleichgewicht der Kräfte in Europa stört, könnte, selbst wenn sie vielleicht nicht unmittelbar zum Kriege führen würde, unserem Lande nicht gleichgültig sein und würde zweifellos zum Gegenstand einer Konferenz gemacht und würde möglicherweise am Ende, wenn sie das besagte Gleichgewicht stark gefährden würde, zum Krieg führen.

Das waren keine leeren Worte. Zwischen 1815 und 1854 traten die Briten bei jeder den Frieden gefährdenden Krise als handelnde Kraft auf und spielten eine führende Rolle bei der Suche nach einer unkriegerischen Lösung. Das war der Fall bei der Belgien-Krise von 1830, bei der Nahostkrise von 1838 und bei der ersten Schleswig-Holstein-Krise von 1850, um nur einmal die heikelsten Problemfälle dieser Periode zu erwähnen. In allen diesen und in den anderen Fällen gelang es dem europäischen Mächtekonzert – unter Beteiligung Großbritanniens –, sich als erfolgreicher Bewahrer des in Wien ausgehandelten Gleichgewichts und als Hüter der öffentlichen Ordnung zu bewähren.

Es steht so gut wie außer Zweifel, daß das System des Gleichgewichts der Kräfte in den Jahren zwischen 1815 und 1854 besser funktionierte als in jedem anderen Zeitraum des 19. Jahrhunderts; wir sollten uns fragen, weshalb dies so war.

Ein Faktor ist, daß die Staatsmänner in der Ausübung ihres Amtes in dieser Periode noch frei von gewissen Einflüssen oder Zwängen waren, die erst später auftraten und dazu führten, daß Regierungen, oft widerwillig, Dinge taten, die geeignet waren, Mißtrauen und Befürchtungen seitens anderer Mächte heraufzubeschwören oder sie gar zu bewaffneten Gegenmaßnahmen zu reizen. In der ersten Jahrhunderthälfte brauchten sich die meisten Regierungen bei der Festsetzung ihres außenpolitischen Kurses keine Gedanken über die öffentliche Meinung in ihrem Land zu machen. Es gab natürlich Ausnahmen von dieser Regel. So konnten etwa türkische Ausschreitungen gegen Christen auf dem Balkan in Rußland Empörung und lautstarke öffentliche Forderungen nach Vergeltung auslösen und taten dies auch; und in Frankreich gingen die Wogen der von der Boulevardpresse getragenen öffentlichen Meinung 1840 wegen eines geringfügigen Rückschlags im Nahen Osten so hoch, daß die Regierung sich beinahe in einen Krieg getrieben sah. Im allgemeinen jedoch schien es, als ob die Auffassung Metternichs, daß die Außenpolitik den Plebs nichts angehe, noch einigermaßen tragfähig war, und die Außenminister machten sich wenig Gedanken darüber, was die Zeitungen am folgenden Tag wohl schreiben würden.

Es gab auch noch keine organisierte Einflußnahme wirtschaftlicher Interessengruppen auf die Regierungspolitik. Industrialisierung und der Kapitalismus waren in ihrer Entwicklung noch nicht so weit gediehen, daß die Unternehmen sich zu Verbänden zusammengeschlossen und Einfluß auf politische Entscheidungen zu nehmen versucht hätten; die meisten Geschäftsleute waren in dieser Zeit der Überzeugung, das Beste, was der Staat für sie tun könne, sei, sie ungestört wirtschaften zu lassen. Das Problem, angestrebte außenpolitische Initiativen mit den Wünschen mächtiger privater Interessengruppen in Einklang zu bringen – ein Problem, das in unserer Zeit den Einsatz wirtschaftlicher Druckmittel oft unergiebig macht (wie beispielsweise im Falle des amerikanischen Getreideembargos von 1980/81 gegen die Sowjetunion) –, machte den Außenministern der ersten Hälfte des 19. Jahrhunderts nicht zu schaffen.

Ferner gab es keine von Militärplanern und Generälen inszenierten Kampagnen für eine raschere oder stärkere Aufrüstung. In der Tat ging von dem Land, das nach 1815 das stärkste Heer unterhielt, Rußland, ein Jahr nach dem Ende des Wiener Kongresses der Vorschlag nach einer allgemeinen Absenkung des Rüstungsniveaus aus. Dieser Vorschlag fand nicht die Zustimmung der anderen Mächte – die Briten erklärten, ihrer Meinung nach solle jede Macht die Größe ihrer Streitkräfte nach eigenem Ermessen festsetzen; sie fügten allerdings hinzu, daß sie jederzeit bereit seien, die anderen über ihre Heeresstärke zu informieren; die Österreicher waren nicht einmal zu diesem Zugeständnis bereit und beriefen sich dabei auf die, wie Metternich sich ausdrückte, ,,immerwährende Schwierigkeit, von Rußland zutreffende Angaben zu erhalten" – aber wenn sie auch nicht abzurüsten wünschten, so hatte doch auch keine der angesprochenen Mächte das Bedürfnis, ein militärisches Aufrüstungsprogramm in Gang zu setzen, und die Kriegsministerien der verschiedenen Mächte schienen dies auch ganz in Ordnung zu finden. Es gab keine Rüstungslobby, die den Prozeß der politischen Entscheidungsfindung hätte erschweren und die internationalen Beziehungen hätte belasten können, ebensowenig wie es einen organisierten wirtschaftlichen Lobbyismus gab.

Ein weiterer Faktor war, daß es zwischen den Mächten keine schwerwiegenden weltanschaulichen Differenzen gab. Gewiß, in manchen Augenblikken schien es, als ob „ideologische" Divergenzen sich zu konkreten Konflikten auswachsen könnten. Nach den Revolutionen von 1830, die in Frankreich ein liberales Regime an die Macht brachten, schien Europa in zwei Lager gespalten zu sein: ein liberales mit England und Frankreich und ein konservatives mit Rußland, Preußen und Österreich. Der britische Außenminister Lord Palmerston räumte de facto ein, daß dies der sich abzeichnende Zug der internationalen politischen Entwicklung war, als er erklärte: „Die drei und die zwei denken verschieden und handeln daher auch verschieden."

Wenn man die Geschehnisse der Jahre 1830–1854 Revue passieren läßt, wird allerdings deutlich, daß die Mächte ihre ideologischen Differenzen öfter ignorierten als austrugen. Wenn die Zusammenarbeit mit Frankreich, wie Lord Palmerston einmal sagte, die Achse war, um die die britische Politik sich drehte, so hatte er doch andererseits keine Skrupel, zu Zeitpunkten, an denen seinem Gefühl nach die Franzosen eine den britischen Interessen abträgliche Politik betrieben, auch Abkommen mit den mittel- und osteuropäischen Mächten zu schließen; und auf französischer Seite zeigte Louis Philippe, sobald er seine Herrschaft gefestigt hatte, seinerseits ein wachsendes Verlangen nach einer Annäherung an die anderen Festlandsmächte auf Kosten seiner Entente mit England. Als Metternich sich Sorgen wegen der zaristischen Politik in Südosteuropa zu machen begann, beriet er sich mit den Briten über Mittel und Wege, Rußland in die Schranken zu weisen; als dem Zaren die Ostsee-Ambitionen seines preußischen Nachbarn zu weit gingen, versetzte er ihnen in Zusammenarbeit mit den Engländern einen Dämpfer. Wenn also Europa nach 1830 in ideologischer Hinsicht gespalten war, so war diese Kluft keineswegs so tief, daß sie eine intensive Durchdringung des Bündnissystems und eine engere Zusammenarbeit der beiden Lager hätte verhindern können.

Schließlich ist festzustellen, daß alle vorhandenen Differenzen zwischen den Mächten sich dem stark ausgeprägten Konsens zwischen ihnen unterordnen mußten. Vielleicht mit Ausnahme Frankreichs, das allerdings nicht wagte, sich zu dieser Ausnahmehaltung zu bekennen, akzeptierten alle Mächte das bestehende Gleichgewicht der Kräfte – das heißt, das in Wien ausgearbeitete territoriale Arrangement und den allgemeineren Grundsatz, daß es keinem einzelnen Staat gestattet werden dürfe, seine Besitzungen zu vermehren, es sei denn mit Zustimmung der anderen. Die Unterordnung unter dieses Prinzip implizierte bestimmte andere Dinge: ein hohes Maß an Zurückhaltung seitens der einzelnen Mächte (Zar Nikolaus hätte 1833 für seine den Türken geleistete Hilfe wahrscheinlich einen höheren Preis herausschlagen können, verzichtete jedoch darauf bewußt, weil er fürchtete, mit einem solchen einseitigen Vorgehen ein Beispiel zur Nachahmung zu setzen), eine Bereitschaft, die Gültigkeit bestehender Verträge zu akzeptieren (in keiner Periode der Neuzeit wurde dem Grundsatz *pacta sunt servanda* größerer Respekt gezollt), die Bereitschaft einzugreifen, wenn eine einzelne Macht im Begriff schien, einen einseitigen Machtzuwachs zu erlangen (wie Frankreich es 1840 versuchte) und sie daran in gemeinsamem Vorgehen zu hindern.

In diesem Konsens bestand die grundlegende Stärke des internationalen Systems der Jahre 1815–1854. Abbildung 1 illustriert den Wirkungsmechanismus, der die Aufrechterhaltung des Gleichgewichts der Kräfte in dieser Epoche gewährleistete, recht zutreffend. Die inneren Quadrate stellen die englisch-französische Entente bzw. die Gruppe der drei östlichen Festlandsmächte dar; die Pfeile symbolisieren das gegenseitige Aufeinandereinwirken und die blockübergreifende Kooperation, die während der ganzen Dauer der Periode stattfanden; das äußere Rechteck schließlich steht für den Konsens, der die Mächte in ihrer Gesamtheit zusammenhielt und dafür sorgte, daß sie in praktischem Zusammenwirken die Grundzüge der in Wien ausgehandelten Ordnung und das Gleichgewicht der Kräfte in Europa bewahrten.

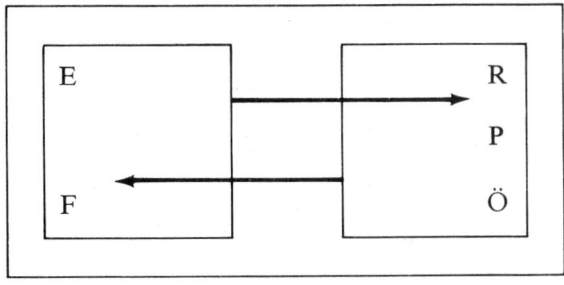

Abb. 1

II

Eine erhebliche Schwächung erfuhr das Wiener System durch die Revolutionen im Jahre 1848, ein Jahr politischer Umwälzungen, die das Vertrauen in alle rechtlichen Bindungen, einschließlich der internationalen, erschütterten. Nach 1848 zog in die europäischen Staatskanzleien ein neuer Geist ein, ein Geist, der seinen ausgeprägtesten Ausdruck im politischen Handeln einer neuen Generation junger, ungeduldiger Männer fand, denen ihr eigenes Land über alles ging und die nicht länger bereit waren, den von den Dirigenten des Wiener Kongresses kreierten und durchgeführten kooperativen Grundsätzen und Praktiken treu zu bleiben. Dieser neuen Generation gehörten Männer an wie Felix zu Schwarzenberg in Österreich, Camillo de Cavour in Piemont, Otto von Bismarck in Preußen und Louis Napoleon in Frankreich. Das Ereignis, das diesen ,,Realpolitikern" (um den von Ludwig August von Rochau in den 5oer Jahren geprägten Ausdruck zu verwenden) den Weg zur Verwirklichung ihrer ehrgeizigen Ziele freigab, war der Ausbruch des Krieges zwischen Rußland und Großbritannien (auf dessen Seite Frankreich und Piemont standen) im Jahr 1854. Ausgerechnet die beiden Mächte, die durch ihre Zusammenarbeit das Umschlagen der Revolutionen von 1848 in einen ernsten internationalen Konflikt verhindert hatten, schlitterten nun selbst in einen solchen hinein – in einen unsinnigen Waffengang, der nicht aus einem bewußten Anschlag auf die Interessen einer der beiden Mächte resultierte, sondern aus einer Reihe einander wechselseitig eskalierender Maßnahmen zur Abwehr vermeintlicher Gefahren. Der Krimkrieg forderte mehr Todesopfer als jeder andere Krieg zwischen 1815 und 1914; das war schlimm genug, aber wichtiger noch war, daß er Europa in eine anarchische Situation stürzte, in der die Zahl der Staaten, die an einer Revision des europäischen Gleichgewichts (bzw. dessen, was noch von ihm übrig war) interessiert waren, größer war als die Zahl derer, die seine Erhaltung wünschten. Nach 1856 konnte man Rußland, Frankreich, Preußen und die aufstrebende Macht Piemont allesamt zum Lager der revisionistisch gesinnten Staaten zählen; lediglich Österreich und Großbritannien konnten noch als Verteidiger der alten Ordnung gelten, wobei aber England sich nach den auszehrenden Strapazen des Krimkriegs in einer ausgesprochen isolationistischen Stimmungsphase befand. In dieser Lage konnte das europäische Mächtekonzert keinen wirksamen Druck auf expansionswillige Staaten ausüben; ein anschaulicher Beleg hierfür ist die Tatsache, daß in einem Zeitraum von fünfzehn Jahren in Europa vier größere Kriege geführt wurden: der italienische Einigungskrieg von 1859 zwischen Österreich auf der einen, Frankreich und Piemont auf der anderen Seite, der deutsch-dänische Krieg von 1864, der österreichisch-preußische Krieg von 1866 und der französisch-preußische Krieg von 1870. Danach war das alte europäische Mächtegleichgewicht bis zur Unkenntlichkeit verstümmelt.

Dazu kam, daß die Aufgabe, ein neues Gleichgewicht zu schaffen und ein funktionsfähiges neues internationales System zu errichten, sich dieses Mal weitaus schwieriger gestaltete als zur Zeit des Wiener Kongresses. War nach 1815 eine Periode der Entspannung eingetreten, so blieb eine solche nach 1870 aus. Die von den Einigungskriegen herrührenden Ressentiments und Frustrationen waren groß – die Franzosen konnten die Annektion Elsaß-Lothringens durch Deutschland nicht verwinden, die Österreicher suchten ihre Terrainverluste in Deutschland durch eine offensive Politik auf dem Balkan wettzumachen, die den Ärger und Argwohn des Zaren erregte, und die Italiener, denen ihr neues vereintes Königreich nicht groß genug war, brannten darauf, den Österreichern bestimmte von italienischen Minderheiten bewohnte Gebiete abzujagen.

Der Gelegenheiten für Reibungen zwischen den europäischen Mächten gab es nach 1870 viele, nicht nur weil mit der endgültigen Einigung Italiens und Deutschlands fast alle „großmachtfreien" Gebiete in Europa, alle Pufferzonen und „Stoßdämpfer" verschwunden waren, so daß die Großmächte nunmehr unmittelbar aneinander grenzten und sich ungehindert aneinander reiben konnten, sondern auch weil sich das Zeitalter des Freihandels seinem Ende zuneigte und die Ära des Neomerkantilismus und Imperialismus heraufdämmerte; damit waren Zollkriege zwischen den Mächten und Konkurrenzkämpfe um Kolonien alsbald an der Tagesordnung. Die vorherrschende Stimmung der Jahre nach 1871 atmete nicht den Geist der Friedfertigkeit, sondern den eines überempfindlichen Nationalismus und einer Kriegsbereitschaft, ein Geist, der genährt wurde durch die weitverbreitete sozialdarwinistische Ideologie und den Sensationshunger einer Tagespresse, die sich einem leichtgläubigen und impulsiv reagierenden Leserpublikum anbiederte, welches durch das Vordringen der Schulpflicht und der kostenlosen Volkserziehung geschaffen worden war. Regierungen, die eine vernünftige, kooperative Außenpolitik zu treiben wünschten, konnten dies nicht mehr so frei von äußerem Druck tun, wie es einem Metternich möglich gewesen war. Noch nahm die öffentliche Meinung zwar nur sporadisch Einfluß auf den politischen Entscheidungsprozeß, aber die wirtschaftlichen Interessengruppen hatten sich mittlerweile formiert und standen im Begriff, ein Repertoire an Beeinflussungstechniken zu entwickeln, mit denen sie ihre Regierung zu politischen Kursänderungen in ihrem Sinne bewegen konnten. Bismarck beispielsweise machte die Erfahrung, daß er die von Industrie und Landwirtschaft inszenierten Kampagnen für eine Schutzzollgesetzgebung (in den 70er Jahren) und für koloniale Erwerbungen (in den 80er Jahren) nicht einfach ignorieren konnte. Dazu kam, daß die Regierungen in der Ära, in der die Kriegführung zunehmend mechanisiert und technisiert wurde, erkennen mußten, daß sie der beratenden Stimme ihrer Militärs immer häufiger bedurften und daß es zunehmend schwieriger wurde, die von ihnen gegebenen Ratschläge zu mißachten, selbst wenn sie fragwürdige politische Folgen nach sich zogen. In allen Ländern wurden die Kriegsministerien jetzt zunehmend zu Propagandazentralen für jene sich beschleunigende Aufrüstung, die ein charakteristischer Zug dieses Zeitalters war.

Angesichts dessen – und des zunehmend häufigeren Auftretens ideologischer Differenzen zwischen einzelnen Mächten, wie sie mit dem Anwachsen des französischen Revanchismus, des osteuropäischen Panslawismus, der alldeutschen Bewegung, des Irredentismus und orthodoxen Nationalismus notwendig einhergingen – ist es nicht verwunderlich, daß es zu keinem wirklichen Konsens zwischen den Mächten kommen konnte, wie er in der Epoche vor dem Krimkrieg bestanden hatte; unter dieser Voraussetzung war kaum anzunehmen, daß das europäische Mächtekonzert, selbst wenn seine Wiederbelebung gelingen sollte, imstande sein würde, das empfindliche Kräftegleichgewicht zu bewahren, das aus den Kriegen der 6oer Jahre hervorgegangen war.

Dies war ein Gegenstand der Sorge für den leitenden Staatsmann des Landes, das der Hauptnutznießer jener Kriege gewesen war. Otto von Bismarck, der so maßgeblich zur Zerstörung des alten europäischen Machtgleichgewichts beigetragen hatte, zeigte sich nach 1870 von einer ganz anderen Seite: als ein Mann, der zwar entschlossen war, die seinem Land zugefallenen Gewinne zu verteidigen, der sich aber für dieses Land nichts anderes mehr wünschte als Frieden, da Deutschland seiner Auffassung nach nunmehr eine saturierte Macht war. Bismarck hatte jedoch schnell erkannt, daß der Wunsch nach Frieden nicht genügte, nachdem ihm die Krise von 1875 die Augen über die Unzuverlässigkeit alter Freunde geöffnet hatte und die Möglichkeit eines österreichisch-russischen Konflikts auf dem Balkan, in den Deutschland höchstwahrscheinlich hineingezogen würde, offenkundig geworden war. Als er im Sommer 1878, in der Rolle eines ehrlichen Maklers, die rivalisierenden Mächte zum Kongreß nach Berlin lud und es ihm tatsächlich gelang, einen Krieg in Südosteuropa zu verhüten, stellte die russische Regierung sich auf den Standpunkt, die erzielten Vereinbarungen seien ein Anschlag auf russische Lebensinteressen und ein Verrat an der bisherigen deutsch-russischen Freundschaft und brachte den Gedanken eines Bündnisses mit Frankreich ins Spiel. Bismarck war sich darüber im klaren, daß auf die traditionelle, in den Kriegen gegen Napoleon geschmiedete Freundschaft zwischen Preußen, Österreich und Rußland nicht mehr zu bauen war. Wenn das bestehende Mächtegleichgewicht und die Stelle, die Deutschland darin einnahm, erhalten bleiben sollten, so mußten dafür neue Fundamente gesetzt werden.

Nach innerem Widerstreben gelangte Bismarck zu der Einsicht, daß der einzig erfolgversprechende Ausweg aus seinem Dilemma darin bestehen würde, ein Netz von Geheimbündnissen zu knüpfen, das wenigstens Deutschland vor der Gefahr einer potentiellen Isolierung bewahren und, wenn alles gut ginge, ihm darüber hinaus ein gewisses Maß an Einfluß auf die Politik einiger der anderen Mächte verleihen würde, der ausreichte, um ihnen den Geschmack an außenpolitischen Offensiven oder Abenteuern zu verderben, die den allgemeinen Frieden bedrohen konnten. Bei späterer Gelegenheit definierte Bismarck einmal seine Politik so: Man dürfe nicht aus den Augen verlieren, wie wichtig es sei, ,,daß man auf dem europäischen Schachbrett selbdritt ist. Für alle Kabinette und vor allem für das meinige ist es das unveränderliche Ziel. Alle Politik läßt sich in die Formel fassen:

Versuche zu dreien zu sein, solange die Welt durch das unsichere Gleichgewicht von fünf Großmächten regiert wird."

Das war vermutlich eine Rationalisierung *post festum*. Nach dem Berliner Kongreß, als Deutschland nahezu isoliert dastand, hatte Bismarck sich noch bescheidenere Ziele gesteckt. In der Erkenntnis, daß Deutschland zumindest *einen* verläßlichen Bündnispartner brauchte, hatte er die Fühler zu Österreich-Ungarn ausgestreckt und mit den Habsburgern einen Geheimvertrag geschlossen, der beide Partner im Falle eines russischen Angriffs zu militärischem Beistand und im Falle eines Angriffs von seiten einer anderen Macht als Rußland zu wohlwollender Neutralität verpflichtete. Dieses Abkommen von 1879 bescherte nun aber Bismarck ganz unerwartet jene Kontrolle, die das europäische Gleichgewicht für die folgenden zwölf Jahre stabil erhielt. Denn wenn auch der Inhalt des deutsch-österreichischen Vertrages geheim blieb, so wurde doch die Tatsache seines Abschlusses bekannt, und dies genügte, um die Russen zu einer Änderung ihrer Haltung zu bewegen: Sie bemühten sich um eine Erneuerung des Dreikaiserabkommens, wozu Bismarck sich auch bereitfand. Auf diesen diplomatischen Erfolg hin klopften die Italiener, mit dem Hut in der Hand, in Berlin an und baten um eine Beistandszusage für den Fall eines französischen Anschlags auf ihre nordafrikanischen Interessen; Bismarck erklärte sich zu einem solchen Abkommen bereit, unter der Bedingung, daß die Italiener zugleich einen vertraglichen Ausgleich mit Österreich herbeiführten. Durch seinen Vertrag mit Österreich für den Fall eines russischen Angriffs auf Deutschland abgesichert, hatte Bismarck mittels dieser anderen neuen Abkommen der Möglichkeit eines französisch-russischen Bündnisses einen Riegel vorgeschoben und damit die Gefahr eines Krieges zwischen Österreich und Rußland auf dem Balkan oder eines Konflikts zwischen Österreich und Italien um das Trentino erheblich reduziert. Indem er gleichzeitig die britischen Interessen in Ägypten unterstützte, vervollständigte er die Isolation Frankreichs.

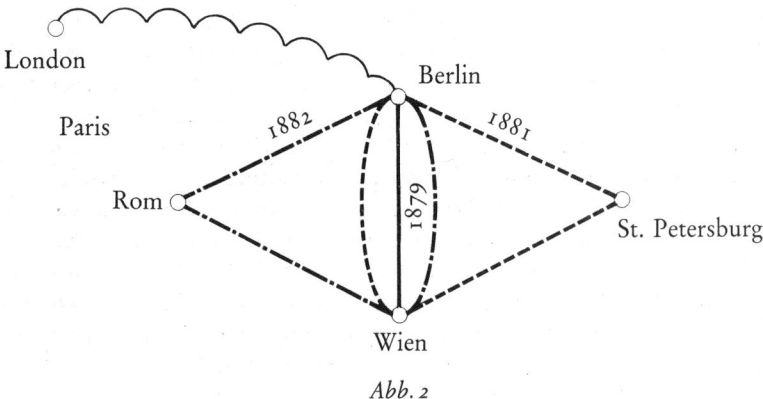

Abb. 2

Eine graphische Darstellung des Bismarckschen Kräftegleichgewichts würde sich sehr von jener des Wiener Systems unterscheiden. Sie müßte in etwa so aussehen wie Abbildung 2. Ein äußerer, alle umfassender Konsensrahmen fehlt hier. Das Mißtrauen zwischen den Staaten war so groß, daß ein Konsens nicht möglich war. Es gibt ferner keine einander gegenüberstehenden, aber Querverbindungen zueinander aufweisenden Subsysteme. In diesem Modell sind alle Mächte, mit Ausnahme Frankreichs, auf die eine oder andere Weise mit Berlin verbunden, und zwar zu Bismarcks Bedingungen. Den Österreichern zum Beispiel war die Unterstützung Deutschlands für den Fall zugesichert, daß Rußland mit Waffengewalt ihre Interessensphäre auf dem Balkan bedrohte, aber zugleich hielt Bismarck sie kurz durch die Klausel, daß diese Hilfszusage nicht gelten würde, wenn der Angriff von Österreich ausging.

Die Konstruktion, mit deren Hilfe Bismarck das europäische Kräftegleichgewicht in seiner 1871 geschaffenen Form zu bewahren suchte, war kompliziert; und das war ihre Hauptschwäche. Ihr Funktionieren beruhte auf Geheimhaltung und Geheimdiplomatie, erforderte beständiges Manövrieren und war in hohem Maße von Unaufrichtigkeit gekennzeichnet. In der schweren bulgarischen Krise von 1886/87, als das Dreikaiserabkommen infolge einer Neuauflage des österreichisch-russischen Antagonismus auf dem Balkan aus dem Leim ging und zugleich eine Welle des Revanchismus in Frankreich die Bildung eines französisch-russischen Bündnisses möglich erscheinen ließ, konnte Bismarck nur durch den Rückgriff auf höchst fragwürdige Mittel diese Gefahren bannen und sein System nochmals einrenken: Die Franzosen schüchterte er mit einer plakativ annoncierten Kriegsdrohung ein, und den Russen spiegelte er eine Unterstützung für ihre Absichten auf dem Balkan vor, die Lügen gestraft wurde durch sein heimliches Zusammenspiel mit dritten Mächten und durch Börsenmanipulationen, die seine Zusagen entwerteten. Bismarcks Vorgehen in dieser Krise ist oft als eine *tour de force* bezeichnet worden; indes war der Kurs, den er steuerte, so undurchsichtig und hinterlistig, daß es schwerfällt, sich des Verdachts zu erwehren, daß ihm taktische Virtuosität wichtiger geworden war als aufrichtiges Verhandeln; man braucht freilich nicht so weit zu gehen wie jener verdiente britische Gelehrte, nach dessen Auffassung „der alte Herr ein wenig den Kopf verloren hatte". Mit seinen Machenschaften in der Bulgarienkrise rettete er sein System sicherlich nur in einem formalen Sinn, bestärkte er durch sein Verhalten doch insbesondere die Russen in dem Gefühl, belogen worden zu sein. Insofern waren die Tage des europäischen Kräftegleichgewichts, Modell Bismarck, gezählt. Selbst wenn er nach 1890 weiter Kanzler geblieben wäre, kann man sich unmöglich vorstellen, daß sein System den inneren Spannungen, die er durch seine Manipulationen nur kurzfristig umlenken konnte, sehr viel länger hätte standhalten können.

III

Zu einer dritten systematischen Form fand das europäische Mächtegleichgewicht in den Jahren zwischen 1907 und 1914, als die sechs maßgeblichen europäischen Mächte (einschließlich Großbritanniens, das aus der ,,splendid isolation" herausgetreten war, auf die es sich den größten Teil des 19. Jahrhunderts über so viel zugute gehalten hatte) sich zu zwei hochgerüsteten, einander feindlich gegenüberstehenden Koalitionen gruppierten. Es war diese Manifestation des europäischen Gleichgewichts, die sich im Geschichtsgedächtnis späterer Generationen festsetzte und wegen der Katastrophe, in die sie mündete, den Begriff des Gleichgewichts der Kräfte in der Nachkriegsperiode und insbesondere in den Vereinigten Staaten in Verruf brachte.

Es ist möglich – und durchaus nicht ganz ungerechtfertigt –, die Verantwortung für die Herausbildung des Koalitionssystems von 1907–14 mit all seinen beklagenswerten Konsequenzen dem Kurs anzulasten, den die deutsche Politik nach der Entlassung Bismarcks im Jahr 1890 nahm. Fast in unmittelbarem Anschluß an diesen Vorgang hatte die deutsche Regierung beschlossen, das Geflecht ihrer außenpolitischen Verpflichtungen etwas zu lichten, indem sie die Bindung an Rußland kappte, die unvereinbar schien mit den bei Abschluß des Zweibundes im Jahr 1879 gegenüber Österreich übernommenen Verpflichtungen. Dieser Schritt war keineswegs unvernünftig und rechtfertigte gewiß nicht die lautstarken Kassandrarufe aus dem Lager der Bismarck-Fronde. Hätte die deutsche Regierung ruhig Blut bewahrt, als die Russen das Naheliegende taten und sich auf den Weg einer Annäherung an Frankreich begaben, vieles, was später an Unheilvollem geschah, hätte sich verhüten lassen. So aber machten die deutschen Politiker mit ihrer Nervosität und ihrer taktischen Ungeschicklichkeit nach und nach alles zunichte, was noch vom Bismarckschen System übrig war, und bewirkten eine erhebliche Destabilisierung und Verunsicherung Europas. Dies bewerkstelligte die deutsche Regierung unter Wilhelm II., namentlich in der Periode der Kanzlerschaft Bülows und der Amtszeit Tirpitz' als Chef des Reichsmarineamts, auf zweierlei Weise.

Zum einen betrieben die Deutschen in den überseeischen Regionen der Welt eine aggressive und offensive Politik; in Afrika, im Pazifik und im Nahen Osten drangen sie in die Einflußsphären anderer Mächte vor und verhielten sich dabei so, daß sie jedermann gegen sich aufbrachten und selbst alte Weggefährten den Eindruck gewinnen mußten, die Deutschen seien unzuverlässig. Die Russen, die sich weltanschaulich immer den Deutschen näher fühlten als den Westmächten und die Briten als ihre Hauptwidersacher im Nahen Osten betrachteten, waren unangenehm überrascht, als Deutschland gegen Ende der 90er Jahre in ihrer Interessensphäre am Persischen Golf aktiv zu werden begann, und sie fingen an, ihre Haltung zu überdenken. Großbritannien und Frankreich, die sich nach 1882 in Afrika in den Haaren lagen und 1898 im Sudan nur knapp an einem Krieg vorbeikamen, stellten fest, daß Deutschland mit der Zeit für beide zu einem Ärgernis und zu einem potentiell gefährlichen Konkurrenten wurde, und sie begannen, die zwischen ihnen entstandenen Barrieren einzureißen. Zugleich lockerten die Briten, durch die Manöver der Deutschen verunsichert, ihre Bindungen an die Juniorpartner Berlins.

Ein zweites Moment war, daß die innere Stabilität der deutschen Regierung, und das hieß hauptsächlich ihre Fähigkeit, sich gegenüber der Sozialdemokratie zu behaupten, auf einem Bündnis konservativer politischer Parteien und Gruppierungen beruhte, die von der Schwerindustrie und vom Großagrariertum finanziell unterstützt wurden. Diese wirtschaftlichen Interessengruppen hatten Wünsche und verstanden es, ihre Kräfte so gebündelt einzusetzen, daß sie bekamen, was sie wollten. Hauptsächlich der von diesen Gruppen ausgeübte Druck war es, der die deutsche Regierung im Jahr 1900 zur Verabschiedung eines extensiven Flottenrüstungsprogramms veranlaßte, das nur dazu führen konnte, bei den Engländern Argwohn und Befürchtungen zu wecken, und sie schließlich gründlich vor den Kopf stieß. Dieselben Interessengruppen waren es auch, die 1902 im Reichstag genügend Stimmen mobilisierten, um die Verabschiedung eines neuen Zollgesetzes zu erreichen, das russisches Getreide praktisch von den deutschen Märkten verbannte. Dieser Schritt verletzte das wirtschaftliche Interesse jener Klasse der russischen Gesellschaft, die Deutschland traditionell am freundlichsten gesinnt war; wenn bis dahin die Chance einer Wiederannäherung zwischen Deutschland und Rußland bestanden hatte, so war sie damit endgültig verschüttet. Schon seit den frühen 90er Jahren hatte es militärische Bindungen zwischen Frankreich und Rußland gegeben; diese wurden nun verstärkt, und beide Mächte suchten die Freundschaft Großbritanniens, das sie mit offenen Armen empfing.

Es wäre freilich ein Fehler, wollte man den Grund für diese verhängnisvolle Entwicklung einzig und allein in der Ungeschicktheit und Kurzsichtigkeit der deutschen Politik suchen. Selbst wenn Wilhelm II., Bülow und Tirpitz klügere und verantwortungsvoller handelnde politische Führer gewesen wären, kann man sich kaum vorstellen, daß die Briten Deutschlands Weg mit weniger Argwohn verfolgt hätten, als sie es tatsächlich taten. Paul Kennedy hat in seiner meisterhaften Untersuchung über die Entstehung des deutschenglischen Gegensatzes gezeigt, daß es im wesentlichen die Wandlung Deutschlands war, die der Verschlechterung seiner Beziehungen zu England zugrunde lag: seine Entwicklung von einem Schwarm zweitrangiger, von unbedeutenden Duodezfürsten regierter Staaten zu einem Einheitsstaat mit einer die britische weit übertreffenden Bevölkerungszahl, einer imposanten industriellen Kapazität und einem hohen technisch-wissenschaftlichen Niveau. Deutschland hatte, mit den Worten Kennedys, gegen Ende des 19. Jahrhunderts einen Punkt erreicht, an dem ihm nicht nur „seine europäische ‚Haut‘ zu eng wurde, sondern [es] sich auch die ersten Attribute einer Weltmacht zulegte ... All dies mußte mit Notwendigkeit zu einer relativen Schwächung der handels- und kolonialpolitischen Stellung Großbritanniens sowie auch seiner Seeherrschaft führen, sofern es nicht seinerseits in der Lage war, stärker zu exportieren, sich stärker kolonialpolitisch zu engagieren und mehr Schiffe zu bauen, um so das ursprüngliche Kräfteverhältnis wieder herzustellen.‘‘

Bei den Briten weckte diese Wandlung neue Ängste und Ressentiments. Die für die deutsche Politik nach 1890 so charakteristische Nervosität war in London nicht minder ausgeprägt vorhanden. Es war nur allzu einfach, sich dem Glauben hinzugeben, daß Deutschland den britischen Besitzstand bedrohte; dabei kann dies möglicherweise eher eine subjektive Deutung als ein objektiver Tatbestand gewesen sein. Verantwortliche britische Staatsmänner, deren Anliegen es war, ,,das Empire zu retten‘‘, verfielen leicht in die Denkgewohnheit, in Deutschland nicht den Rivalen, sondern den zukünftigen Feind zu sehen. Lord Esher war nicht der einzige, für den es zweifelsfrei feststand, ,,daß uns in absehbarer Zeit ein Titanenkampf zwischen Deutschland und Europa um die Vorherrschaft bevorsteht. Die Jahre 1793–1815 werden sich wiederholen, nur daß diesmal nicht Frankreich, sondern Deutschland die Rolle der europäischen Führungsmacht anstreben wird. Es verfügt über 70 Millionen Menschen und ist entschlossen, sich eine wirtschaftliche Vorrangstellung zu verschaffen. Dies kann es nur erreichen durch eine Schwächung der Position Englands und durch die Einverleibung der Niederlande und Belgiens in das Deutsche Reich.‘‘ Es war diese tiefsitzende Angst, die die Regierenden in London zu Beginn des neuen Jahrhunderts zu der Auffassung bewegte, England sei nun nicht mehr in der Lage, seine Sicherheit aus eigenen Kräften zu gewährleisten, sondern müsse versuchen, der deutschen Gefahr durch einen Schulterschluß mit den kontinentalen Widersachern Deutschlands zu begegnen.

Hieraus erwuchsen die Entente cordiale mit Frankreich (1904) und das englisch-russische Abkommen von 1907, die zusammen eine radikale Umschichtung des europäischen Gleichgewichts bewirkten, indem sie zwei antagonistische Blöcke entstehen ließen: den Dreibund und die Dreier-Entente (s. Abb. 3).

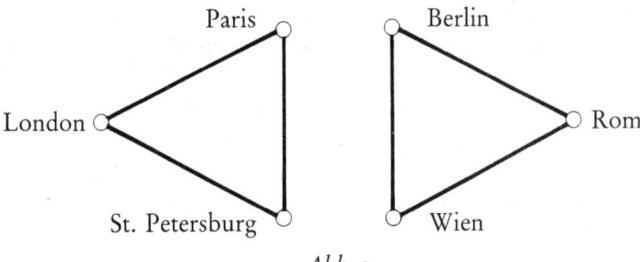

Abb. 3

Die Hauptmerkmale dieses neuen Systems waren (ganz so wie bei der von Bismarck kreierten Ordnung) das Fehlen eines Rahmenkonsens' zwischen den Mächten und die Bevorzugung förmlicher, geheimer Bündnisverträge gegenüber informellen Kombinationen. Im Gegensatz zum Bismarckschen System jedoch, in dem sich alles um Berlin gruppiert hatte, war diese neue Variante ein bipolares System, und dieser Bipolarität wegen war es sehr viel weniger stabil als das Bismarcksche – ebenso wie dieses weit weniger stabil gewesen war als das vom Wiener Kongreß geschaffene. Denn es gab hier keine wechselseitige Durchdringung, wie es sie beim Wiener System gegeben hatte, und keinen kontrollierenden Einfluß einer starken Bündnis-Führungsmacht wie im Bismarckschen System. Die hervorstechenden Kennzeichen beider Elemente des neuen bipolaren Systems der Jahre 1907–1914 waren eine sich beständig beschleunigende Aufrüstung und eine in beiden Blöcken wachsende Angst, einen oder beide Verbündeten an das gegnerische Lager zu verlieren und dadurch in einen gefährlichen Nachteil zu geraten, wenn nicht gar eingekreist und vernichtet zu werden.

Als die deutsche Regierung sich darüber klarwurde, daß die Italiener unzuverlässige Verbündete waren (die Anzeichen dafür mehrten sich nach 1900), stützte sie sich in ihrer Furcht vor einer möglichen Isolierung immer intensiver auf das Bündnis mit Österreich (man denke in diesem Zusammenhang an die Appelle zur „Nibelungentreue" aus dem Munde Wilhelms II.). Weil dies so war, begaben sich die Deutschen jenes weisen Vorbehalts, unter den Bismarck seine Bündnisverpflichtungen gegenüber Österreich gestellt hatte: daß Deutschland bei einem Kriege zwischen Rußland und Österreich nur dann an die Seite des letzteren treten würde, wenn Rußland der Angreifer war. Im Jahre 1909, in der letzten Phase der bosnischen Krise, erklärte der deutsche Generalstabschef, der jüngere Moltke, seinem Rangkollegen in Wien ausdrücklich, Österreich könne sich im Falle eines Konflikts unabhängig von der Schuldfrage auf die Unterstützung Deutschlands verlassen – eine Zusicherung, die ein handfestes Gefahrenmoment in sich barg, aber unter den gegebenen Umständen unausweichlich schien. Auf der anderen Seite begannen Briten und Franzosen ähnliche Befürchtungen in Richtung auf einen möglichen Verlust Rußlands an die Deutschen zu hegen (von dieser Angst wurde der Ständige Unterstaatssekretär im britischen Auswärtigen Amt, Sir Arthur Nicolson, beständig geplagt), und sie neigten infolgedessen dazu, den Russen ein gefährliches Maß an Handlungsfreiheit zuzugestehen, statt daß sie ihnen zu verstehen gegeben hätten, daß sie eine allzu heiße Suppe, die sie sich möglicherweise einbrockten, allein würden auslöffeln müssen. Auf die verschiedenen Krisen, die sich zwischen 1908 und dem Juli 1914 abspielten, brauchen wir nicht *en détail* einzugehen. Es genügt, wenn wir sagen, daß, auf die einfachste Formel gebracht, der Erste Weltkrieg aus der Unbeweglichkeit der Bündnisblöcke und aus der ungenügenden „Aufsicht" der jeweiligen Führungsmacht über den jeweils ungebärdigsten Juniorpartner resultierte. Auch diese Konstellation läßt sich in Form einer schematischen Darstellung illustrieren (s. Abb. 4);

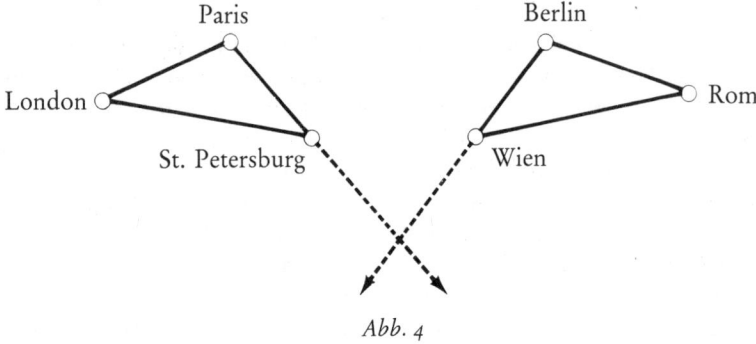

Abb. 4

die Dreiecke stehen für die antagonistischen Bündnisblöcke, die Pfeile symbolisieren die unverantwortlichen Vorstöße der beiden Juniorpartner, mit denen sie im Gefolge der Ermordung des österreichischen Thronfolgers am 28. Juni 1914 in Sarajewo die ganze Völkerfamilie in einen allgemeinen Krieg hineinzogen.

IV

Die drei Experimente, die sich die Staatsmänner Europas im 19. Jahrhundert ausgedacht hatten mit dem Ziel, ein funktionsfähiges und stabiles Gleichgewicht der Kräfte zu konstruieren, wiesen untereinander, wie bereits bemerkt, mehrere bedeutsame Unterschiede auf. Sie differierten aber auch qualitativ von der in Kapitel 2 dargestellten frühen Variante dieses Systems, bei der das Moment der Konkurrenz noch stärker und die Einbindung der Beteiligten in gemeinsame Konventionen, Praktiken und Institutionen noch weniger ausgeprägt war und die, vielleicht teilweise aus diesem Grund, dem Versuch Napoleons, sie durch ein Hegemonialsystem zu ersetzen, zunächst wenig Widerstand entgegenzusetzen vermochte. Unbeschadet dieser Unterschiede wiesen alle Varianten bestimmte mehr oder weniger ähnliche Grundzüge auf, und diese allgemeinen Kennzeichen der multipolaren europäischen Gleichgewichtssysteme verdienen eine kurze Würdigung.

Die wichtigste ,,Regel" im Rahmen des europäischen Gleichgewichtssystems lautete, daß jede der fünf Großmächte soweit wie notwendig an der Bewahrung des Gleichgewichts mitwirken müsse; diese von allen stillschweigend akzeptierte Voraussetzung war die Hauptursache dafür, daß kein einzelner Staat auf den Gedanken kam, eine hegemoniale Vorherrschaft anzustreben. Es bestand Einigkeit darüber, daß eine beträchtliche Flexibilität im Eingehen und Wechseln von Allianzen im Hinblick auf dieses Ziel wünschenswert, ja notwendig war. Feste und dauerhafte Bündnisse waren verpönt – eine Regel, die bei der in den Jahren 1907–1914 zum Tragen kommenden Variante des Systems kraß mißachtet wurde, mit katastrophalen Folgen.

Um zu gewährleisten, daß die Machtverteilung unter den fünf Hauptakteuren in etwa gleichblieb, und um die Konkurrenz zwischen ihnen zu entschärfen, wurden weitere Regeln und Praktiken institutionalisiert, die ebenfalls als notwendige Voraussetzungen für die Funktionsfähigkeit und Stabilität des Systems betrachtet werden müssen. Eine davon, das bereits erwähnte Prinzip der Kompensation, wurde wie folgt gehandhabt: Wenn eine der Großmächte territoriale oder wirtschaftliche Zugewinne erwarb oder zu erwerben beabsichtigte, verstand es sich von selbst, daß den anderen Mächten ebenfalls ein entsprechender Zuwachs an Territorium, Bevölkerung oder wirtschaftlichen Ressourcen zustand – gewöhnlich auf Kosten zweitrangiger europäischer oder außereuropäischer Staaten.

Eine weitere Systemregel, deren Einhaltung der Bewahrung und Stabilisierung des Gleichgewichts diente, war das Prinzip, daß die Großmächte, wenn sie einen Krieg führten, dies nur um streng begrenzter Ziele willen tun sollten. Eine damit zusammenhängende Regel lautete, daß drakonische Friedensbedingungen vermieden werden sollten und daß eine in einem solchen Krieg geschlagene Großmacht dem Gesamtsystem gleichwohl weiterhin als reguläres Mitglied angehören und an der Wiederherstellung des Gleichgewichts beteiligt werden sollte. Mit Hilfe dieser und anderer regulativer Maßnahmen gelang es den Großmächten, ihre internen Rivalitäten und Konflikte auf eine das Gleichgewichtssystem nicht gefährdende Weise auszutragen, was letztlich wieder ihrer eigenen Sicherheit und der Bewahrung ihres Großmachtstatus zugute kam.

Das europäische Gleichgewichtssystem des 18. und 19. Jahrhunderts wies eine Reihe eigentümlicher Kennzeichen auf, die sich bei hegemonial strukturierten internationalen Systemen nicht finden wie beispielsweise, um ungefähr in derselben Epoche zu bleiben, bei dem um das chinesische Mandschu-Reich gruppierten System oder in von Zeit zu Zeit vorgeschlagenen (fiktiven) Systemen einer Weltregierung. Die europäische Staatenordnung war ein *dezentralisiertes, sich selbst regulierendes System* – Macht und Verantwortung verblieben in den Händen der einzelnen das System konstituierenden Staaten. Es gab, anders gesagt, keine supranationale Regierungs- oder Herrschaftsinstanz, bei der die Fäden des Systems zusammengelaufen wären und die die beteiligten Mächte diszipliniert, ihre Streitigkeiten geschlichtet, die Einhaltung der Systemregeln erzwungen und dafür gesorgt hätte, daß die internationale Politik nicht zu einem anarchischen Getümmel degenerierte. Gewiß, all dies waren wichtige Voraussetzungen für das Funktionieren und die Stabilität der europäischen Ordnung, aber es war allein Sache der Großmächte selbst, durch die Abstimmung und Reglementierung ihres Verhaltens zu gewährleisten, daß diese Voraussetzungen erfüllt wurden.

Hinzu kam, daß die „Verwaltung" des europäischen Systems mit dem Ziel, das Kräftegleichgewicht zu erhalten, als eine Verantwortung verstanden wurde, die allen Großmächten gleichermaßen oblag. Das Bewußtsein dieser Verantwortung trat ganz besonders klar und überzeugend nach der üblen Erfahrung mit Napoleon zutage. Vorher hatte man sich in dem Glauben gewiegt, das Balancieren und Auspendeln des Gleichgewichts innerhalb des Systems ergebe sich mehr oder weniger automatisch aus dem ungezügelten Wettbewerb der Großmächte untereinander – ein Echo, so möchte man sagen, auf die von Adam Smith und den Physiokraten gepriesenen Vorzüge eines vollkommen freien und ungebändigten Wettbewerbs. Hinterher sahen die europäischen Staatsmänner ein, daß es notwendig war, einen institutionellen Rahmen und ein Regelwerk zu schaffen – verkörpert im Konzert der europäischen Mächte –, um jene Kooperation und Koordination des außenpolitischen Handelns zu gewährleisten, auf deren Grundlage ein System des Mächtegleichgewichts erst funktionieren konnte. Als das Konzert sich in dem Jahrzehnt nach 1871 den ihm zugedachten Aufgaben nicht mehr gewachsen zeigte, versuchte Bismarck, das entstandene Vakuum durch die Entwicklung einer abweichenden Variante des Systems auszufüllen, deren neue Qualität unter anderem darin bestand, daß ihr Schöpfer sich einseitig die Verantwortung für die „Verwaltung" des Systems vorbehielt.

Ein dritter eigentümlicher Grundzug des europäischen Systems war, daß seine Teilhaber die zwischen ihnen herrschende Rivalität nicht in einem Sinne interpretierten und praktizierten, als ob es sich dabei um ein „Nullsummen"-Spiel handelte. Das will sagen, die Großmächte betrachteten einander nicht als unversöhnliche Gegner in einem Verdrängungswettbewerb, in dem Gewinne nur erzielt werden konnten, indem man den anderen Verluste zufügte. Die Beteiligten verhielten sich zueinander eher wie „begrenzte Rivalen": Nicht nur war der Gewinn des einen nicht unbedingt gleichbedeutend mit einem Verlust des anderen, sondern die Konkurrenz wurde auch noch durch die Anwendung des Prinzips der Kompensation gemildert.

Erleichtert wurde das Bemühen, den Wettbewerb innerhalb des europäischen Gleichgewichtssystems möglichst dauerhaft als ein Spiel *ohne* Nullsummen-Charakteristik zu gestalten, durch ein weiteres spezifisches Merkmal dieses Systems, das man am besten mit Hilfe jener in der Volkswirtschaftslehre gebräuchlichen, anschaulichen Unterscheidung zwischen dem „nichtwachsenden" und dem „wachsenden Kuchen" illustrieren läßt. Für große Teile des 18. und 19. Jahrhunderts gilt, daß der Gesamtvorrat an Territorien und Ressourcen, die den Großmächten als Objekt ihrer Konkurrenz zur Verfügung standen und die sie unter sich aufteilen konnten, nicht begrenzt war. Der Kampf darum, „wer was bekommt", verlor dadurch an Schärfe, daß die europäischen Mächte sich um einen wachsenden Kuchen stritten. Somit ging der Wettstreit nie so weit, daß es für eine der beteiligten Großmächte lebensgefährlich geworden wäre. Die Beute, die gemacht wurde, ging zum guten Teil auf Kosten Dritter – schwächerer europäischer Staaten, zerfallender Großmächte (wie des spanischen und des osmanischen Reichs) und außereuropäischer Länder (in Afrika, Asien und Amerika). Gegen Ende des 19. Jahrhunderts und in dem Jahrzehnt vor Ausbruch des Ersten Weltkriegs neigten sich die Möglichkeiten weiterer territorialer Expansion auf Kosten Dritter ihrem Ende zu, und etliche Staatsmänner begannen nun, den Wettbewerb mit ihren Großmacht-Rivalen als Kampf um einen „nichtwachsenden Kuchen" zu begreifen, eine Entwicklung, die zur Verhärtung und Polarisierung der beiden Bündnisblöcke beitrug.

Am Ende sollte der Hinweis nicht fehlen, daß das europäische System des Mächtegleichgewichts *nicht* die Eliminierung des Krieges als Mittel der Außenpolitik zum Ziel hatte. Man ächtete den Krieg nicht, sondern traf lediglich eine Unterscheidung zwischen erlaubten und nicht erlaubten Kriegen. Die Androhung oder Ausübung militärischer Gewalt galt in der Regel dann als zulässig, wenn sie sich auf wohldefinierte, begrenzte Ziele richtete und die Stabilität des Gleichgewichtssystems nicht bedrohte. So durfte eine Macht etwa Krieg führen oder mit Krieg drohen, um sich in einem beschränkten Rahmen Vorteile zu sichern (oder sich vor Nachteilen zu schützen), soweit dadurch die vitalen Interessen anderer Großmächte nicht verletzt wurden oder deren Großmachtstatus als solcher bedroht wurde; unzulässig waren dagegen Kriege, die darauf abzielten oder auch nur die Möglichkeit eröffneten, irgendeine der Großmächte oder einen ihrer wichtigen Bündnispartner nachhaltig zu schädigen. Andererseits war der Rückgriff auf die Androhung und notfalls auch Anwendung von Waffengewalt dann legitim oder sogar notwendig, wenn ein Staat nach Übermacht oder nach einer beherrschenden Stellung innerhalb des Systems strebte, denn ein solches Streben drohte ja das System des Mächtegleichgewichts als solches zu zerstören und es durch eine hegemonial strukturierte Staatenordnung zu ersetzen. Mit der Zeit verlor diese Unterscheidung zwischen zulässigen und unzulässigen Kriegen an Schärfe und Bedeutung, namentlich im Zeichen der starren bipolaren Gestalt, die das System nach der Jahrhundertwende annahm. Dies zeigte sich nirgendwo klarer als im Juli 1914, als die Großmächte sich aus einer ganzen Reihe von Gründen nicht darüber einigen konnten, ob die österreichische Kriegserklärung an Serbien zulässig war oder nicht.

4. Der Versuch,
ein neues System aufzubauen: 1919–1939

In den Jahren 1814/15 – nach mehr als zwanzig Jahren fast ununterbrochener Kriege – waren die Vertreter der europäischen Mächte soweit, daß sie sich „als Freunde", wie Metternich erklärte, zusammenzusetzen vermochten, um die Fundamente für eine internationale Ordnung zu legen, die sich fünfunddreißig Jahre lang gut und – nach einer Phase der gewaltsamen Umstrukturierungen durch Kriege zwischen 1854 und 1871 – weitere vierzig Jahre leidlich bewährte. Der Krieg, der den Bankrott dieses Systems auf so unheilvolle Weise besiegelte, dauerte nur vier Jahre, aber als er endlich vorüber war und die Staatsmänner der an ihm beteiligt gewesenen Nationen sich erneut zu einem großen diplomatischen Kongreß versammelten (dieses Mal in Paris), kam dabei etwas viel Unzulänglicheres heraus, als ihre politischen Vorfahren es in Wien zustande gebracht hatten. Keine lebensfähige internationale Ordnung stand am Ende ihrer Bemühungen, und wenn sie auch mitunter vorgaben, sie hätten etwas dieser Art zuwege gebracht, so war doch die Tatsache, daß keine zwanzig Jahre später ein neuer Weltkrieg ausbrach, der in seinen Dimensionen den Ersten noch in den Schatten stellte, Beweis genug, daß dem nicht so war.

Gewiß, die Friedensstifter von 1919 standen vor Problemen nie gekannten Ausmaßes. Zum einen war der gerade zu Ende gegangene Krieg nicht von den Mächten beigelegt und abgeschlossen worden, die ihn begonnen hatten, zum anderen hatten einige von ihnen den Kampf nicht überlebt. Daß der Krieg sich von seinem europäischen Brandherd aus in alle Weltteile ausgebreitet hatte, war natürlich keine Überraschung gewesen. Wie wir gesehen haben, war dies bereits bei den Kriegen des 18. Jahrhunderts so gewesen, und auch im 19. Jahrhundert, in der großen Zeit des Imperialismus, waren die Großmächte ja oft genug bestrebt gewesen, ihre in Europa entbrannten Zwistigkeiten durch Aktivitäten auf kolonialen Schauplätzen zu regeln. In diesem Krieg jedoch schlüpften die früheren Kolonien in die Rolle selbständiger Akteure auf der Bühne der Weltpolitik, und sie gingen aus ihm als Staaten mit eigenen politischen Zielen und Strategien hervor. Kanada, Australien, Neuseeland und Südafrika hatten, ebenso wie Japan und die Vereinigten Staaten, vor dem Ersten Weltkrieg in der internationalen Politik eine zweitrangige und nur sporadische oder unbeständige Rolle gespielt; ihr Part sollte von nun an stetig an Gewicht zunehmen; wie groß dieses Gewicht werden würde, vermochte jedoch vorläufig noch niemand zu sagen. Und die Frage, in welcher Form sie in die politischen Kalkulationen einbezogen werden sollten, stellte die Systemkonstrukteure vor schwer lösbare strukturelle Probleme.

Dazu kam, daß der Krieg nicht viel von den vertrauten Elementen der
internationalen Ordnung übriggelassen hatte. Von den fünf Großmächten,
die das alte System dominiert hatten, waren drei – das Deutsche Reich, das
Zarenreich und das österreich-ungarische Kaiserreich – der sozialen Revolution anheimgefallen, wobei das drittgenannte in seine Einzelteile zerborsten
war. Wie sollte man in ein neues Staatensystem solche unbekannten Größen
wie das bolschewistische Rußland oder die deutsche und die österreichische
Republik eingliedern, ganz zu schweigen von solchen Nationen wie Ungarn
und die Tschechoslowakei, Jugoslawien und das wiederhergestellte Polen?

Es war damit zu rechnen, daß jeder konkrete Versuch zur Lösung dieses
Problems politische Leidenschaften aufrühren würde, die man 1814 noch
nicht gekannt hatte. Daß alle Beteiligten, gleich ob sie vor kurzem noch mit-
oder gegeneinander im Kampfe gestanden hatten, sich, wie in Wien geschehen, zusammensetzten, um die Fundamente für einen dauerhaften Frieden
zu legen, war diesmal undenkbar. Der Krieg von 1914-18 hatte an Dauer
und Brutalität die Konflikte des 19. Jahrhunderts weit übertroffen – und war
in mancher Hinsicht ein revolutionärer Krieg gewesen: Er hatte die Teilnehmerländer zur Aufbietung ihrer gesamten Leistungskraft auf allen Gebieten
gezwungen und war insofern kein begrenzter, sondern ein totaler Krieg
gewesen, der die traditionelle Unterscheidung zwischen dem militärischen
und dem zivilen Teil der Gesellschaft aufgehoben hatte. Man kann in der Tat
sagen, daß es in diesem Krieg im Grunde keine Nonkombattanten gab; die
Zivilbevölkerung wurde stärker in Mitleidenschaft gezogen als jemals seit
den Schrecken des Dreißigjährigen Krieges. Dieser letztere hatte, wie wir
gesehen haben, als religiöser Konflikt begonnen und als politischer geendet.
Man könnte sagen, daß es beim Ersten Weltkrieg umgekehrt war, daß er als
politischer Konflikt begann und als eine Art Religionskrieg endete, in dem
jede Seite die andere nicht mehr nur besiegen, sondern vernichten wollte,
beinahe so, als gehe es darum, die Welt von einer Inkarnation des Antichristen zu befreien. Diese Tendenz, die im Denken der Zivilbevölkerung viel
stärker ausgeprägt war als im Bewußtsein der kämpfenden Truppe selbst,
war das Ergebnis erfahrenen Leids und gebrachter Opfer einerseits, einer
hetzerischen Kriegspropaganda andererseits, und sie zeitigte schwerwiegende Folgen, indem sie den Krieg für viele Menschen zu dem machte, was wir
weiter oben ein ,,Nullsummen-Spiel" genannt haben. Als der Krieg entschieden und vorbei war, gab es auf seiten der Sieger kaum eine Bereitschaft
zur Versöhnung mit dem besiegten Feind. Eher herrschte die Neigung vor,
ihn zu bestrafen, ihm solche Lasten aufzuerlegen, daß er auf absehbare Zeit
nicht in der Lage sein würde, sich zu erholen oder gar wiederzuerstarken.

Aus diesem Grunde liefen die Dinge 1919 in Paris in eine andere Richtung
als hundert Jahre zuvor in Wien. Damals war die Friedensregelung in einem

zweistufigen Prozeß zustande gekommen. Zunächst einmal war, im Ersten Pariser Frieden, der Krieg liquidiert, und zugleich waren bestimmte Vorkehrungen zur Installierung einer Regierung in dem besiegten Land getroffen worden, mit der die anderen Regierungen verhandeln konnten. Erst nachdem diese Voraussetzungen geschaffen worden waren, wurde ein Kongreß zum Zwecke der Ausarbeitung einer umfassenden und tragfähigen Friedensregelung einberufen; an den Vorverhandlungen zu diesem Kongreß durfte das besiegte Land gleichberechtigt mit den Siegern teilnehmen. Ursprünglich bestand auch 1919 die Absicht eines solchen stufenweisen Vorgehens: Einer Vorkonferenz, auf der formell Frieden geschlossen und einige vorläufige Beschlüsse über Territorialfragen sowie über Reparationen und Entschädigungen gefaßt werden sollten, sollte eine zweite Konferenz unter Beteiligung der besiegten Mächte folgen, auf der diese und andere Fragen erörtert und in endgültiger, verbindlicher Form geregelt werden sollten. Allein, die Unterhändler gelangten gar nicht bis zur zweiten Stufe, und viele Beschlüsse, die als vorläufig gedacht waren und in der Erwartung gefaßt wurden, daß über sie bei einer nachfolgenden, der eigentlichen Friedenskonferenz, noch einmal verhandelt würde, wurden durch deren Ausbleiben zu endgültigen Regelungen – mit schwerwiegenden Spätfolgen.

Einer der Gründe hierfür war, daß die siegreichen Mächte nicht erkannten, wie verwickelt die Aushandlung eines Friedens im Anschluß an einen so erbittert geführten Krieg sich gestalten oder wie lange sie sich hinziehen würde; als sie es dann schließlich merkten, ließen sie ihren ursprünglichen Plan fallen. Die tiefere Ursache lag jedoch in den vom Krieg aufgerührten Leidenschaften. Zu viele der Beteiligten waren unversöhnlich gestimmt und bestanden darauf, daß Deutschland, Österreich und die Türkei so drakonisch wie möglich bestraft werden müßten. Die besiegten Mächte erhielten keine Gelegenheit, ihre Auffassungen im Rahmen der Verhandlungen darzulegen; man konfrontierte sie einfach irgendwann mit Friedensbedingungen, die überwiegend den Geist der Rache atmeten, und erklärte ihnen, sie müßten sie annehmen. Wenn die Repräsentanten der Sieger in ihrem Vergeltungswillen nachzulassen schienen oder wenn sie versuchten, ihre besiegten Feinde mit mehr Nachsicht zu behandeln, wurden sie von ihrer eigenen Presse angegriffen und mußten um ihre Popularität im Hinblick auf die nächsten Wahlen fürchten. Während der gesamten Dauer der Friedenskonferenz erschien die *Daily Mail* in Großbritannien mit dem eingerahmten Spruch ,,The Huns will cheat you yet!" auf der Titelseite. Das war als eine Warnung an die Adresse der britischen Verhandlungsführer gedacht, und es veranlaßte sie dazu, in ihrer Haltung unnachgiebig und in ihrer Forderung nach Sanktionen gegen die Besiegten unnachsichtig zu bleiben. An der Spitze der britischen Regierung stand 1919 David Lloyd George; das Motto, mit dem er 1918 seinen Wahlkampf bestritt, wirft ein bezeichnendes Licht auf die Zeitstimmung. Es lautete: ,,We will squeeze the orange till the pips squeak!" („Wir werden die Orange auspressen, bis die Kerne quietschen!")

Während der Friedenskonferenz und auch danach blieben die Kriegsverlierer sozusagen an den Katzentisch verbannt. Man muß beispielsweise daran erinnern, daß Deutschland – obgleich es sich nicht mehr um jenes Deutschland handelte, das den Krieg ausgelöst hatte, sondern um eine neue Republik – die Mitgliedschaft im Völkerbund bis 1926 verwehrt wurde. Wenn man sich ferner vergegenwärtigt, daß auch Rußland, in seiner neuen Gestalt als Union der Sozialistischen Sowjetrepubliken, ausgeschlossen wurde, da die Westmächte in ihm eine latente Bedrohung sahen, nur sporadisch diplomatische Beziehungen zu ihm unterhielten und es im allgemeinen als außerhalb der Nationengemeinschaft stehend betrachteten, versteht man, weshalb es sich als so außerordentlich schwierig erwies, eine internationale Ordnung zu entwerfen, die ähnlich effektiv zu sein versprach wie die 1914 zerbrochene; und es wurde noch schwieriger, als sich die Vereinigten Staaten, ihrer führenden Rolle in den Jahren 1917–1919 ungeachtet, in einen neuen Isolationismus zurückzogen.

Dies zeichnete sich schon deutlich ab, noch ehe die Vereinigten Staaten ihren zukünftigen Kurs förmlich festlegten. Eines der Probleme, mit denen die Friedensstifter von Versailles sich konfrontiert sahen, bestand darin, eine theoretische Grundlage für eine neu zu schaffende internationale Ordnung zu finden. Die hundert Jahre zuvor in Wien versammelten Staatsmänner hatten sich auf den Grundsatz des Gleichgewichts der Kräfte berufen, und es gab auch jetzt in Paris Politiker, vor allem französische, die nach wie vor an diesem Denkmodell festhielten, ebenso wie an der Vorstellung von Garantie- und Bündnisverträgen, den traditionellen Stützen des Gleichgewichtssystems. Allein, dieser Gedanke fand einen beredten und mächtigen Gegner in der Person des amerikanischen Präsidenten Woodrow Wilson, der, wie viele Amerikaner vor ihm, der Überzeugung war, die Politik des Mächtegleichgewichts sei eine Erfindung der Staaten gewesen, die chronisch einem absolutistischen, militaristischen und antidemokratischen Selbstverständnis verhaftet gewesen seien und deren Bündnisakrobatik und Intrigenspiel den Ausbruch des Krieges im Jahr 1914 herbeigeführt hätten. Wilson hatte seine Entschlossenheit, mit dem alten System aufzuräumen, am 22. Januar 1917 in seiner Rede vor dem US-Senat über die Grundbedingungen des Friedens ganz unmißverständlich deutlich gemacht; er hatte damals einen „Frieden ohne Sieg" gefordert und erklärt:

Was nottut, ist nicht ein Gleichgewicht der Macht, sondern eine Gemeinschaft der Mächte ... Ich schlage ... vor, daß alle Nationen sich künftig bindender Bündnisverträge enthalten, die geeignet sind, sie in machtpolitische Konkurrenzkämpfe zu verwickeln, sie in ein Netz von Intrigen und selbstsüchtigen Rivalitäten zu verstricken und ihre inneren Angelegenheiten störenden, von außen herangetragenen Einflüssen auszusetzen. In einem Konzert der Mächte gibt es keine bindenden Bündnisverpflichtungen. Wenn alle sich zusammentun, um in die gleiche Richtung und auf das gleiche Ziel hin zu wirken, so werden alle im gemeinsamen Interesse handeln und unter einem gemeinsamen Schutzschirm ungehindert ihr eigenes Leben führen.

Einen Monat nach dem Waffenstillstand erläuterte er seinen Partnern bei den Friedensverhandlungen denselben Gedanken. In seiner Rede in der Londoner Guild Hall am 28. Dezember 1918 erklärte er, die Soldaten der verbündeten Streitkräfte hätten

gekämpft, um eine alte Ordnung zu beseitigen und eine neue aufzurichten, und den Mittelpunkt und das Charakteristikum der alten Ordnung bildete jene ehrwürdige Sache, die wir gewöhnlich das „Gleichgewicht der Kräfte" nannten – eine Waage, deren Neigung bestimmt wurde durch das in die eine oder andere Schale geworfene Schwert; eine Balance, die sich gründete auf das instabile Gleichgewicht konkurrierender Interessen; eine Balance, die aufrechterhalten wurde durch eifersüchtige Wachsamkeit und einen Antagonismus der Interessen, der zwar im allgemeinen latent blieb, aber immer tief gründete. Die Männer, die in diesem Krieg gekämpft haben, waren Männer aus freien Nationen, entschlossen, dafür zu sorgen, daß es mit dieser Art der Politik ein für allemal ein Ende hat.

Das war natürlich eine einseitige Auffassung, und das Bild, das Wilson sich vom System des Kräftegleichgewichts machte, war insofern unvollständig, als es sich einzig und allein auf die instabile nach-bismarckianische Variante bezog. Aber bei den zitierten Reden präsentierte sich der Präsident ohnehin nicht so sehr als Historiker denn als Visionär, dessen Postulate sich aus einer Überzeugung speisten, die viele Amerikaner seit den Anfängen ihrer nationalen Existenz vertreten hatten: daß die Beziehungen zwischen den Völkern der Welt nicht nach den überholten Grundsätzen der europäischen Politik gestaltet werden sollten, sondern nach demokratischen Prinzipien. „Der ganze Unsinn in puncto Gleichgewicht der Kräfte", hatte eine amerikanische Zeitschrift schon 1852 verkündet, „ist ganz und gar überholt, und die Lehre von der Solidarität der Menschen beginnt sich auszubreiten; die Volkssouveränität schickt sich an, das Legitimitätsprinzip sehr rasch zu verdrängen; Tag für Tag gewinnt das System, das heute noch auf Europa und Amerika beschränkt ist, an Boden; und bald wird es in Asien, Afrika und Ozeanien triumphieren." Diese Vision hatte sich im außenpolitischen Denken der Amerikaner beharrlich behauptet, ungeachtet der Kritik, die Realisten wie Alfred Thayer Mahan und Theodore Roosevelt daran übten, und nach der Katastrophe von 1914–18 waren es Wilson und die Mitglieder der amerikanischen Konferenzdelegation, die in ihrem Banne standen. Sie trafen in angriffslustiger Stimmung in Paris ein und näherten sich den Europäern mit ebensoviel Argwohn, wie die Gründerväter es getan hatten. (John Adams hatte einmal gesagt: „Es ist klar, daß alle europäischen Mächte beständig mit uns herumdisponieren werden, um uns in ihre wirklichen oder eingebildeten Machtgleichgewichte einzubauen.") Und sie kamen, wie Walter Lippmann damals schrieb, in der Absicht, „dem europäischen Denken

beizubringen, ... daß hinter unserer ganzen zur Schau gestellten Physis eine
Zielsetzung steht, die an die Wurzeln des alten europäischen Systems rührt".
An dessen Stelle wünschte Wilson eine Gemeinschaft freier Nationen zu
setzen, die ihre Beziehungen untereinander ohne Rückgriff auf die Modalitäten der alten europäischen Ordnung regeln würden; die institutionelle
Basis dafür sollte ein Völkerbund mit ständigen Organen und Ausschüssen
sein, in denen die die internationale Gemeinschaft interessierenden Themen
erörtert, die bestehenden Friedensverträge bei zutagetretenden Unbilligkei-
ten revidiert und Streitigkeiten geschlichtet werden konnten. Den Grundstein für den Aufbau einer solchen internationalen Körperschaft zu legen,
war das Hauptanliegen des amerikanischen Präsidenten bei den Verhandlungen in Paris, aber die Argumente, die er zugunsten seiner Idee ins Feld
führte, verfehlten ihre Wirkung auf die Vertreter der europäischen Bundesgenossen. Der französische Premierminister Clemenceau blieb ein unerbitt-
licher Fürsprecher des Systems des Machtgleichgewichts; seiner Überzeugung nach hatte die Geschichte gezeigt, daß dies der wirksamste Mechanismus zur Regulierung der Beziehungen zwischen den Staaten war, und er
war nicht bereit, sich von dieser Überzeugung durch die Predigten eines
Mannes abbringen zu lassen, der in seinen Augen ein idealistischer Schul-
meister war, noch dazu aus einem Land ohne weltpolitische Erfahrungen.
Briten, Italiener und Polen neigten dem französischen Standpunkt zu. Sie
wollten die besiegten Mächte bestrafen, wollten für ihre Opfer entschädigt
werden und ein neues, auf Verträge und Garantien gegründetes System
schaffen.

Die Versailler Friedenskonferenz wurde somit zum Schauplatz eines fort-
während en Konflikts zwischen Präsident Wilson und seinen bisherigen Verbündeten. Am Ende erreichte er sein Hauptziel, die Gründung des Völkerbunds, allerdings nur um den Preis so vieler Abstriche an den von ihm selbst
ausdrücklich verkündeten Grundsätzen – namentlich an dem Vierzehn-
Punkte-Friedensprogramm, das er am 8. Januar 1918 in seiner Rede vor dem
Kongreß dargelegt hatte –, daß es schwerfiel, noch von einem ,,Frieden ohne
Sieg" und von Gerechtigkeit für alle Beteiligten zu sprechen. Die Diskrepanz zwischen dem, was die Vierzehn Punkte versprochen hatten, und dem,
was der Versailler Vertrag schließlich brachte, waren so greifbar, daß es den
Kritikern Wilsons in den Vereinigten Staaten ein leichtes war, eine stürmi-
sche Kampagne gegen die Friedensregelung in Gang zu setzen. In der Kon-
greßdebatte über die Friedensverträge wurde der Völkerbund nicht nur als
ein Werkzeug in den Händen selbstsüchtiger und machtgieriger Staaten gebrandmarkt (anstatt das Symbol einer neuen internationalen Ordnung zu
sein), sondern auch als Instrument einer Verschwörung, deren Ziel es sei, die
Amerikaner in das korrupte alte System der Geheimverträge und der unverantwortlichen Bündnisverpflichtungen einzubeziehen. Die Mitgliedschaft in
einer solchen Körperschaft werde, so die Ansicht eines angesehenen Politi-

kers, „die amerikanische Nation in ein europäisch-asiatisches Machtgleichgewicht verstricken"; am Ende verwarf der Senat die Verträge und untersagte eine Mitgliedschaft der USA im Völkerbund.

Das war ein verheerender Schlag für Wilson und seinen Traum von einer neuen internationalen Staatenordnung. Der Völkerbund überlebte zwar bis zum Anbruch eines neuen Weltkriegs, aber die anfängliche Abstinenz der Amerikaner sowie die Tatsache, daß zwei anderen bedeutenden Mächten die Mitgliedschaft in ihm verwehrt blieb – Deutschland bis 1926, der Sowjetunion bis 1934 –, belasteten ihn von Beginn an mit einem irreparablen Handicap. Der Völkerbund zeigte sich auch in keiner Weise entwicklungsfähig, da Großbritannien und Frankreich sich nicht darüber einig wurden, ob er das Recht haben sollte, im Falle von Angriffshandlungen einzelner Mächte Sanktionen zu verhängen. Die Franzosen versuchten immer wieder, dem Völkerbundstatut Zähne einzupflanzen, in der Form, daß die Mitgliedsstaaten sich mit förmlichen Garantien verpflichten sollten, automatisch einzugreifen, wenn der Friede bedroht war; diese Absicht stand hinter dem Entwurf des gegenseitigen Beistandsabkommens von 1923 und dem Genfer Protokoll von 1924; letzteres sollte den Völkerbundsmitgliedern die bindende Verpflichtung auferlegen, Sanktionen gegen Staaten durchzuführen, die sich weigerten, Streitigkeiten schlichten zu lassen, oder die vom Völkerbundsrat der Aggression bezichtigt wurden. Die Briten blockten diese Versuche ein ums andere Mal ab; sie stellten sich auf den Standpunkt, der Völkerbund werde, wenn man ihm zuviel zumute, nicht lange Bestand haben, und man tue besser daran, in ihm nicht eine Instanz zu sehen, die Strafmaßnahmen gegen unbotmäßige Staaten durchführte, sondern ein Forum zur Klärung und Beilegung von Differenzen.

Die Haltung der Briten rührte vielleicht teilweise aus einem heimlichen Unbehagen an dem im Völkerbund praktizierten Grundsatz der Gleichberechtigung her. Von den Zeiten eines Salisbury bis zur Sudetenkrise des Jahres 1938 offenbarte Großbritannien bei wiederkehrenden Gelegenheiten eine gewisse Geringschätzigkeit gegenüber den Ansprüchen, ja den Rechten kleinerer Staaten; von Austen Chamberlain heißt es, wenn er vor der Vollversammlung des Völkerbunds gesprochen habe, sei zuweilen der Eindruck entstanden, als wollte er sagen: „Wir sind vollkommen. Wir sind britisch. Und da kommt ihr, und wollt UNS kritisieren!" Eine Körperschaft, die den Reden eines Benesch aus der Tschechoslowakei und eines Titulescu aus Rumänien ebenso aufmerksam lauschte wie denen der britischen Vertreter, mit mehr als den notwendigsten Befugnissen auszustatten, war in englischen Augen offenbar eine Zumutung. Indes, selbst wenn die Briten sich für solche Vorstöße wie das Genfer Protokoll empfänglicher gezeigt hätten, wären sie durch die Haltung der Dominions gebremst worden, die mittlerweile ein Mitspracherecht in außenpolitischen Fragen beanspruchten und jedes weitergehende europäische Engagement ihres Mutterlandes kategorisch ablehnten. So kam es, daß die Briten sich beharrlich einer Reform des Völkerbunds widersetzten, der mit der Zeit zu einem bloßen Debattierklub wurde.

In ihrer Not begannen die Franzosen auf eigene Faust mit dem Aufbau eines Sicherheitssystems: Sie schlossen Bündnisse mit Belgien und, da Rußland außerhalb der neuen internationalen Ordnung stand, mit Polen und der sogenannten Kleinen Entente (Jugoslawien-Rumänien-Tschechoslowakei). Frankreich jedoch verfügte nicht über die Ressourcen, um für seine östlichen Verbündeten eine „gute Partie" zu sein, falls nicht England bereit war, etwas zur Unterstützung der Allianz beizutragen; für London kam dies jedoch nicht in Frage. Als die britische Regierung 1925, um bestehende Spannungen abzubauen, in Locarno den Rheinlandpakt unterzeichnete, der eine Garantie für den Grenzverlauf zwischen Deutschland auf der einen, Frankreich und Belgien auf der anderen Seite beinhaltete, machte sie deutlich, daß sie nicht bereit war, ähnliche Garantieverpflichtungen auch im Hinblick auf das östliche Europa zu übernehmen. Im internen Rahmen stellten die Engländer dies in brutaler Offenheit klar. So erklärte Sir Austen Chamberlain vor dem Committee of Imperial Defence, der Rheinlandpakt werde in Wirklichkeit die britischen Verpflichtungen auf dem Kontinent vermindern, denn indem man „unmißverständlich klargemacht" habe, daß man bereit sei, mit „äußerstem Engagement" für die Bewahrung des Status quo „im Falle der *einen* Grenze" einzutreten, habe man zugleich „implizit" angedeutet, daß man dazu „im Fall der anderen Grenze nicht bereit" sei. Dies werde, so fuhr Chamberlain fort, Frankreich schließlich zu der Einsicht bringen, daß es gut daran täte, seine Verpflichtungen gegenüber Polen abzubauen, da es nun in einem etwaigen französisch-deutschen Konflikt, der sich ergeben könnte, wenn Frankreich versuchen sollte, Deutschland an einem militärischen Vorgehen gegen Polen zu hindern, nicht mehr auf britische Unterstützung zählen könne. Litt die Glaubwürdigkeit des französischen Paktsystems von Anfang an unter dieser Haltung Großbritanniens sowie auch unter den hohen Kosten der Militärhilfe, die Paris seinen östlichen Verbündeten gewährte, so büßte es nach dem Abschluß des deutsch-polnischen Nichtangriffspakts im Jahr 1934 noch mehr an Glaubwürdigkeit ein. Darüber hinaus lud die französische Regierung selbst zu Zweifeln an ihrem Zutrauen zu dem System ein, indem sie in der Folge mit allen Kräften die Fertigstellung der Maginot-Linie betrieb, eines gigantischen defensiven Festungsgürtels entlang der gesamten französischen Ostgrenze von Basel bis Belgien. Auch mit der Handelspolitik, die sie in den 30er Jahren betrieben, nährten die Franzosen, wie wir noch sehen werden, Zweifel an der Funktionsfähigkeit ihres Sicherheitssystems.

Noch ein Wort zur Haltung der Briten gegenüber den osteuropäischen Staaten. Im Jahr 1925, als deutlich wurde, daß die britische Regierung sich gegen das Genfer Protokoll aussprechen würde, weil sie mit dessen Anerkennung die Verpflichtung übernommen hätte, gegen jeden Staat vorzugehen, der irgendwo in Europa eine Angriffshandlung unternahm, meldete der geschichtswissenschaftliche Berater des Foreign Office, Sir James Headlam-Morley, ein abweichendes Votum an. Großbritannien begehe einen Fehler, so schrieb er, wenn es sich von den Problemen des europäischen Festlands abkoppele; das Argument, die Dominions wünschten kein weitergehendes Engagement in Europa, sei nicht zwingend. Der neuralgische Punkt in Europa sei künftig vermutlich nicht der Rhein, sondern die Weichsel, und infolgedessen sei nur ein Sicherheitspakt sinnvoll und erfolgversprechend, der über einen regionalen Rahmen hinausgehe und ganz Europa umfasse. Dies waren prophetische Worte, gedacht als Mahnung daran, daß der Grundsatz des Gleichgewichts der Kräfte in Europa immer im Zentrum der britischen Außenpolitik gestanden hatte. Allein, die Mahnung verhallte ungehört, und die britische Regierung beschränkte nicht nur ihr europäisches Engagement auf ein einziges, regional begrenztes Abkommen (den Rheinlandpakt), sondern versuchte darüber hinaus auch, sich ein eigenes und im wesentlichen europafernes System zu schaffen, ein System, das auf einer Intensivierung der politischen und – nach 1932 – wirtschaftlichen Beziehungen zu seinen Kolonien und auf einer Zusammenarbeit mit den Vereinigten Staaten in Fernost zur Wahrung ihrer gemeinsamen Interessen gegenüber den andrängenden Japanern beruhte.

Diese von Frankreich und Großbritannien getrennt betriebenen Experimente in Sachen Systemkonstruktion waren nicht geeignet, den aggressiven Neigungen des faschistischen Italien und des nationalsozialistischen Deutschland nach 1935 oder des erstarkenden Japan nach 1937 entgegenzuwirken. Im Angesicht dieser neuen Bedrohung von totalitärer Seite zerbröckelten sowohl das französische Sicherheitssystem als auch das System des Völkerbunds, während sich die Briten auf eine immer gefährlicher werdende Politik der Friedenserhaltung durch Beschwichtigung der Diktatoren einließen. Diese Tendenzen kulminierten schließlich in dem verspäteten Versuch Neville Chamberlains, unter Umgehung sowohl des Völkerbunds als auch der Sowjetunion (die von 1934 an Völkerbundsmitglied war und für das Prinzip der kollektiven Sicherheit eintrat), die Lage in Europa (wenigstens hier – im Fernen Osten hatte sich die Situation schon hoffnungslos zugespitzt) mit Hilfe eines Viermächte-Arrangements zwischen Großbritannien, Frankreich, Deutschland und Italien zu entschärfen. Auf der Münchener Konferenz vom September 1938 aufgeblasen, platzte dieser Versuchsballon im März 1939, als Hitler seine Truppen in Prag einmarschieren ließ; zu diesem Zeitpunkt war die Welt nur noch sechs Monate von einem neuen globalen Krieg entfernt.

Daß es nach 1919 nicht gelang, ein funktionsfähiges internationales System aufzubauen, lag zum großen Teil daran, daß die Siegermächte des Ersten Weltkriegs zu einer nur einigermaßen funktionierenden Zusammenarbeit nicht fähig waren. England und Frankreich machten ihre Politik auf eigene

Faust und oft genug im Gegensatz zueinander, und die Vereinigten Staaten zogen sich, soweit sie konnten, aus der weltpolitischen Arena zurück. Ein weiterer bedeutungsvoller Faktor, der die Dinge in diesem wie in allen anderen Bereichen der Diplomatie erschwerte, kam jedoch noch hinzu: die Rede ist von dem, was wir in der Einleitung dieses Buches die diplomatische Revolution genannt haben, jenes Ensemble technischer, sozioökonomischer und politischer Veränderungen, die auf das Verhalten der Angehörigen der internationalen Gemeinschaft durchschlugen; die bedeutsamsten unter diesen Veränderungen – die während des Krieges einsetzten und auch heute noch im Gang sind – waren die beständige Zunahme der aktiv auf der internationalen Bühne handelnden Staaten und, damit einhergehend und zusammenhängend, das Zubruchgehen der inneren Homogenität der internationalen Gemeinschaft.

Bis 1914 hatte es auf der ganzen Welt nur etwa ein Dutzend Nationen gegeben, die beständig eine aktive Rolle in der Weltpolitik spielten, und die meisten davon waren europäische Nationen gewesen. Die Pariser Friedenskonferenz zeigte zum ersten Mal klar und deutlich, ein wie grundlegender Wandel hier im Gang war, und von diesem Zeitpunkt an nahm die Zahl der Staaten, die entschlossen waren, eine selbständige Rolle auf der weltpolitischen Bühne zu spielen, stetig zu. Der Zweite Weltkrieg führte zu einer explosiven Beschleunigung dieses Trends, und heute unterhalten über 150 Staaten eine ständige Delegation bei den Vereinten Nationen. Lange bevor es soweit war, hatte sich gezeigt, daß die Schaffung eines funktionsfähigen internationalen Systems sich unter den Bedingungen einer stark angewachsenen Staatengemeinschaft schwieriger gestaltete als in der Zeit, da man im Kreis der wenigen Großmächte unter sich gewesen war.

Mit der Zunahme der Zahl der Staaten ging eine weitere folgenschwere Entwicklung einher. Ein wichtiger Grund dafür, daß die internationale Ordnung des 19. Jahrhunderts sich relativ gut bewährte, war die Tatsache, daß ihre Mitglieder untereinander durch eine gemeinsame geschichtliche Tradition, durch kulturelle und religiöse Verwandtschaften und durch familiäre Beziehungen verbunden waren. Ihre Politiker sprachen die gleiche Sprache und spielten das diplomatische Spiel im allgemeinen nach den gleichen Regeln, und dies alles erleichterte die Kommunikation und die Kooperation erheblich. Mit dieser Homogenität der diplomatischen Sphäre war es nach dem Ersten Weltkrieg vorbei, vor allem deshalb, weil in die internationale Politik neue, im 19. Jahrhundert noch unbekannte Ideologien Einzug hielten. Der Sieg des Bolschewismus 1917 in Rußland, des Faschismus 1922 in Italien und des Nationalsozialismus 1933 in Deutschland setzte die hergebrachten und anerkannten diplomatischen Spielregeln außer Kurs. Die Tschitscherins und Mussolinis hielten sich, wie wir noch sehen werden, nicht an die Klubordnung, sie experimentierten beständig mit den möglichen Vorteilen kalkulierter Regelverstöße. Das wirkte zersetzend. Es ist schwer, mit jemandem Schach zu spielen, der, wenn es ihm paßt, den Turm wie einen Läufer zieht; entsprechend schwierig war es, in Verhandlungen mit einem Partner zu Ergebnissen zu kommen, der alle ihm zu Gebote stehenden diplomatischen Listen darauf verwandte, eine Einigung unmöglich zu machen. Lord Vansittart, in den 30er Jahren Ständiger Unterstaatssekretär im britischen Auswärtigen Amt, resümierte einmal seine Erfahrungen im Umgang mit Diplomaten totalitärer Regierungen wie folgt: „Ich habe in meinem Leben viele Konferenzen ‚gemacht‘, und in keine ging ich hinein ohne ein gewisses Maß an Hoffnung auf ein recht schnelles Ergebnis. Heute könnte niemand mehr so etwas sagen. Mit Ergebnissen wird häufig gar nicht erst gerechnet, ja sie werden oft nicht einmal gewünscht." In einem ideologischen Zeitalter – und ein solches brach 1919 an – waren die Aussichten für die Herstellung eines funktionsfähigen internationalen Systems gering.

5. Öffentliche Meinung und Außenpolitik

Eine der auffälligsten Entwicklungen der Zwischenkriegsperiode war der wachsende Einfluß der öffentlichen Meinung auf die Formulierung und den Vollzug der Außenpolitik. Namentlich in den demokratisch regierten Ländern äußerte sich dieser Einfluß in einer starken Rücksichtnahme der Regierenden auf die Stimmung des Wahlvolks und in einer entsprechenden Neigung der Politiker, es der öffentlichen Meinung recht zu machen, statt dieselbe zu dirigieren. Ein weiterer Aspekt dieser Entwicklung war, daß sie die Methoden und Formen der diplomatischen Praxis in einer deren Effektivität nicht immer fördernden Weise veränderte.

Dieses Sich-Orientieren an der öffentlichen Meinung wäre einem Staatsmann des 19. Jahrhunderts befremdlich erschienen. Otto von Bismarck etwa ließ sich durch die Launen der Volksstimmung nicht in seinem politischen Kurs beeinflussen; freilich verstand er es auch meisterhaft, die öffentliche Meinung durch die von ihm kontrollierte Presse zu manipulieren, und er stand hin und wieder nicht an, Maßnahmen, die er aus anderen Gründen ergriffen hatte, damit zu erklären, daß die öffentliche Meinung sie gefordert habe (so 1867 bei seiner Weigerung, die Annexion des Großherzogtums Luxemburg durch Frankreich zuzulassen, 1871 bei der Einverleibung Elsaß-Lothringens in das Deutsche Reich oder 1884 bei der Entfaltung kolonialpolitischer Aktivitäten). Die britische Regierung legte Lippenbekenntnisse zum Grundsatz der Volkssouveränität auch im Bereich der Außenpolitik ab, und Benjamin Disraeli erklärte im August 1880 vor dem Oberhaus: ,,Jeder menschliche Ratschluß, der auf der Grundlage angemessenen Wissens und ausreichender Überlegung gefaßt wurde, verdient Respekt, und die öffentliche Meinung einer großen Nation ist unter solchen Bedingungen ein unwiderstehlicher Ratgeber und sollte dies auch sein.''

Er beeilte sich freilich, eine Einschränkung anzufügen: ,,Allein, was wir öffentliche Meinung nennen, ist im allgemeinen öffentliche Stimmung.'' Das konnte nur bedeuten, daß seiner Ansicht nach die öffentlich geäußerten Meinungen zu außenpolitischen Fragen im allgemeinen emotionaler Natur waren und auf mangelnder Sachkenntnis beruhten und daher keine Berücksichtigung verdienten. Salisbury, Lansdowne und Grey neigten derselben Auffassung zu. Eine der erstaunlichsten Eigentümlichkeiten der Männer, die in den schicksalsschweren Jahren vor Kriegsausbruch 1914 die britische Politik bestimmten, war in der Tat ihre Gleichgültigkeit gegenüber der Frage, was die Öffentlichkeit ihres Landes über den Lauf der Dinge denken mochte, und ihre aggressive Geringschätzigkeit gegenüber den in der Presse

vertretenen Ansichten. Sir Arthur Nicolson, der Ständige Unterstaatssekretär für Auswärtige Angelegenheiten, klagte zwar darüber, daß „die Öffentlichkeit in außenpolitischen Fragen in der Regel ausgesprochen gleichgültig
und sehr unwissend" sei, aber, wie Zara Steiner geschrieben hat, gab sich
weder er noch irgend jemand sonst im Auswärtigen Amt jemals besondere
Mühe, daran etwas zu ändern. Was die Presse betraf, so stand das Foreign
Office auf dem Standpunkt, wer für eine Zeitung schreibe, sei kein Gentle-
man, Journalisten verträten unvernünftige Ansichten, und ihr Hineinreden
in die Außenpolitik sei schädlich. Das „aufgeklärte Publikum", das die einzige Öffentlichkeit war, die zählte, brauchte ohnehin keine Presse und befand sich, darauf konnte man sich verlassen, in Übereinstimmung mit der
politischen Elite des Foreign Office.

Eine solche Haltung war nach dem Weltkrieg nicht mehr möglich. Die
Opfer, die dieser Konflikt gefordert hatte, ermutigten den Mann auf der
Straße, sein Recht zur Äußerung seiner Ansichten über die seinem Land
frommende Außenpolitik verstärkt wahrzunehmen, und Politiker oder politische Beamte, die den Anschein erweckten, als nähmen sie hierauf keine
Rücksicht, liefen Gefahr, von einer Woge öffentlichen Unwillens hinwegge-
fegt zu werden, selbst wenn sie sich darauf berufen konnten, im nationalen
Interesse gehandelt zu haben. In der Zwischenkriegsperiode wurden nicht
wenige prominente Politiker von diesem Prügelknaben-Schicksal ereilt, und
ihr Beispiel reichte hin, *pour encourager* (oder besser *décourager) les autres.*
Eines jener prominenten Opfer war Woodrow Wilson, der Mann, der 1918
als Weltretter gefeiert worden war und dann zusehen mußte, wie seine Vision eines demokratischen Weltsystems von einer amerikanischen Wählerschaft verworfen wurde, deren Ehrgeiz, eine Führungsrolle in der Staatengemeinschaft zu spielen, in dem Maß abkühlte, wie sie die voraussichtlichen
Kosten einer solchen Rolle erkannte, und die sich sodann eilends in den
vermeintlich sicheren Hafen der „Normalcy" zurückzog, wie Warren
G. Harding sich auszudrücken beliebte. Aristide Briand, ein ernsthaft an der
Versöhnung mit Deutschland arbeitender Staatsmann, mußte einer ähnlichen Woge irrationaler Gefühle weichen, als sich nach der Reparationskonferenz von Cannes 1922 das Gerücht verbreitete, er habe sich von Lloyd
George zur Marionette machen lassen, ein Vorwurf, der scheinbar durch ein
Zeitungsfoto belegt wurde, das ihn mit dem britischen Premier beim Golf-
spielen zeigte und den Eindruck erweckte, der Brite erteile dem Franzosen
Nachhilfe in dieser Sportart. Lloyd George selbst, der im Weltkrieg als Vater
des Sieges gegolten hatte, fiel der öffentlichen Entrüstung über sein Verhalten in der sogenannten Chanak-Krise im September 1922 im Nahen Osten
zum Opfer. Die Kritik gründete sich dabei nicht auf eine rationale Auseinandersetzung mit seiner Politik, die gewiß kritisierbar war, sondern hauptsächlich auf die Unterstellung, er versuche, Großbritannien in einen neuen
Krieg hineinzusteuern.

Bei manchen Gelegenheiten spielte moralische Entrüstung eine wichtige Rolle in der öffentlichen Meinung; aufschlußreich ist in dieser Beziehung der Fall des britischen Außenministers Sir Samuel Hoare. Hoare wurde 1935 durch einen Sturm öffentlicher Empörung, dessen Heftigkeit erfahrene politische Beobachter in Erstaunen versetzte, aus dem Amt gefegt, nachdem er zusammen mit dem französischen Premier Pierre Laval einen Plan zur Beendigung des Krieges in Äthiopien ausgearbeitet hatte. Dieser Plan sah vor, daß der Herrscher Äthiopiens, Haile Selassie, rund zwei Drittel seines bisherigen Territoriums verlieren sollte; ein Teil davon sollte unmittelbar an Italien fallen, der andere Teil den Status einer wirtschaftlichen Interessensphäre Italiens erhalten. Der Gedanke, daß Haile Selassie so schnöde beschnitten und auf ein bloßes Drittel seines bisherigen Reichs reduziert werden sollte – das zudem mit dem Meer nur noch durch einen schmalen Korridor verbunden sein sollte, den die *Times* einen „Trampeltierpfad" nannte –, empörte das Gerechtigkeitsgefühl der britischen Öffentlichkeit. In einer gescheiten Rede versuchte Hoare sich zu verteidigen, indem er darauf verwies, daß Großbritannien als einziger Staat Einheiten seines Heers und seiner Flotte zur eventuellen Unterstützung militärischer Schutzmaßnahmen des Völkerbunds für Äthiopien in Alarmbereitschaft versetzt habe; niemand sonst habe einen Finger gerührt, und da England die Last eines Krieges nicht allein tragen könne, sei der Hoare-Laval-Plan eine nicht unvernünftige Lösung. Niemand schenkte diesem Argument Gehör, und Hoare mußte gehen; allein, es fand sich niemand, der nachhaltig und ausdauernd echte Sanktionen gegen Italien forderte, schon gar nicht, nachdem Hitler sich den Fortgang des äthiopischen Krieges zunutze gemacht hatte, um das entmilitarisierte Rheinland zu besetzen. Äthiopien war danach vergessen, und Haile Selassie verlor am Ende sein Reich nicht nur zu zwei Dritteln, sondern ganz.

Die Macht einer unzufriedenen öffentlichen Meinung auf Staatsmänner und Diplomaten, die nichts anderes wollten, als gewisse komplizierte internationale Probleme nach den Geboten einer wohlverstandenen Staatsräson zu bewältigen, war also sehr real, und das war eine Erfahrung, die einen Politiker schon das Fürchten lehren konnte. Die Folge war, daß die Männer, die mit der Führung der Außenpolitik betraut waren, sich im allgemeinen vorsichtiger verhielten, als ihre Vorgänger im 19. Jahrhundert es getan hatten. Mit der Zeit führte diese Entwicklung zu einem Wandel in der Art und Weise, wie sie ihre Geschäfte verrichteten. Und in mehrfacher Hinsicht schränkte sie, wiederum im Vergleich zu ihren Amtsvorgängern, die Effektivität ihrer Arbeit ein.

Beispiele dafür, daß Regierungen von einer sich abzeichnenden feindseligen Reaktion der öffentlichen Meinung einzuschüchtern waren, sind nicht schwer zu finden. In Großbritannien übte der Sturz von Lloyd George im Jahr 1922 eine bedrückende Wirkung auf seine Nachfolger aus, und die Regierungen unter Bonar Law, MacDonald und Baldwin legten allesamt eine nervöse Neigung an den Tag, es der öffentlichen Meinung um jeden Preis recht zu machen, selbst wenn dies bedeutete, daß man alle möglichen Schwenkungen vollführen mußte ohne Rücksicht auf in Gang befindliche Verhandlungen und auf den letztendlichen Schaden für das nationale Interesse. Im Laufe der schwierigen Verhandlungen im Januar und Februar 1923 in Lausanne, die schließlich zur Beilegung der Chanak-Krise und zu einer Vereinbarung mit der Türkei führten, sah sich der britische Chefunterhändler, Außenminister Curzon, auf Schritt und Tritt von einer ängstlichen und erbittert kritischen öffentlichen Meinung und von einem Kabinett, das mehr als einmal drauf und dran schien, ihn zu desavouieren, unter Druck gesetzt. Dank einer diplomatischen Meisterleistung erreichte Curzon alle seine Ziele, aber er schrieb: ,,Ich mußte feststellen, daß Bonar [der Premierminister] nichts sehnlicher wünschte als Abzug aus Mossul, den Meerengen und Konstantinopel, daß er lieber alles und jedes aufgeben wollte, als einen Strauß zu riskieren, daß er erstaunt war über die Verantwortung, die ich in Lausanne übernommen habe, und darauf gefaßt, daß ich überall klein beigeben würde.``

Auch in den darauffolgenden Jahren hielt sich die Bereitschaft britischer Regierungen, das nationale Interesse über die öffentliche Stimmung zu stellen, in Grenzen, wie sich am Beispiel der Friedensumfrage von 1935 zeigen läßt. Mit dieser von der Völkerbunds-Union veranstalteten Umfrage sollte die Einstellung der Öffentlichkeit zum Völkerbund und zum Prinzip der kollektiven Sicherheit im allgemeinen ermittelt werden. Fünf Fragen wurden gestellt: 1. Sollte Großbritannien Mitglied des Völkerbunds bleiben? 2. Sind Sie für einen allgemeinen Rüstungsabbau durch internationale Übereinkunft? 3. Sind Sie für eine allgemeine Abschaffung der nationalen Heeres- und Marineluftwaffen durch internationale Übereinkunft? 4. Sollen Produktion und Verkauf von Rüstungsgütern für private Gewinnzwecke durch internationale Übereinkunft verboten werden? 5. Glauben Sie, daß, wenn eine Nation eine andere angreift, die übrigen Nationen ihr mit wirtschaftlichen und nichtmilitärischen Mitteln oder, wenn nötig, mit militärischen Mitteln Einhalt gebieten sollten?

Elfeinhalb Millionen Menschen beteiligten sich an der Umfrage, und eine große Mehrheit beantwortete alle gestellten Fragen mit Ausnahme des letzten Teils der fünften Frage bejahend. Für ein Vorgehen mit militärischen Mitteln sprachen sich nur knappe sieben Millionen der Befragten aus.

Es war offenkundig, daß die Engländer sehr viel ernste Überlegung in ihre Antworten investiert hatten – das Umfrageergebnis erfüllte sicherlich nahezu die von Disraeli genannten Kriterien für eine achtenswerte öffentliche Meinung –, aber die Diskrepanz zwischen den 11 090 387 Stimmen für ein Verbleiben im Völkerbund und den 6 784 368 Stimmen für ein militärisches Vorgehen gegen Friedensstörer war doch verblüffend; und für die amtierende Regierung mit ihrem Premierminister Stanley Baldwin schien hiernach

festzustehen, daß in der britischen Bevölkerung eine starke Aversion gegen
den Krieg und gegen den Aufbau einer kriegstüchtigen Rüstung vorhanden
war. Baldwin war sich darüber klar, daß die militärische Stärke Großbritanniens sich auf einem gefährlich niedrigen Niveau befand, so niedrig, daß die
gegenwärtigen bescheidenen Versuche seiner Regierung, Mussolini zum
Rückzug aus Afrika zu bewegen, schon das höchste dessen waren, was man
sich zutrauen konnte. Welchen Kurs sollte er als verantwortlicher Führer im
bevorstehenden Parlamentswahlkampf vertreten? Die öffentliche Stimmung
nie aus dem Auge verlierend, versuchte er es mit einem bißchen von jedem.
Er erklärte, der Völkerbund werde weiterhin der Eckstein der britischen
Außenpolitik bleiben, und im Konflikt um Äthiopien werde es „kein Rüt-
teln an der von uns bisher verfolgten Politik" geben (der Hoare-Laval-Plan
war zu diesem Zeitpunkt noch nicht geboren). Bestehende Lücken im nationalen Verteidigungssystem würden geschlossen werden, aber der Premierminister verpfändete sein Wort, daß es „keine großen Rüstungsschübe geben
und daß die Regierung weiterhin auf eine allgemeine Abrüstung hinarbeiten" werde.

Nachdem er in dieser Weise seine Segel so gesetzt hatte, daß sie jeden
Hauch der öffentlichen Meinung einfangen konnten, ging er bei den Parla-
mentswahlen mit sicherem Vorsprung durchs Ziel. Ein Jahr später, als vieles
schiefgelaufen war, als die Idee der Abrüstung tot, Äthiopien von Italien
erobert war, Hitler im Rheinland stand und die Lücken in der britischen
Bewaffnung sich noch vergrößert hatten, beschuldigte Winston Churchill
Baldwin der Unverantwortlichkeit, weil er es 1935 unterlassen habe, dem
Volk die Notwendigkeit verstärkter Rüstungsanstrengungen klarzumachen.
Der Premierminister antwortete darauf in einer Rede vor dem Unterhaus:
„Angenommen, ich wäre ins Land hinausgegangen und hätte erklärt, daß
Deutschland wieder aufrüste und wir ebenfalls wieder aufrüsten müßten,
glaubt irgend jemand daran, daß diese friedfertige Demokratie diesem Ruf in
diesem Augenblick gefolgt wäre? Aus meiner Sicht gibt es nichts, was mir
mit größerer Sicherheit eine Wahlniederlage eingebracht hätte."

In der Schwesterdemokratie der Briten jenseits des Atlantik zeigte sich
die Regierung ebensowenig darauf erpicht, die öffentliche Meinung durch
eine feste Haltung in außenpolitischen Fragen gegen sich aufzubringen. Als
1932 in Genf die Abrüstungskonferenz eröffnet wurde, war die Hoffnung
auf einen erfolgreichen Ausgang von Anfang an gering, weil die französische Regierung sich weigerte, jede wirkliche Reduzierung der Rüstung
oder jedwedes Zugeständnis an Deutschland in bezug auf Waffengleichheit
in Betracht zu ziehen, wenn die anderen Mächte Frankreich nicht zusätzlich Sicherheitsgarantien zu geben bereit waren. Es gab für die US-Regierung zwei Wege, auf denen sie hätte versuchen können, die Franzosen zu
einer Lockerung ihrer negativen Haltung zu bewegen, und beide Möglichkeiten wurden zu verschiedenen Zeitpunkten in Vorschlag gebracht. Die

erste hätte die Zustimmung der Amerikaner zu einem Konsultativpakt beinhaltet – das heißt, zu einer Vereinbarung mit anderen Unterzeichner- staaten des Versailler Vertrages, daß sie im Falle einer Krise, ausgelöst von einem Staat, der mit Krieg drohte, zur gegenseitigen Konsultation ver- pflichtet gewesen wären. Die zweite Möglichkeit wäre ein Angebot der Amerikaner gewesen, die Kriegsschulden, die andere Staaten noch bei ih- nen hatten, zu reduzieren oder zu erlassen, vorausgesetzt die Nutznießer einer solchen „Amnestie" würden ihre Rüstung abbauen. Präsident Hoo- ver lehnte beide Vorschläge ab, weil er sie für in den Vereinigten Staaten politisch nicht durchsetzbar hielt. Wie Baldwin fürchtete auch er um seine Wahlchancen.

Auch Hoovers Nachfolger zeigte sich in seiner ersten Amtszeit ähnlich bedacht darauf, die in ihrer Mehrheit isolationistisch gesonnenen amerikani- schen Wähler nicht zu vergrätzen. Im Laufe seiner zweiten Amtszeit jedoch geriet Roosevelt in Sorge über die Verschärfung der weltpolitischen Lage und gelangte zu der Überzeugung, die Vereinigten Staaten müßten dazu beitragen, die heraufziehenden Gefahren einzudämmen. Zum ersten Mal sprach er dies deutlich aus in einer Rede, die er am 5. Oktober 1937 in Chicago hielt: „Die Epidemie der Verachtung des Völkerrechts breitet sich aus. Wenn eine ansteckende Krankheit sich wie eine Epidemie auszubreiten beginnt, einigt die Gemeinschaft sich darauf, die Patienten unter Quarantäne zu stellen, um die Gesundheit der Gemeinschaft vor der Ausbreitung der Krankheit zu schützen." Die friedliebenden Nationen müßten, so erklärte er, in gleicher Weise gegen die gegenwärtige Epidemie vorgehen, und er fügte hinzu: „Es müssen positive Bemühungen einsetzen, den Frieden zu erhalten." Die Reaktion auf diesen Appell war prompt, massiv und negativ. Im Weißen Haus trafen stapelweise Briefe von Kriegsveteranen, pazifisti- schen Gruppen und Müttervereinigungen sowie von Kirchengemeinden und organisierten Isolationisten ein, die sich über diesen offenkundigen Versuch beschwerten, die Vereinigten Staaten in den Sumpf der weltpolitischen Rän- ke und des Krieges hineinzuführen; die Regierung hielt es für klüger, die eigentliche Botschaft der Rede im nachhinein in Abrede zu stellen und wie- der in Untätigkeit zu verfallen, in der sie bis zum Vorabend des Kriegsaus- bruchs in Europa verharrte.

Nicht genug damit, daß die Macht der öffentlichen Meinung in vielen Fällen die Tatkraft der Regierungen lähmte, besonders in kritischen Situatio- nen, in denen Risiken in Kauf genommen werden mußten, hatte sie auch einen bedeutsamen Einfluß auf die diplomatische Praxis selbst. Zunächst einmal machte sie dem Monopol der politischen Profis ein Ende, das bis dahin de facto bestanden hatte. Eines der bemerkenswertesten Elemente in der Entwicklung der öffentlichen Meinung zu außenpolitischen Fragen in den demokratischen Ländern war die Einhelligkeit, mit der die Auffassung vertreten wurde, die professionellen Diplomaten und ihre Arbeitsmethoden trügen die Hauptverantwortung für den Ausbruch des Weltkrieges, und je früher man sie an die kurze Leine nehme, desto besser sei es. Der französische Botschafter Jules Cambon schrieb betrübt, die Diplomaten erfreuten sich nicht der geringsten Sympathie. In der Tat wurden sie in den Vereinigten Staaten, sowohl im Kongreß als auch in der Presse, als „gesellschaftliche Schmetterlinge" verspottet und als Menschen von zweifelhafter Loyalität verunglimpft; und die Labour Party in England sah in der ganzen diplomatischen Zunft ein politisches Werkzeug des aristokratischen Elements, das jede wirklich demokratische Politik torpediere.

Angesichts dieser Stimmung fanden die politischen Führer es klüger, die Berufsdiplomaten etwas in den Hintergrund der politischen Bühne treten zu lassen, was im allgemeinen darauf hinauslief, daß sie deren Funktionen teilweise selbst übernahmen. Den Präzedenzfall schuf Lloyd George, der das populäre Vorurteil gegen die Diplomaten teilte und ebenfalls der Meinung war, daß, wie er sich einmal ausdrückte, „Diplomaten einfach erfunden worden sind, um Zeit totzuschlagen.... Es ist einfach eine Zeitverschwendung, [wichtige Dinge] von Männern erörtern zu lassen, die nicht bevollmächtigt sind, für ihr Land zu sprechen." Während der Friedenskonferenz in Paris und in den darauffolgenden drei Jahren machte Lloyd George seine Außenpolitik am Auswärtigen Amt vorbei, kümmerte sich kaum um die britischen Botschaften im Ausland und reiste mit eigenem Mitarbeiterstab durch Europa, um mit anderen Regierungschefs Verhandlungen über komplizierte Dinge zu führen, die er nicht immer vollkommen beherrschte. Die mageren und manchmal eher konflikttreibenden Ergebnisse dieser Methoden hielten andere nicht davon ab, sie nachzuahmen. Statt die im Ausland stationierten Botschafter das Handwerk ausüben zu lassen, das sie gelernt hatten, gingen die Außenminister dazu über, diese Dinge selbst zu erledigen, entweder über das die Reflexion tötende Telefon, das im Lauf der 30er Jahre allgemein als diplomatisches Kommunikationsmittel akzeptiert wurde, oder indem sie selbst in die entsprechende Hauptstadt reisten und die Führung der Verhandlungen übernahmen. Die letztgenannte Variante wurde nach dem Zweiten Weltkrieg zunehmend häufiger praktiziert, namentlich von den Außenministern der Vereinigten Staaten; John Foster Dulles' infinite capacity for taking planes war bei seinen Landsleuten schon sprichwörtlich, und was seinen prominentesten Nachfolger betraf, so fragten die Amerikaner einander gern: „I wonder where's Kissinger now?"

Die Resultate dieser diplomatischen Aktivität von politischen Führern, Ministern oder Sondergesandten (in Gestalt prominenter Politiker oder Privatleute – eine andere in den Vereinigten Staaten viel praktizierte Variante) waren enttäuschend. Die französische Verfassunggebende Versammlung setzte nach dem Zweiten Weltkrieg eine Kommission zur Untersuchung der politischen, wirtschaftlichen, diplomatischen und militärischen Vorgänge ein, die zu der französischen Niederlage des Jahres 1940 geführt hatten. Die

Kommission scheute sich nicht, die Mängel der sogenannten neuen Diplomatie hervorzuheben; in ihrem Bericht hieß es dazu:

Nach dem Abschluß der Verträge von 1919 gewöhnten die Minister sich an, ihre Kontakte zu ihren Amtskollegen in anderen Ländern zu vervielfachen. Der Mißbrauch dieser direkten Gespräche öffnet zahlreichen Gefahren Tür und Tor. Verpflichtungen werden zu leichtfertig übernommen; oft geschieht das ad hoc. Es ist besser, den Gang einer Verhandlung in einem Memorandum festzulegen, das in der Stille eines Ministerialbüros heranreift, als in Unterredungen zwischen Tür und Angel, die dann wahrscheinlich Unklarheiten enthalten.

In der Zwischenkriegsperiode fanden viele Unterredungen auf Ministerebene statt, die die Richtigkeit dieser Feststellung insofern bezeugen, als sie zum Ausgangspunkt späterer Verwirrungen und Mißverständnisse wurden – Stresemanns Treffen mit Briand 1926 in Thoiry beispielsweise oder die Gespräche zwischen Pierre Laval und Mussolini im Januar 1935. Das Verbleiben von Unklarheiten war nicht die einzige Gefahr, die in dieser Art von Diplomatie steckte. Wenn hochrangige Politiker sich in Verhandlungsprozesse einschalteten, setzten sie sich häufig dadurch selbst unter Erfolgszwang, daß sie wähnten, ihr Ruf als Politiker stehe auf dem Spiel. Einige der Verhandlungen, die Lloyd George persönlich führte, wurden mit volltönenden Verlautbarungen abgeschlossen, die ganz offenkundig dazu dienten, einer leichtgläubigen Öffentlichkeit weiszumachen, daß Großes erreicht worden sei, ein Anspruch, der sich dann freilich später als unbegründet herausstellte. Ein aufschlußreiches Beispiel für diese Art von Leerlauf bieten die 1924 geführten Verhandlungen über ein englisch-sowjetisches Abkommen. Der problematischste Punkt dabei war die Frage einer Entschädigung für britische Vermögenswerte in Rußland, die die Bolschewisten enteignet, und für britische Schuldforderungen, die sie für nichtig erklärt hatten; als der sowjetische Vertreter keinerlei Bereitschaft zeigte, in dieser Frage Zusicherungen zu geben, beschloß das Foreign Office, die Gespräche abzubrechen. An diesem Punkt schaltete sich eine Abordnung der Labour Party ein, die selbst in Kontakt mit den Russen stand und die Auffassung vertrat, ein ergebnisloser Abbruch der Verhandlungen werde einen inakzeptablen politischen Preis kosten; sie zauberte einen Kompromiß hervor, der einfach alle unversöhnlichen Gegensätze zwischen den Parteien mit gefälligen Formulierungen überkleisterte. Die Regierung MacDonald akzeptierte diesen Text, und man unterzeichnete ein Abkommen.

Parallel mit diesem Übergang der Verhandlungsführung in wichtigen außenpolitischen Angelegenheiten an andere Personen ging ein Wechsel der Formen. Während des Krieges hatte Woodrow Wilson die Forderung nach „offenen, offen ausgehandelten Verträgen" erhoben, und bald wurde es zu einem öffentlichen Glaubensartikel, daß für einen Staat, der sich rühmte, eine Demokratie zu sein, nur eine „offene Diplomatie" in Frage komme. Dieses Postulat basierte natürlich auf einem Mißverständnis, wurden doch die Handlungen der Regierungen in den westlichen Demokratien schon seit langem vom Volk kontrolliert, einerseits durch dessen gewählte Vertreter im Parlament, andererseits dadurch, daß es bei den regelmäßig stattfindenden Wahlen die Macht hatte, eine Regierung, die die Geschäfte nicht zu seiner Zufriedenheit geführt hatte, durch eine andere zu ersetzen. Innerhalb eines solchen Systems unterlag die Außenpolitik, ebenso wie alle anderen politischen Sparten, beständig der Kritik und periodisch der Überprüfung und Neubestimmung. Den Propagandisten der offenen Diplomatie genügte das nicht. Was sie forderten, war im Grunde das Recht, die Politik *in statu nascendi* zu erleben, ein Fenster zu den Räumen geöffnet zu bekommen, in denen die Unterhändler sich miteinander besprachen, zu erfahren, was am nächsten Tag verlauten würde und was ihre Regierung zu tun beabsichtigte, wenn ihre Vorschläge der anderen Seite nicht gefielen. Dies war eine Forderung, die Metternich oder Bismarck als lächerlich abgetan hätten und die Disraeli als eine geradezu gefährliche Anmaßung erschienen wäre.

Nun aber wurde dieser Forderung auf breiter Front stattgegeben, und die Folge war ein rapides Aufblühen der Konferenzdiplomatie. Sie präsentierte sich in zwei Grundformen: Großkonferenzen unter Beteiligung vieler Staaten, bei denen über Themen von allgemeinem Interesse verhandelt wurde, wie die Konferenz von Genua 1922, die Abrüstungskonferenz von 1932 und die Weltwirtschaftskonferenz von 1933; und Gipfelkonferenzen, wie sie später genannt wurden – Zusammenkünfte zwischen den Außenministern oder Regierungschefs größerer Mächte, bei denen über eine bestimmte Krise oder ein bestimmtes Vorhaben gesprochen wurde, wie die Locarno-Konferenz von 1925, das Bessinge-Treffen von 1932, die Stresa-Gespräche von 1935 oder die Münchener Konferenz von 1938.

Solche Konferenzen schmeichelten dem Bedürfnis des Publikums nach „Offenheit", aber gerade das war ihre größte Schwäche. Oft wurden sie, wie beispielsweise die Abrüstungskonferenz, unter dem Druck einer ungeduldigen öffentlichen Meinung einberufen, ohne daß durch adäquate Vorgespräche eine Grundlage für lohnende und fruchtbare Verhandlungen gelegt worden wäre. Oft schien es geradezu so, als sei eine Konferenz hauptsächlich um ihrer öffentlichen Wirkung und weniger um der Lösung inhaltlicher Probleme willen veranstaltet worden. Zu groß war die Zahl der Journalisten und Fotografen, der Pressekonferenzen und gezielten Indiskretionen sowie der anderen Errungenschaften der modernen politischen Public-Relations-Technik. Aus Rücksicht auf die Anwesenheit der Presse begannen alle Konferenzen mit öffentlichen Stellungnahmen der Leiter der verschiedenen Delegationen, die darlegten, mit welchen Erwartungen sie angereist waren. Dies beinhaltete häufig schon eine Festlegung auf bestimmte Positionen, die den Spielraum für spätere Manöver oder Zugeständnisse einengte, konnte doch ein Abrücken von der ursprünglich vertretenen Position in den Augen einer wachsamen heimischen Öffentlichkeit wie ein demütigender Rückzug wirken. Unter diesen Umständen konnte von solchen Konferenzen nicht viel erwartet werden, höchstens ein Schlußkommuniqué, das ein erfolgreiches Ergebnis vorzugaukeln versuchte, wo in Wirklichkeit keines vorlag.

Was die Gipfelkonferenzen betrifft, so waren sie sicherlich die unglückseligste unter den Errungenschaften der neuen Diplomatie: Selbst wenn sie erfolgreich verliefen, zeitigten sie in der Regel ungute Ergebnisse und Folgen. Was Richard Nixon über die Pekinger und die Moskauer Gipfelkonferenz von 1972 schrieb, ließe sich mit gleicher Berechtigung auch auf die Locarno-Konferenz von 1925 anwenden. „In der Erweckung euphorischer Hoffnungen liegt eine der Gefahren der Gipfelei", schrieb Mr. Nixon. „Viele Leute gaben sich der naiven Vorstellung hin, daß ... wir alle glücklich und zufrieden bis an unser seliges Ende leben würden. ... Die Euphorie machte es auch schwieriger, Unterstützung für die entscheidenden Maßnahmen und [den Aufbau der] starken militärischen Kräfte zu gewinnen, die wir benötigten, um die Entspannungspolitik erfolgreich weiterzuführen." Ganz ähnlich war es dann 1925, als der vordergründige Erfolg der Locarno-Konferenz die öffentliche Aufmerksamkeit von den Problemen ablenkte, die dort nicht gelöst worden waren und die bald darauf die erzielte Verständigung entwerteten.

In der Mehrzahl der Fälle blieben Gipfelkonferenzen aus Gründen erfolglos, die ein scharfsichtiger Kritiker der diplomatischen Praxis, Sir Harold Nicolson, schon vor einigen Jahrzehnten benannt hat. So wies er darauf hin, daß die Männer, die sich zu Gipfelkonferenzen treffen, immer ganz besonders vielbeschäftigte Leute sind. „Die Zeit, die diesen Besuchern zur Verfügung steht, reicht nicht immer zu geduldiger und ruhiger Beratung. Die Ehrungen, die einem Minister in einer ausländischen Hauptstadt erwiesen werden, sind körperlich ermüdend, machen ihn eitel oder trüben sein Urteil." Im Jahr 1932, während der ersten Phase der Abrüstungskonferenz, kam es in der Villa des US-Außenministers Henry Stimson in Bessinge zu einem De-facto-Gipfeltreffen zwischen dem britischen Premierminister Ramsay MacDonald, dem französischen Premier André Tardieu, dem deutschen Reichskanzler Heinrich Brüning, dem italienischen Außenminister Dino Grandi und Stimson. Ihre Unterredungen stifteten nichts als Verwirrung. Stimson gewann aus ihnen den Eindruck, Brüning sei von so versöhnlicher Wesensart und in seinen Wünschen nach Zugeständnissen so bescheiden, daß eine Einigung zwischen Frankreich und Deutschland nicht mehr lange auf sich warten lassen werde. Tardieu kehrte mit dem Gefühl nach Paris zurück, daß Brüning „sich auf nichts festlegen würde". Brüning behauptete später, MacDonald habe zugesagt, den deutschen Anspruch auf Gleichbehandlung in der Rüstungsfrage zu unterstützen. Der britische Premierminister wollte sich nicht erinnern, irgend etwas in diesem Sinne zugesagt zu haben. Da es kein Protokoll der Gespräche gab, konnten die unterschiedlichen Interpretationen nicht überprüft werden, und im Endeffekt wirkte sich das Gipfeltreffen von Bessinge negativ auf die Hoffnungen und Chancen für ein allgemeines Abrüstungsabkommen aus.

Das Fehlen verbindlicher und präziser Abmachungen kennzeichnete auch den Stresa-Gipfel von 1935. Diese Zusammenkunft war zu dem Zweck einberufen worden, einen Beschluß über die Reaktion der Locarno-Mächte auf die einseitige Aufkündigung der Entwaffnungsbestimmungen des Versailler Vertrages durch Hitler im März des gleichen Jahres zu fassen. Nachdem es ihnen nicht gelang, eine wirksame Sanktionsform zu finden, einigten sich die Teilnehmer auf eine Verlautbarung, in der sie ihre Entschlossenheit bekundeten, keine weiteren aggressiven Akte von seiten irgendeines Staates zu dulden. Mussolini schlug vor, in diese Formulierung die Worte ,,in Europa" einzufügen, ein Ansinnen, das Premierminister MacDonald akzeptierte, ohne auch nur den Versuch einer Hinterfragung der italienischen Motive zu machen. Der Duce glaubte aus dieser Reaktion entnehmen zu können, daß er keinen britischen Widerstand gegen seine bereits fest umrissenen Pläne zum Erwerb eines Kolonialreichs in Afrika zu befürchten brauchte, und die Stresa-Konferenz, auf der eigentlich eine Front gegen Hitler hätte formiert werden sollen, erwies sich so als eine Art Prolog zum militärischen Vorgehen Italiens in Äthiopien.

Was die Münchener Konferenz betrifft, die weniger an eine Verhandlungssituation erinnerte als an die Entgegennahme eines Diktatfriedens, so bietet sie eine klassische Illustration dafür, wie töricht es ist, hastig ausgearbeitete und unüberlegte Vereinbarungen ernstzunehmen. Gemeint ist die sogenannte englisch-deutsche Erklärung, die Neville Chamberlain am Morgen nach der eigentlichen Konferenz mit seinem eigenen Füllfederhalter aufs Papier kritzelte und die Hitler nach einem Augenblick des Zögerns unterzeichnete. Es war diese unverbindlich formulierte Versicherung einer künftigen Zusammenarbeit, die Chamberlain vor den Augen der ihn am Flugplatz von Craydon erwartenden Menschenmenge schwenkte, zum Beweis, daß er den ,,Frieden für unsere Zeit" gerettet habe, und auf die er seinen Glauben an die Appeasement-Politik gründete – bis Hitler durch seinen Einmarsch in die ,,Resttschechei" im März 1939 zeigte, wie wenig man in der Politik auf ein nicht durch eine Garantie gedecktes Versprechen bauen kann.

Eine weitere Folge des wachsenden Gewichts, das die öffentliche Meinung im Laufe der Zwischenkriegsperiode erlangte, führte schließlich dazu, daß die, wie man es nennen könnte, Deklarationsdiplomatie an Bedeutung gewann. Gemeint ist die Praxis der Staatsmänner, sich mit einer öffentlichen Erklärung nicht an eine andere Regierung, sondern an die öffentliche Meinung eines anderen Landes zu wenden, in der Hoffnung, diese dahingehend beeinflussen zu können, daß sie in einer den Interessen des ,,Absenders" der Botschaft entgegenkommenden Weise Druck auf ihre eigene Regierung ausübte. Im großen und ganzen hatten die politischen Führer der demokratischen Staaten mit dieser Methode weniger Erfolg als die der totalitären, weil sie bei ihren Äußerungen sowohl auf das ausländische Zielpublikum als auch auf die einheimische öffentliche Meinung achten mußten. Woodrow Wilson, der während des Krieges mit seinen an fremde Völker gerichteten Appellen durchaus aufrührende Wirkungen erzielt hatte und sich in gewisser Weise rühmen konnte, mit seinen packenden Reden zur Auflösung des österreichisch-ungarischen Vielvölkerreiches beigetragen zu haben, erlitt mit seinen Versuchen, während der Dauer der Friedenskonferenz über die Köpfe der Regierungen hinweg direkt an die Völker zu appellieren, auf bemerkenswerte Weise Schiffbruch, zum Teil sicherlich deswegen, weil zunehmend deutlich wurde, daß er den Rückhalt bei seinem eigenen Volk verloren hatte. Heinrich Brüning rannte in seiner Amtszeit als Kanzler der Weimarer Republik verzweifelt einem außenpolitischen Erfolg hinterher – einer weiteren Reduzierung der deutschen Reparationslasten beispielsweise oder dem Zugeständnis zumindest prinzipieller Waffengleichheit für Deutschland –, um auf diese Weise vielleicht seine Position im Inneren stärken zu können; in diesem Bestreben verlegte er sich auf das Mittel der Deklarationsdiplomatie, um die Regierungen der Westmächte und die dortige Öffentlichkeit davon zu überzeugen, daß er ein Mann von gutem Willen war, der den Frieden und die internationale Zusammenarbeit wollte und dem man ruhig einige Zugeständnisse machen konnte. Allein, für jede in diesem Sinne gehaltene, für die Ohren des Auslands bestimmte Rede mußte Brünning eine andere halten: Um die öffentliche Meinung im Inland zu beruhigen, mußte er darin den Nationalisten hervorkehren, das Deutschland zugefügte Unrecht anprangern und versprechen, daß er in seinen Forderungen nach einer Revision unbeugsam bleiben werde.

Herbert Hoover, nach dessen Überzeugung die 30er Jahre ein Zeitalter des allgemeinen Irrsinns waren, versuchte dem entgegenzuwirken, indem er auf vielfältige Weise an die ,,Weltmeinung" appellierte; allein, wenn es eine solche gab, dann war sie allem Anschein nach nicht bereit, ihm zuzuhören.

Der unübertroffene Meister in dieser Art der Diplomatie war Adolf Hitler. Jedes Mal, wenn er etwas besonders Verwegenes tat, wie etwa die Aufkündigung der Entwaffnungsbestimmungen des Versailler Vertrags oder die Nichtigerklärung des Locarno-Vertrags, konnte man sich darauf verlassen, daß er unmittelbar darauf eine große Rede hielt, in der er an das schlechte Gewissen der Westmächte rührte, indem er die überharten Bestimmungen des Versailler Vertrags in Erinnerung rief. Er pflegte zu erklären, was er soeben getan habe, sei keineswegs als provokativer oder aggressiver Akt gedacht gewesen, sondern werde vielmehr den Weg zu einem sichereren Frieden ebnen und er, Hitler, sei bereit, im Interesse dieses Friedens jedes von den Westmächten gewünschte Abkommen zu unterzeichnen, vorausgesetzt, es handle sich dabei um bilaterale Verträge. (Er hielt es freilich nie für nötig, darauf hinzuweisen, daß bilaterale Verträge die am leichtesten zu brechenden sind.)

Mit solchen Reden erzielte Hitler eine bemerkenswert große Wirkung, hauptsächlich weil die Völker des Westens keinen Krieg wollten; und diese Wirkung half mit, die Regierungen der Westmächte zum Verzicht auf aktive Gegenmaßnahmen gegen die aggressiven Schritte Hitlers zu bewegen. Was konnte man schließlich gegen die Besetzung des Rheinlands unternehmen, wenn die Reden Hitlers und die wohlwollende Reaktion der westlichen Zeitungen – von denen einige insgeheim von deutschen Stellen finanziert wurden – einen großen Teil der westlichen Öffentlichkeit zu der Überzeugung gebracht hatten, daß Hitler „ja nur in seinen eigenen Hinterhof" einmarschiert sei? Was konnte man gegen den „Anschluß" tun, wenn viele Wahlbürger in den westlichen Ländern längst davon überzeugt waren, daß Österreich ohnehin zu Deutschland gehörte?

Kein Zweifel, die Entwicklung der öffentlichen Meinung zu einem wichtigen Faktor der Außenpolitik machte die Regierungen der westlichen Demokratien in den 30er Jahren dieses Jahrhunderts anfällig für eine Propaganda, die sich an die Gefühle ihrer Bevölkerung wandte und diese in einem Sinne beeinflußte, der ihrem nationalen Interesse nicht entsprach. Die Tatsache, daß die meisten Menschen sich ihre Meinung eher im Bauch als im Kopf bildeten und von bestimmten intensiven Abneigungen und Ängsten beherrscht waren, die sich leicht entflammen ließen, verstärkte diese Anfälligkeit noch. Das zeigte sich am klarsten 1938 und 1939 in Frankreich, wo nicht wenige Menschen die Überzeugung gewannen, daß ein Vorgehen gegen Hitler Stalin den Weg nach Paris ebnen würde und daß, wenn schon, denn schon, ein Triumph Hitlers immer noch das kleinere Übel wäre als eine Regierung Léon Blum in Paris, wodurch Frankreich in einen Krieg verwickelt würde, der nicht zu gewinnen war.

6. Wirtschaft und Außenpolitik

Eine wichtige Ursache dafür, daß in den Jahren zwischen 1919 und 1939 kein funktionierendes kollektives Sicherheitssystem zustande kam, waren wirtschaftliche Probleme und die Art und Weise, wie die verschiedenen Mächte darauf reagierten. Ohne daß wir uns mit diesem Thema hier so ausführlich auseinandersetzen wollen, wie es ihm zukäme, möchten wir doch versuchen, deutlich zu machen, daß die Mächte, die den Krieg gewonnen hatten und die Friedensbedingungen diktierten, die Hauptschuld an der Entwicklung trugen. Zunächst einmal war ihr wirtschaftspolitisches Vorgehen gegen den wichtigsten ihrer ehemaligen Kriegsgegner unrealistisch und unkoordiniert und verbaute grundlegend die Aussichten auf eine wirkliche Versöhnung in den Jahren nach Kriegsende. Dazu kam, daß sie in der Zeit, als das internationale System bereits gefährlich in den Fugen knackte, die Zielstrebigkeit und Wirksamkeit der deutschen Wirtschaftsdiplomatie unterschätzten und so die Möglichkeit aus der Hand gaben, mit wirtschaftlichen Mitteln für ein stabiles Gleichgewicht der Kräfte zwischen den revisionistisch gesonnenen Mächten und denen des Status quo zu sorgen.

Diese traurige Geschichte hatte ihren Ursprung in der Entscheidung der 1919 in Paris versammelten Politiker der Siegermächte, dem geschlagenen Feind eine schwere Reparationslast aufzubürden. Daß sie sich hierzu entschlossen, ist an und für sich verständlich. Der Krieg hatte ihnen große Menschenverluste und materielle Schäden beschert und ihre Finanzkraft und ihre ausländischen Aktiva aufgezehrt. Im Zeichen der nach dem Krieg herrschenden Stimmung erschien es den demokratischen Führern unmöglich, ihren eigenen Völkern einen Anteil an der zu zahlenden Zeche zuzumuten, und es erschien nur logisch, die Rechnung dem unterlegenen Gegner zu präsentieren.

Freilich, dieser Entschluß wurde gefaßt, ohne daß man ihn vorher eingehend auf seine möglichen Folgen überprüfte. Man ignorierte frühere Erfahrungen mit der Auferlegung von Reparationen, die nicht gerade Anlaß zu großer Zuversicht gaben: Die finanziellen Abgaben, die Napoleon nach 1806 von Preußen erzwungen hatte, hatten wesentlich mit zum Aufflammen des Widerstandswillens in dem besiegten Land beigetragen, und die von Frankreich nach seiner Niederlage von 1870 entrichteten Reparationszahlungen hatten den Spekulationsboom in Deutschland mit angeheizt, der seinen unrühmlichen Abschluß im Finanzkrach von 1873 gefunden hatte. Die Siegermächte verkannten ferner die psychologischen Auswirkungen, die der unglückselige Beschluß, Deutschland und seinen Verbündeten die alleinige

Schuld am Ausbruch des Krieges anzulasten, nach sich ziehen mußte, eine fragwürdige und unnötig provokative Schuldzuweisung, von der John Foster Dulles, 1919 Mitglied der amerikanischen Verhandlungsdelegation, später meinte, sie sei eines der Dinge gewesen, die Deutschland in die Arme Hitlers getrieben hätten. Und sie zeigten sich außerstande, die Unlogik zu erkennen, die darin lag, daß man nicht die kaiserliche Regierung bestrafte, die 1914 an der Macht gewesen war (was vielleicht möglich gewesen wäre, wenn man nur nachdrücklicher darauf bestanden hätte, daß *deren* Führer den bitteren Kelch der Kapitulation austranken), sondern das neue republikanische Regime, das sich 1919 etablierte und das, was den Krieg betraf, schuldlos war.

Die Art und Weise, wie die Entscheidung der Siegermächte in die Tat umgesetzt wurde, schlug den Vierzehn Punkten Woodrow Wilsons ins Gesicht, in denen „die weitestmögliche Beseitigung aller wirtschaftlichen Schranken" zwischen den Nationen gefordert worden war, und sie mißachtete den Rat des britischen Ökonomen John Maynard Keynes, daß die erste Aufgabe der in Paris Versammelten darin bestehen müsse, die freie Weltwirtschaft wieder herzustellen, die vor 1914 für allgemeinen Wohlstand gesorgt hatte. Der Umfang der Reparationslasten stand in keinem Verhältnis zur Zahlungsfähigkeit Deutschlands. Da die britische Regierung darauf bestand, Deutschland müsse nicht nur für die während des Krieges verlorengegangenen Schiffe und die erlittenen Sachschäden der Briten aufkommen – eine Verpflichtung, die die Deutschen anzuerkennen bereit waren –, sondern auch für die durch den Krieg entstandenen Pensions- und Invaliditätsrentenansprüche britischer Bürger, errechnete sich am Ende eine Summe, die doppelt so hoch war wie ursprünglich geschätzt. In anderen Paragraphen des Friedensvertrags mußte Deutschland den Verzicht auf sein gesamtes Kolonialreich, auf einige seiner reichsten Bergbaugebiete und auf seine Handelsmarine erklären; das waren Sanktionen, die es der neuen deutschen Regierung schwer, wo nicht unmöglich machen würden, die geforderten Summen zusammenzubekommen und zu überweisen. Es war keine Frage, daß Deutschland unter diesen Bedingungen der Weg in eine normale wirtschaftliche Entwicklung durch gewaltige Hindernisse versperrt war.

Dies warf wiederum die Frage nach dem Sinn der Reparationen auf. Sollten sie lediglich dazu dienen, die Kriegskosten zu ersetzen und die Siegermächte zur Rückzahlung der Schulden zu befähigen, die sie während des Krieges bei den Vereinigten Staaten gemacht hatten, oder verbarg sich dahinter ein politischer Zweck – der Wunsch, Deutschland nicht nur zu bestrafen, sondern es möglichst lange zu einem Zustand der wirtschaftlichen und damit politischen Schwäche zu verurteilen? Während der Verhandlungen in Paris blieben die Motive der Beteiligten unklar. Der amerikanische Experte Norman Davis schrieb: „Einige der Delegierten wollten Deutschland kaputtmachen, einige wollten Reparationen kassieren, und andere wollten beides.

Einige wollten mehr kassieren, als Deutschland zugesagt hatte oder aufbringen konnte; und andere wollten ihm sein gesamtes Kapital nehmen, es kaputtmachen und ihm dann eine umfangreiche Reparationsrechnung präsentieren." Im Lauf der darauffolgenden Jahre schieden sich die Standpunkte, und es kam ein grundlegender Gegensatz zum Vorschein zwischen Frankreich, das in den Reparationen eindeutig eine politische Waffe sah, und England, das diese Einstellung bedauerte und mittlerweile sogar an der wirtschaftspolitischen Klugheit der Reparationsforderungen zweifelte. Die Vereinigten Staaten, die den Vertrag nicht unterzeichnet hatten, bezogen eine unentschiedene Haltung.

Es war in der Tat die Frage der Behandlung Deutschlands, an der sich die politische Entfremdung zwischen England und Frankreich, die bald auch in anderen Bereichen, namentlich in Südosteuropa und Nahost, unschöne Weiterungen nach sich ziehen sollte, zuerst offenbarte. In Paris war den Franzosen die territoriale Belohnung (in Gestalt der Rheingrenze) versagt worden, die sie verdient zu haben glaubten, und sie hatten sich mit einer angloamerikanischen Unterstützungszusage für den Fall eines künftigen deutschen Angriffs zufriedengeben müssen. Doch da die Vereinigten Staaten sich entschieden, den Vertrag zu verwerfen, war diese Garantie nie ratifiziert worden, und die Franzosen fühlten sich um die Erfüllung ihrer legitimen Sicherheitsbedürfnisse betrogen. Sie hielten es aus diesem Grund für notwendig, auf die strikte Einhaltung des Versailler Vertrages und insbesondere jener Bestimmungen zu pochen, die mit der Entwaffnung Deutschlands und seinen Reparationsverpflichtungen zu tun hatten. Der entschiedenste Befürworter dieser Politik war Raymond Poincaré, zwischen 1921 und 1924 die dominierende Figur in der französischen Außenpolitik. Ein Repräsentant der konservativ-nationalistischen Tradition in der französischen Politik, war Poincaré – während des Krieges Präsident der Republik – schon lange vor 1914 von den aggressiven und expansiven Absichten Deutschlands überzeugt gewesen. Auch nach dem Krieg blieb sein Mißtrauen wach, und er war der Überzeugung, die Deutschen müßten auf jede mögliche Weise – durch eine rigorose Durchsetzung der Vertragsbedingungen, durch Militärbündnisse und militärische Stärke – niedergehalten werden. Poincaré war, wie R. D. Challener schrieb, bekannt für die leidenschaftlichen Reden, die er bei der Einweihung von Kriegerdenkmalen zu halten pflegte und die immer in der Forderung gipfelten, die Deutschen könnten und müßten ihren Reparationsverpflichtungen bis auf den letzten *sou* nachkommen.

Die Briten hatten immer mehr Anlaß daran zu zweifeln, ob es möglich, ja überhaupt ratsam sei, auf Erfüllung der Reparationsforderungen zu bestehen. Die ersten Erfahrungen hatten gezeigt, daß die Wirkung der Reparationen auf die britische Wirtschaft nicht eben günstig war. Der Erwerb der deutschen Handelsflotte hatte die nach dem Krieg eingetretene Auftragsflaute der englischen Werftindustrie noch verstärkt, und die von Deutschland gelieferte Reparationskohle verdarb den britischen Kohleproduzenten ihre europäischen Märkte. Dazu kam, daß die Briten schneller und besser als die Franzosen die Probleme der Deutschen mit der Abwicklung der Zahlungen und die Gefahren erkannten, die sich aus den Maßnahmen ergaben, die sie ergreifen mußten, um ihre finanziellen Verpflichtungen einzuhalten – daß sie nämlich auf die Notenpresse zurückgriffen und damit zwangsläufig Teuerung und Inflation anheizten.

Von 1920 an bis zu seinem Sturz 1922 bemühte sich daher Lloyd George, die Franzosen davon zu überzeugen, daß eine Revision der Vertragsbestimmungen im Sinne von Erleichterungen für Deutschland ratsam sei. Er berief zur Behandlung dieser Frage eine Reihe von Konferenzen ein: 1920 nach Spa, 1922 nach Cannes und später im gleichen Jahr eine Konferenz in größerem Rahmen in Genua, bei der die allgemeine Wirtschaftslage in Europa, einschließlich der Frage der Beziehungen zur Sowjetunion, auf der Tagesordnung stand. Er schaffte es nicht, die Franzosen zu Zugeständnissen zu bewegen, was teilweise die Folge einiger von den Deutschen selbst begangenen Ungeschicklichkeiten war. So gehörte beispielsweise ihrer Delegation in Spa nicht nur General von Seeckt in Uniform an, sondern auch der Industrielle und Bankier Hugo Stinnes, der erste in der langen Reihe von Bankiers und Industriellen, die in der Zwischenkriegsperiode mit wichtigen diplomatischen Missionen betraut wurden. Wenn in Spa für die Deutschen irgendeine Chance bestand, Verständnis für ihre Nöte zu finden, dann machte Stinnes sie zunichte, indem er die Westmächte tadelte und ihnen vorhielt, sie litten an der „Siegeskrankheit". In Genua meldeten sich die Deutschen, vielleicht in einem verzweifelten Versuch, aus ihrer Isolation auszubrechen, zwischenzeitlich vom Konferenzgeschehen ab und nutzten die Zeit, um in Rapallo einen Freundschaftsvertrag mit der Sowjetunion abzuschließen. Ein solcher Schritt konnte die Franzosen nur in ihrem Verdacht bestärken, Deutschland sinne auf Revanche, und dies um so mehr, als bald Gerüchte über geheime militärische Abmachungen zwischen den beiden neuen Partnern die Runde machten.

So blieben die Bemühungen Lloyd Georges fruchtlos, und die von den Franzosen favorisierte Politik der Härte konnte sich ungehindert bis zu ihrer letzten, aber auf die Urheber zurückschlagenden Konsequenz steigern: Im Januar 1923 marschierten französische und belgische Truppen ins Ruhrgebiet ein, das letzte ergiebige Bergbaurevier, das Deutschland noch besaß. Der Grund für diesen Einmarsch, der gegen den Einspruch der Briten von der Reparationskommission gutgeheißen wurde, war ein Rückstand, in den die Deutschen mit ihren Kohle- und Holzlieferungen geraten waren; Poincaré hegte allerdings seit einiger Zeit den Verdacht, die deutsche Regierung steuere, indem sie absichtlich nichts unternehme, um die Inflation in ihrem Land in den Griff zu bekommen, auf einen getürkten Staatsbankrott zu, um sich so ihrer Reparationsverpflichtungen zu entledigen. Er wähnte in der

Besetzung des Ruhrgebiets und der Beschlagnahme seiner Zechen und Wälder als „produktive Pfänder" das einzige Mittel, mit dem Frankreich die Erfüllung der Vertragsbedingungen sicherstellen konnte. Entschiedene Rükkendeckung für sein Vorgehen erhielt er von der französischen Stahlindustrie, die sich einen zuverlässigen Nachschub an Koks sichern wollte, und von Militärs wie Marschall Foch und Kriegsminister Maginot, die in diesem Vorgehen eine Chance sahen, das Ruhrgebiet auf Dauer in französischen Besitz zu bringen.

Stephen Schuker hat die Ruhrbesetzung und den passiven Widerstand, mit dem sie beantwortet wurde, als eine Fortsetzung des Krieges zwischen Frankreich und Deutschland mit wirtschaftlichen Mitteln bezeichnet. Dies war auch die Sichtweise Marschall Fochs; als die deutsche Regierung sich im September 1923 gezwungen sah, die Politik des passiven Widerstands aufzugeben, rief er aus: „Waffenstillstand! Von Hoesch [der deutsche Geschäftsträger in Paris] kommt zum Quai d'Orsay wie Erzberger zu meinem Eisenbahnwaggon am Bahnhof von Rethondes." In Wirklichkeit gab es für die Franzosen schwerlich Grund zum Jubel. Die Unterstützung des passiven Widerstands an der Ruhr hatte den deutschen Staat so viel Geld gekostet, daß die Regierung die Notenpresse erst richtig in Gang setzte; die zügellose Inflation, die dies zur Folge hatte, versetzte der Stabilität der Republik einen schweren Schlag, indem sie das Gros des deutschen Mittelstands ruinierte, und förderte Wasser auf die Mühlen der nationalistischen, gegen Weimar und Versailles agitierenden Elemente im Lande. Dies konnte für niemanden, der für Frieden und kollektive Sicherheit war, Grund zur Genugtuung sein.

Aber auch wenn man das französische Vorgehen im Ruhrgebiet unter der Perspektive eines kurzfristigen französischen Interesses betrachtet, fällt es schwer, es als einen Erfolg zu bewerten. Ihr eigentliches Ziel erreichte die Ruhrbesetzung nicht. Es gab auch weiterhin keine Sicherheit, daß die Deutschen ihre Reparationszahlungen bald wiederaufnehmen oder daß diese Zahlungen jemals jenen Umfang erreichen würden, mit dem eine überoptimistische französische Legislative gerechnet hatte, in der Hoffnung, sie werde auf diese Weise um die Aufgabe herumkommen, ein marodes öffentliches Finanzwesen reformieren und ein Besteuerungssystem ausarbeiten zu müssen, das Frankreich in die Lage versetzen würde, seine gefährlich angeschwollene Schuldenlast abzutragen. Januar 1924, vier Monate nach der deutschen „Kapitulation", wurde der Finanzwelt eine verspätete Einsicht in den wahren Ernst der finanziellen Lage Frankreichs zuteil, und der Franc tat einen Sturz, der die Regierung Poincarés bis in die Grundfesten erschütterte. In den Wochen danach herrschte allgemeine Panik, und der Staatsbankrott stand vor der Tür; die französische Währung konnte schließlich nur gerettet werden, weil es der Regierung gelang, sich Anleihen bei den Bankhäusern J. P. Morgan in New York und Lazard Brothers in London zu verschaffen.

Dieser verzweifelte Notbehelf war über das Wirtschaftliche hinaus von Bedeutung. Die britische Regierung, die nicht bereit war, das Ruhrgebiet unter französischer Kontrolle zu belassen, wärmte einen ursprünglich 1922 vom amerikanischen Außenminister Charles Evans Hughes gemachten Vorschlag auf, demzufolge eine unabhängige internationale Kommission von Wirtschafts- und Finanzexperten das Reparationsproblem in allen seinen Verwicklungen durchleuchten sollte. Unter britischem und amerikanischem Druck stimmte Poincaré diesem Plan im Dezember 1923 zu. Indes war er, wie auch immer die Empfehlungen dieser Kommission lauten mochten, entschlossen, dafür zu kämpfen, daß Frankreich im Besitz ,,produktiver Pfänder" an der Ruhr und bestimmter militärischer Kontrollbefugnisse blieb. Angesichts der dramatischen Finanzkrise, in die Paris geriet, war dieser Anspruch jedoch nicht mehr aufrechtzuerhalten. Die Abhängigkeit Frankreichs von Auslandsanleihen, die von den Regierungen in Washington und London genehmigt werden mußten, engte den Verhandlungsspielraum sowohl Poincarés als auch Herriots, der ihn im Mai ablöste, stark ein, so daß Frankreich kaum etwas anderes übrig blieb, als die Empfehlungen der Experten zu bejahen, die sich schließlich im Dawes-Plan von 1924 niederschlugen.

Die Konsequenzen daraus zeigten sich auf der Londoner Reparationskonferenz, die im Juli 1924 zusammentrat, um den Dawes-Plan im einzelnen zu erörtern, zu überarbeiten und formell in Kraft zu setzen. In der Geschichte der Nachkriegsdiplomatie kommt dieser Konferenz insofern eine besondere Bedeutung zu, als sie das erste diplomatische Treffen auf europäischer Ebene seit 1919 war, an dem die Vereinigten Staaten offiziell teilnahmen, und auch das erste, bei dem Deutschland als gleichberechtigter Verhandlungspartner auftrat. Noch interessanter aber – und bezeichnend für die verstärkte diplomatische Präsenz von Finanzleuten in einer Zeit, in der politische Entscheidungen so weitgehend unter dem Einfluß wirtschaftlicher Erwägungen getroffen wurden – war die Rolle der Bankiers bei dieser Konferenz, insbesondere Sir Montagu Normans von der Bank von England und Thomas W. Lamonts vom Bankhaus J. P. Morgan & Company. Da eine Wiederaufnahme der deutschen Reparationszahlungen gemäß dem von den Experten erarbeiteten neuen und erträglicheren Zeitplan nur mit Hilfe einer Anleihe möglich war, die Deutschland über das Bankhaus Morgan in den Vereinigten Staaten aufzunehmen gedachte, bestanden die New Yorker Bankiers darauf, sicherzustellen, daß es künftig keine Ruhrbesetzung mehr geben werde; die Gründe nannte das *Wall Street Journal:* ,,Der durchschnittliche Anleger hat kein Interesse daran, in einen Zankapfel zu investieren, und wenn keine Garantie besteht, daß Frankreich nicht eines Tages wieder das Ruhrgebiet besetzt in der erklärten Absicht, Deutschland zur buchstabengetreuen Einhaltung der Verträge im Zusammenhang mit seinen Reparationszahlungen zu zwingen ... wird eine hier angebotene deutsche Anleihe zum Ladenhüter werden."

Auf der Konferenz machte sich Lamont aus dem Hintergrund vehement für diese Position stark, mit – zunächst zögernder – Rückendeckung der amerikanischen Delegation und mit enthusiastischerer Unterstützung der Regierung MacDonald, deren Haltung maßgeblich von dem durch und durch antifranzösisch eingestellten Norman und von einem Foreign Office bestimmt wurde, in dem seit langem die Auffassung vorherrschte, die Besorgnisse der Franzosen um ihre Sicherheit seien übertrieben. Ihrer eigenen finanziellen Zukunft unsicher, wagten die Franzosen es nicht, sich mit ihren möglicherweise einzigen potentiellen Geldgebern zu entzweien. Am Ende wurden, unbeschadet einiger geringfügiger Zugeständnisse an Frankreich, die Herriot das Gesicht wahren halfen, die Befugnisse der Reparationskommission dahingehend erweitert, daß einseitige Zwangsmaßnahmen hinfort nur noch bei flagranten Verstößen der Deutschen gegen ihre Reparationsverpflichtungen möglich sein sollten. (Neutrale Beobachter des öffentlichen Lebens in Deutschland befürchteten allerdings, daß die durch das französische Vorgehen im Januar 1923 aufgerührten nationalistischen Leidenschaften durch den Dawes-Plan nicht abgekühlt würden und daß Deutschland zwangsläufig früher oder später wieder in Lieferungs- oder Zahlungsverzug geraten werde.) Im gleichen Zug zwang man aber die Franzosen zur Aufgabe ihrer ,,produktiven Pfänder" und zu der Zusage, ihre Truppen binnen eines Jahres nach Inkrafttreten des Plans aus dem Ruhrgebiet zurückzuziehen; damit schwächte man ihre Fähigkeit, die Deutschen zur Einhaltung der Bedingungen des Versailler Vertrages zu zwingen, beträchtlich, wenn auch vielleicht nicht so tiefgreifend, als daß die Behauptung Stephen Schukers gerechtfertigt erschiene, auf der Londoner Konferenz sei das Ende der ,,Ära", in der Frankreich für sich einen Großmachtstatus beanspruchen konnte", besiegelt worden.

Die Konferenz führte zu einer weiteren Verschärfung der ohnehin schon beträchtlichen Differenzen zwischen England und Frankreich in der Frage der Politik gegenüber Deutschland. Das französische Mißtrauen gegen Deutschland und die Abneigung der Franzosen gegen jegliche weiteren Zugeständnisse in der Frage der Reparationen und der militärischen Besetzung des Rheinlands hielten auch in der Folge unvermindert an, und dies trotz der scheinbaren Annäherung, die auf der Locarno-Konferenz 1925 erreicht wurde, und trotz der engen Freundschaftsbeziehung, die sich zwischen Aristide Briand und Gustav Stresemann entwickelte. Die Briten andererseits neigten immer stärker der Auffassung zu, daß alles nur Mögliche unternommen werden solle, um die gebrechliche deutsche Republik zu stärken, in erster Linie durch eine Wiederherstellung ihrer vollen Souveränität auf dem Felde der Außenpolitik. Im Laufe der letzten Jahre der Weimarer Republik traten diese Auffassungsunterschiede besonders scharf in der Frage der Wiederbewaffnung Deutschlands hervor: Während Großbritannien den Standpunkt vertrat, die Entwaffnungsbestimmungen des Versailler Vertrages müßten dahingehend modifiziert werden, daß Deutschland wieder zu einer gleichrangigen Macht würde, zunächst dem Status, später auch der tatsächlichen Waffenstärke nach, wehrten die Franzosen sich beharrlich gegen jede Revision, es sei denn, sie würde mit formellen Garantien der anderen Großmächte für die Sicherheit Frankreichs verknüpft. Die Uneinigkeit in dieser Frage war es, die verhinderte, daß bei der Abrüstungskonferenz von 1932 irgendwelche Rüstungskontrollvereinbarungen zustande kamen, und dies wiederum führte, nach der Machtergreifung Hitlers, zum Abzug der deutschen Konferenzdelegation und zum Austritt Deutschlands aus dem Völkerbund im Oktober 1933 sowie schließlich zur einseitigen Aufkündigung der Entwaffnungsbestimmungen des Versailler Vertrages durch Hitler im März 1935.

Die Abrüstungskonferenz von 1932 ließ die Vereinigten Staaten vorübergehend wieder auf den politischen Foren Europas auftauchen und eröffnete die Aussicht, daß das Land seine große Finanzkraft in die Waagschale werfen würde, um ein positives diplomatisches Ergebnis zu erzielen. Präsident Herbert Hoover engagierte sich persönlich seit langem für eine allgemeine Abrüstung und war sich des starken Rückhalts bewußt, den dieser Gedanke bei der Bevölkerung der Vereinigten Staaten besaß. Er war darüber hinaus überzeugt davon, daß eine Reduzierung der Rüstungsausgaben das wirksamste Mittel sein würde, um die in der Krise steckende Weltwirtschaft auf den Weg der Besserung zu bringen; in einer Ansprache vor der Internationalen Handelskammer im Mai 1931 hatte der amerikanische Präsident anhand von Zahlen zu zeigen versucht, wie schwer die Rüstungsausgaben auf den Volkswirtschaften der maßgeblichen Mächte lasteten. Er hatte seine Ausführung mit den Worten beschlossen: ,,Unter allen Vorschlägen für die wirtschaftliche Genesung der Welt kenne ich keinen, der sich an Bedeutung oder logischer Zwangsläufigkeit mit einem erfolgreichen Abschluß der [bevorstehenden Abrüstungs-]Konferenz vergleichen ließe.``

Als sich in den Vorgesprächen zur Konferenz abzeichnete, daß die Franzosen diese Auffassung nicht teilten, wurde der Präsident von einigen seiner Berater gedrängt, zur Durchsetzung seines Standpunktes wirtschaftliche Druckmittel einzusetzen. Sein Botschafter in Paris, Walter E. Edge, schrieb: ,,Es ist meine Überzeugung, daß Frankreich fortfahren wird, Schraubenschlüssel ins Getriebe zu werfen, solange, bis es unter einen so kolossalen allgemeinen Druck gesetzt wird, daß es selbst Paris schwerfallen wird, zu widerstehen.`` Wahrscheinlich, so meinte er, sei es nur noch eine Frage der Zeit, bis die sich verschärfende Wirtschaftskrise zu einer Einstellung sowohl der Reparationszahlungen als auch der Rückzahlung von Kriegsschulden an die Vereinigten Staaten führen werde. Weshalb könne man dies nicht vorwegnehmen und, solange die Schulden noch ein gewisses Druckmittel darstellten, jenen Mächten einen Erlaß oder eine Minderung ihrer Schulden als Belohnung dafür in Aussicht stellen, daß sie sich zu einer Kürzung ihrer

Rüstungsausgaben bereiterklärten – eine Form des Drucks, dem die Franzosen sicherlich nicht würden widerstehen können?

Präsident Hoover hatte nicht viel für die Franzosen übrig, und der Gedanke, ihre Kriegsschulden als Waffe zu benutzen, war ihm nicht neu. Schon 1924 war er – damals noch Handelsminister in der Regierung Coolidge – enttäuscht darüber gewesen, daß das Außenministerium sich nicht dazu durchgerungen hatte, seine Zustimmung zu weiteren privaten Krediten an Staaten wie Frankreich, Belgien und Italien zu widerrufen, die keine Tilgungsabkommen mit den Vereinigten Staaten abgeschlossen hatten. Er hatte damals erklärt, die „Finanzierungsoperationen dieser Regierungen" wären nichts anderes als „getarnte Manöver zum Auftreiben von Geldern für unproduktive Zwecke, hauptsächlich für Rüstungszwecke". Sieben Jahre später war Hoover freilich nicht mehr bereit, der Logik seiner früher vertretenen Position treu zu bleiben, wußte er doch, daß jeder Vorschlag, der auf eine Reduktion der Kriegsschulden hinauslief, und sei es auch als Druckmittel im Dienste der Abrüstung, im amerikanischen Senat und in der Öffentlichkeit des Landes einen Empörungssturm auslösen würde. Der Gedanke, den Europäern etwas von ihren Verpflichtungen zu erlassen, war in den Vereinigten Staaten überaus unpopulär, und die meisten Amerikaner hielten es mit dem Präsident Coolidge zugeschriebenen Ausspruch: „Die haben sich das Geld doch geliehen, oder etwa nicht?" Als Edge seinen Vorschlag ein zweites Mal vorbrachte, diesmal an die Adresse von Hoovers Außenminister Henry L. Stimson, gefiel er auch diesem nicht; Stimson zeigte sich geradezu erschrocken über den Gedanken, ein so unkonventionelles, ja unfeines Instrument der Diplomatie einzusetzen. „Andere Länder", so schrieb er, „würden aus dem Häuschen geraten, würde man ihnen nahelegen, ihr Recht zur unabhängigen Festsetzung ihrer Rüstungsausgaben im Rahmen eines Geschäfts mit einer anderen Nation zu verkaufen." Die Rücksichtnahme des US-Präsidenten auf seine Wahlchancen und die Abneigung des Außenministers gegen wirtschaftliche Pressionen hatten zur Folge, daß es der amerikanischen Politik nicht gelang, die Genfer Abrüstungskonferenz über den toten Punkt zu bringen und die verhängnisvollen Folgen abzuwenden, die deren Scheitern nach sich zog.

Das Beispiel der amerikanischen Politik der Jahre 1931–32 scheint zu zeigen, daß eine wirtschaftliche Diplomatie den – sagen wir – westlichen Demokratien nicht entsprach und nicht zu ihren wirksam einzusetzenden Waffen gehörten. Ein Vergleich zwischen dem Einsatz „wirtschaftsdiplomatischer" Mittel, wie ihn Adolf Hitler in Osteuropa praktizierte, und der entsprechenden Praxis Großbritanniens und Frankreichs bestätigt diesen Eindruck.

Schon vor der nationalsozialistischen Machtübernahme hatten die Deutschen ein waches Bewußtsein dafür an den Tag gelegt, welche politischen Ziele mit wirtschaftspolitischen Mitteln erreichbar waren. Das gescheiterte

Projekt einer deutsch-österreichischen Zollunion aus dem Jahr 1931, das diplomatisch schlecht vorbereitet war und durch energischen französischen und polnischen Widerstand zu Fall gebracht wurde, war von Reichskanzler Brüning, der es guthieß, ohne sich je übermäßig dafür zu exponieren, vielleicht als ein Mittel zur Aufpolierung seines politischen Ansehens nach dem Rückschlag bei der Wahl vom September 1930 sowie auch als geeignetes Instrument zur Bekämpfung der Wirtschaftskrise gedacht. Staatssekretär Bernhard von Bülow vom Auswärtigen Amt jedoch, der Brüning politisch überlebte und auch unter Hitler noch einige Jahre im Amt blieb, zweifelte nicht daran, daß diesem Plan eine über den unmittelbaren wirtschaftlichen Nutzen hinausgehende politische Bedeutung innewohnte. In einer Denkschrift vom April 1931 schrieb er:

> Ist die deutsch-österreichische Zoll-Union einmal Tatsache geworden, so rechne ich damit, daß der Druck wirtschaftlicher Notwendigkeiten den Beitritt der Tschechoslowakei nach wenigen Jahren in der einen oder anderen Form erzwingen wird. Ich würde darin den Anfang einer Entwicklung sehen, die geeignet wäre, lebenswichtige politische Interessen des Reichs einer auf anderem Wege kaum möglich erscheinenden Lösung zuzuführen. Ich denke dabei an die deutsch-polnischen Grenzprobleme. Wenn es uns gelingt, die Tschechoslowakei unserem Wirtschaftsblock einzugliedern, und wenn wir inzwischen auch mit den Randstaaten nähere wirtschaftliche Beziehungen geschaffen haben werden, dann ist Polen mit seinem wenig gefestigten Wirtschaftskörper eingekreist und allerhand Gefährdungen ausgesetzt: Wir haben es in einer Zange, die es vielleicht doch über kurz oder lang reif machen kann, dem Gedanken des Austauschs politischer Konzessionen gegen handgreifliche wirtschaftliche Vorteile näherzutreten.

Nach der Machtergreifung Hitlers wurde die Verflechtung wirtschaftsdiplomatischer Mittel mit politischen Zielen enger und zeitigte auch größere Erfolge. Von 1934 an stand das deutsche Wirtschaftsleben im Zeichen einer planvoll betriebenen „Wehrwirtschaft", und im August 1936 legte sich Hitler in der Denkschrift, die zur Grundlage des Vierjahresplans wurde, noch entschiedener auf diese Ausrichtung fest. Die mit den wirtschaftlichen Entscheidungen betrauten Männer sollten daran denken, so erklärte er, daß ihre einzige Pflicht darin bestand, das deutsche Volk in die Lage zu versetzen, sich in der Welt der Politik zu behaupten. Die Zeit der fruchtlosen Debatten über Wirtschaftstheorien und der verantwortungslosen Vorschläge, die Probleme der Lebensmittel- und Rohstoffknappheit auf Kosten des nationalen Aufrüstungsprogramms zu lösen, sei vorbei. Die Aufgabe, vor der die Nation stehe, laute: vorläufige Lösungen für die Ernährungs- und Rohstoffprobleme zu finden und die Grundlage für den deutschen „Selbstbehauptungskampf" zu schaffen. Hitler forderte analog zur militärischen eine wirtschaftliche Mobilmachung, die, ohne das Tempo der Aufrüstung zu beeinträchtigen, die Lebensmittelversorgung gewährleisten und Deutschland in die Lage versetzen würde, die notwendigen strategischen Materialien selbst zu produzieren. ,,Die deutsche Armee muß in vier Jahren einsatzfähig sein. Die deutsche Wirtschaft muß in vier Jahren kriegsfähig sein."

Daß es den Deutschen gelang, diese Ziele zu erreichen, war teilweise ein Verdienst ihrer geschickten wirtschaftspolitischen Strategie im östlichen Europa. Wegen der Schwäche der Reichsmark an den internationalen Devisenbörsen war Deutschland gezwungen, Devisenkontrollen einzuführen und für den Kauf notwendiger strategischer Materialien Reserven in harter Währung zu horten. Aber diese Schwäche tat den Deutschen in Osteuropa keinen Abbruch, wo die Währungen im allgemeinen ebenfalls schwach waren und der Devisenverkehr kontrolliert wurde, wo man durchaus bereit war, die Reichsmark als Zahlungsmittel für Exporte nach Deutschland anzunehmen, und wo – wichtiger als alles andere – ein Heißhunger nach Rüstungsgütern herrschte. Die von den Deutschen betriebene wirtschaftliche Durchdringung Osteuropas baute auf diesen Sachverhalten auf und trat in Form eines Tauschhandels in Erscheinung, bei dem Deutschland als Gegenleistung für Lebensmittel und Rohstoffe Rüstungsgüter lieferte; dieser Handel verbürgte nicht nur eine ausreichende Ernährung der deutschen Bevölkerung bis zum Beginn des Krieges, sondern bewahrte auch die deutsche Rüstungsindustrie vor den Gefahren der Überproduktion einerseits und der Stagnation andererseits. Diese deutsche Strategie erwies sich als so erfolgreich, daß die Westmächte schon 1938 bereit waren, die wirtschaftliche Hegemonie Deutschlands in dieser Region stillschweigend zu akzeptieren.

Freilich war dies ein sozusagen geschenkter Triumph. Wie David E. Kaiser in seiner informativen Studie zur Wirtschaftsdiplomatie vor dem Zweiten Weltkrieg darlegt, teilten Briten und Franzosen zu keiner Zeit den deutschen Glauben an den Primat der Außenpolitik; im Gegenteil: unter dem Druck der Weltwirtschaftskrise räumten sie wirtschaftlichen Erwägungen Vorrang vor grundlegenden, für ihre künftige Sicherheit außerordentlich wichtigen außenpolitischen Maximen ein. Zwischen 1931 und 1934 kurbelte die britische Regierung im Rahmen einer bewußt kalkulierten Strategie die Produktionstätigkeit im Inland und in den Staaten des Empire an, was auf Kosten des Handels mit dritten Ländern ging; sanktioniert wurde diese Entscheidung, die eine Abkehr von der traditionellen britischen Freihandelspolitik markierte, durch das Ottawa-Abkommen von 1932. Die Konsequenzen dieser Politik wurden in einer Denkschrift aus dem Foreign Office vom Dezember 1931 vorausgesagt, in der es unter anderem hieß: ,,Hohe Schutzzölle in Verbindung mit einer Begünstigung des Handels mit den Empire-Staaten implizieren ein gewisses Maß an Dissoziation von Europa, eine entsprechende Minderung unseres Einflusses auf europäische Angelegenheiten und möglicherweise eine Zunahme des wirtschaftlichen Nationalismus." Ungeachtet dieser Risiken wurde die neue Politik nicht nur beibehalten, sondern noch durch zusätzliche Spezifikationen ergänzt, die zwangsläufig zu einer Erschwerung des Handels mit Europa und namentlich mit Osteuropa führten: ein Gesetz zur Regulierung des Marktes für landwirtschaftliche Produkte, das das Wirtschaftsministerium ermächtigte, im Interesse der britischen Landwirtschaft die Einfuhr bestimmter Waren aus europäischen Staaten einzuschränken, und ein hartnäckiger Widerstand des Schatzamts und der Bank von England gegen Clearing-Vereinbarungen, die möglicherweise den Handel mit Ländern erleichtert hätten, die Devisenbewirtschaftung praktizierten.

Frankreich legte die gleiche kurzsichtige Nationalborniertheit an den Tag wie Großbritannien; dabei konnte man meinen, daß es sich angesichts der Tatsache, daß es in Osteuropa Verbündete hatte, zu einer besseren Abstimmung zwischen Außen- und Wirtschaftspolitik verstanden hätte. Allein, auch die französische Zoll- und Kontingentierungspolitik begünstigte die ganzen 30er Jahre hindurch den Handel innerhalb des eigenen Kolonialimperiums; zwar führte Frankreich jährlich zwischen einer und 1,5 Millionen Tonnen Getreide sowie Holz im Wert von hundert Millionen Francs ein, doch stammte nur ein verhältnismäßig kleiner Teil dieser Importe aus osteuropäischen Ländern. Ein Versuch, hieran etwas zu ändern und, dem deutschen Beispiel folgend, Waffen gegen Getreide zu tauschen, scheiterte am schleppenden Tempo der französischen Wiederaufrüstung, die erst 1936 einsetzte und zwei Jahre benötigte, ehe sie richtig in Schwung kam.

Es gab, besonders nachdem deutlich geworden war, wie stark die Deutschen in Osteuropa bereits Fuß gefaßt hatten, in den Auswärtigen Ämtern beider Länder Männer, die versuchten, ihre Regierungen davon zu überzeugen, daß sie der deutschen Herausforderung begegnen müßten. In Großbritannien erläuterten Laurence Collier von der Abteilung Nord und sein Kollege E. M. B. Ingram von der Abteilung Süd die Notwendigkeit einer aggressiveren Handels- und Außenpolitik. In einem energisch formulierten Memorandum von 1938 schrieb Ingram:

Es ist stets traditionelle Politik der Regierung Seiner Majestät gewesen, zu verhindern, daß eine Macht eine Vormachtstellung auf dem Kontinent erlangt. Es ist wahr, daß die Verhältnisse sich ändern und daß England nicht mehr in genau derselben Beziehung zu Europa steht wie im 18. oder 19. Jahrhundert. Gleichwohl wird zweifellos allgemein eingeräumt werden, daß es nach wie vor sehr im Interesse [Englands] liegt – von mancher Seite wird sogar gesagt werden, in seinem lebenswichtigen Interesse –, daß es Deutschland nicht gelingt, sich zur De-facto-Hegemonialmacht in Europa aufzuschwingen.

Bezugnehmend auf eine jüngst vorgenommene Ausweitung des Kreditrahmens für die Türkei, fuhr Ingram fort:

Daß die Lage nicht hoffnungslos ist, zeigt sich daran, daß es uns bereits, wie wir hoffen, gelungen ist, wenigstens eine Macht in diesem Teil Europas vor dem Abgleiten in die deutsche Einflußsphäre zu bewahren, ... und der Erfolg, den wir auf diesem Wege erzielt haben, läßt uns hoffen, daß es vielleicht nicht unmöglich ist, ähnliche Schritte in bezug auf andere kleinere europäische Staaten zu tun. Selbst dort, wo es nicht möglich ist, zu vereiteln, daß der deutsche Einfluß eine sehr große Rolle spielt, könnte es womöglich überaus wichtig sein, die betreffenden Länder davon zu überzeugen, daß sie von den Westmächten noch nicht ganz aufgegeben worden sind und daß letztere ihnen noch immer eine Hintertür des Widerstands gegen den deutschen Würgegriff aufhalten, den sie fürchten.

In Frankreich trug sich der politische Direktor des Quai d'Orsay, René Massigli, seit langem mit ganz ähnlichen Auffassungen. Im Juli 1936 richtete er einen energischen Appell an seine Regierung; er wies darin warnend auf die Tatsache hin, daß

> Mittel- und Osteuropa, wirtschaftlich ohnehin schon teilweise vom Reich abhängig, nun auch unter dessen militärischen Einfluß zu geraten droht. Nachdem Deutschland mit seiner intensiven Wiederaufrüstung begonnen hat, kann es zur Begleichung von Handelsschulden nunmehr Waffenlieferungen anbieten. Durch diese Lieferungen kann es auch seine Rüstungsbetriebe ausgelastet halten und sein eigenes Kriegsmaterial verbessern. Deutschland ist auch daran interessiert, seinen Rohstoffnachschub aus denjenigen Nachbarländern sicherzustellen, von denen es nicht durch das Meer getrennt ist – welches die Deutschen nicht kontrollieren – und die de facto seine handelspolitischen Gläubiger sind.

Es sei, so meinte Massigli, höchste Zeit, daß Frankreich ein wirtschaftliches Konzept zur Eindämmung des deutschen Hegemoniestrebens entwickle. Ungeachtet der wirtschaftlichen Schwierigkeiten, in denen man sich momentan befinde, sei ,,der Augenblick gekommen, unseren Verbündeten greifbare Beweise dafür zu liefern, daß wir entschlossen sind, unsere wirtschaftlichen Beziehungen in Einklang mit unseren politischen zu bringen und unsere Bündnisverträge mit Inhalt zu erfüllen".

Daß diese Argumente auf taube Ohren stießen, lag teilweise an der mangelhaften Koordination zwischen den Instanzen der politischen Exekutive und an dem hohen Maß bürokratischer Eifersucht, das innerhalb der westlichen Demokratien herrschte. Die Außenministerien hatten sich in Teilbereichen, insbesondere im Bereich der Wirtschaftspolitik, das Gesetz des politischen Handelns von anderen Instanzen aus der Hand nehmen lassen – vom Wirtschaftsministerium, vom Schatzamt und von der Bank von England in Großbritannien, von den Ministerien für Finanzen, Handel, Landwirtschaft und Öffentliche Arbeiten in Frankreich –, und diese Stellen waren oft blind gegenüber den allgemeinen politischen Aspekten ihres Tuns und neigten dazu, jede Einmischung in ihren Tätigkeitsbereich übelzunehmen. Das Fehlen eines funktionierenden politischen Abstimmungsmechanismus machte die Sache noch schlimmer und ermöglichte es den einzelnen Ministerien, sich gegen politisch bedeutsame Vorhaben etwa auf handelspolitischem Gebiet querzulegen, wie es das französische Landwirtschaftsministerium 1938/ 39 im Fall der beabsichtigten Handelsvergünstigungen für die Donaustaaten tat.

Hätten das Foreign Office und der Quai d'Orsay noch das Prestige besessen, das sie vor 1914 genossen hatten, dann hätte sich diese bürokratische Rivalität vielleicht in engeren Grenzen gehalten. Aber sowohl in Großbritannien als auch in Frankreich durchlebten die Ministerien, die traditionell für die Führung der Außenpolitik zuständig gewesen waren, in den 30er Jahren des 20. Jahrhunderts eine Krise. Empfehlungen, die aus dem Foreign Office kamen, wurden, selbst in der Regierungszeit Baldwins, ignoriert, ja als störend empfunden, da sie eine politische Tendenz implizierten, die einen Konflikt mit den Diktatoren provozieren zu wollen schien zu einer Zeit, da eine solche Entwicklung ganz unerwünscht war; und als nach der Übernahme des Premierministeramts durch Neville Chamberlain endgültig die Würfel zugunsten der Appeasement-Politik gefallen waren, wurde das Foreign Office vollends als Hort überzogen profranzösischer und antideutscher Neigungen abqualifiziert, dem man in wichtigen Dingen keine Entscheidungskompetenz mehr zubilligen wollte. Eine ähnliche Tendenz zeigte sich nach 1936 in Frankreich, und es war kein Zufall, daß auch dort Stimmen, die zur Kraftprobe mit den Deutschen aufriefen, nicht gern gehört wurden, und daß René Massigli 1938 seinen Posten verlor.

Das Versagen Frankreichs und Großbritanniens vor der Aufgabe, eine wirksame Wirtschaftsdiplomatie für die Länder Osteuropas zu entwickeln, unterstrich das Fehlen jeglicher Entschlossenheit auf seiten der Franzosen, einen energischen Versuch zur Revitalisierung ihres eigenen Bündnissystems im Osten zu unternehmen. Es offenbarte auch auf schlagende Weise, wie vollständig Großbritannien in den Jahren zwischen 1919 und 1939 den Grundsatz des europäischen Kräftegleichgewichts aus den Augen verlor, der das 19. Jahrhundert hindurch die Grundregel der britischen Außenpolitik gewesen war. Der Nutznießer dieses Versagens war Adolf Hitler.

7. Die Diplomatie der totalitären und der demokratischen Staaten 1919–1939

Als Neville Chamberlain im September 1938 nach Bad Godesberg reiste, versehen mit der Zustimmung seiner Bündnispartner zu einer Regelung der Sudetenfrage nach den Bedingungen, die er zwei Wochen zuvor mit Hitler in Berchtesgaden ausgehandelt hatte, mußte er zu seiner unangenehmen Überraschung feststellen, daß sein Gastgeber es sich anders überlegt und weitaus drakonischere Bedingungen zu Lasten der Tschechen aufgesetzt hatte. Chamberlain soll, als ihm das Papier zum Lesen gegeben wurde, das diese Bedingungen nannte, wütend erklärt haben: ,,Das ist ein Ultimatum und kein Verhandlungsangebot!" Hitler, auf das Titelblatt deutend, entgegnete höflich: ,,Hier steht ,Memorandum'."

Diese Anekdote illustriert die Schwierigkeit einer wirklichen Kommunikation zwischen den Demokratien und den totalitären Staaten in der Zwischenkriegsperiode. Diese diplomatischen Unterredungen und Verhandlungen ähnelten in der Tat häufig dem, was die Franzosen einen *dialogue des sourds* nennen, eine Unterhaltung zwischen Taubstummen oder, richtiger gesagt, zwischen Partnern, von denen der eine das Gesagte falsch versteht und der andere nur mit halbem Ohr hinhört.

Der tiefere Grund dafür, daß dies so war, lag in gewissen grundlegenden Unterschieden in bezug auf Werte, Normen und Ziele. Großbritannien, Frankreich und die Vereinigten Staaten hatten sich im Zeichen der liberal-demokratischen Tradition entwickelt, und die Außenpolitik, die sie nach 1919 vertraten, war sehr stark von jenem Glauben an den Vorrang der Rationalität, die ein Wesenselement dieser Tradition ist, und von jener tiefen Abneigung gegen den Krieg durchdrungen, die den liberal-demokratischen Gesellschaften eigen ist. Für die Diplomaten der westlichen Demokratien war Großmachtpolitik ein nach rationalen Maßstäben zu betreibendes Geschäft, und sie nahmen an, daß es, wie in der Vergangenheit, so auch weiterhin nach vernunftgemäßen und allgemein akzeptierten Verfahrensregeln und Übereinkünften ausgeübt werden würde. Sie waren überzeugt, daß in einer Zeit, da die Welt gerade den schrecklichsten Krieg ihrer Geschichte hinter sich gebracht hatte, jede Persönlichkeit, die die Statur besaß, in die politische Führung einer großen Nation aufzusteigen, genug Intelligenz besitzen müsse, um zu erkennen, daß niemand von einem Krieg irgendwelche Vorteile zu erwarten hatte. Und sie gingen davon aus, daß die Aufgabe der Diplomatie weiterhin darin bestehen werde, nach Möglichkeiten zu trachten, Streitigkeiten ohne Preisgabe der eigenen Interessen und der eigenen Sicherheit friedlich beizulegen. Im Gegensatz dazu verwarfen die totalitären Staaten von Anfang ihrer Existenz an diese Werte und Grundanschauungen und gestalteten ihr politisches und diplomatisches Verhalten nach selbstgemachten Regeln.

Im Falle der Sowjetunion wurde diese Umwertung vom Westen registriert und übel vermerkt, mit der Folge, daß die Beziehungen zwischen den Sowjets und den Westmächten fürderhin so sehr von Mißtrauen und Feindseligkeit belastet waren, daß beide selbst dann, als sie sich in den 30er Jahren mit einer sie gemeinsam bedrohenden Gefahr konfrontiert sahen, nicht zu einer Möglichkeit des Miteinander-Auskommens fanden. Das wahre Wesen des Faschismus und des Nationalsozialismus dagegen erkannten die westlichen Politiker lange Zeit nicht, und ebenso entging ihnen, wie sehr sich die Grundwerte dieser Bewegungen von denen ihrer eigenen politischen Philosophie unterschieden. In diesem Mangel an Klarsicht und in der Beharrlichkeit, mit der der Westen nach einer Verständigung mit den Diktatoren strebte, lag die Ursache für viele Frustrationen, Rückschläge und tragische Entwicklungen.

I

Wenn man sich im Westen über die Beziehungen zur Sowjetunion weniger Illusionen machte als über die zum faschistischen Italien und zum nationalsozialistischen Deutschland, so lag dies vor allem daran, daß das bolschewistische Regime in Rußland seine Position von Anfang an unmißverständlich klargelegt hatte, nicht nur mit Worten, sondern beispielsweise auch dadurch, daß es die Auslandsschulden der zaristischen Regierung nicht anerkannt und alle im Besitz von Ausländern befindlichen Vermögenswerte in Rußland entschädigungslos enteignet hatte, sowie auch durch eine klare offizielle Absage an alle Formen und Usancen traditioneller Diplomatie. Als Leo Trotzki das Amt eines Volkskommissars für Auswärtige Angelegenheiten übernahm, gab er bekannt, er beabsichtige, ,,ein paar revolutionäre Verlautbarungen an die Adresse der Völker herauszugeben und dann den Laden [das Auswärtige Amt] dichtzumachen''; und als er 1918 an der Spitze einer sowjetischen Delegation in Brest-Litowsk mit den Deutschen über einen Friedensvertrag verhandelte, weigerte er sich kategorisch, die tradierten Formen der diplomatischen Etikette zu praktizieren. Er bestand darauf, daß die bolschewistische Delegation allein speiste, daß sie keine Einladungen irgendwelcher Art seitens ihrer Gastgeber annahm, daß man sich die im diplomatischen Verkehr traditionell geübten höflichen Umgangsformen sparte, ja sogar darauf, daß das Wort ,,Freundschaft'' aus der Präambel des Vertragsentwurfs getilgt wurde. ,,Solche Erklärungen'', meinte er, ,,die von einem diplomatischen Dokument zum andern abgeschrieben werden, waren noch nie Ausdruck der wirklichen Beziehungen zwischen den Staaten.''

Als diese Herausforderung nicht anschlug und das Revolutionsregime das wahre Ausmaß seiner Schwäche und seiner Verwundbarkeit durch Druck von außen zu erkennen begann, überdachte es seine Einstellung zur diplomatischen Etikette und begann, um in normale Beziehungen zu den bürgerlichen Staaten treten zu können, die traditionellen Formen wieder aufleben zu lassen. Dies schien doch noch immer das probateste Mittel zur Früherkennung der politischen Absichten dieser Staaten, zur eventuellen Beeinflussung ihres Verhaltens und zur Mobilisierung der Anleihen und Kredite, die Rußland dringend benötigte. Allein, der Argwohn war nun einmal geweckt und wurde noch verstärkt durch die Aktivitäten der Komintern, jenes ,,Generalstabs der proletarischen Weltrevolution‘‘, den Lenin 1919 installiert hatte mit der Maßgabe, die Tätigkeit der kommunistischen Parteien im Ausland zu koordinieren und die subversive Arbeit gegen nichtkommunistische Regierungen voranzutreiben. So blieben die westlichen Länder sowjetischen Annäherungsversuchen gegenüber höchst mißtrauisch. Im August 1920 schrieb der amerikanische Außenminister Bainbridge Colby in einer an die italienische Regierung gerichteten Note:

Die Regierung der Vereinigten Staaten sieht sich nicht in der Lage, die gegenwärtigen politischen Führer Rußlands als eine Regierung anzuerkennen, mit der die unter befreundeten Staaten üblichen Beziehungen gepflegt werden können. Diese Überzeugung ... beruht auf ... Tatsachen ... die niemand bestreitet [und die] die Regierung der Vereinigten Staaten entgegen ihrem [ursprünglichen] Willen zu der Überzeugung gebracht haben, daß das gegenwärtige Regime in Rußland auf der Verneinung aller Grundsätze der Ehre und des Vertrauens sowie aller Bräuche und Konventionen beruht, die das Fundament des gesamten Gebäudes der internationalen Rechtsordnung bilden, auf der Verneinung, kurz gesagt, aller der Grundsätze, auf die harmonische und vertrauensvolle Beziehungen, sei es zwischen Nationen oder Einzelpersonen, gegründet werden können ... Es kann keinen gemeinsamen Boden geben, auf dem [die Vereinigten Staaten] mit einer Macht verkehren können, deren Auffassungen vom Wesen internationaler Beziehungen so himmelweit von ihren eigenen entfernt sind, so ganz und gar seinem moralischen Empfinden widersprechen. Hier kann kein gegenseitiges Vertrauen ... einkehren, nicht einmal Respekt ... Wir können die Vertreter einer Regierung, die entschlossen ist und im Begriff steht, gegen unsere Institutionen zu konspirieren, weder anerkennen noch offizielle Beziehungen zu ihnen unterhalten noch ihnen einen freundlichen Empfang gewähren.

Andere Regierungen waren nicht so puritanisch; was etwa Großbritannien betraf, so strebten sowohl Lloyd George als auch Ramsay MacDonald eine Verständigung mit der Sowjetunion über eine wirtschaftliche Zusammenarbeit an, ersterer weil er der Überzeugung war, die Bolschewisten würden sich auf diese Weise ,,zähmen‘‘ lassen, letzterer weil in seiner Partei starke Kräfte eine Annäherung an das große revolutionäre Land im Osten wünschten. Die Geschichte dieser Annäherungsversuche liest sich ganz und gar nicht wie eine Erfolgschronik, denn die Sowjetunion kam weder den westlichen Wünschen in punkto Schulden und Enteignungen entgegen, noch schränkte sie die Aktivität der Komintern ein, von der die Sowjetregierung freilich behauptete, sie sei eine eigenständige Organisation, für deren Handeln man nicht verantwortlich sei.

Seit der Zeit der ersten Kontakte mit der Sowjetunion war klar, daß die sowjetischen Unterhändler eine grundlegend andere Auffassung vom Wesen und von den Aufgaben der Diplomatie hatten als ihre westlichen Kollegen. Die Diplomatie war für sie mehr als ein Instrument zur Wahrung und Förderung der nationalen Interessen; sie war eine Waffe im unaufhörlichen Kampf gegen den Kapitalismus. Das Ziel diplomatischer Verhandlungen konnte daher für sie nicht darin bestehen, zu einer wirklichen Verständigung und Einigung über strittige Fragen zu kommen. Am Vorabend der Unterzeichnung des englisch-sowjetischen Handelsabkommens von 1921 erklärt L. B. Kamenjew: ,,Wir sind überzeugt, daß die ausländischen Kapitalisten, die wohl oder übel zu den Bedingungen arbeiten müssen, die wir ihnen anbieten, ihr eigenes Grab schaufeln werden.''

Wie die Praxis der sowjetischen Diplomatie zeigt, führten die Sowjets Verhandlungen oft gar nicht in der Absicht, eine Einigung zu erzielen, sondern legten es darauf an, sie so lange zu blockieren oder zu verschleppen, bis die Situation sich an anderer Stelle in einer die russische Position stärkenden Weise geändert hatte. Zuweilen nahmen sie Verhandlungen mit spekulativen Hintergedanken oder in der Absicht auf, die Ziele und die Festigkeit der anderen Seite zu erkunden; manchmal dienten Verhandlungen lediglich propagandistischen Zwecken, etwa dem Ziel, sich die Dankbarkeit eines dritten Landes zu erwerben. Besonders auf langwierigen Konferenzen – dies gilt für die Konferenz von Genua im Jahr 1922 ebenso wie für die Genfer Abrüstungskonferenz von 1932 – steuerte die sowjetische Delegation üblicherweise einen Kurs, der aus westlicher Sicht weder pragmatisch war noch den Fortgang der Erörterungen beschleunigte. Der beliebteste Schachzug der Sowjets war, ihre Auffassungen im Rahmen einer globalen Konzeption darzustellen, in der Hoffnung, die unter kolonialer Herrschaft stehenden Völker und die Bevölkerungsmassen in den Ländern des Westens würden sich damit identifizieren. Diese Taktik stand im Einklang mit der von Marx und Engels in *Die Deutsche Ideologie* gegebenen Empfehlung, derzufolge die revolutionäre Klasse angesichts der Tatsache, daß in der modernen Welt ,,immer abstraktere Gedanken herrschen'', genötigt sei, ,,ihr Interesse als das gemeinschaftliche Interesse aller Mitglieder der Gesellschaft darzustellen, d. h. ideell ausgedrückt: ihren Gedanken die Form der Allgemeinheit zu geben, sie als die einzig vernünftigen, allgemein gültigen darzustellen. Die revolutionäre Klasse tritt von vornherein ... nicht als Klasse, sondern als Vertreterin der ganzen Gesellschaft auf ...''

In Befolgung dieser Taktik versuchten die sowjetischen Unterhändler die Gespräche solange wie möglich auf der Ebene allgemeiner Grundsätze und Bekenntnisse zu halten, wohl wissend, daß dies endlose Debatten garantierte und zahlreiche Gelegenheiten für das Abbrennen rhetorischer Feuerwerke eröffnete. Zugleich suchten sie die westlichen Staaten dadurch in die Defensive zu drängen, daß sie deren guten Willen in Frage stellten und Äußerungen bekannter oder hochrangiger Persönlichkeiten aus westlichen Ländern zu Protokoll gaben, aus denen ihrer Meinung nach hervorging, daß diese Länder fest entschlossen waren, eine friedliche Einigung zu hintertreiben. Wurden solche Unterstellungen widerlegt, so ignorierten sie dies schlicht und einfach, wie sie sich überhaupt im allgemeinen nicht bemüßigt fühlten, auf rationale Argumente einzugehen.

Selbst in den Fällen, in denen sie eine Einigung erstrebten, beschworen sowjetische Unterhändler Probleme und Hindernisse herauf. Sie wollten sich nicht zu der in der westlichen Diplomatie seit der Renaissance geläufigen Anschauung bekehren, daß diplomatische Verhandlungen ein, wie Callières es genannt hat, *commerce d'avis réciproque* sind, ein Prozeß, in dem die Beteiligten durch beständiges Feilschen um wechselseitige Zugeständnisse schrittweise zu einer Einigung zu kommen suchen. Nikita Chruschtschow nannte dies nach dem Zweiten Weltkrieg einmal eine ,,Kleinkrämer-Methode"; sowjetische Unterhändler hätten es, so erklärte er, nicht nötig, ,,Zugeständnisse zu machen, weil unsere Vorschläge nicht zum Zwecke des Feilschens ausgearbeitet worden sind. Wir handeln nach dem Grundsatz, daß vernünftige Lösungen gefunden werden müssen, die keinem Land Schaden zufügen ... Wer wirklich den Frieden will, braucht in den Gesprächen nicht die Methoden des Kleinkrämers anzuwenden." Sowjetische Diplomaten der Zwischenkriegsperiode wie Tschitscherin, Litwinow und Molotow ließen sich von ähnlichen Grundsätzen leiten, und bei Verhandlungen registrierten sowjetische Unterhändler, selbst an präzise Weisungen gebunden, die ihnen wenig Spielraum ließen, die taktische Bewegungsfreiheit ihrer westlichen Pendants mit Argwohn. Vorschläge von der anderen Seite des Tisches verfielen fast automatisch der Ablehnung, und dann folgte mit penetranter Regelmäßigkeit eine keine Kompromißbereitschaft erkennen lassende Darstellung des sowjetischen Standpunkts.

Die Taktik der prompten Ablehnung wurde manchmal bis ins Extrem verfolgt und trieb dann lächerliche Blüten, so beispielsweise im September 1929, als der britische Außenminister Arthur Henderson dem sowjetischen Gesandten Dowgalewski eine Liste von Fragen vorlegte, die seiner Meinung nach vor der Wiederaufnahme förmlicher diplomatischer Beziehungen zwischen den beiden Ländern erörtert und einvernehmlich geklärt werden sollten. Dowgalewski erschien zur zweiten Unterredung mit einer eigenen Liste, auf der die gleichen Fragen in umgekehrter Reihenfolge aufgeführt waren, und kämpfte dann zäh darum, daß nach seiner Version der Tagesordnung vorgegangen wurde. Und im Dezember 1929 beklagte sich der britische Gesandte in Moskau: ,,Jeder im Umgang mit Herrn Litwinow Erfahrene wird sich erinnern, daß dieser oft drauf und dran scheint, einem Vorschlag, den man ihm unterbreitet hat, zuzustimmen, aber wenn es dann ernst wird und er zu einer verbindlichen Erklärung gedrängt wird, kehrt er unweigerlich zu seinem ursprünglichen Standpunkt zurück."

Diese Verhaltensweisen bestärkten den Westen in der Überzeugung, daß es unter allen Umständen schwierig war, mit der Sowjetunion politische Diskussionen zu führen, und unmöglich, sich auf ein einmal erzieltes Abkommen zu verlassen. Dieses Urteil erwies sich als schweres Hindernis für einen Abbau des das Verhältnis zur Sowjetunion prägenden Mißtrauens auch dann noch, als die Russen, beunruhigt über die nationalsozialistische Gefahr, der Komintern Zügel anlegten und Übereinkünfte mit dem Westen anzustreben begannen, die, wie sie hofften, das System der kollektiven Sicherheit stärken würden. Dieser politische Kurswechsel ging einher mit dem Einzug eines ungewohnt versöhnlichen Geistes in die Sowjet-Diplomatie, und dies verfehlte nicht, Erfolge zu zeitigen: diplomatische Anerkennung durch die Vereinigten Staaten 1933, Aufnahme der Sowjetunion in den Völkerbund 1934, Abschluß des französisch-sowjetischen Vertrags 1935. Gleichwohl blieb das Mißtrauen des Westens gegenüber den Motiven der Sowjets unvermindert bestehen.

Die diplomatische Anerkennung der Sowjetunion durch die Vereinigten Staaten führte beispielsweise nicht eher zu einem nennenswerten Maß an Zusammenarbeit gegen die totalitären Staaten als nach Ausbruch des Krieges; und die sowjetische Mitgliedschaft im Völkerbund änderte nichts an dem wachsenden Unbehagen der britischen Regierung gegenüber dieser Körperschaft. Der starke Mann der Nationalen Regierung, Neville Chamberlain, zeigte sich von der beredten Werbung für den Gedanken der kollektiven Sicherheit, die Litwinow in seinen Reden in Genf betrieb, ebensowenig beeindruckt wie von den sowjetischen Vorschlägen hinsichtlich einer Zügelung Hitlers, bevor es zu spät war. Er brachte die Franzosen von der Absicht ab, ihren schmalbrüstigen Pakt mit den Sowjets durch militärische Beistandsklauseln aufzupäppeln, und als die Sowjets nach dem „Anschluß" Österreichs im März 1938 eine Viermächtekonferenz vorschlugen, wischte er dieses Ansinnen vom Tisch, war er doch der Meinung, die Russen zögen „hinter den Kulissen unmerklich und raffiniert alle Register, um uns in einen Krieg gegen Deutschland hineinzudrängen". Während der Sudetenkrise erteilte Chamberlain denjenigen eine Abfuhr, die glaubten, die Sowjetunion könne vielleicht eine positive Rolle spielen; und die Nichteinladung der Sowjetunion zur Münchener Konferenz stand voll und ganz im Einklang mit seiner Auffassung, daß die Sicherheit Europas durch ein Kolloquium der Großmächte, dem die Sowjetunion nicht angehören sollte, gewährleistet werden könne.

Selbst als dieses Experiment fehlschlug und in England Stimmen laut wurden, die sich für den Versuch einsetzten, ein englisch-französisch-sowjetisches Bündnis zustande zu bringen, blieb Chamberlain unzugänglich. „Ich muß", schrieb er am 26. März 1939, ,,mein tiefes Mißtrauen gegenüber Rußland bekennen. Ich traue [der Sowjetunion] absolut nicht die Fähigkeit zu, eine wirksame Offensive zu entfalten, selbst wenn sie es wollte. Und ich mißtraue ihren Motiven, von denen mir scheint, daß sie wenig mit unseren Vorstellungen von Freiheit gemein haben und einzig darauf abzielen, alle anderen aufs Kreuz zu legen.''

Es wäre falsch, dem britischen Premierminister vorzuwerfen, er habe die Sowjetunion in die Arme Hitlers getrieben und den Zweiten Weltkrieg unausweichlich gemacht. Es gibt keine Gewähr dafür, daß die Sowjets, wenn Chamberlain über seinen Schatten gesprungen wäre und sich zum Anhänger eines Bündnisses mit ihnen gewandelt hätte, eine andere Politik betrieben hätten, als sie es tatsächlich taten. Die sowjetische Politik war beseelt vom ideologisch motivierten Haß auf alle bürgerlichen Regime; ihre diplomatische Strategie allerdings richtete sich nach der Einschätzung relativer Gefahren und Chancen, und in diesem Sinne blieb Rußland keine andere Wahl, als sein Gewicht in die Waagschale des einen oder des anderen seiner ideologischen Gegenspieler zu werfen.

Der Versuch Chamberlains, die Sowjetunion aus seinen eigenen Plänen und Manövern zur Sicherung des europäischen Friedens auszuschließen, könnte jedoch die sowjetische Regierung zu der Überzeugung gebracht haben, daß die Westmächte nicht ernsthaft an einer Zügelung Hitlers interessiert waren, sondern hofften, seine Angriffslust auf Objekte im Osten ablenken zu können. Dies alarmierte die Sowjets so, daß sie sich eilends entschlossen, auf eigene Rechnung ihren Frieden mit Hitler zu machen. Aufschlußreich war in dieser Beziehung, was Vizekommissar Potemkin nach München zum französischen Botschafter Coulondre sagte: ,,Mein lieber Freund, begreifen Sie nicht, was Sie getan haben? Sie haben eine vierte Teilung Polens unausweichlich gemacht.''

Nicht einmal andeutungsweise schwang in dieser besorgten Bemerkung die Einsicht mit, daß die Sowjetunion durch ihr Verhalten seit 1919 vielleicht zu dieser unglücklichen Entwicklung beigetragen haben könnte. Bei aller Kritik an der Politik der Westmächte gegenüber der Sowjetunion vor 1939 sollte nicht übersehen werden, wie geschärft in den westlichen Hauptstädten noch die Erinnerung an die von den Sowjets oft bewiesene Hinterlist und Doppelbödigkeit war. Das darin wurzelnde Mißtrauen war, mehr noch als die praktischen Probleme, die sich bei den Verhandlungen von 1939 auftaten, das letzten Endes entscheidende Hindernis auf dem Weg zu einer andernfalls vielleicht möglich gewesenen Vernunftehe in letzter Minute unter dem Eindruck der Bedrohung durch Hitler.

II

Anders als in ihrer Haltung zur Sowjetunion, zeigten sich die Regierungen der Westmächte den anderen totalitären Mächten gegenüber bemerkenswert nachsichtig; London und Paris gaben sich lange Zeit jede erdenkliche Mühe, die Vertragsbrüche Hitlers und Mussolinis zu entschuldigen und die von diesen Regimen ausgehende Gefahr für ihre eigene nationale Sicherheit nicht zur Kenntnis zu nehmen. Seine Erklärung findet dieses Verhalten zuallererst in der Hartnäckigkeit, mit der die britische Regierung an ihrer Appeasement-Politik festhielt und ihren französischen Bündnispartner zum Mitgehen zwang. Allein, die Irrtümer und Fehlzündungen der britischen Politik wären schon lange vor 1939 selbst den für diese Politik Verantwortlichen klargeworden, wäre da nicht die diplomatische Meisterschaft Adolf Hitlers gewesen, der sich als Virtuose in der Kunst erwies, Briten und Franzosen bei ihren Vorurteilen und Voreingenommenheiten zu packen und den Zeitpunkt so weit wie möglich hinauszuschieben, da ihnen die Schuppen von den Augen fielen.

Die Appeasement- oder Beschwichtigungspolitik war eine Erfindung Neville Chamberlains, der im Laufe seiner Amtszeit, vor allem als Schatzkanzler in den letzten Jahren der Regierung Stanley Baldwins ein wachsendes Unbehagen an den, wie er es sah, falschen Prämissen der britischen Außenpolitik entwickelte. Als ein Politiker, der seinen Aufstieg ins Kabinett hervorragenden Leistungen in einer Reihe von Ministerien mit innenpolitischen Zuständigkeiten verdankte, verfügte Chamberlain, als er 1937 das Premierministeramt übernahm, über keine außenpolitischen Erfahrungen; in der Tat war er einmal in der Darlegung seiner Auffassungen zu außenpolitischen Themen von seinem Bruder Austen, einem der Schöpfer der Locarno-Verträge, mit den Worten unterbrochen worden: ,,Neville, denk daran, daß du nichts von auswärtigen Angelegenheiten verstehst.''

Daß diese Diagnose zutraf, erwies sich am Ende auf tragische Weise. Aber Neville Chamberlain war ein willensstarker und selbstbewußter Mann in einem Kabinett von Ministern, die durchweg schwächer waren als er. Schon im Mai 1934 vertraute er seinem Tagebuch an: ,,Unglücklicherweise gehört es zu meiner Natur, daß ich nicht über ein Problem nachdenken kann, ohne daß ich versuche, eine Lösung dafür zu finden. Und so habe ich praktisch die Verantwortung für die Verteidigungsangelegenheiten dieses Landes übernommen.'' Ein Jahr später ließ er seine Schwester wissen, er sei zu ,,einer Art De-facto-Premierminister'' avanciert, der dem unentschlossenen Baldwin sage, was zu tun sei; und im Juni 1936 ließ er erkennen, daß er nicht gewillt war, die Außenpolitik aus dem Kreis der von ihm beackerten Felder auszuschließen: In einer Rede vor dem Unterhaus – die mit Außenminister Anthony Eden abzustimmen er sich nicht die Mühe gemacht hatte, weil er sicher war, daß Eden ihn gebeten hätte, sie nicht zu halten – forderte er ein

Ende der Sanktionspolitik gegen Italien wegen dessen militärischen Vorgehens in Äthiopien. Kurz bevor er Premierminister wurde, sagte er zu Lady Astor, er wolle „sein eigener Außenminister sein".

Diese Feststellung markierte einen grundlegenden Wandel in Methode und Orientierung der britischen Außenpolitik. In einem Europa, in dem das Machtgleichgewicht sich infolge der Aufkündigung der Entwaffnungsbestimmungen des Versailler Vertrages durch Hitler, infolge der bewaffneten Konflikte in Äthiopien und Spanien und infolge der Remilitarisierung des Rheinlands fühlbar verschoben hatte, war es, so glaubte Chamberlain, müßig geworden, weiterhin so zu reden, als ob das in Versailles geschaffene System bewahrt und der Völkerbund nochmals mit Leben erfüllt werden könnte. In einem Anflug brutaler Offenheit sagte Chamberlain einmal: „Wir dürfen nicht versuchen, kleine, schwache Nationen in der Hoffnung zu wiegen, daß der Völkerbund sie schützen werde, wenn wir wissen, daß dies nicht der Fall sein wird." Es sei an der Zeit, die europäische Staatenordnung auf ein neues Fundament zu stellen, und der Weg dorthin müsse durch eine entschlossene Politik der Befriedigung der Ansprüche der revisionistischen Mächte im Interesse einer Reduzierung der Spannungen geebnet werden. Anstatt schal gewordene Ideale zu beschwören, sei es besser, die praktischen Tugenden des Realismus und der Kompromißbereitschaft zur Anwendung zu bringen. Wie ein Geschäftsmann, der den Abschluß eines guten Handels anstrebt, solle man herauszufinden versuchen, welches die wahren Ziele der Diktatoren seien, und ihnen dann auf der Basis dieses Wissens ein Quidproquo anbieten, das ihren unabweisbaren Forderungen Genüge tun und sie wieder mit der Staatengemeinschaft versöhnen würde. Daß dies möglicherweise bedeuten würde, daß man die afrikanischen Eroberungen Mussolinis anerkennen und die Forderungen nach dem Rückzug seiner „Freiwilligen" aus Spanien ad acta legen mußte, daß man Deutschland wahrscheinlich nur zufriedenstellen konnte, wenn man ihm seine Kolonien zurückgab und gewisse Grenzkorrekturen im östlichen Europa hinnahm, all dies wußte und akzeptierte Chamberlain, glaubte er doch fest an eine daraufhin zu erwartende Entspannung in Europa, die allen Seiten zum Vorteil gereichen werde.

An kritischen Stimmen zu diesen Überlegungen fehlte es nicht. Außenminister Anthony Eden, der Ständige Unterstaatssekretär für Auswärtiges, Lord Vansittart, Winston Churchill, der ehemalige Botschafter in Berlin, Sir Horace Rumbold und andere Persönlichkeiten mit umfassender europapolitischer Erfahrung benannten zu wiederholten Malen den neuralgischen Punkt der Appeasement-Politik: daß die Diktatoren sich nicht mit Zugeständnissen würden beschwichtigen lassen. Sie wiesen darauf hin, daß Hitler nach wie vor von dem Verlangen nach „Lebensraum" beseelt sei, das er in *Mein Kampf* ausposaunt hatte, und daß Mussolini außenpolitisch, so weit er es vermochte, dem Vorbild des Führers nacheifern werde; daß der Versuch, beide durch Zugeständnisse ruhigzustellen, zwangsläufig auf Kosten kleinerer Staaten gehen müsse, und daß es ein Trugschluß sei, zu glauben, der Friede sei für sie ein ebenso hohes Gut wie für Chamberlain. Das waren stichhaltige Argumente (die Richtigkeit des letztgenannten bestätigte kein Geringerer als Hermann Göring, der einmal zu Lord Halifax sagte: ,,Ich würde diese Dinge gerne bei Gelegenheit mit Mr. Chamberlain erörtern, aber er würde vermutlich über nichts anderes sprechen wollen als über Frieden.``). Aber Chamberlain war zu selbstgewiß, um diese kritischen Einwände ernstzunehmen – er nahm es sogar übel, daß sie überhaupt vorgebracht wurden. Welche Gefühle er seinen Kritikern gegenüber hegte, läßt sich daraus ersehen, daß er Vansittart aus dem Weg ,,beförderte`` (auf einen höheren, aber einflußlosen Posten), den Rücktritt Edens erzwang und in der Folge seine Außenpolitik so weit wie möglich unter Umgehung des Foreign Office machte. Chamberlain hatte eine Abneigung gegen Berufsdiplomaten, und er gelangte zu der Überzeugung, daß im Foreign Office übertrieben profranzösische und antideutsche Einstellungen gepflegt würden, daß man dort zu sehr am alten Versailler System klebte und zu unrealistisch denke. Er zog es vor, sich mit Beratern und Mitarbeitern zu umgeben, die seine Auffassungen teilten, mit Männern wir Sir Horace Wilson, der aus dem Schatzamt kam und wenig außenpolitische Kenntnisse mitbrachte, oder Sir Neville Henderson, dem es an dem objektiven und skeptischen Geist seiner Vorgänger auf dem Botschafterposten in Berlin, Rumbold und Phipps, gänzlich gebrach.

In der Folge zeigte sich, daß die Kritiker Chamberlains im Recht waren und daß die Appeasement-Politik den Krieg, den der Premierminister zu verhindern suchte, mit herbeiführen half. Es wäre freilich falsch, dies einzig der Naivität Chamberlains zur Last zu legen. Hitlers Überredungsgabe war beachtlich, und der britische Premier war nicht der einzige europäische Staatsmann, der auf die Fähigkeit des Führers hereinfiel, seine wahren Absichten solange zu verschleiern, bis er sich stark genug fühlte, seine Pläne gegen die zu erwartenden Widerstände durchzusetzen.

Unter den totalitären Führern war Hitler derjenige, der die Mittel der Diplomatie mit dem bei weitem größten Geschick zu handhaben verstand. Die Sowjets bewiesen zwar oftmals technische Kompetenz, mußten aber stets mit dem Handicap eines starren ideologischen Korsetts fertig werden; dazu kam, daß sie ihre Verhandlungspartner nicht selten durch ein hartnäckiges Mißtrauen, durch Verschleppungstaktiken und durch die Anwendung von Listen und Tricks vor den Kopf stießen. Mussolini und seine Diplomaten gaben der Kunst des politischen Verhandelns keine neuen Impulse, und nach dem Einzug des Duce-Schwiegersohns Galeazzo Ciano in das Palazzo Chigi zeichnete sich die faschistische Diplomatie durch eine Bevorzugung des Deklamatorischen gegenüber dem Substantiellen, durch ein außerordentliches Maß an pathetischem Gehabe und äußerlichem Prunk (das war im Grunde alles, was es mit dem von Ciano propagierten *tono fascista* auf sich hatte) und durch eine erstaunliche Schludrigkeit im Detail aus; diese äußerte sich beispielsweise darin, daß die Italiener beim Abschluß des sogenannten Stahlpakts mit Deutschland im Mai 1939 einen Vertragstext akzeptierten, der ihnen weitgehende Verpflichtungen auferlegte, ohne den *casus foederis* zu definieren, Schlupfloch-Klauseln zu beinhalten oder auch nur die Vertragspartner zu Konsultationen zu verpflichten. Hitler dagegen bewies in der Handhabung der Techniken und in der Ausschöpfung der Möglichkeiten der Diplomatie im Sinne einer Förderung seiner Ziele Geschick und Einfallsreichtum.

Im Interesse einer knappen Darstellung kann man die diplomatischen Aktivitäten Hitlers in vier Phasen mit jeweils eigener Charakteristik einteilen. Die erste, die sich unmittelbar an seine Machtergreifung anschloß, läßt sich vielleicht als Diplomatie der Verschleierung oder Vernebelung kennzeichnen, denn sie zielte hauptsächlich darauf ab, die anderen Mächte glauben zu machen, die Machtübernahme durch die Nazis werde in bezug auf die deutsche Außenpolitik keine grundlegenden Veränderungen bringen. Im Auswärtigen Amt und im diplomatischen Dienst beließ man personell alles beim alten; mit Hilfe einer intensiven Auslandspropaganda suchte man die Regierungen und Völker der anderen Länder davon zu überzeugen, daß die unschönen Dinge, die in Deutschland vor sich gingen (der Gleichschaltungsprozeß, durch den jeder potentielle Widerstand gegen das neue Regime prophylaktisch zerschlagen wurde), keine außenpolitischen Implikationen hatten; was Hitler in *Mein Kampf* geschrieben hatte, wurde heruntergespielt, und die deutsche Diplomatie mühte sich nach Kräften, mit Hilfe von Kulturaustauschprojekten und touristischen Angeboten für Reisende aus westlichen Ländern die Bindungen und Gemeinsamkeiten zwischen Deutschland und Westeuropa herauszustreichen. All dies diente dem Ziel, einem möglichen Eingreifen des Auslands vorzubauen, solange Deutschland noch verwundbar, die Gleichschaltung nicht abgeschlossen und die heimliche Wiederbewaffnung noch nicht angelaufen war.

In der zweiten Phase, die Ende 1933 begann und sich über etwa ein Jahr erstreckte, stand die Hitlersche Diplomatie im Zeichen des Bemühens, Deutschland von Verpflichtungen zu befreien, die voraufgegangene Regierungen übernommen hatten, und es gleichzeitig vor den möglichen Konsequenzen dieser Emanzipation zu bewahren. Der erste Schritt in diese Richtung war die Aufkündigung der deutschen Mitarbeit in der Abrüstungskonferenz und im Völkerbund im Oktober 1933, ein Schritt, den Hitler sorgfältig vorbereitete, indem er an das schlechte Gewissen des Westens wegen der Deutschland noch immer behindernden Sanktionen aus dem Versailler Vertrag und an die Verärgerung anknüpfte, die in einigen Ländern über Frankreich herrschte, weil es so wenig Bereitschaft zu Zugeständnissen zeigte. Er bediente sich auch mit Erfolg einer Taktik, auf die er später, während der Sudetenkrise von 1938, wieder zurückgriff, indem er bei der Abrüstungskonferenz seine Forderungen beständig höher schraubte, so daß eine Einigung unmöglich wurde, und sich dann mit dem Argument aus der Konferenz und aus dem Völkerbund verabschiedete, das deutsche Volk werde die ihm aufgezwungenen Benachteiligungen nicht länger hinnehmen. Danach veranstaltete er, wie auch 1938, eine Volksabstimmung, um zu demonstrieren, daß er die volle Unterstützung der deutschen Bevölkerung besaß.

Während des darauffolgenden Jahres konzentrierte sich die diplomatische Aktivität Hitlers auf die Vereitelung aller etwaigen Versuche der anderen Mächte, ihn für sein Vorgehen zu bestrafen. Es gelang ihm, in dem er ein ganzes Feuerwerk öffentlicher und privater Beteuerungen abbrennen ließ, daß Deutschland bereit sei, mit jeder anderen Macht neue politische und vertragliche Bindungen einzugehen. Seine Versprechungen klangen so aufrichtig, daß die westlichen Staatsmänner sich davon betören ließen; noch im Frühjahr 1939 erklärte Neville Chamberlain einer Journalistenrunde, er rechne damit, daß Hitler noch vor Ende des Jahres in den Völkerbund und an die Verhandlungstische der Abrüstungskonferenz zurückkehren werde. Um aus seiner diplomatischen Isolation herauszukommen, handelte Hitler im Januar 1934 eigenhändig (die Idee stammte von ihm und nicht aus dem Auswärtigen Amt) einen Freundschafts- und Nichtangriffspakt mit Polen aus, ein Schachzug, dessen Nützlichkeit sich noch im gleichen Jahr erwies, als Deutschlands neuer Partner mithalf, den Plan des französischen Außenministers Louis Barthou – der den Deutschen durch eine Art östliches Locarno Fesseln anlegen wollte – zu Fall zu bringen.

Die dritte Phase, die von Anfang 1935 bis Ende 1937 währte, läßt sich als eine Phase des Testens von Widerständen charakterisieren; hier ging es Hitler also darum, festzustellen, mit welchen Reaktionen zu rechnen war, wenn er seine Pläne für eine deutsche Expansion in Osteuropa erkennen ließ. Es begann mit den Samstagsüberraschungen vom März 1935, als Hitler an einigen aufeinanderfolgenden Samstagen verkündete, daß Deutschland eine neue Luftwaffe besitze und sich nicht mehr an die Entwaffnungsbestimmungen des Versailler Vertrages gebunden fühle. Als sich zeigte, daß dies keine konkreten Vergeltungsabsichten wachrief (die Stresa-Front vom April 1935 ging in die Brüche und die britische Regierung fand nichts dabei, mit demselben Hitler, der gerade eine offene Vertragsverletzung begangen hatte, im Juni 1935 ein Flottenabkommen abzuschließen), ging es weiter mit der militärischen Besetzung des Rheinlands und der Einmischung in den Spanischen Bürgerkrieg.

Gerade in dieser Phase des Auslotens und Ausprobierens stellte Hitler unter Beweis, wie gut er die Kunst beherrschte, potentielle Widersacher zu entwaffnen. Als Ende März 1935 Außenminister John Simon und Anthony Eden nach Berlin reisten, um Hitler Vorhaltungen wegen des jüngst von ihm eingeschlagenen Kurses zu machen, verstand er es, Simon davon zu überzeugen, daß sein Vorgehen letztlich in einem nationalen Ehrgefühl und in dem

Wunsch wurzele, seinem Land ein Maß an Gleichberechtigung zu sichern, das es in die Lage versetzen würde, erhobenen Hauptes in den Völkerbund zurückzukehren; und am 21. Mai 1935 lieferte er ein glänzendes Beispiel öffentlicher Diplomatie, indem er das Angebot machte, bilaterale Vereinbarungen mit seinen Nachbarstaaten abzuschließen, die Selbständigkeit Österreichs anzuerkennen, auf weitere Einmischungen in die inneren Angelegenheiten dieses Landes zu verzichten und sich an die Locarno-Verträge zu halten, den entmilitarisierten Status des Rheinlands eingeschlossen (zwischen dieser Erklärung und der militärischen Besetzung des Rheinlands lag weniger als ein Jahr). Selbst der normalerweise skeptische Sir Eric Phipps, zu jener Zeit noch britischer Botschafter in Berlin, ließ sich, wie die Empfehlungen zeigen, die er an die Adresse seiner Regierung richtete, dadurch becircen. Er schrieb:

Die Regierung Seiner Majestät mag zu der Entscheidung gelangen, daß es zum jetzigen Zeitpunkt nicht wünschenswert ist, ein Abkommen mit diesem Lande zu schließen. ... Ich hoffe sehr, daß sie sich nicht durch die bloße Erinnerung an die vergangenen Untaten oder Vertrauensbrüche des Herrn Hitler wird abschrecken lassen. Schließlich führt er nunmehr nahezu 70 Millionen arbeitsame, produktive und beherzte, um nicht zu sagen kriegerische Menschen an. Er ist wie die meisten Menschen ein gemischter Charakter, und er kann sich wie die meisten Menschen seit den alten, ein wenig banditenhaften Tagen in München weiterentwickelt haben. Wenn seine Unterschrift erst einmal auf einem Vertrag steht, wird sie sein Volk binden, wie keine andere es könnte. Großbritannien hingegen braucht sich durch sie nicht auf einen Zustand unziemlicher Schwäche festlegen zu lassen; es muß sich durch sie nicht blindmachen lassen gegen die unbezweifelbaren Gefahren, die vor uns liegen. Und wenn es zum Schlimmsten kommen und Hitler ein aus freien Stücken feierlich gegebenes Versprechen brechen sollte, dann hätten wir doch gewiß einen um so festeren Boden zum Kämpfen unter unseren Füßen, weil wir Hitler auf die Probe gestellt haben.

Die vierte Phase war die der offenen Aggression; eingeläutet wurde sie auf dem Geheimtreffen zwischen Hitler und seinen militärischen und diplomatischen Beratern am 5. November 1937 und vorbereitet durch die Umbesetzungen in der Wehrmachtsführung und die Ernennung Joachim von Ribbentrops zum Außenminister im Februar 1938. Die Stationen dieser neuen politischen Etappe waren der „Anschluß" Österreichs im März, die Annexion des Sudetenlands im September 1938, die Eroberung der „Resttschechei" im März 1939 und die Vorbereitungen zum Feldzug gegen Polen. Wenn sich auch das Schwergewicht nunmehr auf das militärische Vorgehen verlagerte, maß Hitler doch der Diplomatie weiterhin Bedeutung bei. So bediente er sich ihrer, um Mussolini zu versichern, daß der Verlust Österreichs angesichts der Vorteile, die dem Duce im übrigen aus der Zusammenarbeit mit Deutschland erwachsen würden, für Italien leicht zu verschmerzen sei; und natürlich waren diplomatische Manöver unerläßlich, um sicherzustellen, daß Großbritannien und Frankreich trotz einiger momentaner

Funken des Widerstandes, die in London und Paris aufblitzten, stillhielten, bis die Eroberung Prags den Bankrott der Appeasement-Politik offenkundig machte. Nicht das unwesentlichste unter den Kunststücken, die Hitler fertigbrachte, war die Art und Weise, wie er aus dem naiven Glauben Chamberlains an den vermeintlichen Realismus seiner Politik Kapital schlug. Kein anderer Begriff wurde von der deutschen Diplomatie in jenen Monaten stärker in den Vordergrund gerückt, als Hitler sich bemühte, darzulegen, wie berechtigt und verständlich seine Forderungen und Ziele in Mitteleuropa waren, wie unverantwortlich Leute wie Schuschnigg und Benesch handelten, die sich ihm entgegenstellten, und wie sehr die Klugheit und der Realismus des wirklichen Staatsmanns sich in dessen Bereitschaft offenbare, das Unvermeidliche hinzunehmen. Kaum verhüllte Drohungen und Anspielungen auf die Unbesiegbarkeit der deutschen Waffen begannen sich jetzt unter die Beteuerungen des guten Willens zu mischen, aber einen gellenden Klang nahmen sie erst im März 1939 an, als Hitler des Versteckspiels müde wurde und seine Panzer nach Prag schickte.

Aber auch danach, und selbst noch nach Einsetzen der Hetzpropaganda gegen Polen vermied Hitler es, sich ganz auf die Sprache der Waffen zu verlegen. In der Tat vollbrachte er sein erstaunlichstes diplomatisches Husarenstück im August 1939, als er, nach einer langen Phase vorsichtigen Sondierens, plötzlich den Entschluß faßte, ein Bündnis mit der Sowjetunion abzuschließen, und dieses Vorhaben dann auch in einem atemberaubenden Tempo und buchstäblich unter den verblüfften Blicken der französischen und britischen Unterhändler durchzog, die einen – ungeschickten und verspäteten – Vorstoß in Richtung auf dasselbe Ziel gestartet hatten. Mit diesem Vertrag in der Tasche hatte Hitler für die Kunst der Diplomatie keine weitere Verwendung mehr. Im Gegensatz zu seinen Amtskollegen in London und Paris hatte er darin niemals ein Mittel zur Erhaltung des Friedens gesehen, sondern immer bloß ein Instrument zur Beseitigung von Hindernissen auf dem Weg in den Krieg, den er von Anfang an gewollt hatte. „Ich habe schließlich“, so erklärte er kurz nach Kriegsausbruch, „die Wehrmacht nicht aufgestellt, um *nicht* zu schlagen“. Diese Feststellung unterstreicht die Tatsache, daß sein ganzer diplomatischer Verkehr mit den Regierungen der Westmächte, in den diese so große Hoffnungen gesetzt hatten, nichts anderes gewesen war als ein bewußt inszenierter *dialogue des sourds,* bei dem die Worte, die er benutzte, eine heimliche Bedeutung hatten, die der anderen Seite verborgen blieb.

8. Franklin D. Roosevelts Pläne für ein internationales Sicherheitssystem nach dem Kriege

Der Krieg, der im September 1939 mit dem Einmarsch der Hitlerschen Stoßtruppen nach Polen begann, dauerte nahezu sechs Jahre und war, wie sich schon lange vor seinem Ende zeigte, im wahrsten Sinne der Worte ein wirklicher Weltkrieg, in seinen Ansprüchen an die Leistungskraft der Nationen und seinen Auswirkungen auf alle Klassen der Gesellschaft totaler, in seiner Waffentechnik fortgeschrittener und in seinen Resultaten zerstörerischer als der Erste Weltkrieg. Mindestens 17 Millionen Soldaten aller Waffengattungen starben auf den Schlachtfeldern des Krieges, und 18 Millionen Zivilisten fanden den Tod; und als ob dies noch nicht genügte, endete der Krieg mit der Vorstellung eines neuen schrecklichen Waffensystems, das diese fürchterlichen Verlustzahlen über die Grenzen menschlichen Begreifens hinaus zu multiplizieren versprach, falls es je wieder zu einem internationalen Konflikt größeren Ausmaßes kommen sollte.

Schon vor der erfolgreichen Erprobung dieser neuesten Errungenschaft war den leitenden Politikern der alliierten Staaten klargeworden, daß es mit einer siegreichen Beendigung des Krieges in diesem Falle nicht getan sein würde. Sie erkannten, daß sie etwas zuwege bringen mußten, das ihre Vorgänger nach dem Ersten Weltkrieg nicht geschafft hatten: wirksame Vorkehrungen zur Verhinderung einer neuen Kriegskatastrophe zu treffen. Dies war eine Aufgabe, der sich der in den Kriegsjahren amtierende amerikanische Präsident Franklin D. Roosevelt mit besonderer Hingabe widmete. Ihn hatte schon 25 Jahre zuvor, nach Ende des Ersten Weltkriegs, der Traum Woodrow Wilsons von einer von der Geißel des Krieges befreiten Staatengemeinschaft fasziniert, und er war diesem Ideal treu geblieben, wenn er auch Realist genug war, um die Schwierigkeiten und Hindernisse zu erkennen, die einer Verwirklichung dieser Idee im Wege standen. Um die Fehler wissend, die 1918 und 1919 begangen worden waren, war er sich gleichwohl auch dessen bewußt, daß die Verhältnisse sich seit jener Zeit radikal geändert hatten und daß die Aussichten auf die Errichtung eines wirksamen friedenssichernden internationalen Systems stehen und fallen würden mit der Fortdauer des Zusammenhalts innerhalb der Großen Allianz gegen den Nationalsozialismus und insbesondere mit den Beziehungen zwischen den Vereinigten Staaten und der Sowjetunion als deren mächtigsten Partnern. Eine ganz wesentliche Bedingung allerdings mußte im Innern erfüllt sein: Die öffentliche Meinung in den Vereinigten Staaten mußte für das Vorhaben gewonnen werden.

I

Die Beziehungen zu Sowjetrußland sind für die amerikanische Außenpolitik seit 1917 stets ein beunruhigendes Element gewesen, doch nach dem Zweiten Weltkrieg sind sie zu ihrem zentralen Problem geworden; die Schwierigkeiten, mit denen Franklin D. Roosevelt und seine Mitarbeiter in der letzten Phase des Krieges zu ringen hatten, haben sich keineswegs verflüchtigt. Ebenso wie seine Bemühungen um die Entwicklung einer vertrauensvollen Zusammenarbeit mit der Sowjetunion letztlich eine Glaubwürdigkeitskrise heraufbeschworen und zum Gegenstand innenpolitischer Auseinandersetzungen wurden, führten dreißig Jahre später ähnliche Versuche Richard Nixons und Henry Kissingers zu ähnlichen Resultaten, und daß es Präsident Carter nicht gelang, eine die öffentliche Meinung in den Vereinigten Staaten überzeugende Linie für seine Politik gegenüber Moskau zu formulieren, war einer der Hauptgründe für die Irrungen und Wirrungen, in die er mit seiner Außenpolitik geriet.

Niemand, der die amerikanische Außenpolitik seit dem Zweiten Weltkrieg Revue passieren läßt, kann sich des Eindrucks entziehen, daß der Präsident sowohl in der Wahl eines langfristigen politischen Kurses gegenüber der Sowjetunion als auch in der Verwirklichung seiner Politik für die Dauer seiner Amtszeit unter dem Einfluß bedeutsamer innenpolitischer Zwänge steht. „Innenpolitische Zwänge" steht hier als Oberbegriff für alle auf die politischen Entscheidungsträger wirkenden Zwänge, die sich direkt oder indirekt aus dem Spiel der politischen Kräfte in einer industrialisierten demokratischen Gesellschaft ergeben. Daß die Außenpolitik der Regierung durch die demokratischen Gewalten kontrolliert wird, ist natürlich ein traditionelles und unverzichtbares Merkmal des politischen Systems der Vereinigten Staaten. Allein, die in der Öffentlichkeit, im Kongreß, in den Massenmedien und in den mächtigen Interessengruppen wirkenden Kräfte machen sich oft auf eine Art und Weise geltend, die die Fähigkeit des Präsidenten, langfristige außenpolitische Ziele konsequent anzusteuern, stark beeinträchtigt. Es überrascht angesichts dessen nicht, daß Präsidenten und ihre Berater hierauf immer wieder mit Versuchen reagieren, die öffentliche Meinung durch Information und Belehrung zu erziehen oder sie manchmal sogar zu manipulieren und zu kontrollieren. Versuche, die Öffentlichkeit zu manipulieren und zu täuschen oder die eingespielten Verfahrensweisen einer gemeinsamen Verantwortung von Regierung und Kongreß für die Außenpolitik zu umgehen, können zwar nicht gutgeheißen werden, aber die Tatsache, daß sie hin und wieder unternommen werden, ist doch immerhin geeignet, das zugrundeliegende Problem ins rechte Licht zu rücken: die Schwierigkeit, für einen bestimmten politischen Kurs so viel Verständnis und Unterstützung zu gewinnen, daß er nicht durch innenpolitische Zwänge durchkreuzt oder unterlaufen wird.

Um dahin zu gelangen, muß ein Präsident einen grundlegenden und stabilen nationalen Konsens herbeiführen, der sowohl die Abgeordneten des Kongresses als auch die interessierte Öffentlichkeit umfaßt. Wenn er sich eine solche Unterstützung verschaffen und längerfristig sichern will, so genügt es nicht, sich dabei peinlich genau an die verfassungsmäßigen Vorschriften für die Formulierung der Außenpolitik zu halten oder die gewohnten Normen in bezug auf die Abstimmung mit dem Kongreß zu beachten oder eine ,,offene" Außenpolitik ohne ungebührliche Geheimniskrämereien und Täuschungsmanöver zu machen oder sich in der Rolle eines Maklers zu versuchen, der die von den zahlreichen innenpolitischen Interessengruppen erhobenen Forderungen und Ansprüche miteinander vermittelt. Und ebensowenig kann der Präsident eine dauerhafte öffentliche Unterstützung für seine Politik einfach dadurch gewinnen, daß er behauptet, im ,,nationalen Interesse" zu handeln, oder daß er seine Landsleute in Appellen ermahnt, die parteipolitischen Gegensätze an den Landesgrenzen enden zu lassen.

Wie läßt sich unter diesen Umständen ein breiter und stabiler innenpolitischer Konsens erreichen? Wenn wir diese Frage zu beantworten versuchen, ist es sinnvoll, auf den Begriff der *Legitimierung* einer Politik zurückzugreifen. Ein Präsident kann eine außenpolitische Konzeption, die ihm vorschwebt, nur dann mit Aussicht auf Erfolg verwirklichen, wenn es ihm gelingt, genügend Mitglieder des Kongresses und einen Großteil der Öffentlichkeit davon zu überzeugen, daß dieses Konzept wohldurchdacht und sinnvoll ist. Um dies zu erreichen, muß er diejenigen, auf die es ankommt, zunächst einmal davon überzeugen, daß seine Ziele als solche wünschenswert und lohnend sind; oder anders gesagt: daß seine Politik mit grundlegenden nationalen Wertvorstellungen im Einklang steht und zu deren Steigerung beiträgt. Das ist die normative oder moralische Komponente der Legitimierung eines politischen Konzepts. Darüber hinaus muß der Präsident die Öffentlichkeit davon überzeugen, daß er weiß, wie diese als wünschenswert erkannten langfristigen Ziele zu erreichen sind. Im konkreten Fall setzt dies voraus, daß die Öffentlichkeit daran glaubt, daß er etwas von der Sowjetunion und von der Entwicklung der allgemeinen Weltlage versteht und daß er und seine Berater über die Fähigkeit verfügen, alle jene Hilfsmittel zu mobilisieren und wirksam einzusetzen, die geeignet sind, den Gang der Dinge in der erwünschten Weise zu beeinflussen. Dies ist die kognitive Voraussetzung des Vorgangs der Konzept-Legitimierung.

Die Legitimiertheit einer politischen Strategie setzt mithin die Anerkennung sowohl ihrer normativ-moralischen Integrität als auch der kognitiven Kompetenz ihrer Exekutoren voraus. Die normative Komponente bezieht sich auf die Frage, ob eine politische Konzeption *wünschenswert* ist, die kognitive Komponente darauf, ob sie *durchführbar* ist. Weshalb ist die Legitimierung einer außenpolitischen Strategie im Sinne dieser beiden Komponenten so wichtig, insbesondere in einer Demokratie? Wenn es einem Präsidenten gelingt, seine langfristige Politik gegenüber den Sowjets (natürlich auch bezüglich anderer wichtiger Aspekte seiner Außenpolitik) im genannten Sinn zu legitimieren, dann werden die täglichen Maßnahmen, die er im Zuge der Verwirklichung dieser Politik veranlaßt, viel „widerstandsfähiger" gegenüber den vielen Druckmitteln und Zwängen sein, die seine Handlungsfreiheit einschränken und die in der Lage wären, eine nicht legitimierte, nicht von einem grundsätzlichen Konsens getragene Politik beständig zu durchkreuzen. Unter den Bedingungen eines Zweiparteiensystems erscheint eine konsistente Außenpolitik in der Tat nur möglich auf der Basis eines breiten Konsens darüber, daß die Außenpolitik des Präsidenten die Voraussetzungen normativer und kognitiver Legitimiertheit erfüllt.

Alle amerikanischen Präsidenten der Kriegs- und Nachkriegszeit haben ihre Schwierigkeiten damit gehabt, ihrer langfristigen politischen Strategie gegenüber der Sowjetunion Legitimität zu verleihen, und noch mehr Schwierigkeiten damit, ihr diese Legitimität zu bewahren. Dies zeigte sich zum ersten Mal am Exempel der Rooseveltschen Pläne für ein auf einer vertrauensvollen Zusammenarbeit mit den Sowjets beruhendes internationales Sicherheitssystem für die Zeit nach dem Krieg.

II

Roosevelts „Great Design" (wie er es selbst nannte) für die Nachkriegswelt beruhte bemerkenswerterweise vor allem auf geschichtlichen Lehren, die er und seine engsten Berater – wie natürlich auch viele andere Menschen – aus den verschiedenen nach dem Ersten Weltkrieg begangenen politischen Fehlern gezogen hatten, Fehler, die zur großen Wirtschaftskrise, zur Machtübernahme durch aggressive totalitäre Regime in Deutschland, Italien und Japan und letzten Endes zu einem neuen umfassenden Krieg geführt hatten.

Einer der Fehler, den die Alliierten 1918 nach Ansicht Roosevelts und anderer gemacht hatten, war die Aufnahme von Waffenstillstandsverhandlungen mit der deutschen Regierung *vor* der endgültigen Niederwerfung der deutschen Truppen und der Besetzung des ganzen Landes gewesen. Dies hatte zur Folge gehabt, daß die deutschen Nationalisten später behaupten konnten, das deutsche Heer sei militärisch nicht besiegt, sondern von der kurz zuvor installierten demokratischen Regierung in Berlin durch einen heimtückischen „Dolchstoß" am Weiterkämpfen gehindert worden. Daraus zog Roosevelt die Konsequenz, daß es dieses Mal notwendig sei, die Länder, die den Zweiten Weltkrieg vom Zaun gebrochen hatten, vollständig zu besiegen, zu entwaffnen und zu besetzen. Dies war eines der Kriegsziele, auf die sich Roosevelt, Churchill und Stalin sehr schnell einigten, und bekanntlich führten sie diesen Vorsatz auch aus. Dies hatte indessen, wie wir noch

sehen werden, bedeutsame Folgen im Hinblick auf die Struktur der Nachkriegszeit und auf die Ausgangslage für die angestrebte Schaffung eines
funktionsfähigen neuen Sicherheitssystems.

Aber auch andere wichtige Lehren aus den Fehlern der nach dem Ersten
Weltkrieg geschaffenen Friedensordnung wurden nicht außer acht gelassen.
Selbst die totale militärische Niederschlagung und Besetzung Deutschlands,
Italiens und Japans würde langfristig nicht viel bringen, wenn nicht dafür
gesorgt wurde, daß wirtschaftliche Zustände wie die, die in den 30er Jahren
den totalitären Regimen mit in den Sattel geholfen hatten, nicht wiederkeh-
ren würden. Eine zweite Voraussetzung für einen dauerhafteren Frieden war
also die Entwicklung einer Strategie zur wirtschaftlichen Förderung und
Kooperation, die einer krisenhaften Wirtschaftsentwicklung in den besiegten Ländern nach Möglichkeit vorzubeugen geeignet war. Die Wiederherstellung eines funktionierenden Weltwirtschaftssystems auf stabiler Grundlage war daher oberstes Gebot in den amerikanischen Plänen für die Nachkriegszeit. So wurde beispielsweise der Vorsatz gefaßt, die Handelsschranken zwischen den Nationen zu beseitigen oder drastisch zu reduzieren.
Auch mit der wichtigen Frage einer Reform des internationalen Währungssystems beschäftigten sich die amerikanischen Planer. Sie arbeiteten
detaillierte Vorlagen für die Errichtung von Mechanismen und Institutionen
aus, die die internationalen Währungen stabilisieren und den grenzüberschreitenden Kapitalfluß erleichtern und damit den Wiederaufbau und die
wirtschaftliche Entwicklung nach dem Kriege beschleunigen helfen sollten.

Hinter allen diesen wirtschaftlichen Vorhaben stand, wie man sich denken
kann, auch ein gewisses nationales Eigeninteresse der Vereinigten Staaten.
Roosevelt und seine Berater wußten sehr gut, daß seine Wirtschaftspolitik
des New Deal das Problem der Massenarbeitslosigkeit in den Vereinigten
Staaten nicht gelöst hatte; dazu hatte es des Krieges bedurft. Man machte
sich nun ernste Sorgen darüber, daß es, wenn der Krieg vorüber war und die
Rüstungsproduktion als stimulierender Faktor wegfallen würde, womöglich
erneut zu einer starken Unterbeschäftigung kommen könnte. Roosevelt
wollte nicht nur deshalb für einen unbehinderten internationalen Handel
und gesunde wirtschaftliche Voraussetzungen in den besiegten Ländern sorgen, weil er darin eine notwendige Vorbedingung für den Aufbau eines
funktionsfähigen internationalen Systems sah, sondern auch weil er hoffte,
daß auf diese Weise ausländische Märkte entstehen würden, die in der Lage
wären, die großen Produktmengen zu absorbieren, die die amerikanische
Industrie auch weiterhin würde ausspucken müssen, wenn das hohe Be-
schäftigungsniveau im Lande einigermaßen erhalten bleiben sollte. Wir
brauchen diese Wirtschaftspläne nicht bis ins Detail zu analysieren; es genügt zu sagen, daß sie in etwas modifizierter Form nach dem Krieg in die Tat
umgesetzt wurden und sich einige Jahre lang im großen und ganzen bewährten.

Die vielleicht wichtigste Lehre, die Roosevelt und seine Ratgeber aus der nach 1918 ausgehandelten, verkorksten Friedensordnung zogen, bezog sich auf die Tatsache, daß die Vereinigten Staaten es damals verschmäht hatten, dem Völkerbund beizutreten, und sich statt dessen für eine überwiegend isolationistische Außenpolitik entschieden hatten. Der Isolationismus und die mangelnde Bereitschaft der Amerikaner zur Zusammenarbeit mit anderen friedenswilligen Ländern hatten indirekt zur weltweiten Wirtschaftskrise der 30er Jahre und damit auch zum Aufstieg der totalitären Kräfte beigetragen. Dieses Mal, davon war Roosevelt überzeugt, durften die Vereinigten Staaten nach dem Ende des Krieges nicht zu einer isolationistischen Außenpolitik zurückkehren. Er konnte sich allerdings keineswegs darauf verlassen, daß die amerikanische öffentliche Meinung und der Kongreß nicht womöglich eine Rückkehr zur traditionellen amerikanischen Politik des Sich-Heraushaltens aus „verpflichtenden Bündnissen" fordern würden.

Noch während der Krieg im Gang war mußte Roosevelt somit versuchen, diejenigen Grundlagen zu schaffen, die eine nichtisolationistische amerikanische Politik in der Nachkriegszeit gewährleisten würden. Er mußte eine solche Politik zumindest in groben Umrissen skizzieren und versuchen, sie vor der Öffentlichkeit zu legitimieren. Roosevelt bewerkstelligte dies, indem er den Krieg auf eine Weise führte und rechtfertigte, die geeignet war, bruchlos zu einer internationalistischen Außenpolitik nach dem Kriege überzuleiten. Dies gelang ihm im großen und ganzen mit dem erwünschten Erfolg; weniger erfolgreich jedoch war er in einigen wichtigen Einzelaspekten, auf die wir im folgenden etwas näher eingehen wollen.

III

Vor dem Kriegseintritt der Vereinigten Staaten waren die Isolationisten eine starke Macht gewesen; Pearl Harbor jedoch ließ die öffentliche Meinung umkippen und versetzte die Nation in Erregung. Der Gedanke, daß die USA sich nach Kriegsende aktiv am Aufbau eines internationalen friedenssichernden Systems beteiligen müßten, erhielt in der amerikanischen Öffentlichkeit starken Auftrieb. Allerdings waren sich diejenigen, die eine Rückkehr zum Isolationismus ablehnten, uneins darüber, welche Spielart einer internationalistischen Politik die bessere sei. Es gab viele einflußreiche und entschiedene Fürsprecher des alten Wilsonschen Konzepts einer kollektiven Sicherheit, die für einen neuen und stärkeren Völkerbund mit amerikanischer Beteiligung eintraten. Roosevelt selbst lehnte dies als zu idealistisch und problematisch ab. Sein Konzept für die Errichtung eines internationalen Sicherheitssystems beruhte auf den machtpolitischen Realitäten. Seiner Ansicht nach kam es vor allem darauf an, daß die Staaten, in deren Händen die militärische Macht konzentriert war, sich zu einer Zusammenarbeit im Dienste der Friedenserhaltung bereitfanden.

Eine sehr große Rolle im Denken Roosevelts spielten seine Besorgnisse hinsichtlich der Situation, vor der die Friedensstifter nach Kriegsende zunächst einmal stehen würden. Wenn das nationalsozialistische Deutschland erst einmal besiegt war, würde in Mitteleuropa ein Machtvakuum klaffen. Die Frage, wer oder was dieses Vakuum füllen würde, wäre mit den folgenschwersten Implikationen für die Sicherheit sowohl der Sowjetunion als auch der Westmächte behaftet. Wenn die beiden Seiten nicht sehr schnell eine für alle Beteiligten annehmbare Lösung dieses Problems finden würden, dann würde es mit an Sicherheit grenzender Wahrscheinlichkeit zu einem heftigen Tauziehen und womöglich zu einem Konflikt um die Herrschaft über Mitteleuropa kommen.

Solche düsteren Aussichten zeichneten sich um so bedrohlicher ab, als das schwache und in sich gespaltene internationale Sicherheitssystem der Zwischenkriegszeit mit Ausbruch des Zweiten Weltkriegs auseinandergefallen war. Das militärische Bündnis zwischen den Westmächten und der Sowjetunion war beiden Seiten durch die äußeren Umstände gleichsam aufgezwungen worden – durch die Gefahr, vom nationalsozialistischen Deutschland und seinen Verbündeten besiegt zu werden. Sobald diese Gefahr gebannt, der Feind geschlagen war, würden all die weltanschaulichen Differenzen und das gegenseitige Mißtrauen zwischen den Westmächten und der Sowjetunion womöglich von neuem aufbrechen. Roosevelt war sich darüber klar, daß es in der Nachkriegszeit nur Sieger und Besiegte geben würde; es würde kein internationales System existieren, das einen Rahmen bieten könnte, innerhalb dessen die Westmächte und die Sowjets eine Lösung für die durch ihren Sieg aufgeworfenen Probleme des Machtvakuums in Mitteleuropa würden aushandeln können. Roosevelt mußte somit zwei wichtige und schwierige Aufgaben zur gleichen Zeit anpacken – die Errichtung eines neuen internationalen Systems betreiben und Mittel und Wege finden, um einen gefährlichen Streit um die Vorherrschaft in Mitteleuropa zu verhindern.

Wie sahen die verschiedenen Wege zur Bewältigung dieser heiklen Aufgaben aus? Ein denkbarer Ansatz war der Versuch, ein neues System des Gleichgewichts der Mächte zu schaffen, das ein großes Maß an Rivalität zwischen den Großmächten mit sich gebracht hätte. Ein solches System hatte fast das ganze 18. Jahrhundert hindurch in Europa existiert, hatte aber Napoleon nicht von dem Versuch abgehalten, eine französische Hegemonialherrschaft aufzurichten; es war dann auch über viele Jahre hinweg nicht in der Lage gewesen, jene Allianz hervorzubringen, die vonnöten gewesen wäre, um Napoleon in die Schranken zu weisen. Roosevelt hielt ein System dieser Art im Hinblick auf die Zeit nach dem Zweiten Weltkrieg weder für wünschenswert noch für funktionsfähig. England allein würde zu schwach sein, um im europäischen Rahmen ein militärisches Gegengewicht zu Rußland abgeben zu können. Die Vereinigten Staaten würden nach Roosevelts Ansicht trotz ihrer militärischen Stärke nicht willens oder imstande sein,

England so zu stärken, daß es dem sowjetischen Einfluß in Europa Paroli bieten konnte. Man darf bei all dem nicht vergessen, daß Roosevelt immer von der – damals vollkommen berechtigt erscheinenden – Voraussetzung ausging, die amerikanische öffentliche Meinung werde eine Zurücklassung beträchtlicher amerikanischer Truppenteile in Europa für einen längeren oder gar unbegrenzten Zeitraum nach Kriegsende nicht hinnehmen. Die düstere Perspektive, mit der er sich konfrontiert sah und der er nach Möglichkeit entgegenwirken mußte, war somit die einer möglichen Hegemonie der Sowjetunion über ganz Europa, falls es nicht gelang, die Russen in ein Gleichgewichtssystem anderer Art einzubinden.

Eine andere Möglichkeit bestand darin, das Konfliktpotential in einem neuen Gleichgewichtssystem dadurch zu reduzieren, daß man versuchte, jeder der Großmächte großzügig bemessene Einflußsphären in den Weltregionen einzuräumen, die für sie von besonderem Interesse waren. Dieses Konzept befürwortete Winston Churchill, während des Krieges britischer Premierminister. Bei seinem privaten Treffen mit Stalin im Oktober 1944 in Moskau versuchte Churchill zu einer für beide Seiten akzeptablen Übereinkunft zu kommen, die sowohl den beiderseitigen Interessen auf dem Balkan als auch den realen internationalen Machtverhältnissen gerecht werden würde. In seinen Memoiren gab Churchill eine anschauliche Schilderung einer seiner Begegnungen mit Stalin, die am 9. Oktober um 10 Uhr abends begann („Der richtige Augenblick für die Angelegenheit"). Churchill zog ein Blatt Papier heraus und setzte hinter den Namen jedes Balkanlandes eine Prozentzahl, die angab, wieviel Einfluß die Sowjetunion bzw. Großbritannien dort nach dem Krieg haben sollten: Rumänien – 90% russisch; Griechenland – 90% britisch; Bulgarien – 75% russisch; Ungarn und Jugoslawien – 50% für beide. Churchill schob das Blatt dann über den Tisch zu Stalin hinüber, der es überflog und zum Zeichen seiner Zustimmung sein Signum daruntersetzte. Churchill sagte daraufhin: „Verbrennen wir das Papier." Doch Stalin entgegnete: „Nein, Sie behalten es." So gewann Churchill zwar die Zustimmung Stalins zu einer Aufteilung der Einflußsphären zwischen ihren Ländern auf dem Balkan, aber Roosevelt kam zu dem Entschluß, ein solches Arrangement nicht gutheißen zu können (obgleich er der Idee zunächst wohlwollend gegenübergestanden hatte).

Aus verschiedenen Gründen war Roosevelt sowohl gegen das Konzept eines mit einer starken Großmacht-Rivalität belasteten Gleichgewichtssystems als auch gegen die Idee einer Herabsetzung des Konfliktpotentials durch die Schaffung von Einflußsphären. Zunächst einmal bezweifelte er – und zwar ganz sicher mit Recht –, daß die dem europäischen Gleichgewicht der Mächte traditionell wenig freundlich gesonnene inneramerikanische öffentliche Meinung eine amerikanische Beteiligung an einem solchen System gutheißen würde. Außerdem hätte die amerikanische Zustimmung zu oder Beteiligung an einer Vereinbarung über die Aufteilung von Einflußsphären in direktem Widerspruch zum Grundsatz der Selbstbestimmung sowie zu anderen historischen amerikanischen Idealen gestanden, die Roosevelt selbst in der Atlantik-Charta bekräftigt hatte. Dieses Dokument hatten er und Churchill zusammen noch in der Frühphase des Krieges veröffentlicht, und die Sowjetunion hatte sich später, wenn auch nicht ganz vorbehaltlos, dazu bekannt. Die Atlantik-Charta war die wichtigste offizielle Darlegung der Kriegsziele der Alliierten und zugleich eines der wirksamsten Mittel, mit denen Roosevelt sich die Unterstützung der amerikanischen Öffentlichkeit für eine internationalistisch orientierte Außenpolitik sicherte. Nach all dem konnte er jetzt nicht eine Kehrtwendung vollführen und Pläne für eine Nachkriegsordnung gutheißen, die von vornherein mit dem Makel einer Verletzung der dort festgehaltenen Grundsätze behaftet gewesen wären.

Roosevelt glaubte ferner nicht daran, daß ein Gleichgewicht der Mächte traditioneller Art oder eine auf der Aufteilung von Einflußsphären beruhende Übereinkunft die Rivalität zwischen den Großmächten auf Dauer würde beseitigen können. Seiner Meinung nach würden alle Arrangements dieser Art sich als instabil erweisen und nicht verhindern, daß die Welt sich nach kurzer Zeit in zwei einander feindlich gegenüberstehende Lager spalten würde – ein westlich-demokratisches und ein von den Sowjets beherrschtes. Daraus würde ein Rüstungswettlauf erwachsen, der bestenfalls zu einem gefährlichen und gefährdeten waffenstarrenden Waffenstillstand, schlimmstenfalls aber zu einem neuen Weltkrieg führen würde. Roosevelt sah, so könnte man sagen, die Möglichkeit des Kalten Krieges für den Fall voraus, daß es nicht gelingen sollte, die Entwicklung in eine andere Richtung zu lenken.

Die einzige Möglichkeit, die Roosevelt hier sah, war eine Variante des traditionellen europäischen Gleichgewichtssystems, die sich in einigen Aspekten an der von den europäischen Mächten 1815 nach der Niederwerfung Napoleons begründeten multilateralen Allianz orientieren sollte. Roosevelt hoffte, die Einheit und Zusammenarbeit der Alliierten auch über das Kriegsende und den Sieg über die totalitären Staaten hinaus aufrechterhalten zu können. Dies war das Ziel, das der Präsident schon bald nach dem Kriegseintritt der Vereinigten Staaten ins Auge faßte – er nannte es sein ,,Great Design", und er brachte Churchill und Stalin dazu, mit ihm zusammen auf dieses Ziel hinzuarbeiten.

Dieses ,,Great Design" Roosevelts verdient, eingehender betrachtet zu werden. Der Präsident wollte nach dem Krieg ein internationales Sicherheitssystem aufbauen, in dessen Zentrum die Vereinigten Staaten, Großbritannien und die Sowjetunion – und dazu, wie er hoffte, früher oder später auch China – figurieren und zusammen ein nahezu allmächtiges Konsortium der Macht bilden würden. Diese Großmächte würden in einem von ihnen zu bildenden und zu beschickenden Gremium in Abstimmung miteinander auf jedwede Bedrohung des Friedens von seiten einer der besiegten Mächte oder

irgendeines anderen Staates reagieren. Sie würden ein militärisches Gewalt-
monopol ausüben, d. h. außer ihnen würde es keiner anderen Nation gestattet sein, Streitkräfte zu unterhalten, die eine ernste Bedrohung für andere
Völker darstellen konnten. Roosevelt sprach im Zusammenhang mit diesem
Konzept treffenderweise von den ,,vier Weltpolizisten"; freilich hätte eine
Verwirklichung dieses Konzepts eine Verletzung des Grundsatzes der Souveränität und Gleichberechtigung aller Staaten, ob groß oder klein, mit sich
gebracht.

Roosevelts ,,Great Design" beinhaltete auch die Aufforderung an die Vereinigten Staaten, daß Großbritannien und die Sowjetunion untereinander
akzeptable Regelungen bezüglich der wichtigen territorialen und politischen
Probleme in Europa aushandelten. Erreicht werden sollten diese Regelungen
durch gemeinsame Beratungen und Vereinbarungen, also durch eine Politik
der kollektiven Entscheidungsfindung – auch dies ein Element, das an den
modus operandi des alten europäischen Allianzsystems erinnerte. (Roosevelt
hoffte darüber hinaus, die Russen würden sich an Vereinbarungen über den
Abbau von Handelsschranken, über die Stabilisierung des internationalen
Währungssystems und über andere wirtschaftliche Probleme beteiligen.)

Welche Vorzüge das Konzept des Präsidenten auch immer aufweisen
mochte, das Problem bestand darin, in der Öffentlichkeit eine breite Unterstützung für diese Art des machtpolitischen Realismus zu mobilisieren. Es
ist bemerkenswert, daß Roosevelt selbst in der Öffentlichkeit nur mit äußerster Zurückhaltung für sein Konzept der vier Weltpolizisten warb, vor allem, weil er der Überzeugung war, daß es im Interesse der Bewahrung eines
prinzipiellen innenpolitischen Konsenses zugunsten einer internationalistischen Außenpolitik notwendig war, die Unterschiede zwischen seinem eigenen ,,Great Design" und dem Wunsch der Idealisten nach einem auf einem
neuen, stärkeren Völkerbund aufgebauten kollektiven Sicherheitssystem
vorerst noch zu verwischen. Der Präsident besprach seinen eigenen Plan mit
einer Reihe einflußreicher Politiker; indes, als er seine Idee in einem Interview mit Forrest Davis, das im April 1943 in der *Saturday Evening Post*
erschien, erstmals versuchsweise der Öffentlichkeit vorstellte, stieß er damit
auf schroffe Ablehnung. Daraufhin nahm Roosevelt vorerst einmal von weiteren Versuchen Abstand, durch eine Erziehung der öffentlichen Meinung
eine Legitimation für sein Konzept der vier Weltpolizisten zu gewinnen.

Die große Sensibilität des Präsidenten für die öffentliche Meinung veranlaßte ihn schließlich dazu, von seinem ursprünglichen strikten Widerstand
gegen eine Wiederbelebung des Völkerbundes eine Stück weit abzugehen.
Zwar hielt er persönlich an der Überzeugung fest, die Aufgabe, den Frieden
zu erzwingen und zu erhalten, müsse letztlich den Großmächten zufallen,
doch gab er, um keine innenpolitischen Konflikte aufkommen zu lassen,
dem Druck derjenigen Gruppen nach, die auf die Gründung der in der
Moskauer Erklärung vom Oktober 1943 versprochenen Vereinten Nationen

noch vor Kriegsende drängten. Er ließ es zu, daß sein Außenminister Cordell Hull das Konzept der vier Weltpolizisten Schritt für Schritt umformte, bis daraus schließlich der Sicherheitsrat der Vereinten Nationen wurde. Roosevelt tröstete sich mit dem Gedanken, daß es nicht so sehr darauf ankam, wie frühzeitig die Vereinten Nationen auf den Plan traten oder wie der Sicherheitsrat im einzelnen zusammengesetzt war, sondern vor allem darauf, daß die Vereinigten Staaten und die Sowjetunion untereinander ein Verhältnis vertrauensvoller Zusammenarbeit bewahrten, daß sie alle wichtigen Fragen unter sich und außerhalb des Sicherheitsrats ausmachen und daß sie gemeinsam für die Erhaltung des Friedens arbeiten würden.

Roosevelt konnte, wie bereits weiter oben erwähnt, eine auf einer Aufteilung der Einflußsphären in Europa beruhende Lösung nicht gutheißen. Er fürchtete, die Amerikaner würden darin ein weiteres Beispiel für die traditionelle Gewohnheit der zynischen, unmoralischen europäischen Mächte sehen, in geheimen Abkommen die den schwächeren Staaten abgejagte Beute untereinander aufzuteilen, und dies als eine Verletzung des Grundsatzes der nationalen Selbstbestimmung empfinden. Wenn die amerikanische öffentliche Meinung in diese Richtung ging, so konnte dies, wie Roosevelt voraussah, seine Pläne für eine globale Nachkriegsordnung von Anfang an untergraben. Zugleich erkannte er jedoch, daß den legitimen Sicherheitsbedürfnissen der Sowjetunion in Osteuropa Rechnung getragen werden mußte. Da die Rote Armee das östliche Europa besetzt hatte und sehr wahrscheinlich weiter nach Mitteleuropa hinein vormarschieren würde, würden die Sowjets dort ohnehin nach ihrem Gutdünken verfahren können. Es konnte den Vereinigten Staaten nicht einfallen, die Sowjetunion mit Gewalt oder durch Gewaltandrohung von der Installierung von Satellitenregimen und von einer Revision der politischen Landkarte in Osteuropa abhalten zu wollen. Dies verstanden und akzeptierten selbst diejenigen unter den Beratern Roosevelts, die dem sowjetischen Kommunismus am feindseligsten gegenüberstanden.

Unter dem Gesichtspunkt der Notwendigkeit, sich innenpolitisch die Unterstützung für seine geplante Nachkriegspolitik zu bewahren, war es für Roosevelt überaus wichtig, daß die Sowjetunion ihre Sicherheitsbedürfnisse in Osteuropa möglichst bescheiden definierte und daß sie bei der Installierung von Satellitenregimen in Osteuropa in einer Weise vorging, die für die Vereinigten Staaten und Großbritannien akzeptabel war und nicht eklatant gegen die Grundsätze der Atlantik-Charta verstieß. Auf dem Spiel stand für Roosevelt die Legitimität seiner gesamten Konzeption eines internationalen Sicherheitssystems für die Nachkriegszeit, die ja auf der Prämisse einer Zusammenarbeit mit der Sowjetunion beruhte. Wenn sich in der amerikanischen Öffentlichkeit die Überzeugung durchsetzte, daß das sowjetische Verhalten in Osteuropa im Widerspruch zu den Prinzipien der nationalen Selbstbestimmung und Unabhängigkeit stand, so würde dies zweifellos das

Bild einer expansionistischen und nicht vertrauenswürdigen Sowjetunion heraufbeschwören.

Roosevelt hegte die – vielleicht etwas naive – Hoffnung, die potentiellen Widersprüche zwischen den sowjetischen Sicherheitsbedürfnissen und den in der Atlantik-Charta niedergelegten Grundsätzen ließen sich beseitigen oder einebnen. Er versuchte, Stalin davon zu überzeugen, daß die vollständige Niederlage und Entwaffnung Deutschlands zusammen mit den von den Alliierten zu treffenden Vorkehrungen für eine dauerhafte Zähmung und Kontrolle Nachkriegsdeutschlands mehr für die Sicherheit der Sowjetunion bewirken würden als die Errichtung eines straff geführten sowjetischen Imperiums im östlichen Europa. Er versuchte auch, Stalin begreiflich zu machen, welche Probleme für die amerikanische Regierung entstünden, wenn die Sowjetunion in Osteuropa Tatsachen schüfe, die in eklatantem Widerspruch zu den Charta-Prinzipien stünden. Im Grunde ersuchte Roosevelt Stalin, eine gewisse Zurückhaltung zu üben; er hoffte, Stalin werde ihm wenigstens so weit entgegenkommen, daß er bei der Installation prosowjetischer Regime in Polen und anderen osteuropäischen Ländern durch die Abhaltung „freier Wahlen" und durch ähnliche Prozeduren eine „kosmetische" demokratische Fassade zu wahren suchte. Und tatsächlich war Stalin einem solchen Entgegenkommen nicht grundsätzlich abgeneigt. Bei mehreren Gelegenheiten wurden „kosmetische" Lösungen erörtert, und nach der Konferenz von Jalta im Februar 1945 glaubten Roosevelt und die meisten seiner Berater tatsächlich, sie hätten diesbezüglich ihre Ziele erreicht. Doch ihr Optimismus erhielt sehr schnell einen Dämpfer, als es zu neuerlichen Meinungsverschiedenheiten mit den Russen über die Interpretation der in Jalta getroffenen Abmachungen in bezug auf Polen kam. Binnen weniger Monate nach seiner Amtsübernahme konnte der neue Präsident Truman diese Meinungsverschiedenheiten bereinigen, aber als dann der Krieg gegen Japan zu Ende war, verstärkte sich im Kongreß und in der US-Öffentlichkeit das Mißtrauen gegenüber den sowjetischen Absichten. Was die Russen in Osteuropa taten, wurde zunehmend als Indiz für weiterreichende expansionistische Ziele gedeutet, und die Entwicklung trieb auf den Kalten Krieg zu und schien nur noch schwer aufzuhalten zu sein.

Nachdem der Kalte Krieg Realität geworden war, meinten viele, Roosevelt sei naiv oder töricht gewesen, zu glauben, daß die Sowjets an einem internationalen Sicherheitssystem, wie es ihm vorgeschwebt hatte, mitarbeiten würden. Es ist richtig, daß die Erfordernisse und Zwänge der Kriegssituation – die Notwendigkeit, sich mit den Russen zu arrangieren, um den Sieg über die feindlichen Mächte sicherzustellen – den Präsidenten und andere zu einer wohlwollenden, optimistischen Einschätzung der Sowjetunion verleitet hatten. Indes muß man Roosevelt zugute halten, daß die Naivität, deren er geziehen worden ist, *nach* dem Scheitern seiner Hoffnungen auf eine Zusammenarbeit mit den Sowjets nach dem Kriege viel deutlicher zu erkennen war als zuvor. Während der Krieg noch andauerte, ja sogar noch einige Zeit nach dem Tode Roosevelts, waren sich viele amerikanische Sowjetexperten (zum Beispiel Charles Bohlen) und andere außenpolitische Ratgeber keineswegs sicher, daß diese Politik scheitern würde. Viele der im Hinblick auf die Sowjets gehegten Überzeugungen, Hoffnungen und Erwartungen, die dem „Great Design" des Präsidenten zugrunde lagen, erschienen sehr plausibel und wurden von vielen Fachleuten geteilt; und selbst manche Skeptiker waren der Ansicht, die sowjetische Führung werde sich in ihrem eigenen Interesse zu einer Zusammenarbeit bereitfinden. Die im großen und ganzen erfolgreiche Zusammenarbeit in den Kriegsjahren war geeignet, diese Hoffnungen zu bestärken, und in die gleiche Richtung wirkten die Mutmaßungen Roosevelts über die Stalinschen Nachkriegspläne und die allgemeine Zustimmung, die Stalin seiner Konzeption eines auf die Zusammenarbeit der Großmächte gegründeten Friedenssicherungssystems erteilte.

Man sollte ferner auch nicht unterschlagen, daß Roosevelt sich ungeachtet seines allgemeinen persönlichen und politischen Optimismus der Möglichkeit bewußt war, daß das Bild, das er sich von den Sowjets machte, sich als korrekturbedürftig und seine Hoffnungen auf eine Zusammenarbeit nach dem Krieg sich letzten Endes als unbegründet erweisen würden. Er wußte, daß er ein kalkuliertes Risiko einging, und er bewahrte sich eine geschärfte Wahrnehmung für jedweden Schritt der Sowjets, der geeignet schien, die Erfolgsaussichten seiner Nachkriegspläne zu schmälern. Wenn immer es nötig war, veranlaßte Roosevelt rasch und prompt die Maßnahmen, die nötig waren, um Stalin am Ausscheren zu hindern.

Ein Unbehagen über die Auswirkungen der Politik Roosevelts äußerte sich schon recht früh, sogar noch zu seinen Lebzeiten. Die Kritik richtete sich zunächst und eine ganze Zeitlang nicht auf die Ziele seines „Great Design", sondern vor allem auf seine Taktik und in geringerem Grad auf seine Strategie. Manche Berater und Beamte – darunter Averell Harriman, der unter Truman zum höchst einflußreichen politischen Berater avancierte – kritisierten die „Samthandschuh-Politik" Roosevelts gegenüber den Russen als kontraproduktiv.

Man kann die Wende hin zur Politik des Kalten Krieges freilich nicht, wie einige frühe revisionistische Historiker es versucht haben, mit dem Hinweis auf den Gegensatz zwischen dem „guten" Roosevelt und dem „bösen" Truman erklären. Präsident Truman war zunächst ehrlich gewillt, Roosevelts Politik des Sich-Bemühens um eine Zusammenarbeit mit den Sowjets fortzusetzen, und er rang sich nur widerstrebend zu der Erkenntnis durch, daß diese Politik keine Aussicht auf Erfolg besaß. Wenn es stimmt, daß Truman schon sehr frühzeitig den Entschluß faßte, den Sowjets mit „härteren Bandagen" entgegenzutreten, dann war dies ein Entschluß auf taktischer Ebene; es setzte sich die Auffassung durch, daß der freundliche Umgangston der „Samthandschuh-Politik" ein Fehler gewesen war, und der Präsident wurde zu einer offeneren und unverblümteren Sprache gedrängt. Truman hoffte, dieser Wandel in der Taktik werde die Kommunikation verbessern und die Zusammenarbeit erleichtern. An den *Zielen* jedoch, wie Roosevelt sie definiert hatte, hielt Truman noch etliche Monate fest. Der Übergang zu den politischen Überzeugungen, Zielsetzungen und Umgangsformen des Kalten Krieges war in Wirklichkeit, wie wir im folgenden Kapitel sehen werden, ein allmählicher Prozeß.

9. Der Kalte Krieg als internationales System

I

Viel schwerer als die anfänglichen interalliierten Meinungsverschiedenheiten wegen Polen und Osteuropa wog der in der Frage der Besatzungspolitik in Deutschland zwischen den Westmächten und der Sowjetunion aufbrechende Gegensatz. Angesichts der chaotischen, sich eher noch verschlimmernden wirtschaftlichen Zustände, die in diesem Land herrschten, und des Scheiterns mehrmaliger Versuche, die Sowjets zu gemeinsamen Gegenmaßnahmen zu bewegen, fühlte Präsident Truman sich gezwungen, im Zusammenwirken mit den Regierungen Großbritanniens und Frankreichs der deutschen Wirtschaft in den westlichen Besatzungszonen auf die Füße zu helfen und gegebenenfalls die Errichtung eines separaten westdeutschen Teilstaates in die Wege zu leiten. Die Reaktion der Sowjets auf diese Entwicklungen, die ihrer Überzeugung nach den Beginn einer Wiedergeburt des deutschen Militarismus markierten, war heftig: Sie strafften in den von ihren Truppen besetzten Ländern Osteuropas die Zügel ihrer Herrschaft, schalteten potentielle politische Widersacher und Konkurrenten rücksichtslos aus und verhalfen zuverlässigen Moskau-orientierten Gruppen zur Macht; im Februar 1948 setzten sie die demokratische Regierung der Tschechoslowakei ab und installierten eine ihnen genehme Marionettenregierung. Vier Monate später versuchten sie, durch einen Handstreich den Konsolidierungsprozeß in den Westzonen zu unterbrechen, indem sie alle landgebundenen Verkehrsverbindungen nach Westberlin blockierten. Als Antwort auf diese Blockade verstärkte die Regierung Truman ihre Bemühungen zur wirtschaftlichen Stärkung Westeuropas, die bereits 1947 mit dem Anlaufen des Marshallplans, eines Hilfsprogramms für den wirtschaftlichen Wiederaufbau, eingesetzt hatten; nun eröffnete sie die Verhandlungen, die zur Gründung der NATO im Jahr 1949 führten, und begann ernstlich mit der Erörterung der Frage, ob es nicht ratsam sei, Westdeutschland wieder zu bewaffnen, dessen Menschenreservoir benötigt wurde, wenn die NATO ein militärisch schlagkräftiges Instrument werden sollte.

Man könnte die Ereignisse jener Periode weit eingehender rekonstruieren, aber das Gesagte genügt wohl, um zu illustrieren, auf welche Weise die Beziehungen zwischen den Westmächten und der Sowjetunion in einen Teufelskreis von Aktion und Reaktion gerieten. Was dabei herauskam, war eine eskalierende, sich zur Feindschaft steigernde Entfremdung – der Kalte Krieg. Dabei glaubte jede Seite, ihr Verhalten sei lediglich eine gerechtfertigte Schutzreaktion gegenüber dem provozierenden und bedrohlichen Gebaren des anderen. Das Bild, das die sowjetischen und die westlichen Führer sich voneinander machten, nahm immer unfreundlichere Züge an; beiderseits glaubte man beim Gegenüber zunehmend feindselige Absichten zu entdecken. Das soll nicht heißen, daß der Kalte Krieg lediglich auf Mißverständnissen und gegenseitigem Mißtrauen beruhte – seine Wurzeln reichten, wie bereits weiter oben angedeutet, tiefer in die ganz realen und schwerwiegenden Interessengegensätze hinein, die zwischen den beiden Parteien bestanden –, doch zweifellos wurden diese Gegensätze durch die psychologische Eigendynamik der Konflikteskalation erheblich verschärft.

Falsche Vorstellungen und andere psychologische Phänomene dieser Art sind unglücklicherweise ganz vertraute Elemente der internationalen Beziehungen, ebenso wie sie vertraute Elemente des Alltagslebens sind. Oliver Wendell Holmes hat einmal gesagt, daß bei einem Streit zwischen zwei Personen im Grunde immer sechs Personen beteiligt sind: die beiden, wie sie wirklich sind, jeder der beiden, wie er sich selbst sieht und jeder der beiden, wie er vom anderen gesehen wird. Kein Wunder, so meinte Holmes, daß die beiden aneinander vorbeireden und aufeinander wütend werden. Ein ähnlicher psychologischer Multiplikationsprozeß wird auch in Konfliktsituationen zwischen Staaten wirksam, mit ähnlich bedauerlichen Folgen.

Amerikanische Politiker schätzten die Sowjets bei Kriegsende überwiegend in etwa so ein, daß sie gewisse begrenzte Ziele verfolgten, nicht aber auf eine weltumspannende Expansionspolitik hinsteuerten. Was die Sowjetunion 1945 und Anfang 1946 in Osteuropa unternahm, bewirkte zwar Irritationen, aber keine nachhaltigen Störungen der amerikanisch-sowjetischen Beziehungen. Präsident Truman und viele Amerikaner mit ihm waren nicht abgeneigt zu glauben, daß sich selbst das russische Vorgehen in Polen noch im Rahmen dessen bewegte, was man als legitime Wahrnehmung sowjetischer Sicherheitsinteressen interpretieren konnte. Diese Einschätzung der sowjetischen Absichten begann sich jedoch negativ zu ändern, als die Sowjets anfingen, starken Druck auf die Regierungen der Türkei, des Iran und Griechenlands auszuüben, als Stalin wieder die traditionelle russische Forderung nach Durchfahrtsgarantien für die Dardanellen und den Bosporus hervorholte, als er zögerte, seine Truppen aus dem nördlichen Iran zurückzuziehen und als die griechischen Kommunisten, von außen her unterstützt, zum Krieg gegen die griechische Regierung antraten. Diese Vorgänge alarmierten das amerikanische Außenministerium. Man war dort, vielleicht zu Unrecht, überzeugt davon, daß Stalin die griechischen Kommunisten bei ihrem Aufstand unterstützte, und man sah hierin und in den sowjetischen Pressionen gegen Ankara und Teheran einen Versuch, die sowjetische Vorherrschaft auf Gebiete auszudehnen, die außerhalb des Bereichs lagen, für den die Sowjets sich auf legitime Sicherheitsbedürfnisse berufen konnten. Weitere Indizien für sowjetische Expansionsgelüste glaubte man in der harten Haltung der Russen in bezug auf die deutsche Frage, im Prager Umsturz von 1948 und in der Berlin-Blockade zu sehen.

Das Bild, das sich die Amerikaner von der Sowjetunion machten, verdunkelte sich im Verlauf der ersten Nachkriegsjahre ständig, und was die sowjetisch-amerikanischen Beziehungen betraf, so wurden sie von amerikanischer Seite mit zunehmendem Mißtrauen und Pessimismus betrachtet. Schon im Februar 1946 stellte der amerikanische Botschafter in Moskau, George F. Kennan, in einem später berühmt gewordenen Telegramm die These auf, die Sowjetführer legten es systematisch darauf an, alle erdenklichen ,,Schwachstellen" in ihren Nachbarländern aufzuspüren, mit dem Ziel festzustellen, ob und wie sie ihrem Land zu mehr Einfluß und Macht verhelfen konnten, ohne ein unverantwortbares Risiko einzugehen. Er meinte, wenn sie bei ihren ,,Probebohrungen" auf harten Widerstand stießen, würden sie sich zurückziehen; sie könnten also durch Festigkeit und dadurch, daß der Westen potentielle ,,Schwachstellen" in strategisch wichtigen Teilen der nichtkommunistischen Welt nach Möglichkeit beseitigte, ,,eingedämmt" werden. Diese Theorie und die Argumente, mit denen Kennan sie stützte, gewannen zunehmend an Glaubwürdigkeit im Denken der politisch Verantwortlichen in Washington, wenngleich es noch bis 1949 dauerte, ehe das Konzept der ,,Eindämmung" voll in eine neue Außenpolitik und spezifische politische Strategien einging.

Daß die Politik der Eindämmung verhältnismäßig lange brauchte, um sich durchzusetzen, lag teilweise daran, daß es Truman nicht leicht fiel, die Zustimmung des Kongresses und der Öffentlichkeit für die Abkehr von der Politik Roosevelts zugunsten einer härteren Gangart gegenüber den Sowjets zu gewinnen. Es gab noch viele, die sich der Sowjetunion freundschaftlich verbunden fühlten – Nachwirkung der in den Kriegsjahren aufgekommenen Bewunderung für die Rote Armee und ihren Abwehrkampf gegen die Nazis. Viele Leute hatten das unbehagliche Gefühl, Truman begehe Verrat an den Idealen Roosevelts und stolpere in einen gefährlichen und im Grunde vermeidbaren Konflikt mit den Russen hinein. Henry Wallace, ehemals Vizepräsident unter Roosevelt und nunmehr Handelsminister in der Regierung Truman, äußerte seinen Widerspruch gegen das Hineingleiten in den Kalten Krieg so vehement, daß der Präsident ihn schließlich entließ. Die Regierung Truman tat sich mit der Mobilisierung einer parlamentarischen und öffentlichen Unterstützung für ihre Politik der Eindämmung in der Tat so schwer, daß sie auf die Taktik zurückgreifen mußte, die sowjetische Bedrohung wissentlich zu übertreiben. Dies veranlaßte später revisionistische Historiker, Kritik an Präsident Truman zu üben und ihm den Vorwurf zu machen, er habe jenen Prozeß in Gang gesetzt, der zu der antikommunistischen Hysterie und zum Phänomen des McCarthyismus in den späten 40er und frühen 50er Jahren führte.

Wie der damalige Außenminister Trumans, Dean Acheson, in seinen Memoiren zugibt, malte er die Absichten der Sowjets bewußt in den düstersten Farben und unterstellte den Russen ein Streben nach Weltherrschaft, um öffentlichen Rückhalt für die Politik des Präsidenten zu erlangen. Mit einem sarkastischen Seitenhieb auf diejenigen, die ihm den Vorwurf der allzu starken Vereinfachung gemacht haben, erklärt Acheson, dies sei zuweilen erforderlich, wenn man in einer Demokratie außenpolitische Konzepte verwirklichen wolle. „Die Aufgabe eines Politikers, der eine politische Konzeption zu erklären und um Unterstützung für sie zu werben versucht, ist nicht zu vergleichen mit der des Verfassers einer Doktorarbeit ... Wenn wir uns klarer ausgedrückt haben, als die Wahrheit es eigentlich zuließ, dann taten wir damit nichts anderes als die meisten anderen Erzieher auch und hätten es schwerlich anders machen können."

II

„Kalter Krieg" ist ein beschreibender Begriff, der gegen Ende der 40er Jahre allgemein in Gebrauch kam und das feindselige Verhältnis bezeichnete, das sich zwischen dem Westen und der Sowjetunion entwickelte. Obgleich unbestimmt und großzügig verwendet, beinhaltete der Ausdruck doch eine überaus wichtige verbindliche Bedeutungsnuance: Er besagte, daß die beiden Lager ihre Rivalitäten und Konflikte, so heftig diese auch sein mochten, mit anderen Mitteln als denen eines neuen Schießkrieges austrugen und daß dies hoffentlich auch so bleiben werde. So schlimm der Kalte Krieg auch sein mochte, so war er doch noch besser als ein heißer Krieg, und nur wenige Beobachter des Geschehens hätten bestritten, daß der Kalte Krieg gegenüber einem atomaren Schlagabtausch mit den Russen die vorzuziehende Alternative war, wenn man wirklich nur die Wahl zwischen diesen beiden Übeln hatte.

Für den Zweck dieser Darstellung müssen wir über die geläufige Bedeutung des Ausdrucks „Kalter Krieg" hinausgehend die Frage stellen, ob und in welchem Sinn diese anhaltende Periode intensiver und gefährlicher Feindseligkeit zwischen dem Westen und der Sowjetunion sich als ein „internationales System" kennzeichnen läßt. Wir vertreten hier den Standpunkt, daß das Ost-West-Verhältnis, wie es sich in der Periode des Kalten Krieges darstellte, zwar gewiß kein ideales, aber immerhin ein primitives internationales System konstituierte, in dessen Rahmen gewisse Verhaltensmaßregeln und Normen anerkannt und befolgt wurden. Dies zeigt sich, wenn wir uns der in der Einleitung erörterten drei Voraussetzungen eines funktionsfähigen internationalen Systems erinnern – gemeinsame Ziele, adäquate Struktur und allseitig akzeptierte Verfahrensweisen – und sie als analytische Kategorien zur Untersuchung des Status der Ost-West-Beziehungen in der Phase des Kalten Krieges heranziehen.

Die Westmächte und die Sowjetunion hatten nur ein wichtiges gemeinsames Ziel: die Verhinderung eines dritten Weltkriegs. Obgleich der Kalte Krieg ein äußerst konfliktbetontes internationales System war, verkörperte dieses eine gemeinsame Ziel doch ein wirksames Gegengewicht gegen die vielen zwischen den beiden Lagern bestehenden Differenzen und Rivalitäten. Der Wunsch, einen Atomkrieg zu vermeiden, übte vor allem deswegen eine so machtvolle Wirkung auf die sowjetisch-amerikanischen Beziehungen aus, weil er auf beiden Seiten mit der Angst gekoppelt war, daß *jede* Schießerei zwischen amerikanischen und sowjetischen Truppen, aus welch nichtigem Anlaß auch immer, eskalieren könnte. Aus dieser Überlegung heraus setzten beide Seiten alles daran, die Konfrontationen und Krisen, die sich im Laufe dieser Periode einstellten, unter Kontrolle zu halten.

Aus den genannten Gründen wurde das kooperative ,,Krisenmanagement" rasch zu einem der wichtigsten Instrumente, mit dessen Hilfe das internationale System seine Ziele zu erreichen und sich selbst am Leben zu erhalten strebte. Das zweite wichtige, von jeder Seite der anderen gegenüber ins Spiel gebrachte Instrument war die Abschreckung. Zwar wurden einige Versuche unternommen, andere Instrumente zur Regelung von Konflikten und zur Förderung einer engeren Zusammenarbeit zu entwickeln, doch zeigte es sich, daß sie so lange, als der Kalte Krieg akut blieb, d. h. bis zur Beilegung der Kuba-Krise, vergleichsweise wirkungslos blieben. Zu diesen weniger wirksamen Mitteln gehörten Bemühungen um eine Rüstungskontrolle, Krisenprävention (im Gegensatz zur Krisenbewältigung), Verhandlungsstrategien (d. h. Bemühungen, bestimmte Interessenkonflikte durch ausgehandelte Übereinkünfte beizulegen oder zu entschärfen) und Anläufe zu wirtschaftlicher Zusammenarbeit.

In dem Maße, wie sich die Beziehungen zwischen den Westmächten und der Sowjetunion in den Jahren nach Kriegsende verschlechterten, schied sich die internationale Staatenwelt in zwei auf wechselseitiger Abstoßung beruhende Magnetfelder, deren Pole die beiden Supermächte bildeten; jede der beiden ging unverzüglich daran, um sich herum ein möglichst weltweites Bündnissystem aufzubauen. Es gab nicht genügend relativ gleich starke Mächte, als daß von neuem ein multipolares internationales Gleichgewichtssystem hätte entstehen können. (Abgesehen davon, daß, wie im voraufgegangenen Kapitel erwähnt wurde, Roosevelt und andere der Meinung waren, ein solches System sei weder wünschenswert, noch werde es sich verwirklichen lassen.) Jede der beiden Supermächte war in ihrem Lager die eindeutig dominierende und suchte ihre Bündnispartner unter strenger Kontrolle zu halten. Es gab nur wenig Flexibilität in dem System und für die schwächeren Staaten bestand nur eine geringe Möglichkeit, Bündnisse herbeizuführen. Sowohl die Vereinigten Staaten als auch die Sowjetunion suchten nach Möglichkeit jedes Abspringen eines Verbündeten, so unbedeutend er auch sein mochte, zu verhindern, aus Angst vor den Folgen eines solchen

Verlusts auf ihre übrigen Bündnispartner. Gewiß, nicht alle Staaten der Erde wurden in die beiden rivalisierenden Bündnissysteme hineingezogen; es blieben einige neutrale Pufferstaaten und neutralisierte Länder übrig. Dennoch kann man ohne Übertreibung sagen, daß sich zwei mächtige, alles beherrschende Bündnissysteme herausbildeten und daß das internationale System im Zuge dieser Entwicklung eine bipolare Struktur erhielt, die in jeder Beziehung weit über jene ebenfalls bipolare Struktur hinausging, von der das europäische Gleichgewicht der Kräfte vor dem Ersten Weltkrieg geprägt gewesen war.

III

Unter Truman und seinen Amtsnachfolgern verfolgte die amerikanische Außenpolitik zwei grundlegende Ziele: erstens, eine weitere Ausbreitung des internationalen Kommunismus zu verhindern (ihn im Gegenteil, wenn möglich, zurückzudrängen); zweitens, einen dritten Weltkrieg zu verhüten. Beiden Zielen wurde eine hohe Priorität zugemessen, doch bestand zwischen ihnen ein latenter Widerspruch, der in bestimmten Situationen drastisch zutage trat. Immer, wenn dies der Fall war, geriet die amerikanische Politik in ein schweres Dilemma und in die Verlegenheit, zwischen den beiden Zielsetzungen wählen zu müssen.

Konkreter gesprochen: Wenn die Vereinigten Staaten in bestimmten Situationen entschlossene politische Schritte zur Eindämmung oder Zurückdrängung des Kommunismus unternahmen, konnte dies in ihren Augen zugleich das Risiko eines Atomkriegs erhöhen. Auf der anderen Seite gab es Situationen, in denen die Amerikaner, wenn sie alles dafür taten, um das Risiko eines Krieges auszuschalten, Gefahr liefen, dies mit einer weiteren Ausbreitung oder Konsolidierung des Kommunismus bezahlen zu müssen. In der Zeit des Kalten Krieges versuchten die politisch Verantwortlichen in den USA, unter demokratischen ebenso wie unter republikanischen Präsidenten, mit diesem Dilemma dadurch fertig zu werden, daß sie prüften, ob in einer bestimmten Situation das Machtgleichgewicht zwischen dem Sowjetblock und der freien Welt verlorenzugehen drohte. Wenn ein Erfolg der Kommunisten in einer bestimmten Region als eine möglicherweise beträchtliche Schwächung der nichtkommunistischen Welt bzw. ihrer Fähigkeit zur Eindämmung des Kommunismus bewertet wurde, dann sah man darin eine Bedrohung des Gleichgewichts der Kräfte. In diesen Fällen fühlten sich die verantwortlichen amerikanischen Politiker aufgerufen, alles in ihren Kräften Stehende zu tun, um diesen konkreten Erfolg der Kommunisten zu verhindern, nach Möglichkeit ohne einen dritten Weltkrieg auszulösen, aber dennoch das Risiko eines Krieges in Kauf nehmend. So verhielten sich die Amerikaner beispielsweise in den Berlin-Krisen von 1948, 1958/59 und 1961.

Wenn dagegen ein sowjetischer Erfolg in einer bestimmten Region nicht als so schwerwiegend erachtet wurde, daß er die Fähigkeit des westlichen Lagers zur Eindämmung des Kommunismus hätte wesentlich beeinträchtigen können, zog die amerikanische Politik es in der Regel vor, jede Reaktion zu vermeiden, die das Risiko eines dritten Weltkriegs in sich bergen konnte. Als anschauliches Beispiel für diese zweite, passive Variante des Reagierens auf die Dilemma-Situation läßt sich die Weigerung Präsident Eisenhowers anführen, in irgendeiner Weise zu intervenieren, als im Juni 1953 die Bevölkerung der DDR gegen das SED-Regime rebellierte. Und auch während des Ungarn-Aufstandes von 1956, als die neue Regierung Nagy sich vom Warschauer Pakt lossagte und den Westen um Hilfe ersuchte, entschied Eisenhower sich für die Nichteinmischung, ungeachtet aller Verlautbarungen seiner Minister und Beamten über eine ,,Befreiung" Osteuropas. Weit davon entfernt, die Sowjets von einem militärischen Eingreifen in Ungarn durch Warnungen oder Drohungen abhalten zu wollen, machte Eisenhower sich vor allem Sorgen darüber, ob nicht Chruschtschow in seiner Unsicherheit über die Absichten der Amerikaner in Panik geraten und irgendwie einen allgemeinen Krieg vom Zaun brechen könnte. Eisenhower forderte denn auch seinen Außenminister Dulles auf, Chruschtschow auf irgendeine Art zu signalisieren, daß die Vereinigten Staaten das sowjetische Vorgehen zwar verurteilten, aber nicht dagegen einschreiten würden.

Man könnte nicht ohne Berechtigung sagen, daß diese Handhabung des Gleichgewichtskalküls als Entscheidungskriterium in kritischen außenpolitischen Situationen, wie sie während des Kalten Krieges praktiziert wurde, stark an die Praxis der Großmächte erinnert, die zusammen das alte europäische Gleichgewichtssystem konstituierten. Ein wichtiger Unterschied liegt freilich in der Angst vor einem atomaren Holocaust, für die es im alten System keine Entsprechung gab; diese Angst hielt sowohl die Vereinigten Staaten als auch die Sowjetunion davon ab, unerwünschte Veränderungen des bestehenden Gleichgewichts der Kräfte mit militärischer Gewalt zu verhindern, wenn der Versuch, dies zu tun, voraussehbar zu einem unmittelbaren militärischen Zusammenstoß zwischen Amerikanern und Sowjets geführt hätte.

IV

Ungeachtet dessen kam es zu höchst gefährlichen Situationen, in denen das Machtgleichgewicht zwischen den feindlichen Blöcken zusammenzubrechen drohte. Sehr real war diese Möglichkeit zwischen 1955 und 1963, also in der Amtszeit Nikita Chruschtschows, denn in dieser Phase gerieten die Erfordernisse des Machtgleichgewichts zwischen den Supermächten einerseits und der Einheit des kommunistischen Lagers andererseits miteinander in Konflikt.

Ein neuer, aggressiver Geist zog in die sowjetische Politik ein, sobald Chruschtschow seine Machtposition konsolidiert hatte. Dies war nicht etwa eine Folge seines Temperaments, sondern im wesentlichen eine Reaktion auf die Unsicherheit und Orientierungslosigkeit, die in den beiden Jahren nach dem Tod Josef Stalins im März 1953 in allen Bereichen der Politik um sich gegriffen hatten. Ein Anziehen der Zügel war für den Kreml die fast zwangsläufige Reaktion auf bestimmte neue Faktoren, die sich in der kommunistischen Welt geltend machten und die sowjetische Vorherrschaft zu gefährden schienen. Einer dieser Faktoren war die zunehmende Widerspenstigkeit in den osteuropäischen Satellitenstaaten der Sowjetunion. Unzufriedenheit äußerte sich im Juni 1953 in der DDR so massiv, daß die Sowjets, um die Ordnung wieder herzustellen, Panzer einsetzen mußten, und sie äußerte sich auch in Polen und Ungarn in Gestalt eines zunehmenden Aufbegehrens. Ein zweiter Faktor war die Bedrohung durch das Heranwachsen der Volksrepublik China zu einer neuen Großmacht, verbunden mit der Tatsache, daß die chinesischen Kommunisten den Prinzipien des Stalinismus treu blieben, während die sowjetische Führung von ihnen abzurücken schien, und daß sie dem sowjetischen Politbüro mangelnde Bereitschaft zum Kampf gegen den Weltkapitalismus vorwarfen. Moskau war über diese Entfremdung beunruhigt, und es scheint, als sei Chruschtschow, nachdem er seine innerparteilichen Widersacher im Kampf um die Macht ausgestochen und sich als der neue starke Mann im Kreml etabliert hatte, zu der Auffassung gelangt, ein härterer Kurs gegenüber dem Westen könne Peking wieder versöhnlicher stimmen und die Unruhe in den Satellitenstaaten dämpfen.

Chruschtschow gab mit seiner Politik zunächst einen energischen Einstand und bediente sich einer Vielfalt von Techniken, die den Einfallsreichtum der Sowjets bezeugten und im Westen einige Nervosität auslösten. Er baute rasch die militärische Stärke des Warschauer Pakts aus, des kommunistischen Gegenstücks zur NATO, schlug geschickt propagandistisches Kapital aus der Wasserstoffbombe, der jüngsten Errungenschaft sowjetischer Waffentechnik, und rühmte die neuen sowjetischen Düsenflugzeuge als die besten der Welt. Während der Jahre 1955 und 1956 schwirrte der Äther von sowjetischen Prahlereien über die Überlegenheit ihrer konventionellen und atomaren Waffen und ihrer Trägersysteme. Zur gleichen Zeit setzte Chruschtschow ein massives Programm der wirtschaftlichen und technischen Hilfe für Länder wie Ägypten, Iran, Afghanistan, Kambodscha, Laos, Nordvietnam und Burma in Gang – eine ,,Rubel-Diplomatie", wie ein amerikanischer Volkswirtschaftler aus Princeton es nannte, die viele Menschen im Westen zu der Überzeugung brachte, der Kommunismus könne, indem er die Dritte Welt für sich eroberte, den Westen gleichsam lebendig begraben, wie Chruschtschow es in seiner ,,humorigen" Art ankündigte.

Die Anfangserfolge, die Chruschtschow mit dieser Politik erzielte, wurden sehr gefördert durch den unüberlegten englisch-französisch-israelischen

Angriff auf den Suezkanal im Jahr 1956. Gewiß, das Verhalten des ägyptischen Staatspräsidenten Nasser war eine schwere Provokation für die Briten und Franzosen gewesen, aber das änderte nichts an der Tatsache, daß die Herausgeforderten mit ihrer militärischen Reaktion gegen die Grundsätze der Vereinten Nationen verstießen und zudem ihren amerikanischen Bündnispartner bewußt täuschten. Dazu kam, daß die Operation von französischer und englischer Seite aus mit einem so großen militärischen Ungeschick durchgeführt wurde, daß ein schneller Erfolg ausgeschlossen war. Die Folge war ein Fiasko, das Chruschtschow klug für sich auszunutzen verstand. Die Suez-Krise lenkte die Aufmerksamkeit des Westens von Polen, wo es zu Zusammenstößen zwischen Arbeitern und der Polizei kam, und auch von dem offenen Aufstand gegen die sowjetischen Statthalter in Ungarn ab, der im Oktober 1956 ausbrach. Es gelang Chruschtschow, die Wogen in Polen durch wirtschaftliche und politische Zugeständnisse zu glätten, während er den Aufstand in Budapest brutal niederschlagen konnte, ohne sich Sorgen wegen eines möglichen westlichen Eingreifens machen zu müssen. Noch bedeutsamer war, daß die Krise die NATO bis in ihre Grundfesten erschütterte und den Gegnern des westlichen Bündnisses die Genugtuung verschaffte mitzuerleben, wie die Vereinigten Staaten Seite an Seite mit der Sowjetunion ihre eigenen Verbündeten vor das Scherbengericht der Vereinten Nationen zitierten.

Chruschtschow scheint zu jener Zeit geglaubt zu haben, daß das westliche Bündnis vor der Auflösung stehe und daß einige Kostproben dessen, was später atomare Erpressung genannt wurde, diesen Vorgang beschleunigen und vollenden würden. Bestärkt wurde er in dieser Überzeugung zweifellos durch die aufgeregte Reaktion des Westens auf den Abschuß der ersten sowjetischen Interkontinentalraketen und insbesondere auf den Beginn des sowjetischen Satellitenprogramms, ein Ereignis, das viele einflußreiche westliche Politiker und Publizisten dazu veranlaßte, das Bild einer Sowjetunion zu entwerfen, die die wissenschaftlich-technische und damit auch die militärische Vorherrschaft auf der Erde übernehmen werde. Auf jeden Fall begann Chruschtschow zu dieser Zeit, mit verdeckten Warnungen und Drohungen gegenüber NATO-Staaten zu arbeiten; so beschwerte er sich beispielsweise im Dezember 1957 bei der britischen Regierung über die Stationierung atomwaffenbestückter amerikanischer Bomber in England und äußerte seine Verwunderung darüber, daß ein von seiner geographischen Lage her so exponiertes und „gegen moderne Waffen" so schutzloses Land so etwas zuließ. Sechs Monate später, im Juli 1958, als NATO-Truppen im Libanon landeten, um die außer Kontrolle geratende Situation dort zu stabilisieren, richtete er an die Adresse der amerikanischen und der britischen Regierung eine offizielle Warnung, die er mit Hinweisen auf die atomare Schlagkraft der Sowjetunion untermalte; und es gibt Berichte, denen zufolge er im privaten Gespräch geäußert haben soll, er werde, falls die amerikanischen Streitkräfte etwas gegen den Irak unternähmen – wo kurz zuvor eine prowestliche Regierung einem Umsturz zum Opfer gefallen war –, dafür sorgen, daß von der amerikanischen Sechsten Flotte nur noch Klumpen geschmolzenen Stahls übrigblieben.

Alles dies war darauf berechnet, die Entschlossenheit und Einheit des Westens zu schwächen. Die eigentliche Offensive eröffnete Chruschtschow dann am 27. November 1958 mit einer Note an die Westmächte, in welcher die deutsche Frage erneut zur Debatte gestellt wurde. In ungewöhnlicher Ausführlichkeit, aber ₋gleichwohl mit beträchtlicher Vehemenz, wies Chruschtschow in der Note darauf hin, daß die Situation Deutschlands noch immer nicht endgültig geregelt sei, obwohl seit Kriegsende schon dreizehn Jahre vergangen seien. Es sei nunmehr an der Zeit, daß der Westen anerkenne, daß es zwei deutsche Staaten gebe, und auch mit der unnatürlichen Lage Westberlins als noch immer von westlichen Truppen gehaltene Enklave mitten im Territorium der DDR müsse es ein Ende haben. Die Sowjetunion sei bereit, Westberlin als freie entmilitarisierte Stadt weiterbestehen zu lassen, nicht jedoch in ihrem gegenwärtigen Status. Sie verspreche, innerhalb der folgenden sechs Monate den Zugang in die Stadt vom Westen her nicht zu behindern; falls aber bis dahin kein Übereinkommen zustande komme, werde sie einen separaten Friedensvertrag mit der DDR schließen und dieser ihre Besatzungs- und Hoheitsrechte abtreten. Die Westmächte würden sodann mit der DDR über Zugangsregelungen für Westberlin zu verhandeln haben, wobei die DDR als souveräner Staat das Recht haben werde, die Bedingungen selbst und nach ihrem Belieben zu stellen.

Diese Note erhielt alsbald den Namen „Berlin-Ultimatum", obgleich sie für ein Ultimatum außerordentlich lang und, wie sich nach einiger Zeit herausstellte, nicht so ultimativ war, wie sie vielleicht klang. Es scheint, als ob dahinter ein zweifaches Motiv gestanden hätte: einmal der Wunsch, das Schlupfloch zu schließen, das Westberlin für die Bewohner der DDR nach wie vor darstellte und durch das sie in ständig wachsender Zahl in den Westen flohen, und zum anderen die Befürchtung, die Vereinigten Staaten könnten auf den Gedanken kommen, die im Aufbau begriffene deutsche Bundeswehr mit Atomwaffen auszustatten (die Note enthielt die Anregung, die Lösung der deutschen Frage liege möglicherweise in einem atomwaffenfreien und neutralisierten Deutschland). Denkbar ist ferner als ein weiteres Motiv das sowjetisch-chinesische Verhältnis: Die Chinesen entzogen sich immer mehr der sowjetischen Kontrolle und waren auf dem besten Weg, selbst Atommacht zu werden. Chruschtschow mag sich vielleicht der Hoffnung hingegeben haben, ein spektakulärer Erfolg bei der Bereinigung der deutschen Frage werde ihn Peking gegenüber in eine stärkere Position versetzen, aus der heraus er die Chinesen würde veranlassen können, die Entwicklung eigener Atomwaffen als zu kostspielig einzustellen.

Voraussetzung für einen Erfolg war freilich ein Nachgeben des Westens, und dazu kam es nicht. Die amerikanische Regierung war sich darüber im klaren, daß Chruschtschow die Hoffnung hegte, den erwarteten Triumph auf einer Gipfelkonferenz feiern zu können. Sie bekundete keinerlei Interesse an einem solchen Treffen, sondern machte in ihrer Entgegnung auf die sowjetische Note vielmehr deutlich, daß es den Vereinigten Staaten unmöglich sei, sich „unter dem Druck einer Drohung oder eines Ultimatums ... auf Verhandlungen mit der Sowjetunion einzulassen". Damit war der Ball wieder billigerweise im Feld Chruschtschows gelandet, und der war sich offenkundig über seinen nächsten Schritt nicht schlüssig. Als die britische Regierung den Vorschlag machte, als Vorstufe zu einer möglichen Gipfelkonferenz könnten sich die Außenminister zu Konsultationsgesprächen treffen, willigte er zähneknirschend ein, wodurch die in der Berlin-Note gesetzte Sechsmonatsfrist stillschweigend unter den Tisch fiel. In der Tat verlor die sowjetische Offensive einen großen Teil ihres anfänglichen Schwunges. Mit Konferenzen der Außenminister und Ablenkung durch die Flankenmanöver der Chinesen verging der größte Teil des Jahres 1959, und im Kreml wuchs die Frustration und zur gleichen Zeit die Ungeduld – Chruschtschow wollte, um wenigstens irgendeinen Erfolg vorweisen zu können, unbedingt seine Gipfelkonferenz haben. Allein, als er sich endlich das Einverständnis Präsident Eisenhowers zu einem solchen Treffen gesichert hatte und ein Termin im Mai 1960 dafür festgesetzt war, wurde über sowjetischem Luftraum ein amerikanisches Aufklärungsflugzeug vom Typ U-2 abgeschossen, und da Eisenhower unverzüglich die Verantwortung für den Zwischenfall übernahm, war Chrustschow gezwungen, das Gipfeltreffen abzusagen.

Entgegen manchen zu jener Zeit geäußerten Befürchtungen machte er jedoch die in der Note vom November 1958 ausgesprochenen Drohungen nicht wahr. Er wartete bis zum Mai 1961, als in den USA bereits ein neuer Präsident amtierte und die amerikanische Politik sich um den Scherbenhaufen kümmern mußte, den das Fiasko in der Schweinebucht angerichtet hatte, ehe er einen neuen Vorstoß im Hinblick auf seine deutschlandpolitischen Ziele unternahm. Bei seinem Treffen mit Präsident Kennedy in Wien stellte er ein neues Ultimatum: Die Sowjetunion werde, wenn nicht bis zum folgenden Dezember eine befriedigende Regelung ausgehandelt sei, einen Separatvertrag mit der DDR schließen. Westberlin werde als freie Stadt weiterexistieren können, doch wenn dort Soldaten der Westmächte stationiert blieben, würde die Sowjetunion für sich dieses Recht ebenfalls beanspruchen; über die Zugangswege nach Westberlin müsse dann in jedem Fall mit der DDR verhandelt werden. Dieses Mal ging es Chruschtschow nicht darum, die Chinesen zu besänftigen – die gingen inzwischen ohnehin eigene Wege – oder den Westen für die Idee eines neutralen Deutschlands zu gewinnen. Sein Interesse galt diesmal allein dem Schlupfloch Berlin, durch das eine mittlerweile zur Flut angeschwollene Welle von Flüchtlingen in den Westen strömte (allein im Juli 1960 waren es 30000 Menschen), ein Aderlaß, der die DDR an den Rand des wirtschaftlichen Zusammenbruchs brachte. Von daher erklärten sich das neuerliche Drängen Chruschtschows und der drohende Unterton, den er im Gespräch mit Präsident Kennedy anklingen ließ.

Kennedy war betroffen, aber nicht eingeschüchtert. Er verabschiedete sich von Chruschtschow mit den Worten: „Es wird ein kalter Winter werden", und anstatt unverzüglich in Verhandlungen einzutreten, kehrte er nach Washington zurück und veranlaßte eine beschleunigte Abwicklung des im Februar 1961 angelaufenen Rüstungsprogramms. Eine Anzahl von Reservistenverbänden wurde einberufen, ein Hinweis auf die Tendenz der amerikanischen Absichten, der eine Flut neuer Drohungen aus Moskau und eine entsprechende militärische Reaktion auslöste.

Der Augenblick der Wahrheit kam im August 1961, und er brachte etwas Unerwartetes: Am 13. dieses Monats begannen die DDR-Behörden mit der Errichtung einer Mauer entlang der Grenze zwischen dem östlichen und dem westlichen Sektor Berlins, die jeden Verkehr zwischen hüben und drüben unterband. Für die westlichen Regierungen kam dieser Schritt sicherlich nicht ganz überraschend, und doch hatte Präsident Kennedy keinerlei Vorkehrungen für einen Widerstand gegen dieses Vorgehen getroffen, und der Westen unternahm nichts gegen den Bau der Mauer. Dies allein schon war ein Erfolg für Chruschtschow: Er hatte dem wirtschaftlichen Ausbluten der DDR Einhalt geboten, hatte dem Westen die stillschweigende Duldung eines Verstoßes gegen das Potsdamer Abkommen abgerungen und hatte mittelbar erreicht, daß in der westlichen Welt die Zahl derjenigen, die einen wirksamen Schutz für Westberlin für unmöglich hielten, beträchtlich zunahm.

Es ist denkbar, daß Chruschtschow derselben Auffassung war, denn er machte auch nach dem 13. August weiterhin Druck. Zwei Wochen nach dem Mauerbau lud er den Journalisten C. L. Sulzberger von der *New York Times* nach Moskau ein, gab ihm ein Interview und bat ihn sodann, eine persönliche Botschaft an Präsident Kennedy zu übermitteln, die besagte, er, Chruschtschow, sei „nicht abgeneigt, auf diese oder jene Weise einen Kontakt mit ihm herzustellen, um einen das Prestige der Vereinigten Staaten nicht beeinträchtigenden Weg zu einer Regelung zu finden – allerdings nur auf Grundlage eines Friedensvertrags ... und einer freien Stadt Berlin". Er fügte hinzu, für den Fall, daß es zu einem Waffengang käme, könnten die Vereinigten Staaten von Großbritannien, Frankreich und Italien, die, wie er sich ausdrückte, „bildlich gesprochen unsere Geiseln sind", keine Unterstützung erwarten. Als Sulzberger den amerikanischen Botschafter in Moskau, Llewellyn Thompson, vom Inhalt dieses Gesprächs in Kenntnis setzte, rief Thompson aus: „Das bedeutet Krieg! Wir werden alle sterben!" Der

Präsident reagierte, als Sulzberger Anfang Oktober mit ihm zusammentraf, fast ebenso zerknirscht.

Weshalb Chruschtschow seine Drohung nicht wahr machte, ist keineswegs klar. Mag sein, daß ein Zwischenfall, der sich Ende Oktober in Berlin zutrug, eine ernüchternde Wirkung auf ihn ausübte. Am 25. Oktober wurde zwei amerikanischen Offizieren in Zivilkleidung der Übergang nach Ostberlin verwehrt, weil sie sich weigerten, sich den DDR-Wachen gegenüber auszuweisen; General Lucius D. Clay, den Kennedy entsandt hatte, um der verunsicherten Bevölkerung Mut einzuflößen, entschloß sich, es auf eine Kraftprobe ankommen zu lassen und eine Demonstration der alliierten Hoheitsrechte in allen Sektoren der geteilten Stadt zu veranstalten, und er schickte ein bewaffnetes Kontingent zum Checkpoint Charlie. Der sowjetische Stadtkommandant in Ostberlin ließ seinerseits einen bewaffneten Zug aufmarschieren (was zeigte, daß die Sowjets *nicht* bereit waren, ihre Hoheitsrechte in Berlin an die DDR-Regierung abzutreten). Es war eine ebenso atemberaubende wie lautlose Konfrontation, denn hinter den aufgefahrenen Panzern lauerte die gesamte auf der Erde angehäufte nukleare Sprengkraft, und es mag sein, daß dieses Schauspiel Chruschtschow dazu bewogen hat, seine Strategie zu ändern.

Dies nämlich tat er. Anstatt in Berlin direkt aufs Ganze zu gehen, entschied er sich für einen Umweg: Er beschloß, etwas auf Kuba zu probieren, offensichtlich in der Hoffnung, Berlin quasi nebenbei als Prämie für eine erfolgreiche Demütigung der Amerikaner in der Karibik einheimsen zu können. Das war eine ausgesprochene Fehlkalkulation, die nicht nur den deutschlandpolitischen Hoffnungen Chruschtschows ein Ende setzte, sondern, sehr bald nach der Beilegung der Kuba-Krise, auch seiner politischen Laufbahn.

V

Als Chruschtschow während des Spätsommers und Frühherbstes 1962 auf Kuba heimlich ungefähr 42 Mittelstrecken- und etwa 24 bis 32 Langstreckenraketen stationieren ließ, brachte er damit die Supermächte an den Rand des Atomkriegs. Die in ihrer Intensität von keiner Seite vorhergesehene und auch nicht gewollte Konfrontation wurde durch ein sorgfältiges Krisenmanagement der Verantwortlichen sowohl in Washington als auch in Moskau beigelegt. Von einem sofortigen Luftangriff auf die Raketenstellungen absehend, die Androhung, einen solchen nötigenfalls durchzuführen, jedoch beibehaltend, entschied Kennedy sich zunächst für eine Seeblockade gegen Kuba. Das Konzept des Präsidenten, Chruschtschow mittels einer Strategie der diplomatischen Einschüchterung zur Rücknahme der Raketen zu veranlassen, erwies sich als erfolgreich. Die Krise wurde beendet mit einem in aller Eile ausgehandelten Quidproquo, in dem Chruschtschow sich verpflichtete, seine Raketen abzuziehen, und Kennedy dafür die bedingte Zusage gab, in Zukunft keinen Invasionsversuch auf Kuba mehr zu unterstützen.

Die Kuba-Krise war der Kulminationspunkt der seit langem geübten Praxis, die Drohung mit strategischen Atomwaffen als Instrument der Politik des Kalten Krieges einzusetzen. Es bedarf keiner besonderen Vorstellungskraft, um sich die Frustration ausmalen zu können, die die Kreml-Herren in den Jahren der unangefochtenen strategischen Überlegenheit der Amerikaner empfunden haben müssen, als Washington sich mit seiner Politik implizit oder explizit auf die Androhung einer ,,massiven Vergeltung'' stützte, oder die Entschlossenheit nachzuempfinden, mit der Moskau auf die Neutralisierung dieses amerikanischen Vorsprungs hinarbeitete – die nuklearstrategische Drohung vielleicht eines Tages gegen ihre Erfinder anwenden zu können. Wir haben die Versuche bereits erwähnt, die Chruschtschow in den 5oer Jahren in diese Richtung hin unternahm, nachdem die Sowjetunion atomare Mittelstreckenraketen entwickelt hatte, die Westeuropa bedrohten.

Die Amerikaner waren sich unschlüssig über das Tempo, mit dem die Sowjets die Entwicklung atomarer Langstreckenraketen vorantrieben, die imstande sein würden, amerikanisches Territorium zu erreichen. Ihre Verunsicherung lieferte Chruschtschow eine allzu verlockende Gelegenheit, die Vorteile, die der Besitz solcher Raketen unter den Bedingungen des Kalten Krieges den Amerikanern gewährt hatte, zu neutralisieren und sich selbst in ihren Genuß zu bringen. Die Sowjetführung bediente sich zunehmend der Taktik, amerikanische und westeuropäische Ängste zu schüren, denen zufolge die Sowjets den Vereinigten Staaten in der Raketentechnik den Rang abliefen und sich eine ,,Raketenlücke'' zugunsten der Sowjets auftat. Zwischen 1957 und 1962 inszenierte die sowjetische Regierung eine bewußte, systematische und anhaltende Täuschungskampagne, in deren Zentrum weit übertriebene Behauptungen in bezug auf die Zahl der produzierten und aufgestellten ballistischen Interkontinentalraketen standen. Mit diesen Vorspiegelungen verlieh Chruschtschow seiner forschen Außenpolitik Nachdruck. Dies wurde, wie wir gesehen haben, nirgendwo offenkundiger und nahm nirgendwo bedrohlichere Formen an als in den Berlin-Krisen.

Als Chruschtschow auch nach der Errichtung der Berliner Mauer nicht aufhörte, den Westen wegen Berlin unter Druck zu setzen, enthüllte Präsident Kennedy im Frühherbst 1962, daß neue Geheimdienstinformationen die ,,Raketenlücke'' endgültig als Popanz entlarvt und die nuklearstrategische Kraftmeierei des sowjetischen Regierungschefs auf das gründlichste desavouiert hatten. Tatsache war, daß die Sowjets erst sehr wenige ballistische Interkontinentalraketen in Stellung gebracht hatten und daß es zumindest noch einige Jahre bei einer eindeutigen strategischen Überlegenheit der Vereinigten Staaten bleiben würde. Diese Enthüllung Kennedys ließ in der Tat mit einem Schlag die Luft aus der Berlin-Krise und aus den Behauptungen und Drohungen Chruschtschows, der dadurch naturgemäß in eine schwierige Lage geriet. Nicht nur mußte er die peinliche Blamage schlucken, als Bluffer entlarvt zu werden, er war auch gezwungen, seine außenpolitischen Offensiven vorerst einzustellen, so lange, bis seine Nuklearstreitkräfte eine wirkliche strategische Schlagkraft erlangt haben würden. Es gibt darüber hinaus auch Grund zu der Annahme, daß sein Verhältnis zu den chinesischen Kommunisten sich infolge dieses Rückschlags weiter verschlechterte.

So unter einen beträchtlichen psychologischen und politischen Zugzwang geraten, erlag Chruschtschow, beseelt von dem Wunsch, die Scharte auszuwetzen und seiner Außenpolitik neue Kraft einzuhauchen, der Versuchung, das strategische Ungleichgewicht dadurch „auf die Schnelle" zu korrigieren, daß er aus seinem großen Arsenal an Mittelstreckenraketen einige Exemplare auf Kuba stationierte. Die Geschichte der verspäteten Entdeckung der Raketenstellungen auf Kuba und der hektischen Diskussionen in Präsident Kennedys Exekutivausschuß, die zu der Entscheidung führten, die Entfernung der Raketen durch eine mit einer Druckmittel-Diplomatie gekoppelte Seeblockade anzustreben, ist wohlbekannt und braucht hier nicht nochmals erzählt zu werden. Wir wollen uns statt dessen einer Diskussion darüber zuwenden, wie sich diese unheimliche Begegnung mit dem Gespenst des Atomkriegs in der Folge auf die Kalte-Kriegs-Politik der beiden Supermächte auswirkte.

VI

Man kann die Kuba-Krise sehr wohl als einen der Wendepunkte der jüngeren Zeitgeschichte bezeichnen, denn sie beschleunigte den Übergang aus der Phase des akuten Kalten Krieges in eine Zeit des Suchens nach einem weniger gefährlichen und lebensfähigeren internationalen System. Man kann daher sagen, daß die Kuba-Krise einen „katalytischen" Effekt hatte. Daß internationale Krisen insofern positive Folgen zeitigen können, als sie die Beziehungen zwischen vorher miteinander verfeindeten Staaten zu verbessern vermögen, ist eine Tatsache, die wir im Zeichen unseres sehr verständlichen Erschreckens über die durch akute Konfrontationen heraufbeschworene Kriegsgefahr oft übersehen. Tatsächlich aber geben Krisen den Staatsmännern häufig Möglichkeiten für einen konstruktiven Wandel an die Hand. Es ist in diesem Zusammenhang interessant, daran zu denken, daß das chinesische Schriftzeichen für „Krise" eine Doppelbedeutung besitzt: Die erste entspricht der Standardbedeutung, die das Wort in unserer Sprache hat – also eine Situation, in der wichtige Werte oder Ordnungselemente bedroht oder gefährdet sind. Ganz anders die zweite Bedeutung – nicht „Gefahr", sondern „Chance". Es liegt ein tiefer Sinn in dieser Doppelbedeutung, die im Kontext der internationalen Beziehungen besagt, daß eine Krise die Dinge in Bewegung bringen, die politisch Verantwortlichen dazu veranlassen kann, einige der alten Überzeugungen und Konzepte, die in die

Sackgasse geführt haben, in Frage zu stellen, zu revidieren oder gar ganz aufzugeben; mit anderen Worten, daß sie sie dazu animieren kann, neue Wege zu suchen. Genau diese Wirkung hatte die Kuba-Krise auf Chruschtschow und Kennedy. Samuel Johnson hat einmal Boswell gegenüber die Bemerkung gemacht, nichts fördere die Konzentration des Denkens mehr als die Aussicht, in vierzehn Tagen aufgehängt zu werden. Es ist keine Übertreibung, wenn man sagt, daß die Kuba-Krise für die politischen Führer der beiden Supermächte eine Art Schocktherapie gewesen ist. Sie ließ ein latentes Unbehagen am Kalten Krieg, das auf beiden Seiten lange schon empfunden worden war, mit einem Schlag kraß hervorbrechen und bestärkte die Beteiligten in der Entschlossenheit, die schlimmsten Auswüchse des Kalten Krieges zu überwinden und auf eine bessere Alternative hinzuarbeiten.

Wie es im Lauf der Geschichte mehr als einmal vorgekommen ist, wenn zwei Länder an der Schwelle eines von keinem gewollten Krieges standen und erschrocken zurückprallten, beeilten sich auch Kennedy und Chruschtschow, sobald die unmittelbare Krise vorüber war, eine Entspannung in ihren Beziehungen zueinander herbeizuführen. Und was noch wichtiger war: sie erkannten, daß sie in Zukunft ihre Politik besser miteinander abstimmen mußten, wenn sie verhindern wollten, daß Interessengegensätze wieder einmal zu einer scharfen Konfrontation führen würden, deren Umschlagen in ein nukleares Inferno nur durch ein glückliches Krisenmanagement verhütet werden könnte. Sie erkannten, daß ihre Länder, wenn sie einen tragbaren Modus vivendi erreichen und wenigstens einige ihrer Interessengegensätze entschärfen wollten, mehr tun mußten, als nur die aktuell bestehenden Spannungen abzubauen.

Dieser neue Geist resultierte neun Monate später in der Unterzeichnung des Vertrages über die Begrenzung von Atomwaffenversuchen – der ersten bedeutenden Rüstungskontrollvereinbarung zwischen den beiden großen Atommächten. Noch bezeichnender war vielleicht die Tatsache, daß das Bild, das die Amerikaner sich von ihrem sowjetischen Antagonisten machten, veränderte Züge anzunehmen begann. Kennedy und andere amerikanische Führungspersönlichkeiten gingen dazu über, in der Sowjetunion nicht mehr, wie während des Kalten Krieges, den unbedingten Feind, sondern eher einen mit ihnen in bestimmten Bereichen konkurrierenden Gegner zu sehen. Diesen Wandel offenbarte und akzentuierte Kennedy in einer bewegenden Rede an der American University in Washington am 10. Juni 1963, in der er das amerikanische Volk dazu aufrief, die festgefahrenen Einstellungen aus der Zeit des Kalten Krieges einer Überprüfung zu unterziehen. Er ermahnte seine Zuhörer, sich ,,nicht nur ein verzerrtes, verzweifeltes Bild von der anderen Seite zu machen, Konflikte nicht als unvermeidlich, eine Verständigung nicht als unmöglich und einen Dialog nicht als bloßen Austausch von Drohungen anzusehen". Und weiter erklärte er: ,,Keine Regierung und kein Gesellschaftssystem sind so schlecht, daß man den unter ihnen lebenden Menschen jede Tugend absprechen muß."

Der Politik der Eindämmung hatte eine bestimmte Auffassung von der expansionistischen Natur des sowjetischen Systems zugrundegelegen, eine Einstellung, die den Sowjetführern ein skrupelloses Machtstreben und die Fähigkeit unterstellte, jede Gelegenheit zur Ausweitung ihres globalen Einflusses zu ergreifen und mit einer gleichsam teuflischen Durchtriebenheit das Beste daraus zu machen. Dieses satanische Image verblaßte in dem Maße, wie sich herausstellte, daß die Sowjetunion bei ihren Versuchen, ihren Einfluß auszudehnen, nicht nur oft recht vorsichtig zu Werke ging, sondern häufig auch Schlappen erlitt. Darüber hinaus wurden sich die verantwortlichen amerikanischen Politiker und die informierte Öffentlichkeit klar darüber, daß die Regierenden und die Völker vieler jungen Staaten – in Afrika, Asien und Nahost – alles andere als Befehlsempfänger der Sowjetunion waren. Ein ums andere Mal bewiesen sie, daß sie durchaus imstande waren, von den Sowjets (oder auch den Chinesen) wirtschaftliche, militärische und diplomatische Hilfe anzunehmen, ohne sich deswegen den Wunsch nach oder die Fähigkeit zu einer unabhängigen Politik austreiben zu lassen. In dem Maße, wie sich die Beispiele häuften, die diese Tatsache bezeugten, begann die amerikanische Politik sich von einem weiteren fundamentalen Grundsatz der Kalte-Kriegs-Politik zu verabschieden: von der Überzeugung, es gebe einen zwangsläufigen Ursache-Wirkungs-Zusammenhang zwischen politischen Veränderungen in den unterschiedlichen Weltregionen, das internationale System sei hochgradig instabil und die Vereinigten Staaten müßten jedweden politischen Rückschlag, wo auch immer auf der Erde, verhindern, weil ein solcher, wie abseitig oder unbedeutend er für sich genommen auch sein mochte, anderswo unangenehme Folgen nach sich ziehen konnte.

Aus ähnlichen Gründen wurde noch ein weiterer Glaubenssatz aus der Zeit des Kalten Krieges nach und nach aufgegeben, nämlich die Überzeugung, die Vereinigten Staaten müßten angesichts der Gefahr einer weiteren kommunistischen Expansion und angesichts der Instabilität des internationalen Systems die Länder der freien Welt zu einem organisierten und amerikanischer Vormundschaft unterstellten Block zusammenfügen. Die Amerikaner haben sich – wie auch die Russen – vielmehr allmählich mit der Tatsache abgefunden, daß die bipolare Struktur der Welt wieder einmal einem lockerer strukturierten, multipolaren System Platz zu machen im Begriff ist.

VII

Der Wandel in dem Bild, das sich die Amerikaner mit dem Heraufziehen der Entspannungsära im Anschluß an die Zeit des akuten Kalten Krieges von der Sowjetunion machten, bewirkte eine wichtige Veränderung in der amerikanischen Außenpolitik. Wie wir gesehen haben, weckte die Kuba-Krise sowohl bei Kennedy als auch bei Chruschtschow die Entschlossenheit, wenigstens einige der Interessenkonflikte und ungelösten Fragen, die seit Ende des Zweiten Weltkriegs zwischen den beiden Ländern gestanden hatten, ein Stück weit zu entschärfen. Die neue Haltung zu diesen Problemen zeigte sich auf drei unterschiedlichen Ebenen, und in bezug auf jede von ihnen herrschte, wie bald deutlich wurde, ein stillschweigendes Einverständnis über das geeignetste Vorgehen.

Der erste und wichtigste Aspekt war, daß Kennedy und Chruschtschow sich de facto darauf einigten, die verschiedenen Probleme, in denen es Gegensätze zwischen den beiden Ländern gab, nach Möglichkeit zu *entkoppeln*, d. h. sie, soweit es ging, getrennt anzugehen. Statt zu versuchen, die vielen bestehenden Probleme alle auf einmal zu lösen – ein Ding der Unmöglichkeit, wie sie beide wußten –, einigten Kennedy und Chruschtschow (und das gilt auch für ihre Nachfolger) sich darauf, sich zunächst einmal der weniger problematischen Fragen anzunehmen, und zwar einer nach der anderen. (Zusätzlich zu dem Vertrag über die Begrenzung der Atombombenversuche wurden in den darauffolgenden Jahren noch eine ganze Reihe anderer Abkommen ausgehandelt, wie beispielsweise die Einrichtung des „heißen Drahts", der Atomwaffensperrvertrag und das Antarktis-Abkommen.)

Zum zweiten einigten sie sich auch auf die sozusagen qualifizierte Beendigung des Kalten Krieges durch eine Art Waffenstillstand. Sie kamen überein, bestimmte wichtige Probleme wie die Situation in Mittel- und Osteuropa, die Frage der Überwachung der vereinbarten Rüstungsbegrenzungen, das Kuba-Problem oder die Frage der US-Militärstützpunkte nahe dem sowjetischen Territorium nicht dadurch zu verschärfen, daß man sich öffentlich darüber stritt. Da die in diesen Fragen bestehenden Gegensätze offensichtlich zu tief waren, um sich rasch überbrücken zu lassen, einigten Kennedy und Chruschtschow sich tatsächlich gewissermaßen darauf, sich in diesen Dingen weiterhin uneinig zu sein, sich jedoch nicht – und das war das Entscheidende –, wie sie es im Kalten Krieg getan hatten, auf wüste gegenseitige Verunglimpfungen und einen beständigen politischen Kleinkrieg einzulassen. Mit der Zeit, so hofften die beiden Staatsmänner, würden sich auch diese tiefergreifenden Probleme einer Lösung zuführen lassen. Schließlich konnten sich im Lauf der Jahre die Umstände und Verhältnisse zum Besseren wenden – an die Stelle des wechselseitigen Mißtrauens würde vielleicht eine verstärkte Zusammenarbeit und in deren Gefolge ein größeres Vertrauen treten, und es würde dann leichter sein, an die Beilegung der noch verbliebenen Konflikte heranzugehen.

Zum dritten kamen beide Seiten auch darin überein, durch eine Zusammenarbeit auf kulturellem, technischem und naturwissenschaftlichem Gebiet ihre Beziehungen nach Möglichkeit zu verbessern und die Bemühungen um eine effektive Rüstungskontrolle zu verstärken.

Amerikanische Glaubenssätze im Kalten Krieg	Amerikanische Glaubenssätze nach dem Kalten Krieg
1. UdSSR ist eine unversöhnlich feindliche Macht; Konflikt USA-UdSSR ist ein Nullsummen-Konflikt. →	UdSSR ist relativer oder begrenzter Gegner; Konflikt USA-UdSSR ist kein Nullsummen-Konflikt
2. Internationale Ordnung ist stark polarisiert (bipolares System mit den Polen USA und UdSSR) →	Internationale Ordnung bewegt sich auf multipolares System zu
3. Internationale Ordnung ist höchst instabil; ihre Einzelelemente sind untereinander eng verbunden, so daß ein Rückschlag für die USA in einer Region destabilisierende Wirkungen anderswo nach sich ziehen wird („Domino-Theorie") →	Internationale Ordnung hat etwas an Stabilität gewonnen; daher bessere Möglichkeit, Konflikte zu lokalisieren und Folgen lokaler Rückschläge zu begrenzen

Folgen dieser Glaubenssätze für die US-Außenpolitik im Kalten Krieg	*Folgen dieser Glaubenssätze für die US-Außenpolitik nach dem Kalten Krieg*
1. Überzogene Bewertung der Bedeutung entfernter randständiger Staaten für die globale Sicherheit der USA; stetige Ausweitung des US-Engagements in allen Weltteilen →	Stärkere Differenzierung zwischen den Regionen amerikanischen Engagements; manche sind wichtiger als andere
2. Neigung, alle amerikanischen Verpflichtungen und Interessen als gleich wichtig und in Wechselwirkung stehend zu betrachten (Nichteinlösung einer Verpflichtung, gleich wo, wird die Glaubwürdigkeit aller übrigen Verpflichtungen schmälern) →	Mehr Flexibilität der US-Außenpolitik gegenüber Drittländern
3. Starkes Sich-Verlassen auf Abschreckungsstrategien; Verschieben von Verhandlungen mit den Sowjets, bis man selbst eine „Position der Stärke" innehat; Scheu vor Zugeständnissen (Appeasementpolitik gegenüber UdSSR erscheint als gefährlich) →	Stärkere Betonung von Verhandlungen und Verständigung, um zu verhindern, daß Interessenkonflikte sich zu gefährlichen Konfrontationen verschärfen (oder u. U. sogar, um Konflikte beizulegen)
4. Interessenkonflikte mit der UdSSR sind untrennbar (alles hängt mit allem anderen zusammen) →	Bereitschaft, die verschiedenen strittigen Punkte voneinander zu trennen, d. h. in einzelnen Fragen, in denen eine Einigung mit der UdSSR möglich ist, eine Übereinkunft anzustreben und andere Punkte, in denen noch kein Kompromiß in Sicht ist, auszuklammern

Abb. 5

All dies zusammengenommen bedeutete, daß die Kuba-Krise zu einer spürbaren Abkehr von der Politik des Kalten Krieges führte. Welche bedeutsamen Veränderungen sich aus der Entdämonisierung der Sowjetunion für die amerikanische Außenpolitik in der darauffolgenden Ära der Entspannung ergaben, läßt sich ganz konkret belegen.

Unglücklicherweise hielt der Kalte Krieg zwischen den Vereinigten Staaten und der Volksrepublik China in unverändert scharfer Form bis zum Ende der 60er Jahre an, und nicht zuletzt diese Tatsache trug zur Verstrikkung Amerikas in den Vietnamkrieg bei. Als jedoch unter der Präsidentschaft Nixons der Durchbruch zu einer Entspannung des Verhältnisses zu Peking gelang, verlor die amerikanische Eindämmungspolitik auch China gegenüber an Rigorosität; an die Stelle der Konfrontation trat eine Beziehung, die von dem reservierten Wunsch beider Seiten ausging, miteinander auszukommen, die Bereiche, in denen Gemeinsamkeit und Zusammenarbeit möglich waren, in den Vordergrund zu stellen und Fragen wie die nach der Zukunft Taiwans, die sich nicht von heute auf morgen erledigen ließen, auszuklammern.

10. Die Politik der „détente"
und ihre Probleme

I

Den Begriff der „détente" zur Beschreibung der weitreichenden Ziele zu verwenden, die Nixon und Kissinger sich in ihrer Politik gegenüber der Sowjetunion setzten, heißt, ihn über seine ursprüngliche Bedeutung hinaus zu erweitern. Der Ausdruck „détente" hatte im traditionellen diplomatischen Sprachgebrauch eine eng definierte Bedeutung: Man bezeichnete damit die Entschärfung oder Beseitigung eines akuten Krisenherds. Demgegenüber strebten Kennedy und Chruschtschow im Anschluß an die Kuba-Krise, wie im voraufgegangenen Kapitel bereits gesagt, sogleich eine über die bloße Beilegung der akuten Krise hinausgehende Annäherung wenigstens in einigen der zwischen den beiden Ländern strittigen Fragen an. Präsident Nixon und sein außenpolitischer Chefberater Henry Kissinger steckten sich noch ehrgeizigere Ziele: Sie wollten das Fundament – oder zumindest einen tragenden Teil des Fundaments – für ein *neues internationales System* legen, das auf einer konstruktiveren Beziehung zwischen den Vereinigten Staaten und der Sowjetunion ruhen und dem Mißtrauen und der Feindseligkeit des Kalten Krieges ein Ende machen sollte. Was Nixon und Kissinger in die internationale Politik einführen wollten, waren neue Verhaltensregeln, ein neues Normensystem und neue Verfahrensweisen, die beide Supermächte sich zu eigen machen und die sie hinfort bei der Austragung ihrer Rivalitäten beachten sollten. Wenn man Nixons Politik gegenüber der Sowjetunion also mit dem Begriff der „détente" charakterisiert, heißt das, daß man unter diesen Begriff drei Vorgänge subsumiert, die in der traditionellen internationalen Diplomatie gewöhnlich voneinander getrennt wurden: Entschärfung einer akuten Krise, Aushandlung eines Modus vivendi und Schaffung eines neuen internationalen Systems.

Der Aufbau eines neuen internationalen Systems konnte natürlich nur ein Langzeitprogramm sein. An die Stelle der verhältnismäßig starren bipolaren Struktur der Kalten-Kriegs-Zeit trat nach und nach eine losere multipolare Konstellation. Nixon und Kissinger hofften, diese Entwicklung dahingehend beeinflussen zu können, daß sie zur Herausbildung eines wie immer auch gearteten neuen multipolaren Gleichgewichts der Kräfte führen würde. Sie ließen sich von dem Gedanken an die Möglichkeit faszinieren, einige Elemente des alten klassischen Systems des Gleichgewichts der Kräfte wiederzubeleben, erkannten aber zugleich, daß einige der grundlegenden Voraussetzungen, auf denen es beruht hatte, nicht mehr gegeben waren. Eine realistischere und näherliegende Möglichkeit, die sich ihnen anbot, war die Entwicklung einer tripolaren Konstellation unter Einschluß der Vereinigten Staaten, der Sowjetunion und der Volksrepublik (VR) China. Eine solche tripolare Struktur würde sich nicht ohne weiteres in ein klassisches fünfsäuliges Gleichgewichtssystem mit Japan und Westeuropa als zusätzlichen Partnern umwandeln lassen. Japan war zwar eine erstrangige Wirtschaftsmacht, doch sein Aufstieg zu einer militärischen Großmacht schien weder möglich noch wünschenswert. Westeuropa andererseits besaß bereits ein ernstzunehmendes militärisches Gewicht, doch waren seine Streitkräfte zum größten Teil durch die NATO an die der Vereinigten Staaten gebunden. Außerdem war klar, daß die politische Integration Westeuropas erst noch weit enger werden mußte, ehe diese Region auf der Bühne des internationalen Machtsystems als ein mit einer Stimme sprechender Akteur würde auftreten können.

Angesichts der Lage der Dinge beschritten Nixon und Kissinger einen anderen Weg: Die Vereinigten Staaten würden sich um ein begrenztes Maß an freundschaftlichen Beziehungen zu ihren beiden Erzrivalen, der Sowjetunion und der VR China, bemühen und versuchen, auf diese Weise Einwirkungsmöglichkeiten auf beide zu erlangen, die sich zum Vorteil der amerikanischen Außenpolitik würden nutzen lassen. Die Gefahr, die der globalen Machtposition der Vereinigten Staaten durch die Politik jeder dieser beiden kommunistischen Mächte drohte, würde sich verringern lassen, wenn man beide in einen Entspannungs- und Annäherungsprozeß einbezog. Des weiteren konnten die Vereinigten Staaten hoffen, durch eine kluge Ausnützung ihrer Mittelstellung in diesem Dreiecksverhältnis die Balance zugunsten des einen oder des anderen ihrer beiden Widersacher zu verschieben (oder damit zumindest zu drohen) und auf diese Weise die ihre Interessen potentiell bedrohenden Gefahren weiter zu reduzieren.

Damit soll nicht behauptet werden, daß Nixon und Kissinger die Sowjetunion unter den gleichen Vorzeichen betrachtet hätten wie die VR China. Als die ernsteste potentielle Gefahr, die der Sicherheit und den weltweiten Interessen Amerikas drohte, galt ihnen nach wie vor die wachsende Macht der Sowjetunion. China war noch keine mit den Vereinigten Staaten oder der Sowjetunion vergleichbare Supermacht, und das würde auch noch viele Jahre so bleiben. Das Hauptmotiv hinter der von Nixon betriebenen Öffnung zur VR China war denn auch der Wunsch, einen Ansatzpunkt und ein Druckmittel für die Entwicklung eines befriedigenderen Verhältnisses zur Sowjetunion zu finden. Die Drohung, die für die Sowjets in einer positiven Entwicklung der amerikanisch-chinesischen Beziehungen lag, war als einer jener „Knüppel" gedacht, die im Zusammenwirken mit verschiedenen Anreizen die Sowjetunion dazu bewegen sollten, in ein konstruktiveres Verhältnis zu den USA einzutreten, in dessen Zeichen sie dann weitgehend darauf würde verzichten müssen, ihre wachsende Macht zur Ausweitung ihrer Einflußsphäre auf Kosten der Amerikaner und deren Verbündeten zu nutzen.

II

Was für eine Strategie war es also, deren sich Nixon und Kissinger bedienten, um zu dieser neuen, konstruktiven Beziehung zur Sowjetunion zu kommen? Sie bestand aus vier Hauptelementen, darunter auch einem Element der ,,Beschwichtigung"; beide hüteten sich freilich, diese Bezeichnung zu gebrauchen.

Die erste Komponente beinhaltete die Anerkennung der Tatsache, daß die Sowjetunion als Supermacht gleichrangig neben den Vereinigten Staaten stand. Die Sowjets hatten lange Zeit eine solche Gleichrangigkeit in bezug auf ihren machtpolitischen Status angestrebt, und Präsident Nixon erkannte ihren diesbezüglichen Anspruch nunmehr an, nicht nur verbal, sondern auch auf der protokollarischen Ebene, beispielsweise bei Gipfeltreffen mit der sowjetischen Führung. Diese Anerkennung gewährte den Russen nun zwar den Status und das Prestige, die sie angestrebt hatten, ließ jedoch offen, welche praktischen Folgen die neue Gleichrangigkeit haben sollte. Die sowjetischen Führer sahen darin einen Freibrief für eine offensivere Außenpolitik; in den Augen der amerikanischen Führung und öffentlichen Meinung war dies jedoch eine Verletzung des Geistes und der Geschäftsgrundlage der Entspannungspolitik.

Die zweite Komponente der Nixon-Kissinger-Strategie war eine bedingte Bereitschaft zur formellen diplomatischen Anerkennung der Teilung Europas in ihrer bestehenden Form. Für die sowjetische Politik seit 1945 ein Kardinalziel, war diese Anerkennung für die amerikanische Öffentlichkeit ein schwer zu schluckender Brocken, zumal die amerikanische Politik sich lange Zeit gerade hiergegen gesträubt hatte. Der wunde Punkt für die Vereinigten Staaten war die deutsche Frage; aus Rücksicht auf die Bundesrepublik Deutschland hatten die Vereinigten Staaten noch in der Amtszeit Präsident Eisenhowers entschieden an dem Ziel einer Wiedervereinigung Deutschlands festgehalten und die von der Regierung Adenauer praktizierte sogenannte Hallstein-Doktrin mitgetragen. Diese Doktrin sprach der Deutschen Demokratischen Republik unter Berufung auf die Wiedervereinigung jede staatliche Eigenständigkeit und Legitimität ab; solange sie befolgt wurde, weigerte sich die Bundesrepublik, mit Staaten zusammenzuarbeiten, die das DDR-Regime anerkannten. Es gab immer ein Element der Unaufrichtigkeit in der amerikanischen Unterstützung des Prinzips deutscher Wiedervereinigung (wie auch in dem sowjetischen Lippenbekenntnis zu dieser Idee). In Wirklichkeit hätten weder die Vereinigten Staaten noch die Sowjetunion eine Wiedervereinigung der beiden deutschen Staaten hingenommen, es sei denn, es hätte die Gewähr bestanden, daß die wiedervereinigte Nation sich auf die westliche bzw. die östliche Seite der Kalten-Kriegs-Front schlagen würde. Doch um nicht nationalistische deutsche Gefühle zu provozieren, sagten weder Amerikaner noch Russen dies offen heraus, und die Vereinigten Staaten verkniffen sich darüber hinaus jede Äußerung, aus der sich hätte heraushören lassen können, daß sie sich mit der bestehenden Teilung Europas abzufinden bereit waren.

Gegen Ende der 60er Jahre hatte die Situation sich jedoch gegenüber den Tagen Eisenhowers und Adenauers verändert, und in Deutschland hatte die Hallstein-Doktrin stark an Glaubwürdigkeit eingebüßt. Als 1969 in der Bundesrepublik die Sozialdemokratische Partei an die Regierung kam, leitete der neue Kanzler Willy Brandt eine Politik ein, die die Verbesserung der Beziehungen zu allen Staaten Osteuropas zum Ziel hatte und in den Jahren 1970/71 zum Abschluß von Verträgen zwischen der Bundesrepublik und der Sowjetunion sowie Polen führte. Zugleich suchte er eine Verständigung mit dem DDR-Regime, eine, wie Brandt selbst es formulierte, Übereinkunft über „praktische Fragen ... die das Leben der Menschen im geteilten Deutschland erleichtern" würde. Die US-Regierung war anfänglich von der Brandtschen Ostpolitik nicht begeistert, legte ihr aber auch keine Hindernisse in den Weg; allerdings bestand sie darauf, daß jedwedem neuen Vertrag zwischen den beiden deutschen Staaten ein die Rechte der Westmächte in Westberlin garantierendes Viermächte-Abkommen vorausgehen müsse. Ein solches Abkommen wurde denn auch ausgehandelt und im August 1971 unterzeichnet. Im Anschluß daran, im Dezember 1972, kam es dann zum Abschluß eines Grundlagenvertrags zwischen den beiden deutschen Staaten.

Die Ostpolitik Willy Brandts schuf, indem sie einen Stein des Anstoßes aus dem Weg räumte, der die sowjetisch-amerikanischen Diskussionen über die Teilung Europas belastet hatte, eine die Entspannung zwischen den Supermächten begünstigende Atmosphäre. Präsident Nixon konnte sich nunmehr bei der Verfolgung seiner eigenen Entspannungsziele grundsätzlich auf Gespräche über den langgehegten Wunsch der Sowjets nach einem von allen europäischen Staaten sowie auch von den USA unterzeichneten formellen Dokument einlassen, das die Anerkennung der bestehenden Grenzen festschreiben und damit die sowjetische Vorherrschaft in Osteuropa und in der DDR sanktionieren sollte. Die Gespräche hierüber führten schließlich 1975 zur Konferenz von Helsinki über Sicherheit und Zusammenarbeit in Europa, deren Schlußdokument die Signatarstaaten, wie wir in Kapitel 12 sehen werden, zum Verzicht auf gewaltsame Grenzänderungen, zu einer Erleichterung des Reiseverkehrs und des Ideenaustauschs zwischen den beiden Teilen Europas sowie zur Achtung und Ausweitung der Menschenrechte verpflichtete (allerdings waren die Aussagen zu diesem letzten Punkt so abstrakt gehalten, daß darüber später heftige Interpretationsstreitigkeiten entbrannten).

Ein drittes Element in der Entspannungsstrategie Nixons war die Bereitschaft der Vereinigten Staaten, eine ganze Anzahl formeller Abkommen mit der Sowjetunion zu schließen, die eine verstärkte gegenseitige Zusammenarbeit und ein erhöhtes Maß an wirtschaftlicher und technischer Hilfe ermöglichen sollten. Dahinter stand die Überlegung, daß die Sowjets im Gefolge solcher Abkommen ein starkes Interesse an der Aufrechterhaltung konstruktiver Beziehungen zum Westen entwickeln würden. Aus diesen Vereinbarungen und der Aussicht auf weitere Kooperationsprojekte sollte ein „Netz von Anreizen" entstehen, das die sowjetischen Führer veranlassen mußte, eine behutsamere Politik zu treiben und ihrem Hang zur „Auslotung der Schwachstellen des Westens" und zur Erzielung politischer Bodengewinne im blockfreien Raum auf Kosten der Vereinigten Staaten ein Stück weit zu entsagen. Man hoffte, Zugeständnisse an die Sowjets im wirtschaftlichen Bereich würden gleichsam in die politische Sphäre „überschwappen" und eine Verbesserung der sowjetisch-amerikanischen Beziehungen herbeiführen. Im Geiste dieses Gedankens schlossen die beiden Länder im Juli 1972 einen wichtigen (entscheidenden) Getreideliefervertrag und im Oktober desselben Jahres ein Handelsabkommen miteinander ab.

Dies war nur der Anfang einer eindrucksvollen Serie positiv abgeschlossener Verhandlungen zwischen Amerikanern und Sowjets. Es ist in diesem Zusammenhang von Interesse, sich zu vergegenwärtigen, daß von den 105 Verträgen und anderen Vereinbarungen, die seit 1933, als Präsident Roosevelt die UdSSR diplomatisch anerkannte, zwischen den Vereinigten Staaten und der Sowjetunion abgeschlossen worden sind, 58, d. h. mehr als die Hälfte, zwischen 1969 und 1974 zustandekamen; 41 davon wurden allein im Zeitraum zwischen Mai 1972 und Mai 1974 unterzeichnet.

Auf das vierte Element ihrer Strategie legten Nixon und Kissinger besonderen Wert, weil es, so hofften sie wenigstens, den langfristigen politischen Zinsertrag verkörpern würde, den die drei anderen abwerfen sollten. Es handelte sich dabei um die Entwicklung neuer Normen und Regeln für den Konkurrenzkampf zwischen den beiden Supermächten. Im Rahmen der Entspannungspolitik legten beide Seiten großes Gewicht auf die Ausarbeitung von Vereinbarungen zur Begrenzung der strategischen Rüstung und auf andere Übereinkünfte zur Verringerung der Gefahr eines neuen Weltkriegs. Am Beispiel zweier dieser Vereinbarungen läßt sich besonders anschaulich zeigen, was der Anspruch der Nixon-Kissinger-Politik, Normen für die Etablierung einer neuen konstruktiven Beziehung zur Sowjetunion zu entwickeln, konkret bedeutete. Bei ihrem Gipfeltreffen im Mai 1972 in Moskau unterzeichneten Nixon und Breschnew ein Abkommen mit dem Titel „Basic Principles of Relations". Es legte, wie Kissinger in einer Pressekonferenz unmittelbar nach dem Gipfeltreffen erläuterte, neue, für beide Seiten verbindliche Verhaltensregeln fest. Dieses Dokument verpflichtete die beiden Mächte, Entwicklungen zu verhindern, die zu einer schwerwiegenden Belastung der beiderseitigen Beziehungen führen konnten; sie sollten alles in ihren Kräften Stehende tun, um militärischen Konfrontationen und dem Ausbruch eines Atomkriegs vorzubeugen; darüber hinaus einigten sie sich darauf, in Zukunft „gegenseitige Zurückhaltung in ihren Beziehungen zu üben und ... Differenzen durch Verhandlungen mit friedlichen Mitteln beizulegen". Verhandlungen über strittige Fragen sollten im Geiste der Kompromißbereitschaft und des beiderseitigen Vorteils geführt werden – anders gesagt, keine Seite sollte nach der Erlangung eines einseitigen Vorteils streben.

Ein zweites Abkommen kam ein Jahr später, im Juni 1973, anläßlich des Gipfeltreffens zwischen Nixon und Breschnew in Washington, zustande: ein „Abkommen über die Verhütung eines Atomkriegs", dessen Text einige der Formulierungen der Übereinkunft von 1972 bekräftigte und insbesondere die Notwendigkeit zu prompten Konsultationen in Situationen hervorhob, die die Gefahr eines Nuklearkrieges heraufbeschworen.

Die Entspannungspolitik machte bis Ende 1973 annehmbare Fortschritte; allerdings erfüllte sich die Erwartung, die Sowjets würden in ihrer Außenpolitik nun größere Zurückhaltung walten lassen, nicht ganz. Namentlich die Tatsache, daß die Sowjetunion nicht imstande war, ihre Mündelstaaten Ägypten und Syrien von einem kriegerischen Überfall auf Israel im Oktober 1973 abzuhalten, sie vielmehr reichlich mit allem zur Führung des Krieges benötigten Material versorgte, erschien den Amerikanern als eine Verletzung des Geistes dieser Abkommen. Die Schwierigkeiten rührten teilweise daher, daß die Vereinbarungen von 1972 und 1973 sehr allgemein gehaltene und damit notwendigerweise vage Absichtserklärungen enthielten. Vielleicht hatten die Probleme aber auch noch tieferreichende Wurzeln: Die Russen definierten Entspannung (oder „friedliche Koexistenz", wie sie es lieber und häufiger nannten) anders als die Amerikaner. In ihren Augen widersprach es dem Geist der Entspannung keineswegs, wenn sie weiterhin „Fortschritts"- und „Befreiungs"-Bewegungen in der Dritten Welt unterstützten.

Aus diesen und anderen Gründen verlor der Entspannungsprozeß bald seine anfängliche Dynamik. Das Engagement der Amerikaner ließ nach dem arabisch-israelischen Krieg vom Oktober 1973 und erst recht nach der von der Sowjetunion unterstützten militärischen Intervention Kubas in Angola im Jahre 1975 spürbar nach. Was die Russen betraf, so zeigten sie sich abweisend gegenüber den Bemühungen amerikanischer Politiker wie des Senators Henry Jackson, der Sowjetunion als Gegenleistung für eine Ausweitung der Handelsbeziehungen Erleichterungen in bezug auf die Ausreise sowjetischer Juden abzuhandeln.

Gerald Ford konnte, nachdem er Präsident geworden war, nicht allzuviel für eine Wiederbelebung der Entspannungspolitik tun, obschon er den Versuch unternahm, durch den Abschluß der Übergangsvereinbarung von Wladiwostok mit Generalsekretär Breschnew einen Schritt auf dem Weg zu einem SALT-II-Abkommen zu tun. Präsident Ford versuchte auch eine Zeitlang, die Entspannungspolitik gegen eine sich zunehmend lautstark bemerkbar machende Kritik im Innern zu verteidigen. Im Kampf um die republikanische Präsidentschaftskandidatur im Jahr 1976 stellte dann jedoch Gouverneur Ronald Reagan den Entspannungskurs in den Mittelpunkt seiner wirkungsvollen Kritik an der Regierung Ford. Ford entschloß sich schließlich, formell zu verkünden, daß er den Begriff der Entspannung aus seinem politischen Vokabular tilgen und seine Politik künftig unter das Motto ,,Frieden durch Stärke" stellen werde.

Die Bedenken, die sich in den Vereinigten Staaten gegen die Entspannungspolitik erhoben, waren vielfältiger Art und wurden mit Nachdruck geäußert. Hatte wirklich eine grundlegende Änderung der sowjetischen Bestrebungen und Absichten stattgefunden? Bediente sich die Sowjetunion der Entspannung nicht einfach, um einen Vorteil gegenüber den Vereinigten Staaten zu erlangen? Zogen die Sowjets nicht mehr greifbaren Nutzen aus dieser Politik als die Vereinigten Staaten? Waren die Abkommen, die man geschlossen hatte oder über die man gerade beriet, nicht einseitig? Sollten die Vereinigten Staaten nicht Druck auf die Sowjetunion ausüben, um sie zu einer Liberalisierung ihrer Politik im Innern und in Osteuropa zu zwingen, als Gegenleistung für die allfälligen Vorteile, die sie aus der Entspannungspolitik zog? Benutzte die Sowjetunion nicht die Entspannung und die SALT-Verhandlungen, um eine strategische Überlegenheit gegenüber den Vereinigten Staaten aufzubauen und ihren Einfluß in der Dritten Welt auf Kosten Amerikas und seiner Verbündeten zu erweitern?

Wie wir bereits gesehen haben, hatte sich Franklin Delano Roosevelt beim Schmieden seiner Pläne für ein Nachkriegs-Sicherheitssystem von der Einsicht leiten lassen, daß er sich für seine langfristige außenpolitische Strategie eine Legitimationsbasis im Innern verschaffen mußte. Kissinger war sich dieses Problems sehr wohl bewußt und war im Zuge seiner scharfsinnigen Analyse des letztendlichen Scheiterns der Politik Castlereaghs und Metternichs in der Ära der Heiligen Allianz darauf eingegangen. ,,Das Schicksal einer politischen Strategie", so hatte er dort geschrieben, ,,entscheidet sich darin, ob es ihr gelingt, sich innenpolitischen Rückhalt zu sichern. Dabei sind zwei Aspekte zu beachten: das Problem der Legitimierung einer Politik innerhalb des Regierungsapparats ...; und das Problem, sie mit der nationalen Erfahrung in Einklang zu bringen." Ironischerweise sollte sich gerade das Schicksal der Kissingerschen Entspannungspolitik daran entscheiden, daß sie diese Anforderungen nicht erfüllte.

Weshalb war die Nixon-Kissingersche Politik so schwer legitimierbar und weshalb schwand das, was sie sich an Legitimation erwarb, so gründlich dahin? Tatsache ist, daß die Regierung Nixon sich für ihre Politik weder eine normative noch eine kognitive Legitimation zu verschaffen vermochte. Erstere versuchte sie dadurch zu erlangen, daß sie sie als notwendiges Element einer Strategie zur Verhinderung eines dritten Weltkriegs darstellte; allein, wenn auch jedermann mit diesem Ziel einigging, so hielten doch nur wenige

Menschen die Gefahr eines neuen Weltkriegs für so akut, daß sie weitgehende Zugeständnisse der Vereinigten Staaten an die Sowjetunion für notwendig gehalten hätten. Um die kognitive Legitimation der Entspannungspolitik war es etwas besser bestellt, doch ruhte sie, wie wir noch sehen werden, auf Prämissen, die von wichtigen Teilen der politischen Öffentlichkeit zunehmend in Frage gestellt wurden.

Der amerikanischen Öffentlichkeit gegenüber war die Entspannung schwerer zu legitimieren als der Kalte Krieg, eine Tatsache, die verständlicher wird, wenn man die Ziele und Strategien des letzteren mit denen der ersteren vergleicht. Während des Kalten Krieges hatten die Vereinigten Staaten einfach das Ziel verfolgt, die Macht der Sowjetunion einzudämmen, bis die Lebenskraft der sowjetischen Ideologie sich erschöpft haben würde, und als Mittel zur Erreichung dieses Zieles hatten die Vereinigten Staaten sich fast ausschließlich auf die Strategie der Abschreckung verlassen. Die Entspannungspolitik war sowohl in ihren Zielen ehrgeiziger als auch in ihren Mitteln komplexer. Sie zielte darauf ab, die Russen in eine Art Läuterungsprozeß hineinzudrängen und sie zu einem neuen, konstruktiveren Verhältnis zu den Vereinigten Staaten zu veranlassen. Um diesen Zweck zu erreichen, bedienten sich Nixon und Kissinger ebenso der Mittel des Ausgleichs und des Kompromisses wie jener der Abschreckung – sie arbeiteten, anders gesagt, mit Zuckerbrot und Peitsche.

Der Kalte Krieg ließ sich auch deshalb leichter legitimieren als die Entspannungspolitik, weil er auf einem simplen negativen Klischee beruhte: dem Bild von den bösen und durchtriebenen Sowjetführern. Die Entspannungspolitik stellte die Regierung vor die etwas schwierigere Aufgabe, die Menschen dazu zu bringen, daß sie in der Sowjetunion nicht mehr den Feind schlechthin, sondern nur noch so etwas wie einen Rivalen sahen. Vielen Amerikanern fiel es schwer, sich an dieses neue Bild der Sowjetunion zu gewöhnen.

Der Gedanke, die Sowjetunion in den Genuß gewisser Vergünstigungen kommen zu lassen und so ein „Netz von Anreizen" zu knüpfen, mochte eine im Prinzip richtige strategische Kalkulation sein. In der Form jedoch, wie sie von Nixon und Kissinger in die Praxis umgesetzt wurde, weckte sie in den Vereinigten Staaten zunehmende Bedenken. Die Kritiker der Entspannung warfen Nixon und Kissinger vor, sie ließen Moskau viele greifbare Vorteile zukommen und erhielten als Gegenleistung dafür nur vage Zusicherungen guten Willens und fromme Hoffnungen darauf, daß die Sowjets sich bereitfinden würden, ihre globalen Zielsetzungen und ihre Versuche des Mitmischens in blockfreien Regionen einzuschränken. Um gerecht zu sein: diese Kritiker übersahen die Tatsache, daß die Politik der Entspannung sich nicht ausschließlich auf die Wirkung von Belohnungen und Anreizen verließ; wann immer es sein mußte, waren Nixon und Kissinger vielmehr bereit, dieser „Angebotspolitik" durch Maßnahmen Nachdruck zu verleihen, die dem Arsenal der traditionellen Strategien der Eindämmung und Abschreckung entstammten. Die Regierungen Nixon und Ford zeigten bei mehreren Gelegenheiten, daß sie rasch und entschlossen reagieren konnten: beispielsweise anläßlich des Einmarsches syrischer Panzerverbände nach Jordanien im September 1970, beim indisch-pakistanischen Konflikt vom Dezember 1971, bei der Verhinderung des möglicherweise geplanten sowjetischen U-Boot-Stützpunkts auf Kuba Ende 1970, beim arabisch-israelischen Krieg von 1973 oder 1975 in Angola.

Die von Nixon und Kissinger in Anwendung gebrachte Strategie von Zuckerbrot und Peitsche weist auf den ersten Blick eine verblüffende Ähnlichkeit mit der Methode auf, mit deren Hilfe Psychologen sogenannte „Verhaltensänderungen" herbeiführen. Hinsichtlich der Erfolgsaussichten des Versuchs, die Sowjetführung mit diesen Mitteln zur Änderung einiger ihrer außenpolitischen Verhaltensweisen zu veranlassen und sie in Bahnen zu lenken, die den Zielen und Modalitäten eines auf eine neue Stufe gehobenen amerikanisch-sowjetischen Verhältnisses besser entsprechen würden, lassen sich freilich einige Bedenken anmelden: Zunächst einmal hat es den Anschein, als ob Nixon und Kissinger in ihrem Bemühen um die Einbindung der sowjetischen Führung in eine partnerschaftliche Beziehung gegen zwei Grundregeln der Verhaltensmodifikation verstießen. Diese Technik funktioniert dann am besten, wenn der Therapeut bestimmte Verhaltensmerkmale, die verändert werden sollen, auswählt und gezielt angeht. Nixon und Kissinger charakterisierten jedoch die Verhaltensweisen, die sie aus der sowjetischen Außenpolitik tilgen wollten, nur in allgemeiner Form, und auch bei der Benennung der angestrebten Verhaltensziele kamen sie über allgemeine Formulierungen nicht hinaus (man nehme als Beispiel die Aussagen im „Agreement on Basic Principles"). Ein zweiter Aspekt ist, daß unter Umständen der Zeitpunkt, zu dem die Belohnung verabreicht wird, darüber entscheiden kann, ob der Betreffende darauf mit einer Verhaltensänderung im gewünschten Sinne reagiert. Bei der Verhaltenstherapie soll eine Belohnung immer dann erfolgen, wenn die Person das erwünschte Verhalten gezeigt hat; die Belohnung hat dann die Funktion, dieses Verhalten zu verstärken. Kissinger jedoch gewährte den Sowjets häufig Belohnungen auf Vorschuß, gewissermaßen als Lockprämien.

Ob nun Kissinger die Regeln der Verhaltensmodifikation im Rahmen seiner Strategie schulmäßig anwandte oder nicht, er hatte sich jedenfalls ein sehr ehrgeiziges Ziel gesetzt, und an diese Einschätzung knüpft sich eine weitere Frage, die an die Erfolgsaussichten seiner Strategie rührt. Nach Ansicht einiger Entspannungs-Kritiker überschätzte Kissinger die Wirksamkeit der Druck- und Lockmittel, die ihm für die Bewältigung dieser diffizilen Aufgabe zur Verfügung standen. Vielleicht war es allzu optimistisch, zu glauben – und gefährlich, die amerikanische Öffentlichkeit glauben machen zu wollen –, das der Regierung Nixon zu Gebote stehende Arsenal an Anreizen und Strafmaßnahmen werde hinreichen, die Interessen der Sowjetführung so eng an die Entspannung zu binden, daß sie hinfort darauf verzichten würde, jede Gelegenheit zur Vergrößerung ihres Einflusses in der Welt wahrzunehmen. Dies war interessanterweise einer derjenigen Aspekte der Entspannungspolitik, denen im besonderen Maße die Kritik derjenigen galt, die Kissinger vorwarfen, die Entspannung „überreizt" zu haben.

Was die Legitimierung der Entspannungspolitik zusätzlich erschwerte, war die Tatsache, daß ihre praktische Umsetzung die Öffentlichkeit verwirrte. Es wäre vielleicht vorauszusehen gewesen, daß große Teile des Kongresses und der Öffentlichkeit die Feinheiten einer Strategie, die Drohungen und Bestrafungen mit versöhnlichen Ansätzen und der Gewährung von Vergünstigungen verband, nicht durchschauen würden. Wenn die Sowjets sich bei dieser oder jener Gelegenheit so schlecht aufführten, daß man ihnen drohen oder sie bestrafen mußte, weshalb sie dann auf der anderen Seite verwöhnen? War es nicht besser, mehr Exempel eines gesunden politischen Geschäftssinns zu statuieren, bei denen die Sowjets für jede ihnen zugestandene Vergünstigung eine konkrete Gegenleistung bieten müßten? Kritische Fragen dieser Art untergruben nicht nur die Bemühungen um eine Legitimierung der Entspannungspolitik; sie bewirkten auch, daß die Regierung zunehmend unter den Druck einer öffentlichen Stimmung geriet, die die Abkehr von – oder doch zumindest einige signifikante Modifikationen – der Strategie der Entspannung forderte. Die Schwierigkeit, die Unterstützung der öffentlichen Meinung für die détente-Politik zu erlangen, die sich nach dem unerwartet guten Abschneiden Ronald Reagans bei den republikanischen Nominierungswahlen 1976 noch steigerte, zwang die Regierung Ford zu einer härteren Gangart gegenüber Moskau und zur Verschärfung der Anforderungen, die an Vereinbarungen mit den Sowjets gestellt wurden. Diese Zugeständnisse an die Gegner der Entspannung prägten auch die Rußlandpolitik Präsident Carters.

Die vielleicht schlimmste Folge der Art und Weise, wie Kissinger die komplizierte Strategie der Prämien und Drohungen handhabe, war jedoch, daß sie mit der Zeit zur Polarisierung der öffentlichen Meinung in den Vereinigten Staaten führte. Nicht nur die antisowjetischen Falken, auch die friedliebenden Tauben fanden, wenn auch aus anderen Gründen, immer mehr an der Entspannungspolitik auszusetzen, und im Lauf der Zeit gewannen beide Lager eine wachsende öffentliche und parlamentarische Anhängerschaft. Jedes Mal, wenn Kissinger den Sowjets entgegenkam, protestierten die Falken. Und wenn er hart gegen sie auftrat – wie anläßlich des arabisch-israelischen Krieges von 1973 oder in der Angola-Frage –, schlugen die Tauben Alarm, weil sie meinten, die Regierung begebe sich auf den abschüssigen Weg zu einem neuen Vietnam.

So kam es, daß Kissinger zunehmend in einen Spießrutenlauf zwischen Falken und Tauben hineingeriet, die auf seine Politik einschlugen. Diejenigen Mitglieder des Kongresses und die Kreise der Öffentlichkeit, die die komplizierte Logik der Doppelstrategie begriffen und sich damit identifizierten – und die jene Mittelgruppe konstituierten, deren Rückhalt Kissinger so dringend benötigte, wenn er den Entspannungsprozeß in Bewegung halten wollte –, wurden in dem Maß neutralisiert, wie Einfluß und Lautstärke der anderen wuchsen.

Die Probleme, die Kissinger mit seinen Kritikern von rechts hatte, verschlimmerten sich infolge gewisser anderer unerfreulicher Entwicklungen, die er nicht in den Griff bekam und zu denen er bisweilen unwillentlich selbst beitrug. Eine dieser Entwicklungen hatte damit zu tun, daß die sowjetische Führung immer wieder betonte – zweifellos auch in der Absicht, die Opposition ihrer eigenen Falken gegen die Entspannungspolitik zu dämpfen –, daß Entspannung für sie nicht bedeute, die kommunistische Ideologie über Bord zu werfen und den ,,nationalen Befreiungsbewegungen" die Unterstützung aufzukündigen. Die amerikanischen Falken deuteten sowjetische Erklärungen dieses Inhalts als Belege für die Falschheit der Annahmen, auf die Kissinger seine Hoffnungen auf ein neues, konstruktives Verhältnis zur Sowjetunion gründete. Auch der Hang der Sowjets, die Entspannung in Anlehnung an ihr eigenes Konzept einer ,,friedlichen Koexistenz" zu definieren, weckte Bedenken hinsichtlich ihrer Absichten. Und diese Skepsis in bezug auf die Prämissen der Entspannungspolitik erhielt reichlich neue Nahrung durch die kontinuierliche Aufrüstung der Sowjets im Bereich der strategischen und anderer Waffensysteme sowie dadurch, daß die SALT-Verhandlungen nicht zu einer Verlangsamung des Rüstungswettlaufs führten. Somit wurde die Frage nach den Absichten der Sowjets, die seit Ende des Zweiten Weltkriegs in regelmäßigen Abständen die außenpolitischen Experten und die öffentliche Meinung der Vereinigten Staaten erregt hat, erneut zu einem schlagzeilenträchtigen und umstrittenen Thema.

Aus allen diesen Gründen bröckelte die Legitimationsgrundlage der Entspannungspolitik rapide ab, eine Entwicklung, die den Einfluß der verschiedenen durch die demokratischen Kontrollmechanismen gegebenen Einschränkungen des Handlungsspielraums der Außenpolitiker ganz wesentlich verstärkte. Für Kissinger bedeutete das, daß ihm für die Weiterführung einer konsequenten und wirkungsvollen Politik im Sinne seiner lobenswerten Entspannungsstrategie schon einige Zeit vor Ende der Amtszeit Präsident Fords de facto die Hände gebunden waren. In dem Augenblick, da es keinen stabilen innenpolitischen Konsens über die Richtigkeit der Entspannungspolitik mehr gab, konnte Kissinger sich natürlich auch nicht mehr auf jenes Mindestmaß an Geduld und Zutrauen der amerikanischen Öffentlichkeit verlassen, das er als Rückendeckung für die mannigfaltigen politischen Manöver brauchte, die für die Durchführung seiner Strategie vonnöten waren. Man entzog ihm nicht nur den Vertrauensbonus, sondern ließ sich durch einige seiner Aktivitäten auch zu dem Verdacht inspirieren, er habe es vor allem darauf abgesehen, seine persönlichen Ambitionen oder die politischen Geschicke seiner Regierungspartei zu fördern. Natürlich trugen sein Hang zu einsamen Entscheidungen und sein eigenwilliger diplomatischer Stil nicht wenig zur Verstärkung des Mißtrauens bei.

Kissinger war zweifellos davon überzeugt, daß seine Entspannungspolitik der Ungeduld einer auf rasche Resultate erpichten, unvernünftigerweise ständig nach handfesten Belegen für den Erfolg seiner Politik verlangenden Öffentlichkeit zum Opfer fiel. Es ist gewiß nicht zu bestreiten, daß es angesichts der ehrgeizigen Ziele der Entspannungspolitik, die die Einbindung der Sowjetführer in eine integrative Beziehung und ihre „Bekehrung" zu den Normen eines neu definierten amerikanisch-sowjetischen Verhältnisses voraussetzten, durchaus angebracht war, davon auszugehen, daß es viel Zeit und wiederholte Anläufe kosten würde, ehe dieses Ziel erreicht war, und daß mit gelegentlichen „Ausrutschern" der Sowjets zu rechnen war, bis die von Kissinger betriebene Verhaltenstherapie voll durchschlagen würde. Allein, wenn dies so war, wie ließ sich dann feststellen, ob sich ein Erfolg der Strategie anbahnte? Die Kritiker Kissingers versuchten die Aussichtslosigkeit und Verfehltheit der Strategie zu belegen, indem sie Beispiele für sowjetische Eingriffe in blockfreien Regionen anführten. Darauf konnte Kissinger selbst nur zurückgeben, daß die Sowjets sich vielleicht noch aggressiver verhalten und die Konfrontationen noch gefährlichere Formen angenommen hätten, wäre seine Entspannungspolitik nicht gewesen. Keine Seite konnte beweisen, daß sie recht hatte, aber es ist wohl so, daß die Kritiker seine Strategie, die Sowjets durch Zugeständnisse zu außenpolitischer Mäßigung zu veranlassen, allzu voreilig für gescheitert erklärten.

Zu seiner Verteidigung wies Kissinger mit Recht darauf hin, daß der Kongreß ihm, wenn es darum ging, auf die Sowjets einzuwirken, weder beim Zuckerbrot noch bei der Peitsche freie Hand gelassen habe. Zunächst habe er die Möglichkeiten zu einer Ausweitung des Handels und des Kredits, die die Regierung Nixon der Sowjetunion eröffnet hatte, zurückgeschraubt; dann habe er, als Reaktion auf Vietnam, dem Präsidenten nach und nach die Möglichkeit beschnitten, direkte oder indirekte sowjetische Übergriffe in Drittländern mit glaubwürdigen militärischen Drohungen zu kontern. Dazu kam, daß Watergate und der sich daraus entwickelnde Niedergang und Sturz Nixons die Energien der Vereinigten Staaten in vielerlei Hinsicht lähmte, die innere Glaubwürdigkeit der Regierung untergrub, ihre Autorität gegenüber den Regierungen anderer Staaten schädigte und wichtige Mechanismen der Außenpolitik lahmlegte. Die allgemeine Mißstimmung gegenüber den Regierenden, die sich in den Vereinigten Staaten breitmachte, ließ eine überzeugende und wirkungsvolle Außenpolitik nicht zu. Die amerikanische Bevölkerung schien der Diplomatie nach klassischer Art überdrüssig, der akrobatischen Manöver einer Politik des Machtgleichgewichts müde und auf einen schlichteren, erkennbar mit traditionellen amerikanischen Werten im

Einklang stehenden politischen Stil bedacht zu sein. Eine Politik dieses eher an Wilson als an Hamilton – ganz zu schweigen von Bismarck oder Metternich – orientierten Zuschnitts versprachen sie sich von Jimmy Carter.

IV

Die großen Herausforderungen, vor denen die Regierung Carter stand, hießen: Wiedergewinnung einer breiten öffentlichen Unterstützung für eine liberale internationalistische Außenpolitik, Überwindung der nationalen Selbstanfechtungen, die sich in der zweifelnden Frage äußerten, ob den Vereinigten Staaten noch eine konstruktive Rolle in der Weltpolitik zukomme, sowie Angehen gegen den Trend eines neuen Isolationismus. Carter suchte dies zu erreichen, indem er zunächst die Förderung des Verhältnisses zur Sowjetunion, die unter Nixon und Ford Priorität genossen hatte, zugunsten der Entwicklung der Beziehungen zu anderen Ländern sowie zugunsten einer ,,Weltordnungs"-Strategie zurückstufte. Gewiß, Carter wich der Aufgabe nicht aus, die Entspannung auf einer realistischeren Grundlage weiterzuführen, aber er und seine Berater vermittelten dabei nur selten den Eindruck, nach einem wohldurchdachten Plan oder einer konsequenten Strategie vorzugehen. Der Angelpunkt der Rußlandpolitik Carters – und deren im Grunde einzige klar formulierte Zielperspektive – war der Abschluß des SALT-II-Vertrags. Während die Regierung Ford die Verhandlungen über eine neue SALT-Vereinbarung jedoch nahezu bis zur Unterschriftsreife vorangebracht hatte, streuten Carter und sein Außenminister Cyrus Vance sogleich Sand ins Getriebe des SALT-Prozesses, indem sie einen neuen Vorschlag zur Reduzierung der strategischen Waffensysteme unterbreiteten, der, zumal durch die Art und Weise, wie er vorgebracht wurde, die sowjetische Führung vor den Kopf stieß und mißtrauisch machte. Zu dem Argwohn und dem Unwillen, die Carter im Kreml bereits mit der Verkündung seiner Menschenrechts-Kampagne erregt hatte, in der die Sowjetführer verständlicherweise den Auftakt eines ideologisch-politischen Feldzugs gegen ihr System sahen, gesellte sich nun noch die Befürchtung, die neue US-Regierung werde den Weg zu einer zweiten SALT-Vereinbarung, auf die die Sowjets großen Wert legten, wenn nicht versperren, so doch erschweren.

Die Suche nach Mitteln und Wegen zu einer Wiederbelebung und Neuorientierung der Entspannungsbemühungen sollte sich nie wieder von diesen Rückschlägen erholen. Zwar wurden die Verhandlungen über den SALT-II-Vertrag schließlich zum Abschluß gebracht und das Dokument von Präsident Carter und Generalsekretär Breschnew bei einem Gipfeltreffen Mitte 1979 unterzeichnet, aber um diese Zeit war der öffentliche und parlamentarische Rückhalt bereits erheblich zurückgegangen, und was noch an Chancen für eine Ratifizierung des Vertrags durch den Kongreß bestand, wurde vermutlich durch die überraschende Entdeckung einer sowjetischen

Kampfbrigade auf Kuba zunichte gemacht. Der Versuch Präsident Carters, Stärke zu demonstrieren, indem er den Abzug der Brigade oder zumindest ihre Entmilitarisierung forderte, führte zu nichts, und die Ablehnung seiner Forderungen durch die Sowjets hatte zur Folge, daß in der amerikanischen Öffentlichkeit die Zweifel an der Kompetenz der Carter-Regierung weiter wuchsen und die Opposition sich gegen eine Ratifizierung von SALT II versteifte. Als die Sowjets wenige Monate später Truppen nach Afghanistan entsandten, war das Schicksal des Vertrags besiegelt.

Der Präsident war im Grunde schon vor Afghanistan auf eine härtere Linie gegenüber der Sowjetunion eingeschwenkt, teils in dem Bemühen, die Rüstungskontroll-Vereinbarung zu retten, teils aus Rücksicht auf seine Wiederwahlchancen. Was letztere betrifft, so konnte er sie dadurch, daß er den Sowjets wegen ihres Vorgehens in Afghanistan Vorwürfe machte und Vergeltungsmaßnahmen androhte, nicht wesentlich verbessern, ganz zu schweigen davon, daß das Fehlschlagen aller seiner Bemühungen, die Freilassung des von iranischen Revolutionsmilizen in Geiselhaft genommenen amerikanischen Botschaftspersonals zu erwirken, und die zunehmend unbefriedigendere wirtschaftliche Lage in den Vereinigten Staaten ihn die Gunst vieler Wähler kostete.

Ronald Reagan schlug in seinem Präsidentschaftswahlkampf Töne an, die bei einer mit den Erfolgen der Carterschen Außen- und Innenpolitik unzufriedenen Wählerschaft auf Resonanz stießen. Im Laufe der vier Amtsjahre Jimmy Carters war in der amerikanischen Öffentlichkeit die Besorgnis über die kontinuierliche militärische Aufrüstung der Sowjetunion ebenso gewachsen wie die Befürchtung, die Vereinigten Staaten seien dabei, gegenüber der anderen Supermacht in eine gefährliche Unterlegenheit zu geraten. Reagan forderte eine erhebliche Aufstockung des amerikanischen Waffenarsenals und eine härtere Haltung gegenüber der Sowjetunion auf der diplomatischen Ebene, und er machte sich, sobald er gewählt war, tatsächlich eilends an die Verwirklichung dieses Programms. Zwar rechneten nur wenige Beobachter damit, daß es in den amerikanisch-sowjetischen Beziehungen einen Rückfall in die unverhüllte Feindseligkeit des Kalten Krieges der späten 40er und der 50er Jahre geben würde, doch ließ sich die Möglichkeit, daß es zu gefährlichen neuen Konfrontationen kommen würde, nicht ausschließen. Ob, wann und in welcher Form der Entspannungsprozeß wieder zum Tragen kommen würde, ließ sich nach dem ersten Amtsjahr der Regierung Reagan noch nicht auch nur einigermaßen zuverlässig oder zuversichtlich absehen.

11. Die Entwicklung eines neuen internationalen Systems

Es mag an dieser Stelle angebracht sein, sich die Frage zu stellen, wie der gegenwärtige Zustand des internationalen Systems zu definieren ist. Gewiß besteht sehr wenig Ähnlichkeit zwischen der heutigen weltpolitischen Konstellation und den internationalen Systemen des 18. und 19. Jahrhunderts, die wir weiter oben beschrieben haben. Auch haben die neuen Varianten älterer Vorbilder, die sich in den 70er Jahren unseres Jahrhunderts eines kurzfristigen Zuspruchs erfreuten, zu nichts geführt. Eine Zeitlang verlegte sich die Redaktion von *Le Monde* auf die Veröffentlichung gelehrter Artikel über das neue Prinzip der Tripolarität, aber auch darum ist es mittlerweile sehr still geworden, und wenn wir heute auf die Überzeugung Präsident Nixons zurückblicken, der glaubte, daß wir alle besser dran wären, wenn wir – was seinerzeit durchaus möglich schien – eine Konstellation hätten aus „starken und gesunden Vereinigten Staaten, Europa, der Sowjetunion, China [und] Japan, jeder den anderen aufwiegend, ohne einen gegen den anderen auszuspielen, ein stabiles Gleichgewicht", nimmt sich dies nur noch wie ein weiterer Ausdruck jener Entspannungseuphorie aus, die Nixon selbst in seinen realistischeren Momenten beklagte.

Jeder, der sich der Faktoren bewußt ist, die zum Scheitern der Nixon/ Kissingerschen Entspannungspolitik beitrugen, und der aufmerksam die Verlautbarungen analysiert, die im ersten Jahr der Regierung Reagan aus Washington zu vernehmen waren, wird sich versucht fühlen, die gegenwärtige Entwicklung als Rückkehr zur Ausgangssituation der Kalte-Kriegs-Ära zu interpretieren, zu einem im wesentlichen bipolaren System, das durch die Rivalität und die Gegensätze zwischen den beiden Supermächten bzw. den ihnen angeschlossenen Blöcken gekennzeichnet ist. Indes kennt die Geschichte keine Wiederholungen; der Wandel schlägt in der Regel stärker durch als die Kontinuität; und die Solidarität innerhalb der Bündnisse ist keinesfalls mehr, was sie vor dreißig Jahren war. In Europa, das trotz der zwischendurch immer wieder für Unruhe sorgenden Krisen in der Dritten Welt nach wie vor strategisch die wichtigste Arena der Konfrontation zwischen den Supermächten ist, mehren sich die Zeichen dafür, daß die beiden Bündnissysteme sich im ersten Stadium der Auflösung befinden; sollte diese Entwicklung anhalten, so könnte sie tiefgreifende Folgen für das gesamte System der internationalen Beziehungen zeitigen.

I

Wenn wir verstehen wollen, was sich in Europa vollzieht, müssen wir uns als erstes klarmachen, daß der Entspannungsprozeß der 70er Jahre, der die Erwartungen der Sowjetunion nicht erfüllte und von der amerikanischen Öffentlichkeit letzten Endes als ein gefährlicher Irrweg angesehen und aufgegeben wurde, von den Europäern trotz aller Vorbehalte und Einschränkungen doch insgesamt positiv bewertet wurde. In seinem Gefolge war es zu beträchtlichen Erleichterungen im Reiseverkehr zwischen Ost und West gekommen; er hatte neue Möglichkeiten der wirtschaftlichen Zusammenarbeit und des kulturellen Austausches eröffnet; und er hatte vor allem bewirkt, daß es nicht mehr zu gefährlichen Krisen im Zusammenhang mit den Zugangswegen nach Westberlin kam und daß die in Europa stets gegenwärtige Angst vor dem Aufflammen eines ernsten Ost-West-Konflikts mit Europa als Schlachtfeld weitgehend schwand. Den Europäern auf beiden Seiten des Eisernen Vorhangs vermittelte die Entspannung das Gefühl, das Leben auf ihrem Kontinent werde vielleicht zu guter Letzt wieder so werden, wie es einmal gewesen war und sein sollte.

Diese Stimmung wurde durch den sowjetischen Einmarsch nach Afghanistan Ende 1979 und die übermäßige und unüberlegte Reaktion der US-Regierung, die zu einem abrupten Abbruch der normalen Kommunikation zwischen den Supermächten führte, schwer beeinträchtigt. Die Auswirkungen auf die europäischen Verbündeten machten sich sogleich und in einer Weise geltend, die sich vollkommen von früheren Reaktionen in ähnlichen Situationen unterschied. Peter Bender schreibt dazu in seinem interessanten Buch *Das Ende des ideologischen Zeitalters:*

> Die Krise, die infolge von Afghanistan ausbrach, unterschied sich ... von allen vergleichbaren Vorgängen früher: Es handelte sich um den ersten Ost-West-Konflikt, der die Bündnisse nicht festigte, sondern teilte. Seit die NATO und der Warschauer Pakt bestanden, gab es nichts, was jede Allianz so schnell und wirksam einte wie ein Konflikt mit dem anderen ‚Lager‘ ... Erstmals ... funktionierte dieser Mechanismus nicht – und zwar auf beiden Seiten. In Konflikt gerieten über die sowjetische Besetzung Afghanistans nur die Amerikaner und Russen; die Europäer zwischen Bug und Atlantik distanzierten sich von ihren Vormächten. ... Die Europäer versicherten den Vormächten zwar unverbrüchliche ‚Solidarität‘ und verweigerten nicht förmlich die Gefolgschaft, doch ihre politische Energie konzentrierten sie darauf, die Krise vom eigenen Kontinent fernzuhalten. Washington, vielleicht auch Moskau, schien zeitweise mit seinen Verbündeten nicht weniger Mühe zu haben als mit dem Gegner.

In der deutschen Politik zeigte sich ein ganz ungewohntes Moment: Zu einer Zeit, da das sowjetisch-amerikanische Verhältnis so belastet war wie schon lange nicht mehr, waren die Beziehungen zwischen der Bundesrepublik und der DDR so eng wie noch nie seit der Gründung beider Staaten.

In den Monaten danach trat dieser neue Zug zunehmend deutlicher hervor. In Westeuropa verschärfte sich die Kritik an der amerikanischen Politik während der letzten Amtsmonate Carters und der Anfangsphase der Amtszeit Reagans. Natürlich hatte es auch schon früher Kritik genug an den USA gegeben: Charles de Gaulle hatte, solange er französischer Staatspräsident war, den europäischen Regierungen immer wieder einzuschärfen versucht, die Vereinigten Staaten seien kein seriöser, verläßlicher Partner, und 1975 hatte Henry Kissinger sich über die Feindseligkeit der Europäer beklagt. Was aber früher einer Verärgerung der europäischen Regierungen über amerikanische Verstöße gegen das Gebot wechselseitiger Konsultationen oder über den Hang der Amerikaner, sie als zweitrangige Juniorpartner zu behandeln, entsprungen war, äußerte sich nun verstärkt in einem heftigen öffentlichen Unbehagen an der Richtung der amerikanischen Politik. Namentlich als die neue US-Regierung ihre Absicht zu erkennen gab, die Aufrüstung stark zu forcieren, um die behauptete sowjetische Überlegenheit in einigen Bereichen wettzumachen, und als sie ihre NATO-Partner im Hinblick auf die Stationierung neuer Atomwaffen (Marschflugkörper und Pershing-II-Raketen mittlerer Reichweite) in Europa unter Druck setzte, wurde die Kritik zusehends lauter. Die Maßnahmen Präsident Reagans und der Tenor seiner Reden – sein Aufruf zu einem nationalen Kreuzzug zur Wiederherstellung der Größe und Macht Amerikas und seine maßlosen Attacken auf die perfiden Sowjets – lösten bei den europäischen Verbündeten schwerste Beunruhigungen aus. Die Kommentatoren in den Partnerländern sparten nicht mit bissiger Kritik an dieser neuen Militanz; sie wiesen darauf hin, daß die Amerikaner, indem sie die Entspannungspolitik als Zeichen moralischer Schwächlichkeit abtaten, nur zeigten, daß sie die Mechanismen internationaler Politik nicht begriffen oder daß sie vergessen hatten, daß die meisten Kriege nicht durch zuviel Entgegenkommen oder Friedfertigkeit bewirkt wurden, sondern durch Unbedachtheit, rücksichtsloses Vorpreschen und die Angst, an Prestige zu verlieren. Sie zitierten zustimmend die Worte des Kanzlers der Bundesrepublik Deutschland, Helmut Schmidt: „Wir können uns keine Gesten der Stärke leisten und keine markigen Zeichen der Unerschütterlichkeit. Wir haben die Schnauze voll davon."

Bedeutsamer noch war das plötzliche, sprunghafte Anwachsen der Friedensbewegung in Europa. Diese außerparlamentarische Koalition aus Linkssozialisten, militanten Christen, Pazifisten, Umweltschützern, Bürgerinitiativen, alternativen Gruppen und Aktivisten aller Art fand größeren Zulauf als alles, was es seit der Bewegung für einseitige atomare Abrüstung in Großbritannien und der westdeutschen Anti-Atom-Kampagne in den 50er Jahren an politischen Massenbewegungen gegeben hatte. Im Mai 1980 demonstrierten in Bremen Tausende gegen ein feierliches öffentliches Rekrutengelöbnis der Bundeswehr zum 25. Jahrestag der Gründung der NATO; es kam zu blutigen Zusammenstößen, und am Ende zählte man auf seiten der Polizei 257 und auf seiten der Demonstranten mindestens 50 Verletzte. Im April 1981 versammelten sich anläßlich des Jahrestreffens der NATO-Verteidigungsminister in Bonn 25 000, im Mai noch einmal 40 000 Demonstranten, um gegen die Stationierung neuer Pershing-Raketen in Westdeutschland zu protestieren. Ähnliche Kampagnen fanden in Belgien, Dänemark und Norwegen statt; und in den Niederlanden gingen die Stationierungsgegner aus den Wahlen vom Mai 1981 als stärkste Parlamentsfraktion hervor. Die NATO-Strategen sahen hierin die größte Erschütterung der Allianz seit dem Rückzug Frankreichs aus der militärischen Kommandostruktur des Bündnisses im Jahre 1966. Es kam die Befürchtung auf, die „holländische Krankheit" werde sich womöglich ausbreiten und die Rücknahme des Stationierungsbeschlusses erzwingen, und dies werde dann letzten Endes zu einer Lähmung, wenn nicht gar zum Zerbröckeln des NATO-Bündnisses führen.

All dies hätte für die Sowjets Anlaß zur Genugtuung sein können, hätten sie nicht zur gleichen Zeit ihre eigenen Sorgen gehabt. Die Zeit war längst vorbei, da eine gemeinsame Ideologie allein ausreichte, um den Ostblock zusammenzuschmieden. Zwar war es nach der Loslösung Jugoslawiens 1948 nicht mehr zu ähnlich spektakulären Machteinbußen für die Sowjets gekommen, doch hatte es im sowjetischen Herrschaftsbereich immer wieder Zeichen der Unzufriedenheit gegeben, sowie sporadische Ausbrüche eines vehementeren und gewaltsamen Protests wie 1953 in der DDR, 1956 in Ungarn und 1968 in der Tschechoslowakei. Und als es in Polen 1979 infolge wirtschaftlicher Probleme zu einem Aufbegehren der Arbeiter kam, bedrohte dies, nicht zum ersten Mal, ernstlich die sowjetische Vorherrschaft. Die Russen zögerten offensichtlich, darauf mit militärischer Unterdrückung zu antworten, wie sie es in den 50er und 60er Jahren getan hatten, denn es war ganz offensichtlich, daß sich in der DDR, die im allgemeinen als der zuverlässigste Partner galt, eine starke Opposition abzuzeichnen begann gegen die, wie es in einem im Januar 1978 im Westen veröffentlichten geheimen Manifest hieß, „roten Päpste im Kreml". Die neue polnische Krise signalisierte in der Tat eine Krise des kommunistischen Systems. Wie Bender schrieb: „Der politische Osten hat verloren, was ihn einst von der übrigen Welt unterschied, seine Ideologie: Sie motiviert nicht mehr, sondern legitimiert nur noch; der Glaube der Revolutionäre erstarrte zum Dogma der Funktionäre", die sich allzuoft nur durch Plumpheit, Gleichgültigkeit gegenüber den lokalen Gegebenheiten und Dummheit auszeichneten. In der Periode der Entspannung hatten die Staaten des Ostblocks, so Bender, große Fortschritte in ihrer Entwicklung zu normalen Staaten gemacht; sie hatten sich gewünscht, regelmäßige Beziehungen zu anderen Staaten aufzunehmen, die nicht durch ideologische Vorurteile beeinträchtigt wurden. Sie hatten gelernt, daß solche Beziehungen ihnen Vorteile einbrachten, die ihnen verschlossen geblieben waren, solange sie in ideologischer Isolation gelebt hatten. Und wie ihre westlichen Nachbarn hatten sie die möglichen Konsequenzen der Machtpolitik der Sowjetunion und ihres Abenteurertums in der Dritten Welt gefürchtet.

Die neue Bipolarität, die sich nach dem Scheitern des sowjetisch-amerikanischen Entspannungsexperiments herstellte, war somit keineswegs ein so monolithisches Gebilde, wie die Supermächte es sich gewünscht hätten. Sowohl die NATO als auch der Warschauer Pakt machten sich Sorgen über die mangelnde Begeisterung für ihre Ziele oder ihre bloße Existenz; im allgemeinen Bewußtsein schlug sich all dies in einem zunehmenden Widerwillen gegen die fortwährende Unterordnung unter die Vereinigten Staaten bzw. unter die Sowjetunion nieder. Unter den Intellektuellen erwachte plötzlich ein Interesse an der ,,Europäisierung Europas". Die Möglichkeit eines neutralisierten Europas oder zumindest einer atomwaffenfreien Zone, welche die beiden deutschen und vielleicht noch einige unmittelbar angrenzende Staaten umfassen könnte, wurde zum Gegenstand lebhafter Diskussionen. Ebenso die Idee einer europäischen Verteidigungsgemeinschaft, die die Errungenschaften der Entspannung bewahren würde, in der die Bindungen der Mitgliedsländer untereinander stärker würden als ihre Bindungen an die Supermächte und die zu guter Letzt die NATO und den Warschauer Pakt überflüssig machen würde. Viele Ideen wurden geboren, von denen die meisten vor dem Hintergrund der politischen Realitäten der Zeit zweifellos undurchführbar waren. Ihnen allen gemeinsam war jedoch der Wunsch, die Europäer von Bindungen zu befreien, die sie unweigerlich zu Teilhabern der Gefahren und Risiken jener neuen und gefährlichen Rivalität machen würden, die sich zwischen der Sowjetunion und den Vereinigten Staaten entsponnen hatte. Gegen Ende 1981 war diese Stimmung eher im Zu- als im Abnehmen begriffen, und man konnte kaum daran zweifeln, daß diese Entwicklung, falls sie anhielt, unweigerlich eine Wesensveränderung des internationalen Systems – und zwar nicht notwendigerweise zum Schlechten hin – nach sich ziehen würde.

II

In Zusammenhang mit diesen Entwicklungen und sie verstärkend steht ein anderer Trend, der möglicherweise einen tiefgreifenden Einfluß auf den zukünftigen Kurs der europäischen Staaten, der Dritten Welt und anderer Mitglieder der internationalen Gemeinschaft ausüben wird: das Phänomen der ,,komplexen Interdependenz" zwischen Staaten und Völkern, insbesondere im wirtschaftlichen Bereich, zunehmend aber auch im Bereich der lebenswichtigen ökologischen Systeme und der Biosphäre. Die zunehmende Abhängigkeit voneinander bietet Anreize zur Zusammenarbeit zwischen den Staaten und ist, zumindest der Möglichkeit nach, geeignet, einigen der traditionellen Formen des Wettbewerbs und der Rivalität die Spitze abzubrechen.

Die Entstehung komplexer Interdependenzen und die mit ihnen verbundenen Veränderungen machen bedeutsame Modifikationen der traditionellen „realistischen" Prämissen erforderlich, die hinsichtlich der wesentlichen Grundzüge internationaler Systeme und internationaler Politik bisher gegolten haben. So sehen wir etwa die lange Zeit selbstverständliche Voraussetzung, daß die Staaten die beherrschenden Akteure auf der weltpolitischen Bühne sind, dadurch in Frage gestellt, daß in zunehmender Zahl und mit zunehmendem Gewicht nicht-staatliche Akteure in Erscheinung treten, multinationale Unternehmen beispielsweise, die mehr oder weniger unabhängig von den Regierungen der betroffenen Länder eine grenzüberschreitende Geschäftätigkeit entfalten. Die oben erwähnte, realistische Voraussetzung nämlich, daß Staaten in den internationalen Beziehungen als einheitlich agierende „juristische Personen" auftreten, bedarf einer grundlegenden Modifizierung angesichts der beobachtbaren Tatsache, daß Untereinheiten der einzelnen nationalen Regierungen in wachsendem Maß dazu neigen, in bestimmten unter ihre Zuständigkeit fallenden Angelegenheiten direkt miteinander in Verhandlung zu treten, manchmal unter weitgehender Ausschaltung der Weisungs- oder Kontrollfunktionen der verantwortlichen staatlichen Amtsträger. Das wurde beispielsweise in der Entwicklung der Beziehungen zwischen den beiden deutschen Staaten nach 1970 in einigen Bereichen deutlich.

Eine andere traditionelle realistische Annahme, die in Frage gestellt werden muß, ist die althergebrachte Überzeugung, daß die „hohe Politik" der militärischen Sicherung der Nation Priorität vor der „niederen Politik", die sich etwa um wirtschaftliche und soziale Belange kümmert, genieße. Tatsächlich haben nichtmilitärische Fragen – Fragen beispielsweise der internationalen Währungspolitik, Probleme des Handels und der Warenpreise – im Rahmen der zwischenstaatlichen Beziehungen immer mehr an Bedeutung gewonnen, so sehr, daß an der Spitze der außenpolitischen Prioritätenliste eines Landes heute nicht mehr in jedem Fall Fragen der nationalen Sicherheit im militärischen Sinn stehen.

Auch die traditionelle realpolitische Prämisse, daß Gewalt ein brauchbares und wirksames Mittel der Außenpolitik darstellt, bedarf einer beträchtlichen Einschränkung, insbesondere soweit es die Großmächte betrifft. Die Anzeichen dafür mehren sich, daß militärische Macht und die Androhung von Gewalt als Mittel zur Lösung von Konflikten zwischen Supermächten zunehmend an Tauglichkeit verlieren, und dies nicht bloß, weil Atomwaffen von begrenztem Nutzen für die begrenzten Aufgaben des diplomatischen Alltags sind. Die Supermächte empfinden ihrerseits Hemmungen, Gewalt als Mittel der Politik gegenüber zweit- und drittrangigen Mächten anzuwenden. „Mittlere" und „schwache" Staaten dagegen machen, zumal ihnen der Zugang zu konventionellen Waffen immer leichter gemacht wird, weiterhin in erheblichem – es gibt Leute, die sagen: in zunehmendem –

Maß von militärischer Gewalt Gebrauch, um ihre außenpolitischen Ziele zu erreichen.

In dem Maße, wie die Gewalt als Instrument der Entscheidung von Interessenkonflikten an Bedeutung und Zweckmäßigkeit verliert, gewinnt die Anwendung nichtmilitärischer Formen von Macht und Einfluß in bestimmten Problembereichen an Gewicht. Anders gesagt: auf verschiedenen Gebieten ist die militärische Macht nicht mehr so funktional, wie sie einmal war. Versuche seitens stärkerer Mächte, ihre militärische Überlegenheit zu gebrauchen, um Vorteile in bestimmten nichtmilitärischen Konfliktbereichen zu erzwingen – wie im Streit um Fischereirechte, Öl- oder Kaffeepreise – verlieren an Wirkung und werden nicht mehr so häufig unternommen.

III

All dies wird zweifellos die zukünftige Struktur des internationalen Systems beeinflussen und wird dazu beitragen, daß neue Verfahrensweisen zur Bewältigung von einander überschneidenden Interessen zwischen den Nationen geschaffen werden. Es fällt auf, daß sich Fortschritte bei der Strukturierung und Handhabung zwischenstaatlicher Beziehungen oft ad hoc ergeben, im Zusammenhang mit spezifischen Sachfragen. Für manche allgemein interessierende Probleme hat man internationale Organisationen wie die Weltgesundheitsorganisation, die Internationale Postvereinigung und in neuerer Zeit die Internationale Atomenergiebehörde berufen. Daneben gibt es für die Behandlung spezieller Probleme eine ganze Reihe unverbindlicherer, weniger formalisierter Verhandlungsmöglichkeiten. Solche mehr oder weniger institutionalisierten Formen der Zusammenarbeit beruhen im typischen Fall auf einem von den interessierten Parteien zur Regulierung ihrer Beziehungen in einem bestimmten Sachbereich ausgearbeiteten Sortiment von Verfahrensweisen und Verhaltensregeln. Seit Ende des Zweiten Weltkriegs sind für ein breites Spektrum von Sachgebieten solche Statuten geschaffen worden, die die Zusammenarbeit der Staaten bzw. der staatlichen und nichtstaatlichen Subsysteme regeln und koordinieren: so etwa für die Entwicklungshilfepolitik, den internationalen Umweltschutz, die Erhaltung der Fischbestände, die Kontrolle der multinationalen Unternehmen, die internationale meteorologische Zusammenarbeit, für Ernährungspolitik, die Schiffahrt, die Telekommunikation, die Währungspolitik und natürlich den Welthandel. In bezug auf Verbindlichkeit, Umfang, Lückenlosigkeit und Wirksamkeit variieren die in diesen Bereichen jeweils ausgehandelten Vereinbarungen beträchtlich.

Die Tatsache, daß die Staaten sich in zunehmendem Maß solcher Formen der Zusammenarbeit bedienen, um ihre Beziehungen zu strukturieren und zu ordnen, stellt eine der interessantesten und ermutigendsten Entwicklungen in der gegenwärtigen Weltpolitik dar. Während die Errichtung einer funktionsfähigen Weltregierung nach wie vor eine Utopie bleibt, können die institutionalisierten sachbezogenen Verhandlungsforen durchaus die eine oder andere Aufgabe einer Weltregierung übernehmen. Mit der Einrichtung eines internationalen Verhandlungsforums schaffen die beteiligten Parteien de facto eine legislativ tätige Körperschaft. Die Existenz und die Arbeit solcher Verhandlungsforen fungiert auf Teilgebieten als eine Art Ersatz für eine zentrale Weltregierung, die, würde sie existieren, aller Voraussicht nach die legislative und exekutive Durchsetzung von Vereinbarungen zur Bewältigung spezifischer Probleme übernehmen würde.

Man darf hoffen, daß wir uns in dem Maße, in dem bestehende Regierungssysteme sich verbessern und der Trend in Richtung auf komplexe wechselseitige Abhängigkeiten sich fortsetzt, wir uns auf umfassendere Strukturen zubewegen, die durch die heute gegebenen Blöcke und Subsysteme laufen und schließlich und endlich zu einer eng verflochtenen internationalen Gemeinschaft führen werden. Wir dürfen auch hoffen, daß, wenn eine solche Entwicklung erst einmal in Gang gekommen ist, das Gewebe konstruktiver Beziehungen, in das die Staaten einbezogen werden, und die allseitigen Vorteile, die ihnen ihre Einbindung in dieses System bescheren wird, das Konfliktpotential entschärfen werden, das sich möglicherweise in anderen, noch nicht adäquat reglementierten Beziehungen ansammeln wird.

Obgleich sich diese ermutigende Perspektive auf identifizierbare Entwicklungstrends und heute noch ungenützte Möglichkeiten stützt, werden Fortschritte in diese Richtung, wenn überhaupt, dann allenfalls langsam vonstatten gehen. Das Tempo, mit dem die Bausteine für eine lebensfähigere, stabilere und friedlichere Weltordnung zusammengetragen werden, wird sicherlich sehr ungleichmäßig und unterschiedlich sein, sowohl innerhalb der nationalen als auch zwischen den verschiedenen regionalen Gruppierungen der entwickelten und der unterentwickelten Staaten, Interessenkonflikte bilden sich ja nicht nur entlang regionalen Verwerfungslinien – in Gestalt beispielsweise des ,,Nord-Süd-Konflikts" über die Verteilung und den Umgang mit finanziellen und materiellen Ressourcen oder des Tauziehens zwischen den Ölförderländern des Nahen Ostens und ihren westlichen Abnehmern –, sondern brechen mitunter auch innerhalb eines regionalen Staatenverbands aus, man denke etwa an die Differenzen zwischen den EG-Mitgliederstaaten auf landwirtschaftspolitischem Gebiet, an die Gegensätze zwischen gewissen arabischen Staaten, die aus ihrer unterschiedlichen Haltung gegenüber Israel resultieren, oder an die Rivalitäten und Zusammenstöße zwischen benachbarten Staaten in Afrika, im Vorderen Orient und in Südostasien. Das Weltsystem wird weiterhin von gefährlichen Krisen, von Kriegen und Kriegsdrohungen erschüttert werden. Aus dieser Einsicht lassen sich wichtige Schlüsse in bezug auf das Studium und die Praxis der internationalen Beziehungen ableiten, und auf einige davon werden wir unser Augenmerk im zweiten Teil dieses Buches richten.

Zweiter Teil

Systemerhaltung:
Probleme der Gewaltanwendung
und der Diplomatie

12. Verhandlungen

Im Lauf der letzten drei oder vier Jahrhunderte haben sich – wie wir oben bereits ausgeführt haben – die Voraussetzungen der Diplomatie sowohl im internationalen als auch im innenpolitischen Rahmen drastisch verändert, und Fortschritte in der Kommunikations- und Verkehrstechnik haben zur Entwicklung neuer diplomatischer Arbeitsmethoden geführt. Dennoch sind Verhandlungen das wichtigste Instrument der Diplomatie geblieben, und ihre Taktiken haben sich nicht wesentlich verändert. Allerdings können wir feststellen, wenn wir unsere Aufmerksamkeit auf die spezifischen Wesensmerkmale des diplomatischen Verhandelns richten, daß in der Art und Weise, wie die Staaten sich seit Beginn der Neuzeit um die Bewältigung von Interessenkonflikten und die Förderung ihrer wechselseitigen Interessen bemüht haben, sowohl Elemente der Kontinuität als auch solche des Wandels sichtbar werden.

Voraussetzungen für das Zustandekommen von Verhandlungen

Wie Fred C. Iklé einmal geschrieben hat, sind, unabhängig vom situativen Kontext oder der zur Debatte stehenden Frage, ,,normalerweise zwei Dinge nötig, damit Verhandlungen stattfinden können: Es muß sowohl gemeinsame Interessen als auch Konfliktstoff geben. Ohne gemeinsame Interessen gäbe es nichts, wofür man verhandelt, ohne Konflikt nichts, worüber man verhandelt." Aus dieser Feststellung ergeben sich nützliche Fragestellungen für eine Untersuchung der Bemühungen, die zu Verhandlungen führen, rückt sie doch eine der zentralen Ursachen für das Gelingen oder Mißlingen solcher Bemühungen in ein helles Licht. Man sollte jedoch bedenken, daß Regierungen manchmal aus bestimmten Erwägungen heraus in Verhandlungen eintreten, selbst wenn ihnen klar ist, daß ein gemeinsames Interesse nicht gegeben ist. Zum Beispiel kann die Weigerung einer Regierung, sich an den Verhandlungstisch zu setzen, politischen Schaden im eigenen Land oder den Ruf der Unflexibilität im Ausland bringen, was sich nachteilig auf ihre Beziehungen zu Verbündeten und Neutralen auswirken könnte. Auch in diesem Fall kann es sein, daß die beteiligten Parteien, selbst wenn sie eine Einigung weder erwarten noch wünschen, Verhandlungen aufnehmen mit dem Ziel, propagandistische Effekte auf Kosten der anderen Seite zu erzielen. Die Fälle, in denen Verhandlungen ausschließlich oder vorwiegend im Hinblick auf Nebeneffekte dieser Art aufgenommen worden sind, haben in dem Maße zugenommen, in dem die öffentliche Meinung und die Massenmedien im Zuge der diplomatischen Revolution an Bedeutung gewonnen haben. Schließlich gibt es auch noch die Möglichkeit, daß die eine oder die andere Seite oder beide einfach nur deshalb zu einem diplomatischen Gesprächsaustausch einladen, weil sie den Kontrahenten abtasten, bestimmte Informationen erlangen, ihn irreführen oder täuschen oder einfach ,,Kontakt halten" und das Miteinanderreden als Mittel zur Abwendung eines möglichen gewaltsamen Zusammenstoßes benutzen wollen. Solche Gründe, Verhandlungen selbst bei geringer oder fehlender Erfolgserwartung zu beginnen, spielen vermutlich ebenfalls heute eine größere Rolle als noch im 19. Jahrhundert.

Wie aus diesen Feststellungen hervorgeht, erschöpfen sich die Motive und Ziele diplomatischer Verhandlungen keineswegs in dem Bestreben, eine Einigung zu erzielen. Die eingangs dieses Kapitels zitierte Definition von Iklé bedarf daher insofern einer Präzisierung, als die von ihm genannten Voraussetzungen erfüllt sein müssen, wenn wirklich ernsthafte Verhandlungen mit dem Ziel, zu einer Übereinkunft irgendwelcher Art zu gelangen, zustande kommen sollen. Wir sollten auch festhalten, daß beide Parteien die Aussichten für eine Einigung möglicherweise unterschiedlich beurteilen. Es mag vorkommen – und auch dies ist möglicherweise heute häufiger der Fall als früher –, wenn eine Seite stärker an der Aufnahme von Verhandlungen interessiert ist, daß dann die weniger interessierte Seite versucht, Zugeständnisse dafür zu erwirken, daß sie überhaupt in Verhandlungen einwilligt.

Eine Typologie möglicher Verhandlungsergebnisse

Man kann die Ergebnisse, die durch Verhandlungen erreicht werden können, in vier Typenklassen einteilen, je nach der Eigenart der dabei erzielten Vereinbarungen.

1. *Bestätigende Abkommen* beinhalten eine formelle Ratifizierung oder Verlängerung bereits gültiger Vereinbarungen. Als Beispiele lassen sich die Verlängerung von Zollverträgen oder die Erneuerung von Verträgen zur Nutzung überseeischer Militärstützpunkte anführen.
2. *Normalisierungs-Abkommen* beenden eine anormale Situation in den Beziehungen zwischen zwei oder mehr Staaten. Sie können etwa die Wiederaufnahme diplomatischer Beziehungen, die Beendigung eines Handelskriegs oder die Ausrufung eines Waffenstillstands beinhalten.
3. *Umverteilungs-Abkommen* bieten einer Seite auf Kosten der übrigen Beteiligten Vorteile. Beispiele: die Änderung von Grenzverläufen, die Neuaufteilung von Marktanteilen oder politischen Einflußsphären oder die Neufestsetzung finanzieller Beiträge zu bilateralen oder multilateralen Organisationen.

4. *Innovative Abkommen* sanktionieren neue Verabredungen oder Projekte, von denen beide Seiten sich einen (wenn auch nicht unbedingt gleich großen) Nutzen versprechen. Zu diesem Typus gehören die Gründungsverträge der Europäischen Wirtschaftsgemeinschaft und der Internationalen Atomenergiebehörde, der Österreichische Staatsvertrag von 1955, der das Land aus der Kontrolle der vier Siegermächte des Weltkriegs in die Unabhängigkeit als neutraler Staat entließ, und das Allgemeine Zoll- und Handelsabkommen (GATT) von 1947, das den Weg zu Zollsenkungen und zur Beseitigung anderer Handelsbarrieren ebnete.

Je nachdem, welcher Abkommenstyp angestrebt wird, können zwischen den zugehörigen Verhandlungsprozessen selber inhaltliche und situative Unterschiede bestehen. Wenn bei den beteiligten Parteien eine Reihe bedeutsamer Fragen zur Debatte stehen, kann es vorkommen, daß mehrere Abkommen verschiedenen Typs gleichzeitig verhandelt werden.

Diplomatische Verhandlungen sind im wesentlichen Kommunikations- und Interaktionsprozesse, die eine Anzahl von Aufgaben und Entschlüssen nach sich ziehen. Diese Aufgaben überschneiden und bedingen einander in der Praxis, sollen aber hier zu analytischen Zwecken gesondert dargestellt werden.

Klärung von Verfahrensfragen und Aufstellung einer Tagesordnung

Bevor inhaltlich verhandelt wird, manchmal sogar schon bevor die Beteiligten sich verbindlich auf die Aufnahme von Verhandlungen festlegen, müssen sie sich über Zeit und Ort, eine Tagesordnung und andere Modalitäten einig werden, wie etwa über Protokollfragen und über die Frage, auf welcher diplomatischen Ebene (ob auf Außenminister-, Botschafter- oder nachgeordneter diplomatischer Ebene) die Gespräche stattfinden sollen. Über jede dieser Verfahrensfragen kann es zu Meinungsverschiedenheiten kommen. Eine langwierige Auseinandersetzung um Verfahrensfragen kann geradezu ein böses Omen für Verhandlungen sein, indem es anzeigt, wie weit die beiden Seiten auch in den inhaltlichen Fragen voneinander entfernt sind, oder indem es den Grad des zwischen ihnen herrschenden Frosts oder Mißtrauens widerspiegelt. Denkbar ist auch, daß eine Seite Uneinigkeiten in Verfahrensfragen bewußt zu taktischen Zwecken ausnützt – um Nebengewinne, wie etwa propagandistische Effekte einzustreichen, um Härte und Entschlossenheit zu demonstrieren, um Zugeständnisse zu erwirken oder sich in eine vorteilhafte Verhandlungsposition zu bringen. Streitigkeiten über Verfahrensfragen gleich zu Beginn von Verhandlungen scheinen in unserer heutigen Zeit sehr viel häufiger vorzukommen als früher. Daß das Tauziehen um scheinbar nebensächliche verfahrenstechnische Probleme heute mit einer Hartnäckigkeit betrieben wird, die früheren Diplomatengenerationen fremd war, hat sicherlich damit zu tun, daß wir in einem Zeitalter leben, in dem erbitterte ideologische und andere Differenzen an die Stelle der kulturellen Homogenität getreten sind, die das alte europäische System kennzeichnete und diplomatische Prozesse erleichterte. Bei den Friedensverhandlungen in Korea 1951, den Vietnam-Friedensgesprächen und der Genfer Friedenskonferenz nach dem arabisch-israelischen Krieg vom Oktober 1973 gab es langwierige und erbitterte Auseinandersetzungen über die Tagesordnung und über Protokollfragen bis hin zu so trivialen Dingen wie der Form des Verhandlungstisches und der Sitzordnung der Delegationsmitglieder. Man sah in solchen Äußerlichkeiten Dinge, die den Status der beteiligten Delegationen definierten oder reflektierten, und maß ihnen daher symbolische Bedeutung bei. Was die Tagesordnung betrifft, so kann es vorkommen, daß die Parteien sich weder darüber einigen können, welche Fragen überhaupt behandelt werden sollen, noch darüber, wie die einzelnen Punkte formuliert werden und in welcher Reihenfolge sie zur Sprache kommen sollen.

Informationsbeschaffung und Informationsaustausch

Häufig versuchen die beteiligten Parteien im Eröffnungsstadium von Verhandlungen oder in ,,sondierenden Gesprächen", die Interessenkonflikte und gemeinsamen Anliegen, die sie an den Verhandlungstisch geführt haben, präzise zu bestimmen, manchmal mit dem Ziel, bereits in dieser Verhandlungsphase ursprüngliche Annahmen und Überzeugungen hinsichtlich der Chancen für eine Einigung zu verifizieren oder zu korrigieren. Ist das gemeinsame Interesse an einer Einigung wirklich stark genug, und sind die Interessengegensätze nicht vielleicht so schroff, daß gar keine echte Möglichkeit besteht, eine für beide Seiten zufriedenstellende Lösung auszuarbeiten?

Um diese Frage beantworten zu können, versucht jeder der Beteiligten, von der anderen Partei eine eindeutige, bindende und einigermaßen konkrete Darlegung ihrer Forderungen zu erhalten. Normalerweise kann man damit rechnen, daß jede Seite zu Beginn ihre Maximalforderungen nennen wird, im Verlauf der Verhandlungen dann aber durch Überzeugungsarbeit beziehungsweise entsprechende Gegenleistungen dazu gebracht werden kann, zumindest an einigen dieser ursprünglichen Forderungen Abstriche zu machen. An einem Punkt der Verhandlungen fordert die eine Seite möglicherweise die andere auf, eine allgemeine Zusicherung abzugeben, daß sie unter bestimmten Bedingungen bereit sein wird, einige ihrer Forderungen zu mäßigen.

Häufig kommt es vor, daß eine Seite festzustellen versucht, ob die andere in ehrlicher Einigungsabsicht verhandelt, ob sie entschlossen ist, alle Möglichkeiten zur Erzielung eines für beide Seiten akzeptablen Ergebnisses aus-

zuschöpfen, ob sich zwischen den Delegationen eine Atmosphäre vertrauensvoller Zusammenarbeit herstellen läßt und ob das Fundament des gegenseitigen Vertrauens und die grundsätzliche Bereitschaft zum Kompromiß in
einem Maße vorhanden sind, das es sinnvoll erscheinen läßt, in ernsthafte
und substantielle Verhandlungen einzutreten. Oft finden diese Fragen keine
schlüssige Antwort, und es braucht unter Umständen viel Zeit und Geduld,
bis alle Beteiligten sich zu der Überzeugung durchgerungen haben, daß es an
der Zeit ist, in die nächste Verhandlungsphase einzutreten.

Ausloten des Konzessionsspielraumes der anderen Seite

Jede Seite wird, nachdem sie sich einmal Klarheit über die Maximalforderungen der anderen Seite verschafft hat, versuchen, deren Minimalvorstel-
lungen zu erkunden, also herauszufinden, mit welchem Ergebnis sie sich
gerade noch zufriedengeben wird. Die Maximalforderungen und die Minimalziele jeder Seite markieren die beiden Pole ihres Konzessionsspielraums;
da für jede Seite die Minimalziele eine Linie markieren, hinter die sie sich in
den Verhandlungen auf keinen Fall zurückdrängen lassen wird, spricht man
in diesem Zusammenhang manchmal auch von ihrem ,,Widerstandspunkt".
Auszuloten, wie weit der Konzessionsspielraum der anderen Seite geht,
und an welcher Stelle man auf ihren Widerstandspunkt stößt, ist selten eine
leicht, schnell oder zuverlässig zu lösende Aufgabe. Jeder Verhandlungspartner wird verständlicherweise bestrebt sein, nicht vorzeitig preiszugeben,
worin seine Minimalziele bestehen. Er wird dies, da es sich dabei um eine für
die Gegenseite wertvolle Information handelt, nur tun, wenn er sicher ist,
daß sein Gegenüber seine Minimalforderungen ebenfalls offenbart. In den
meisten Fällen wird keine Seite bereit sein, von ihren Maximalforderungen
abzuweichen und ihre Minimalziele vollkommen preiszugeben, wenn sie
nicht die Gewißheit hat, daß die Gegenseite dasselbe tun wird. Dies macht
wieder einmal deutlich, wie wichtig es ist, sich bei Verhandlungen in Geduld
zu üben, bis sich ein Klima des Vertrauens und der Bereitschaft zu Gegenleistungen eingestellt hat. Aber auch wenn es einmal soweit ist, werden die
Verhandlungspartner möglicherweise ihre wahren Minimalforderungen vor-
einander verbergen, auch nachdem sie begonnen haben, ihre Maximalforderungen zu reduzieren. Man muß daher unterscheiden zwischen einem ,,si-
mulierten" und einem ,,echten" Widerstandspunkt. Wie auch immer, irgendwann wird (oder werden) vielleicht eine Seite (oder beide Seiten) an
einen Punkt kommen, wo sie feststellen müssen, daß es zwecklos ist, weiter-
zubohren, um den ,,echten" Widerstandspunkt der anderen Seite herauszufinden.
In diesem Stadium können die beiden Seiten, nachdem sie den Konzessionsspielraum der jeweils anderen bis zum vermuteten Widerstandspunkt
hin ausgelotet haben, feststellen, wie weit sie von einer Einigung entfernt

sind, und können die Breite der Kluft zwischen ihren erklärten Minimalzielen abschätzen. Es ist in dieser Phase für alle Beteiligten wichtig, zu beurteilen, ob es irgendwo zwischen den beiden Widerstandspunkten einen oder mehrere Bereiche gibt, die die Möglichkeit für Abkommen offenlassen, mit denen sich zu begnügen vielleicht beiden Seiten lieber ist, als zu gar keiner Einigung zu kommen. Dieses Stadium des Verhandlungsprozesses ist in Abb. 6 schematisch dargestellt.

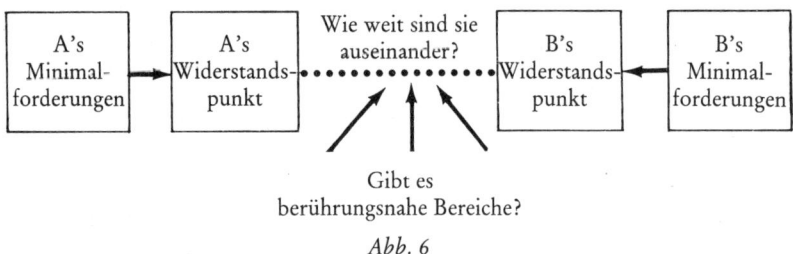

Abb. 6

Wenn die Verhandlungspartner den Eindruck gewinnen, daß die Kluft zwischen den Widerstandspunkten zu tief und zu breit ist, als daß eine Einigung möglich erscheint, werden sie sich womöglich fragen, ob eine Fortsetzung der Verhandlungen sinnvoll ist. Es kommt zu einer Phase des Stillstands, in der vielleicht weitere Versuche unternommen werden, den Widerstandspunkt der anderen Seite zu eruieren und zu verschieben. Hieraus mag eine gewisse Annäherung resultieren. Wenn sich die Aussichten auf eine Verhandlungslösung dennoch nicht spürbar zu verbessern scheinen, hält die Phase des Stillstands womöglich weiter an. Die eine oder andere Seite – oder auch beide – wird in einer solchen Phase die Verhandlungen vielleicht für propagandistische Ziele oder andere Nebeneffekte nutzen. Oder beide einigen sich darauf, ihren Regierungen Bericht zu erstatten und um neue Instruktionen zu bitten. Und schließlich gibt es die Möglichkeit, daß die Verhandlungen im gegenseitigen Einvernehmen vorübergehend unterbrochen oder ganz abgebrochen werden; es kann auch sein, daß eine Seite die Verhandlungen von sich aus abbricht. Manchmal wird eine Seite (oder werden beide Seiten) kleinere Zugeständnisse machen, einfach um die Verhandlungen in Gang zu halten oder wieder in Gang zu bringen.

Analyse des Widerstandspunkts der Gegenseite

Wenn sich berührungsnahe Bereiche abzeichnen, versucht jede Seite zunächst einmal, näheren Aufschluß über den Widerstandspunkt der anderen zu gewinnen. Welche Interessenlage, welche Sorgen und Einstellungen verbergen sich hinter dem Widerstandspunkt, den der Verhandlungspartner bezogen hat? Jede in bezug auf diese Frage relevante Information wird den

Beteiligten helfen herauszufinden, ob es Möglichkeiten gibt, die wesentlichen Forderungen der anderen Seite zu erfüllen, ohne zuviel von der eigenen Position preiszugeben. Solche Informationen können den Akteuren auch helfen, Mittel und Wege zu finden, wie sie die andere Seite zur Reduzierung oder Modifizierung ihrer Minimalforderungen bewegen können. In diesem Stadium des Verhandlungsprozesses versucht auch jede Seite, herauszufinden, wieviel dem Gegenüber an einer Einigung liegt. Steht er unter irgendeinem Zeitdruck oder unter dem Druck einer öffentlichen Meinung, die eine Lösung der anstehenden Probleme erwartet? Informationen, die begründete Mutmaßungen oder ein besseres Wissen darüber vermitteln, welche Motive sich hinter den erklärten Widerstandpunkten der anderen Seite verbergen, können jeder Seite wertvolle Hinweise für die Entwicklung ihrer Strategien des Überredens und Aushandelns geben.

Suche nach einem Bezugsrahmen oder Verfahrensgrundsatz für die Einigung

Wenn der Verhandlungsgegenstand sehr komplexer Natur ist, können die Partner versuchen, die Kluft zwischen ihren jeweiligen Widerstandpunkten in mehreren Stufen zu überbrücken. Ein denkbarer Weg wäre, einen Bezugsrahmen oder Verfahrensgrundsatz für die Einigung zu definieren, ein allgemeines Prinzip, das als Leitlinie für die Ausarbeitung der konkreten Details einer Übereinkunft dienen kann. Es mag Schwierigkeiten bereiten, sich auf einen solchen Generalnenner zu einigen, weil eine Seite möglicherweise in einem diesbezüglichen Vorschlag der anderen Seite eine einseitige Festlegung sieht, die bereits ein bestimmtes Verhandlungsergebnis präjudiziert. Zu den Referenzen und Generalnennern, die sich in der Vergangenheit als brauchbar erwiesen haben, gehören Begriffe wie ,,Macht`` und ,,Machtgleichgewicht`` (als leitende Prinzipien bei der Aufteilung von Territorien und Einflußsphären in der klassischen europäischen Ära), ,,sichere Grenzen`` (bei der Aushandlung von Friedensverträgen nach vielen Kriegen) und ,,Parität`` oder ,,strategisches Gleichgewicht`` bei den SALT-Verhandlungen.

Strategien des Überredens und des Aushandelns

Wenn beide Verhandlungspartner der Meinung sind, daß es innerhalb ihres Konzessionsspielraums berührungsnahe Bereiche gibt, in denen eine Einigung möglich ist, werden sie in eine Phase eintreten, in der sie durch Überreden und Feilschen versuchen werden, den anderen zu einem Abkommen zu bewegen. Es ist sinnvoll, ,,Strategien des Überredens`` von jenen des ,,Aushandelns`` zu unterscheiden. Bei ersteren steht der Versuch im Mittelpunkt, bei der anderen Seite Verständnis für die eigenen Forderungen und die Bedeutung, die man ihnen beilegt, zu wecken und ihr andererseits verständlich zu machen, weshalb man ihre Forderungen für überzogen und schwer zu akzeptieren hält. Man kann im Rahmen einer solchen Überzeugungsarbeit sowohl argumentativ an die rationale Einsicht als auch emotional an das moralische oder humanitäre Empfinden der anderen Seite appellieren.

Die Strategie des Aushandelns andererseits zeichnet sich durch Zugeständnisse, bedingte Angebote, das Versprechen von ,,Belohnungen" oder auch das Androhen von ,,Bestrafungen" aus. Auch Kompromißvorschläge, politische Tauschgeschäfte und Quidproquos können Elemente dieser Verhandlungsform sein. Das Feilschen im Rahmen dieser Strategie bereitet um so weniger Probleme, je besser die Wertmaßstäbe beider Seiten übereinstimmen.

Wenn es einer Seite gelingt, bei der anderen ein größeres Maß an Einsicht in gewisse allgemeinere, beide verbindende Interessen zu wecken und sie auf diese Weise zur Reduzierung ihrer Minimalforderungen zu bewegen, wird dies natürlich die Aussichten auf eine Einigung ebenfalls fördern. Solche Einsichten versucht man zuweilen durch eine Strategie der ,,Konjunktion" (,,linkage") zu wecken, d. h. eine Seite versucht, der anderen klarzumachen, daß ein Erfolg beziehungsweise ein Scheitern der gerade geführten Verhandlungen für sie positive bzw. negative Auswirkungen in anderen Bereichen nach sich ziehen wird.

Suche nach kreativen Lösungen

Verhandlungen, die sich festgefahren haben, nachdem alle Möglichkeiten, durch Überreden und Aushandeln zum Ziel zu kommen, erschöpft scheinen, nehmen manchmal eine unerwartete, erfolgversprechende Wendung, weil einer Seite oder einer außenstehenden Partei ein ganz neuer Lösungsweg einfällt. So ist es beispielsweise denkbar, daß durch die Einbeziehung eines breiteren Spektrums von Fragen und Themen in die Erörterung ein festgefahrener Verhandlungsprozeß wieder flottgemacht wird. Im Extremfall mag dies so weit gehen, daß beide Seiten in einem ganz umfassenden Sinn ihre Beziehung zueinander überprüfen. Möglicherweise gewinnen die Beteiligten durch Klärung oder Neubestimmung ihres Verhältnisses zueinander eine neue Perspektive über den zur Debatte stehenden Verhandlungsgegenstand.

Strategien des Aushandelns

In den letzten Jahrzehnten ist es häufig vorgekommen, daß die Delegationen verschiedener Länder bei Verhandlungen ganz unterschiedliche diplomatische Stilakzente setzten. Zwischen den Mächten, die das alte europäische Gleichgewichtssystem konstituierten, hatte es eine viel größere Einheitlichkeit in bezug auf diplomatische Stilformen und Strategien gegeben. Die

Diplomaten der klassischen Ära einigten sich auf ziemlich klar definierte Regeln des Interessenausgleichs und hielten sich im allgemeinen auch daran. Die diplomatische Revolution hat diesen Konsens und die kulturelle Homogenität, die das diplomatische Verhandeln im 19. Jahrhundert erleichterten, zunichte gemacht, und wenn heute Regierungen zu Verhandlungen zusammenkommen, bringen sie manchmal divergierende Vorstellungen hinsichtlich Sinn und Verlauf ihrer Verhandlungen mit. Diplomatische Vertreter totalitärer Staaten sehen in Verhandlungen oft nicht so sehr ein Mittel zur Lösung oder Entschärfung von Interessenkonflikten als eine andere Form des Austragens von Konflikten.

Man kann zwei Strategien des Aushandelns unterscheiden: die ausgleichsorientierte und die optimalisierende Strategie. Diplomaten aus Gesellschaften mit kommerzieller Tradition bedienen sich häufig einer ausgleichsorientierten Aushandlungsstrategie, d. h. sie bieten etwas an und fordern als Gegenleistung dafür nicht viel mehr als das, was sie für vernünftigerweise durchsetzbar und zumutbar halten. Dagegen halten sich Repräsentanten einer revolutionären oder totalitären politischen Kultur häufig an eine maximalistische Strategie, d. h. sie bieten möglichst wenig an und fordern möglichst viel und haben keine Skrupel, sich unmäßig zu zeigen, einzuschüchtern oder zu beleidigen. Diplomaten, die sich einer solchen optimalisierenden Strategie bedienen, neigen in der Regel weniger dazu, ihren wirklichen Widerstandspunkt zu offenbaren, und fühlen sich nicht verpflichtet, Zugeständnisse der anderen Seite zu honorieren.

Durchsetzbarkeit und Kontrollierbarkeit von Abkommen

Die Frage, ob ein Abkommen, sollte es erreicht werden, von der anderen Seite dann auch eingehalten wird, spielt während der Verhandlungen häufig eine Rolle und kann die Erwartungen hinsichtlich der Form der angestrebten Übereinkunft beeinflussen. Das heißt, daß bestimmte Lösungsmöglichkeiten für die anstehenden Fragen als weniger erstrebenswert oder gar als unannehmbar angesehen werden, weil Zweifel an ihrer Durchsetzbarkeit bestehen. Dieses Problem hat mehrere Facetten, die im Lauf der Verhandlungen erörtert werden können. So stellt sich etwa oft die Frage, ob ein angestrebtes Abkommen sich gleichsam von selbst erfüllt oder ob seine Erfüllung den guten Willen beider Seiten voraussetzt. Im allgemeinen werden sich selbst erfüllende Abkommen bevorzugt (allerdings nicht von Staaten, die etwas dagegen haben, sich auf ein für sie unbefriedigendes Abkommen festnageln zu lassen); aber in vielen Fällen sind solche Abkommen nicht machbar. Besondere Probleme werfen Abkommen auf, die in dieser Beziehung asymmetrisch sind, d. h. sie beruhen darauf, daß eine Seite Zugeständnisse macht, die irreversibel sind, während die Zugeständnisse der anderen Seite so geartet sind, daß sie später wieder zurückgenommen werden können.

Eine ähnliche Schwierigkeit, die bei Verhandlungen über Abkommen eines bestimmten Typs immer wieder auftaucht, ist die Frage, ob Verstöße gegen das Abkommen eindeutig und rechtzeitig festgestellt werden können. Wenn dies möglich erscheint, wird eine Seite oder werden beide Seiten versuchen, praktikable Vorkehrungen zur rechtzeitigen Erkennung und Ahndung von Verstößen zu treffen. Solche Vorkehrungen können im Rahmen des Abkommens explizit festgelegt werden. In der Regel fällt eine Einigung in bezug auf Kontrollmechanismen leichter, wenn die beteiligten Parteien über eigenständige Möglichkeiten zur Überprüfung der Vertragstreue der anderen Seite verfügen.

Multilaterale Verhandlungen

Das einfache Zwei-Vertragsparteien-Modell, das bisher zugrunde gelegt wurde, kompliziert sich natürlich erheblich, wenn an Verhandlungen mehr als zwei Staaten beteiligt sind. Im Rahmen des alten europäischen Systems kam es häufig zu solchen multilateralen Verhandlungen – man denke an die vielen Konferenzen der fünf Großmächte, die das europäische Mächtekonzert bildeten. Multilaterale Verhandlungen waren gewiß meistens komplizierter und schwieriger als bilaterale, aber andererseits waren die Probleme, vor die sie die Diplomaten stellten, unter den Bedingungen des europäischen Gleichgewichtssystems auch leichter zu lösen, weil das System relativ wohlgeordnet war und weil die beteiligten Staaten eine kulturell homogene Gemeinschaft bildeten. Im internationalen System der nacheuropäischen Ära ist diese Voraussetzung nicht mehr gegeben, und dies hat, zusammen mit anderen durch die diplomatische Revolution bewirkten Veränderungen, das Wesen und die Probleme der multilateralen Diplomatie der Gegenwart nachhaltig beeinflußt. Wie sehr und auf welche Weise, dafür legen die internationalen Konferenzen der Jahrzehnte nach dem Ersten Weltkrieg beredtes Zeugnis ab, angefangen bei der Pariser Friedenskonferenz, auf der die Bilanz dieses Krieges gezogen wurde. Anders als ihre Vorgänger in Wien ein Jahrhundert zuvor brachten die Repräsentanten der Siegermächte, als sie sich in Paris versammelten, ganz unterschiedliche Vorstellungen über die Struktur der zu schaffenden Nachkriegsordnung mit, und der Verhandlungsprozeß war eine Aufeinanderfolge von Kompromissen zwischen diesen divergierenden Zielen und Prioritäten. Wie ihre diplomatischen Vorväter in Wien, mußten jedoch auch die Friedensunterhändler von Paris feststellen, daß ihre Absicht, alle wichtigen Entscheidungen selbst zu treffen, von den zweitrangigen Mächten sehr erbittert kritisiert wurde und daß sie, um diese Gefühle abzubauen, nicht darum herumkamen, diesen Staaten Zugeständnisse in Form einer begrenzten Beteiligung an den Entscheidungsprozessen zu machen. Im Gegensatz zu den Männern des Wiener Kongresses standen sie ferner beständig unter dem Druck der öffentlichen Meinung und der politischen Parteien in ihren Ländern. Alle diese Hemmnisse erschwerten ihre Arbeit und trugen zum unbefriedigenden Verlauf der Friedensverhandlungen von 1919 bei.

Diese Faktoren wirkten sich auch auf die anderen Großkonferenzen der Zwischenkriegsperiode aus – die Abrüstungskonferenz von 1932 bietet ein besonders anschauliches Beispiel dafür –, und sie machten sich einmal mehr auch auf der größten diplomatischen Zusammenkunft der Nachkriegszeit bemerkbar, auf der Konferenz über Sicherheit und Zusammenarbeit in Europa, die von 1973 bis 1975 stattfand.

Die Konferenz über Sicherheit und Zusammenarbeit in Europa

Anders als 1814/15 und 1919, fand nach dem Zweiten Weltkrieg keine formelle Friedenskonferenz statt. Einem Ersatz dafür am nächsten kam die Konferenz über Sicherheit und Zusammenarbeit in Europa (KSZE).* 1973, als sie eröffnet wurde, bestand auf allen Seiten ein akkumuliertes Unbehagen an der fortdauernden Teilung Europas und an den gefährlichen Spannungen, die sich im Lauf des Kalten Krieges gebildet hatten. Viele unter den Vertretern der 35 Staaten, die sich im Juli 1973 in Genf versammelten, waren von dem Wunsch beseelt, eine Änderung zum Besseren hin zu initiieren, wenn es auch keineswegs einheitliche Vorstellungen darüber gab, wie diese Veränderungen konkret aussehen sollten.

Die Sowjetunion hatte in der Zeit des Kalten Krieges wiederholt die Einberufung einer europäischen Sicherheitskonferenz gefordert. Man kann davon ausgehen, daß ihre ersten diesbezüglichen Vorstöße allein darauf berechnet waren, die Solidarität des westlichen Lagers auf die Probe zu stellen. Die Forderung, daß nur die europäischen Staaten teilnehmen sollten, und der ,,Zeitplan" der militärischen und politischen Offensiven der Sowjetunion hatten gewährleistet, daß sie mit ihren Forderungen jedes Mal auf Ablehnung gestoßen war. Rückblickend müssen wir allerdings einräumen, daß die sowjetischen Vorschläge mit der Zeit an Plausibilität gewannen. 1971 zeigte sich Willy Brandt, der an der Ausnutzung von Möglichkeiten zu einer schrittweisen Normalisierung der Ost-West-Beziehungen stets interessiert war, willens, das Projekt einer KSZE zu fördern. Die Gewinnung dieses wertvollen westlichen Fürsprechers und das zunehmende Entspannungsinteresse der Supermächte erhöhten die Chancen für das Zustandekommen der Konferenz beträchtlich. Unrealistische Forderungen wurden fallengelassen, Tagesordnungen vorgeschlagen, und das Stattfinden der KSZE wurde von Fortschritten in anderen Verhandlungen über andere Themen abhängig gemacht. Allmählich ließ der Widerstand gegen das KSZE-Projekt nach, und

---

* Die folgende Fallstudie zur Konferenz über Sicherheit und Zusammenarbeit in Europa stammt in ihrer ursprünglichen Form von Captain Alan Carver von der U.S.Army.

schließlich war es so weit, daß die Delegationen in Genf zusammenkamen und die Konferenz eröffneten. Ein schwerwiegendes Handicap war die Tatsache, daß die Vereinigten Staaten der Konferenz nur geringe Bedeutung beimaßen und sich von ihr wenig Nutzen versprachen. Auf Drängen ihrer europäischen Verbündeten entschieden sich die Amerikaner zwar schließlich für die Teilnahme, blieben aber bei ihrer skeptischen Einschätzung.

In Genf verhandelten 35 Staaten auf der Basis multinationaler Beratungen und eines allgemeinen Konsenses miteinander. Die Konferenz gab sich die bemerkenswerte Verfahrensregel – die zu Zeiten des Wiener Kongresses undenkbar gewesen wäre –, daß Beschlüsse nur mit Zustimmung aller beteiligten Staaten, der großen wie der kleinen, verabschiedet werden konnten. Und anders als bei der Pariser Friedenskonferenz nahmen *alle* 35 Staaten am Verhandlungsprozeß teil. Etliche Male wurde der Versuch gemacht, zutage getretene Differenzen dadurch zu verringern, daß kleinere Arbeitsgemeinschaften mit der Überarbeitung eines Textentwurfs betraut wurden. Gleichwohl wurden alle Textfassungen weiterhin an alle Teilnehmerstaaten verteilt, bis die eingeklammerten Passagen eine alle zufriedenstellende Form gefunden hatten. Dieser außerordentlich schwierige und langwierige Prozeß beschränkte sich nicht auf die Konferenz allein. Auch die Mitgliedstaaten der Europäischen Gemeinschaft erörterten gelegentlich gemeinsame Positionen und benannten Sprecher, die diese am Ziel einer politischen Zusammenarbeit orientierten Positionen auf der KSZE vertraten. Auch die auf der Konferenz vertretenen NATO-Mitglieder trafen regelmäßig zusammen, um Vorschläge zu erarbeiten, mit deren Präsentation dann bestimmte Mitgliedstaaten beauftragt wurden. Die Konferenz wurde darüber hinaus auch in die Tagesordnung des NATO-Rats aufgenommen und war Diskussionsthema bei Zusammenkünften, an denen sowohl der amerikanische Präsident als auch der amerikanische Außenminister teilnahmen. Die Tatsache, daß die Mitgliedstaaten des Warschauer Pakts eine im wesentlichen einheitliche Front bildeten, spricht dafür, daß es zwischen ihnen ebenfalls vorbereitende Konsultationen gab. Dennoch gelang es weder dem westlichen noch dem östlichen Lager, alle Anzeichen der Unzufriedenheit mit und des Unbehagens an den von den Supermächten eingenommenen Standpunkten zu ersticken.

Die Verhandlungspositionen, die die einzelnen Teilnehmerstaaten mitbrachten, verrieten den Einfluß verschiedener innenpolitischer Faktoren und waren nicht etwa von einer einzelnen Person oder einer einzelnen Regierungsstelle formuliert. Mit einer Ausnahme erschienen alle Delegationen unter Führung eines Diplomaten im Botschafterrang. An der Spitze der amerikanischen Delegation stand ursprünglich ein hoher Beamter des Auswärtigen Dienstes, der jedoch aus Gründen der Angleichung an die Zusammensetzung der übrigen Delegationen vom State Department später durch den amerikanischen Botschafter in Prag ersetzt wurde. Er sprach allerdings bei der Formulierung der amerikanischen Position kein entscheidendes

Wort mit, wie überhaupt die amerikanische Position in Genf nicht von der Delegation selbst erarbeitet wurde. Die vertrauensbildenden Maßnahmen auf militärischem Gebiet, die einen wichtigen Tagesordnungspunkt der Konferenz bildeten, wurden in Washington von Vertretern des Nationalen Sicherheitsrats, des Verteidigungsministeriums und des Außenministeriums diskutiert. Wirtschaftliche Fragen wurden von Vertretern des State Department, des Finanzministeriums, des Handelsministeriums sowie von Vertretern der einzelnen Wirtschaftszweige erörtert. Mit allen anderen Fragen beschäftigte sich im allgemeinen ein interministerieller Ausschuß unter Federführung des State Department. Wichtige Positionsbestimmungen wurden dem Außenminister zur Zustimmung vorgelegt. Im Laufe der zweijährigen Konferenzdauer wurden einige Mitglieder der amerikanischen Delegation ausgetauscht, und häufig wurden in speziellen Fragen Experten als Berater hinzugezogen. Kongreßabgeordnete und der Unterstaatssekretär für Europäische Angelegenheiten statteten der Konferenz mehrmals Besuche ab und wohnten den Debatten bei. 1975 war die KSZE bereits zum Arbeitsthema mehrerer Unterausschüsse des amerikanischen Kongresses avanciert. Der bürokratische Einfluß, der sich in den amerikanischen Vorbereitungsarbeiten für die KSZE zeigte, war bemerkenswert angesichts der Tatsache, daß die USA nur wenig echtes Interesse an der Konferenz hatten und wenig von ihr erwarteten; er zeigt jedoch die wichtigen Veränderungen auf, die sich in bezug auf diplomatische Verhandlungen als Folge technischer Fortschritte und als Folge der zunehmenden Komplexität der internationalen und der nationalen Politik ergeben haben.

Abgesehen von vagen Erwartungen hinsichtlich eines Mehr an Sicherheit und dem Wunsch nach einer Fortsetzung des Entspannungsprozesses, gingen die führenden westlichen Staaten ohne ein klares Zielkonzept in die Konferenz. Die Sowjets hingegen nahmen die Gelegenheit wahr, einige konkrete, in ihrem Interesse liegende Ziele zu erreichen. Die Konferenz bot ihnen eine Chance, die förmliche Sanktionierung der bestehenden Grenzen in Osteuropa und die Bekräftigung der Grundsätze der Souveränität und der Nichteinmischung zu erreichen, also indirekt eine Anerkennung und Bestätigung des sowjetischen Einflusses in Osteuropa und eine Festschreibung des Status quo. Viele dieser Fragen waren seit Ende des Zweiten Weltkriegs strittig gewesen. Die Sowjets legten diesen Zielen so große Bedeutung bei, daß Breschnew sein persönliches Prestige in die Waagschale warf, um einen raschen und erfolgreichen Fortgang der Konferenz zu erreichen. Und als die Konferenz eröffnet wurde, schien es tatsächlich so, als seien die Sowjets bestens dafür gerüstet, eine maximalistische Strategie durchzuexerzieren und einen diplomatischen Coup zu landen.

Daß den Sowjets ein eindeutiger diplomatischer Triumph versagt blieb, lag an mehreren zusammenwirkenden Faktoren. Zunächst einmal gelang es den kleineren Teilnehmerländern, die Fragen der Menschenrechte weit stärker in

den Vordergrund zu rücken, als es den beiden Supermächten genehm war –
die Sowjetunion mochte dieses Thema nicht, weil sie wußte, daß sie dabei in
unangenehme Bedrängnis kommen konnte, den Amerikanern war die Men-
schenrechts-Thematik zu nebulös, und sie fürchteten zudem, sie werde die
Entspannung gefährden und sinnvolle Verhandlungen in Genf vereiteln. Die
Hartnäckigkeit der Menschenrechts-Verfechter und die Tatsache, daß allen
35 Delegationen gleiche Mitwirkungsmöglichkeit zustand, sorgten dafür,
daß die Frage der Menschenrechte gleichberechtigt neben die anderen Verhandlungsgegenstände trat. Ein zweiter Faktor, der das Verhandlungskon-
zept der Sowjets störte, war das relativ geringe öffentliche Interesse, auf das
die Konferenz in den westlichen Ländern stieß. In den Vereinigten Staaten
schenkten die Medien, die öffentliche Meinung und das Parlament der KSZE
bis 1975, als die Verhandlungen bereits kurz vor dem Abschluß standen,
wenig Beachtung. Außenminister Kissinger war, was den potentiellen Nutzen der Konferenz betraf, skeptisch und hätte bilaterale Gespräche zwischen
den Supermächten dem schwierigen multilateralen Verhandlungsmarathon
der KSZE vorgezogen. In Europa zeigte die öffentliche Meinung ein nur
wenig stärkeres Interesse. Die sowjetische Regierung war in der Absicht
nach Genf gekommen, die KSZE so rechtzeitig abzuschließen, daß sie auf
dem XXV. Parteitag der KPdSU mit einer Erfolgsmeldung würde aufwarten
können, und es war klar, daß Breschnews Ansehen Schaden nehmen würde,
wenn er nicht beizeiten ein günstiges Resultat vorweisen konnte. Ursprünglich als eine kurze und unkomplizierte Konferenz über Sicherheits- und
Wirtschaftsfragen gedacht, entpuppte sich die KSZE als komplexer und
schwieriger Verhandlungsprozeß. Das relativ große Gewicht der kleineren
westlichen Staaten und die Erhebung der Menschenrechtsfrage zu einem
wichtigen Verhandlungsgegenstand waren Faktoren, die, im Zusammenwirken mit dem Zeitdruck, unter den die Sowjets sich selber gesetzt hatten, für
die westlichen Nationen arbeiteten. Andererseits verstand der Westen es
infolge seiner schlechten Vorbereitung und seiner nur vage definierten Ziel-
vorstellungen nicht, den größtmöglichen Nutzen aus seiner vorteilhaften
Position zu ziehen.

Die KSZE rückte in den Vereinigten Staaten schließlich ins Rampenlicht,
als bekannt wurde, daß zum Abschluß der Konferenz ein Gipfeltreffen in
Helsinki geplant war, auf dem die Schlußakte unterzeichnet werden sollte.
Die Presse, der Kongreß und die Öffentlichkeit wurden von der neuen
Bedeutung, die die Konferenz auf einmal erlangte, überrascht. Verspätete
Versuche, den Stellenwert und die Auswirkungen der KSZE auszuloten,
lösten eine breite und kontroverse Debatte aus, und die Regierung Ford
suchte dieser Entwicklung Rechnung zu tragen durch eine ausgesprochen
enthusiastische Bewertung dessen, was in Genf erreicht worden war. Ein
Sprecher des Weißen Hauses erklärte, die Veranstaltung in Helsinki werde
„die Entspannung zwischen Ost und West kodifizieren“, und wies stolz

darauf hin, daß der geplante Gipfel allein schon von seiner physischen Dimension her den Wiener Kongreß und die Pariser Friedenskonferenz in den Schatten stellen werde. Vielleicht, so meinte er, werde sogar der Papst in leibhaftiger Gestalt nach Helsinki kommen; auf jeden Fall aber werde diese Zusammenkunft „ein geschichtsträchtiges Ereignis sein, der krönende Abschluß neunjähriger Ost-West-Verhandlungen".

Als die Ergebnisse der Sicherheitskonferenz publik wurden, äußerten viele Amerikaner Zweifel an der Berechtigung dieser großen Worte. Noch vor Beendigung des Abschlußtreffens von Helsinki schrieb William Safire in der *New York Times:* „Falls Sie es noch nicht gehört haben, der Zweite Weltkrieg wird in Kürze offiziell beendet werden. Die Russen haben gewonnen." Der ehemalige Stellvertretende Außenminister George Ball erörterte die Vereinbarungen in einem *Newsweek*-Artikel mit der Überschrift „Kapitulation in Helsinki". Beide Autoren wiesen, wie viele andere, darauf hin, daß das einzige ganz konkrete und unzweideutige Ergebnis der KSZE die ausdrückliche Anerkennung der Grenzen war, die die Russen nach Kriegsende in Osteuropa gezogen hatten – indirekt also die Festschreibung der ideologischen Teilung Europas. In Artikel III des Schlußdokuments heißt es klipp und klar, daß alle Unterzeichnerstaaten die bestehenden Grenzen in Europa als unverletzlich betrachten. Für die Sowjets bedeutete dies die förmliche Anerkennung ihrer Gewinne in Osteuropa, um die sie sich seit 1945 bemüht hatten.

Es ist richtig, daß die Sowjets ihre Ziele nicht auf der ganzen Linie erreichten. Sie mußten den Vorbehalt akzeptieren, daß, zumindest theoretisch, bestehende Grenzen durch friedliche Vereinbarungen verändert werden können, ein Vorbehalt, der die Tür zu einer eventuellen Wiedervereinigung Deutschlands offen ließ. Sie mußten sich zu dem Grundsatz der Nichteinmischung in die inneren Angelegenheiten anderer Länder bekennen, was bedeutete, daß es für sie künftig schwieriger sein würde, etwas Ähnliches zu tun wie 1968 in der Tschechoslowakei. Und sie sahen sich gezwungen, den Argumenten der westlichen Länder, denen zufolge zu einer Normalisierung der europäischen Zustände auch ein Mindestmaß an Freizügigkeit für die Bürger gehörte, Rechnung zu tragen und eine Reihe von Grundsatzerklärungen über die Möglichkeit von Familienbesuchen zwischen Ost und West und von Heiraten zwischen Bürgern verschiedener Staaten, über die Freizügigkeit von Personen und Ideen sowie über Menschenrechte im allgemeinen zu akzeptieren (enthalten im sogenannten Korb III). Allein, diese Forderungen, die den großen Sieg der Kleinen und der Neutralen in Helsinki verkörperten, waren unverbindlich formuliert und so allgemein gehalten, daß sie, in den Worten Balls, „nur winzige Löcher in den Eisernen Vorhang bohrten". Besonders in amerikanischen Augen waren diese sowjetischen Zugeständnisse eine ungenügende Gegenleistung für das, was Moskau gewonnen hatte.

An der KSZE-Schlußakte wurde auch kritisiert, daß es ihr an adäquaten Vorkehrungen für eine Durchsetzung der Beschlüsse mangele. Zwar hatten sich die Delegationen auf regelmäßige Expertentreffen zur Erörterung vermuteter Verstöße geeinigt, doch zeigte sich bald, daß diese Vereinbarung nicht allzu viel taugte, was angesichts der Zweideutigkeiten und der verbliebenen Gegensätze, die unter den wohlklingenden Beschlüssen begraben wurden, vielleicht nicht anders sein konnte. Die erste Folgekonferenz, 1977 in Belgrad, geriet in die Sackgasse, als die Sowjetunion sich gegen eine Untersuchung sperrte, die feststellen sollte, ob sie die Menschenrechte entsprechend den Kriterien des KSZE-Schlußdokuments beachtete. Ähnliche Schwierigkeiten ergaben sich bei der zweiten Folgekonferenz, die 1980 in Madrid begann. Wenn dies auch eine enttäuschende Entwicklung ist, so hat sie für den Westen doch wahrscheinlich den einen günstigen Nebeneffekt, daß die neutralen Staaten, für die die Beschlüsse von Helsinki und die Frage der Menschenrechte im allgemeinen einen sehr großen Stellenwert besitzen, daraus gelernt haben, sowjetische Beteuerungen nüchterner einzuschätzen, als sie es zuvor getan haben.

Wie die Geschichte der KSZE zeigt, hat die ,,Demokratisierung" der internationalen diplomatischen Szene (im Sinne der Partizipation und Stimmengleichheit aller Staaten unabhängig von ihrer Größe) die Staaten des zweiten und dritten Gliedes dazu ermuntert, über die bloße Präsenz hinaus auf aktive Teilnahme und Mitsprache an der Regelung internationaler Fragen zu pochen. Die Tatsache, daß die Supermächte sich militärisch auf ein Arsenal hochentwickelter Atomwaffen stützen, bei denen kein sinnvoller Einsatz im Dienste der Durchsetzung nationaler Interessen denkbar ist, hat das relative Gewicht kleinerer nichtnuklearer Staaten erhöht, die ihren Einfluß ihrer inneren Flexibilität und ihrer vereinten Fähigkeit verdanken, verändernd auf den Gegensatz zwischen den Supermächten einzuwirken. Auch der gewachsene Einfluß der öffentlichen Meinung, der innenpolitischen Bedingungen und der bürokratischen Praktiken hat die Diplomatie zu einem komplizierteren Geschäft werden lassen, dem der Charakter einer von individuellen Staatsmännern nach Maßgabe ihres Talents, ihrer Virtuosität und ihrer persönlichen Ausstrahlung geübten Kunst zu einem guten Teil abhanden gekommen ist.

Aus dem Wesenswandel des diplomatischen Verhandelns lassen sich mehrere Schlüsse ableiten. Es besteht wenig Aussicht darauf, daß der Trend zu einer immer breiteren Repräsentation nachlassen wird. Auch die Resultate bilateraler Verhandlungen werden in zunehmendem Maß der Absegnung durch die größere Staatengemeinschaft bedürfen, wenn sie von breiter und beständiger Wirkung auf die allgemeine Sicherheit sein sollen. Das Setzen auf multinationale und zugleich einstimmige Lösungen wird Verhandlungsprozesse künftig noch schwieriger machen und zu noch unbestimmteren und unverbindlicheren Resultaten führen. Staatenblöcke werden weniger fest zusammengefügt sein und sich weniger bündig unter die Vorherrschaft der Supermächte fügen. Diese Tendenzen machen Regierungstechniken nötig, die von Zurückhaltung, gegenseitigem Respekt und Kompromißbereitschaft geprägt sind. Wenn ein Wettstreit der Systeme, in dem beide Seiten für die Erreichung einander ausschließender Ziele kämpfen, jede unbeirrt auf ihr vermeintliches moralisches Recht pochend, in die Katastrophe führen kann, dann müssen die Spielregeln eben so geändert werden, daß ein Ausgleich möglich wird. Der Ausgleich zwischen den auseinanderstrebenden Interessen, die als Folge der zunehmenden Heterogenität und der Aufblähung der Staatengemeinschaft in Erscheinung treten, ist sicherlich die zentrale Herausforderung, die durch die diplomatische Revolution unserer Zeit heraufbeschworen worden ist.

13. Abschreckung

Unter Abschreckung verstehen wir, daß ein Akteur versucht, einen Widersacher von einem bestimmten, seinen Interessen zuwiderlaufenden Vorhaben abzubringen, indem er ihm deutlich macht, daß die Kosten und Risiken eines solchen Unternehmens höher wären als der zu erwartende Gewinn. In diesem einfachen und sehr begrenzten Sinn beruht jede Politik der Abschreckung auf der Annahme, daß man es mit einem „rationalen" Widersacher zu tun hat, von dem zu erwarten ist, daß er die Risiken und Chancen unterschiedlicher Handlungsmöglichkeiten auf der Grundlage der verfügbaren Information zu berechnen versteht. Aus logischer Sicht besteht der erste Schritt in Richtung auf die Formulierung einer Abschreckungspolitik darin, die *Interessen* des eigenen Landes, soweit sie in dem möglicherweise bedrohten Bereich eine Rolle spielen, in ihrer Wertigkeit und Bedeutung abzuschätzen. Der nächste Schritt besteht darin, die andere Seite wissen zu lassen, daß man *entschlossen* ist, diese Interessen zu verteidigen. Die abschreckende Partei unterstreicht diese ihre Entschlossenheit durch die *Drohung*, Gegenmaßnahmen zu ergreifen, wenn die andere Seite ihr Vorhaben wahrmacht. Solche Drohungen müssen auf den Widersacher sowohl *glaubwürdig* als auch *schwerwiegend genug* wirken – das heißt, mathematisch gesprochen, das Produkt aus Risiko (als die Wahrscheinlichkeit, daß die Abschreckungsdrohung wahrgemacht wird) und Kosten (als die Schwere der angedrohten Vergeltungsmaßnahmen) muß groß genug sein, um der anderen Seite den Mut zu ihrem Vorhaben zu nehmen.

Was die Glaubwürdigkeit betrifft, so läßt sie sich in zwei sich wechselseitig beeinflussende Aspekte gliedern. Einmal muß die abschreckende Macht der anderen Seite deutlich machen, daß sie den *Willen* und die *Entschlossenheit* hat, ihre bedrohten Interessen zu verteidigen; zum andern muß sie über *Mittel* zu diesem Zweck verfügen, die ihr selbst und die auch dem Gegner als ausreichend und einsetzbar erscheinen. Wille und Entschlossenheit allein werden den Bedroher nicht von seinem Vorhaben abbringen, wenn die abschreckende Macht nicht auch über die Fähigkeit verfügt, den zu erwartenden Maßnahmen der Gegenseite eine wirksame und angemessene Reaktion entgegenzusetzen. In diesem Zusammenhang lohnt es sich, die Erfahrungen in Erinnerung zu rufen, die die USA mit der Doktrin der massiven Vergeltung gemacht haben. Zu Anfang der 5oer Jahre verkündete die Regierung Eisenhower in dem Bemühen, die Drohwirkung des amerikanischen strategischen Nuklearpotentials zu verstärken, sie sei entschlossen, nicht nur auf einen etwaigen kriegerischen Angriff der Sowjets, sondern auch auf eine

ganze Reihe anderer denkbarer, auf niedrigerer Eskalationsstufe vorgetrage-
ner Übergriffe gegen Länder der freien Welt mit „massiver Vergeltung" zu
reagieren. Diese ominöse Drohung, auch bei kleineren von der Sowjetunion
oder China provozierten Konflikten Atomwaffen einzusetzen, büßte jedoch
in dem Augenblick ihre Glaubwürdigkeit ein, als die Sowjets selbst ein
strategisches Nukleararsenal entwickelten. Folgerichtig verlegten sich die
USA unter Kennedy und seinen Nachfolgern auf eine Stärkung ihrer konventionellen Schlagkraft, um bei begrenzten Konflikten verschiedener Art
über angemessene und einsetzbare Mittel zu verfügen und so die Abschrek-
kung wieder glaubhafter zu machen. Eine Drohung wird natürlich keinerlei
Glaubwürdigkeit besitzen, wenn der Staat, der sie ausspricht, nicht über die
Kräfte verfügt, die etwa für die Verteidigung eines abgelegenen Außenpo-
stens vonnöten wären. In einem solchen Fall kann die bedrohte Macht dem
Angreifer mit anderen Sanktionen drohen, sei es, daß sie den Konflikt auf
eine breitere Ebene ausweitet oder in anderen Bereichen Vergeltungs- oder
Strafmaßnahmen ergreift.

Die Abschreckung als ein eigenständiges Mittel der Außenpolitik wurde
eigentlich erst nach dem Zweiten Weltkrieg zu einem Gegenstand der For-
schung. Seither ist die Strategie der Abschreckung, vor allem durch das
Aufkommen der Atomwaffen, zu einem zentralen Element der internationalen Beziehungen geworden. Das bedeutet jedoch keineswegs, daß das
Abschreckungskonzept eine Errungenschaft der jüngsten Vergangenheit
wäre. Im Lauf der Geschichte haben Stadtstaaten, Königreiche, Kaiserreiche
und Nationalstaaten immer wieder versucht, rivalisierende Mächte durch
Drohungen von politischen Schritten abzuhalten, die ihren Interessen zuwi-
derliefen. Viele dieser Abschreckungspraktiker der Vergangenheit wußten
sehr wohl um die notwendigen Voraussetzungen für eine erfolgreiche Politik der Abschreckung, und die Beschäftigung mit ihrem Handeln kann uns
viel über das Wesen der Abschreckung und ihre Nutzanwendungen auf der
internationalen politischen Bühne lehren.

Die geschichtlichen Fallstudien, die wir für eine exemplarische Analyse in
diesem Kapitel ausgewählt haben, eröffnen drei interessante und unterschiedliche Perspektiven auf die Praxis der Abschreckung.* Wie das erste
Beispiel zeigt, war England verhältnismäßig erfolgreich, als es versuchte,
eine für das Inselkönigreich gefährliche Ausweitung des Einflusses des Vierbunds zu vereiteln, während das zweite deutlich macht, daß es den Westmächten nicht gelang, Hitler von seinem geplanten Einmarsch in Polen
abzubringen. Im dritten Fall läßt sich die Frage, ob das amerikanische Engagement zugunsten Israels im Nahen Osten eher ein Beispiel für eine erfolgreiche oder eher eines für eine gescheiterte Abschreckungspolitik ist, nicht

---

* Die Fallstudien für dieses Kapitel wurden in ihrer ursprünglichen Form von Captain
Richard J. Hoffman von der U.S. Army erarbeitet.

ohne weiteres beantworten, da die Resultate dieser Politik bislang durchaus ambivalent sind. Es kann jedoch kein Zweifel daran bestehen, daß zumindest in zweien der drei Beispielfälle die internationale Gemeinschaft an der Schwelle zu einem schwerwiegenden Konflikt stand, der nur durch eine wirksame Abschreckungsstrategie abgewendet werden konnte.

Wenn Abschreckung als Mittel der Außenpolitik eingesetzt wird, dann wirft dies stets Unsicherheiten und Probleme auf. Das war schon immer so, aber infolge der diplomatischen Revolution sind neue erschwerende Faktoren auf den Plan getreten, ein Wandel, der deutlich wird, wenn wir etwa unseren dritten und jüngsten mit unserem ersten und ältesten Beispielfall vergleichen.

Frankreich und das Kongreß-System (1816–1823)

Der europäische Friede sollte in der nach-napoleonischen Periode durch eine Allianz der vier siegreichen Mächte Großbritannien, Österreich, Rußland und Preußen gewährleistet werden; im Allianzvertrag verpflichteten sich alle Beteiligten, in Absprache mit den anderen zu handeln und dafür zu sorgen, daß Frankreich nicht mehr den Versuch machen würde, sich zur europäischen Hegemonialmacht aufzuschwingen. Diese Staatenkoalition, die sich ihr erstes formelles Statut im März 1814 in Gestalt des Vertrages von Chaumont gab, wurde am 20. November 1815 feierlich festgeschrieben, nachdem Napoleons Rückkehr und die Schlacht von Waterloo die Teilnehmer des Wiener Kongresses nachdrücklich an die Notwendigkeit einer kollektiven Sicherheitsgarantie erinnert hatten. Wie der Vertrag von Chaumont waren auch die Statuten des Vierbunds in erster Linie darauf ausgerichtet, künftigen Machtambitionen Frankreichs einen Riegel vorzuschieben; zugleich aber wurden regelmäßige Zusammenkünfte der verantwortlichen Politiker der Großmächte im Dienste der „Erhaltung des europäischen Friedens" festgelegt.

Der Vierbund war nicht das einzige Bündnis, das 1815 in Wien geschlossen wurde. Noch ein anderer Staatenbund, von seinem Hauptbefürworter Alexander I. von Rußland die „Heilige Allianz" genannt, wurde gegründet. Die Unterzeichnerstaaten dieses Pakts verpflichteten sich, darauf hinzuwirken, daß die Nationen sich sowohl in der Gestaltung ihrer Beziehungen zueinander als auch in der Regelung ihrer inneren Angelegenheiten an den Grundsätzen des Christentums orientierten. Wozu genau die Heilige Allianz dienen sollte, wurde nie ganz klar, doch bot ihre etwas geheimnisvolle Benennung später dem österreichischen Außenminister Fürst Metternich Gelegenheit, aus ihr ein konservatives Bollwerk gegen jedwede künftige revolutionäre Bewegung zu schmieden, die in Europa entstehen und die gekrönten Häupter bedrohen konnte. Der britische Außenminister Viscount Castlereagh weigerte sich wohlweislich, den (Heilige-Allianz-)Vertrag zu unterschreiben, und der Wiener Kongreß schloß seine Arbeit mit der Ratifizierung des Zweiten Pariser Friedens ab, der die Gestalt und die Grenzen Europas für die Dauer einiger Jahrzehnte festlegte.

Der nächste europäische Kongreß trat im September 1818 in Aachen zusammen, und der wichtigste Punkt auf seiner Tagesordnung war die Wiederaufnahme Frankreichs als fünfte europäische Großmacht. Dieser Punkt konnte schnell abgehakt werden; anschließend unterbreitete jedoch Zar Alexander ein Memorandum, in dem er den Vorschlag machte, die europäischen Großmächte sollten ihre Entschlossenheit zur Bewahrung der in Wien getroffenen territorialen Regelungen bekräftigen und den Fortbestand aller zum aktuellen Zeitpunkt existierenden legitimen Herrscherhäuser garantieren. Der Streit um dieses Memorandum des Zaren stand am Anfang einer langen Reihe von Konfrontationen zwischen Alexander und Castlereagh, in deren Verlauf sich letzterer mit Erfolg bemühte, zu verhindern, daß der Zar aus dem mit begrenzten, wohldefinierten Grundsätzen versehenen Vierbund einen reaktionären Interessenverband nach Art der Heiligen Allianz machte. Die Konfrontation erreichte ihren Höhepunkt am 5. Mai 1820, als Castlereagh ein berühmt gewordenes Memorandum an die Adresse der europäischen Mächte veröffentlichte, in dem er die ein für allemal ablehnende Haltung Englands gegenüber jedem Versuch bekräftigte, Staaten durch Abkommen zur Einmischung in die inneren Angelegenheiten anderer Staaten zu verpflichten.

Unglücklicherweise fand Alexander wachsende Unterstützung für seine Idee, als Europa 1820 von einer Welle revolutionärer Aktivitäten überrollt wurde. Auf die spanische Militärrevolte im Januar dieses Jahres, die zur Gewährung einer liberalen Verfassung führte, folgte im Februar die Ermordung des Neffen des französischen Königs, im Juli ein Aufstand in Neapel und im August eine weitere Rebellion in Portugal. Diese Ereignisse weckten zunehmend Besorgnisse und Befürchtungen, und im Oktober 1820 versammelten sich die Mächte, mit Ausnahme Großbritanniens, in Troppau; das Ergebnis ihres Treffens war das sogenannte Troppauer Protokoll, in dem die Verpflichtung zu stabilisierenden Eingriffen im Bedarfsfall erneuert wurde. Später kamen die Repräsentanten Rußlands, Preußens und Österreichs in Laibach zusammen und segneten die österreichische Absicht ab, in Neapel zu intervenieren und die Bourbonen-Dynastie zu restaurieren, ein Vorhaben, das dann auch rasch verwirklicht wurde. Der nächste europäische Kongreß fand im Oktober 1822 in Verona statt; hier wurde der Wunsch Frankreichs erörtert, in Spanien zu intervenieren und auch dort wieder einen bourbonischen Herrscher auf den Thron zu setzen. Die Briten, deren Außenpolitik nach dem Tod Castlereaghs von George Canning geleitet wurde, meldeten entschiedenen Widerstand gegen ein französisches Eingreifen in Spanien an. Dennoch vermochten alle diesbezüglichen Bemühungen Cannings es nicht – er ließ nicht nur zahlreiche diplomatische Noten los, sondern ging sogar so weit, seinen Vertreter, den Herzog von Wellington, zurückzuziehen –, die anderen Mächte davon abzuhalten, Frankreich grünes Licht für sein Vorhaben zu geben. Im April 1823 wurden, zum ersten Mal seit 1815, französische Truppen in Marsch gesetzt, und keine sechs Monate später saß Ferdinand VII. wieder auf dem spanischen Thron.

In diesem Moment tauchte ein neues Problem auf, das die Aufmerksamkeit der Großmächte auf sich zog: Die spanischen Kolonien in der Neuen Welt hatten die Gelegenheit des republikanischen Zwischenspiels in Spanien genutzt, um ihre Unabhängigkeit vom Mutterland zu erklären. Ferdinand, kaum daß er auf seinen Thron zurückgekehrt war, ging nun die anderen Mächte um Unterstützung bei der Wiedergewinnung seines Kolonialbesitzes an. Frankreich, das daran interessiert war, sich einen Anteil am Handel mit Lateinamerika zu sichern, und Rußland, das bei Aktionen, die geeignet waren, die britische Position zu schwächen und die russische zu stärken, stets bereitwillig zur Stelle war, signalisierten dem spanischen König ihre Unterstützung. Canning war jedoch aufs äußerste entschlossen, die frisch angebahnten wirtschaftlichen Bande zwischen England und den ehemaligen spanischen Kolonien aufrechtzuerhalten und jede weitere Machtexpansion der Heiligen Allianz zu verhindern. In einer Reihe energisch formulierter Memoranden bejahte er zwar das Recht der Spanier, sich aus eigenen Kräften um eine Wiedergewinnung ihrer ehemaligen Kolonien zu bemühen, stellte jedoch klar, daß die britische Regierung jeden Versuch einer anderen Macht, in Lateinamerika zu intervenieren, als einen schwerwiegenden Affront betrachten werde. Diese Warnungen verfehlten nicht ihre Wirkung auf die unentschlossenen Franzosen, zumal Canning ihnen in einer Reihe offen geführter Gespräche mit dem französischen Botschafter Polignac im Oktober 1823 Nachdruck verlieh, mit dem Erfolg, daß die Franzosen sich zu einer Nichteinmischungszusage bereitfanden – als Gegenleistung dafür, daß Großbritannien unverbindlich sein Interesse an einer Konferenz über die spanischen Probleme in Lateinamerika bekundete. Hierauf folgte im Dezember 1823 die Verkündung der Monroe-Doktrin, in der die Vereinigten Staaten, demonstrativ von der britischen Royal Navy unterstützt, für sich die Rolle eines Wächters über die Unabhängigkeit der amerikanischen Staaten beanspruchten, womit die Gefahr eines spanischen Eingreifens in Lateinamerika wirksam und endgültig gebannt war. Die geballte Wirkung dieser beiden diplomatischen Manöver belehrte Europa darüber, daß die Macht der Heiligen Allianz nicht über die Atlantikküste hinausreichte; die akute Krise war damit beendet.

Die Versuche der Westmächte, den Überfall auf Polen zu verhindern (1939)

Das Bemühen der Alliierten, Großbritannien und Frankreich, einen deutschen Angriff auf Polen zu verhindern, setzte eigentlich erst im März 1939 ein, nachdem deutsche Truppen unter klarer Verletzung des Münchener Abkommens in Prag einmarschiert waren und der britische Premierminister Chamberlain begriff, daß es falsch gewesen war, Hitler zu vertrauen, und daß Deutschland nur noch durch Androhung von Gewalt in die Schranken gewiesen werden konnte. Er wurde in dieser Überzeugung von der französischen Regierung bestärkt, die nach der Sudetenkrise ohnehin nur noch im Windschatten der britischen Außenpolitik segelte. Chamberlain verlor keine Zeit und versuchte rasch eine neue Front gegen eine weitere deutsche Expansion in Mitteleuropa aufzubauen. Mit der Türkei wurde ein zweiseitiger Beistandspakt abgeschlossen, Griechenland und Rumänien erhielten Unterstützungs- und Schutzzusagen. Der bei weitem wichtigste Schritt war jedoch die förmliche Beistandszusage, die Großbritannien und Frankreich am 31. März 1939 der polnischen Regierung gaben.

Nun stellte sich die Frage, ob dies alles ausreichen würde, um Hitler die Lust an einem Überfall auf Polen zu verleiden. Da Zweifel an der Kriegsbereitschaft der Streitkräfte der Alliierten bestanden und es, abgesehen davon, ohnehin fraglich war, ob sie Polen im Fall des Falles rechtzeitig zu Hilfe würden kommen können, erkannten die Westmächte, daß sie nur dann eine Chance haben würden, Hitler Zügel anzulegen, wenn es ihnen gelang, sich die Unterstützung der Sowjetunion zu sichern.

Wie sich zeigte, war dies leichter gedacht als getan. Zwar waren sich die Westmächte und die Sowjetunion darin einig, daß dem deutschen Expansionsdrang ein Riegel vorgeschoben werden müsse, aber in bezug auf das Wie gingen die Meinungen auseinander. Auf alliierter Seite hegte man nach wie vor jenes von Chamberlain zur Doktrin erhobene tiefe Mißtrauen gegenüber den Russen und verstand sich erst sehr spät, nämlich Mitte April 1939, dazu, Kontakt mit der sowjetischen Regierung aufzunehmen und zu sondieren, ob sie unter Umständen bereit sei, ihrerseits eine Garantie für den Bestand der polnischen und rumänischen Westgrenzen zu übernehmen. Die Sowjets erteilten diesem Vorstoß eine Absage, erkundigten sich aber ihrerseits nach den Chancen für einen umfassenderen Bündnisvertrag zwischen Moskau und den Westmächten. Die Sowjets machten deutlich, daß sie sich von einem solchen Bündnis nur dann den gewünschten Erfolg versprachen, wenn es die Stationierung sowjetischer Truppen in Polen und Rumänien vorsehen würde, so daß diese Länder im Falle eines deutschen Angriffs auch wirksam verteidigt werden konnten. Polen und Rumänien, die verständlicherweise vor den Russen auf der Hut waren, hielten von diesem Ansinnen nichts, und so bewegte sich in dieser Sache bis in den August 1939 hinein nichts mehr.

Die Deutschen waren freilich alles andere als untätig gewesen. Am 28. April 1939 hatte Hitler den deutsch-polnischen Nichtangriffspakt von 1934 und das englisch-deutsche Flottenabkommen von 1935 aufgekündigt. Kurz darauf, im Mai 1939, hatten Deutschland und Italien die Unterzeichnung des Stahlpakts bekanntgegeben, eines formellen militärischen Bündnisses, das auf den baldigen Ausbruch von Kampfhandlungen hinzudeuten schien. Und in der Tat war Hitler fest entschlossen, durch einen Überfall auf Polen den Krieg zu eröffnen; um jedoch nicht in die Gefahr eines Zweifrontenkrieges zu geraten, bemühte er sich unverzüglich um eine Annäherung an die Sowjetunion.

Die Sowjets hatten ihrerseits, enttäuscht über die Sprödigkeit der Westmächte, bereits im Frühjahr 1939 Gespräche mit den Deutschen angebahnt. Sie hatten ihren Außenminister Litwinow, den Anhänger eines kollektiven Sicherheitssystems, durch den ganz und gar nationalistisch gesinnten Molotow ersetzt. Während die Alliierten herauszufinden suchten, wie sie auf diese Warnsignale reagieren sollten, erklärten sich die Sowjets einverstanden, mit Deutschland in Verhandlungen über ein neues Wirtschaftsabkommen einzutreten; zugleich forderten sie die Alliierten auf, zur Erörterung von Möglichkeiten der Verteidigung Polens und der baltischen Staaten eine Militärmission nach Moskau zu schicken. Nachdem die Russen so die beiden verfeindeten Lager zu einem Wettlauf um ihre Gunst provoziert hatten, lehnten sie sich zurück und warteten auf die Angebote.

Falls die Alliierten sich als Teilnehmer eines Wettlaufs fühlten, so bemerkten sie jedenfalls nicht, daß es bereits höchste Zeit für den Endspurt war. Ihre Militärmission, die mit dem Schiff anreiste, traf erst am 11. August 1939 in Moskau ein, und als Marschall Woroschilow ihr eröffnete, daß nach sowjetischer Ansicht der Augenblick für den Abschluß eines Militärbündnisses gekommen war, mußte der Leiter der britischen Delegation einräumen, daß er keine Befugnis zur Aushandlung eines Vertrages hatte. Diese Halbherzigkeit hinterließ einen ungünstigen Eindruck, verglichen mit dem Auftreten der Deutschen, die alle Hebel in Bewegung setzten, um möglichst schnell zu einer Vereinbarung mit den Sowjets zu kommen. Am 14. August fragte der deutsche Außenminister Ribbentrop telegraphisch im Kreml an, ob man dort einverstanden sei, wenn er umgehend nach Moskau komme, um ,,das Fundament für eine endgültige Bereinigung der deutsch-russischen Beziehungen zu legen". Tags darauf nahmen die Russen den Vorschlag an, und als Ribbentrop per Flugzeug in Moskau ankam, handelten die beiden Parteien einen Nichtangriffspakt aus, ergänzt durch ein Geheimprotokoll, das für den Fall eines Krieges die Aufteilung Polens unter die beiden Mächte vorsah; Osteuropa sollte in zwei Einflußbereiche geteilt werden, wobei Finnland, Estland, Lettland und Bessarabien dem sowjetischen Einfluß unterliegen sollten. Die Deutschen erhielten außer der Hälfte Polens noch Litauen und waren der Sorge eines Zweifrontenkrieges entledigt. Die neuen Partner verkündeten den Abschluß ihres Paktes einer verblüfften Weltöffentlichkeit am 21. August 1939, genau an dem Tag, an dem die britische Militärgesandtschaft von ihrer Regierung zu einem Vertragsabschluß ermächtigt wurde.

Nach der Unterzeichnung des Nichtangriffspakts mit der Sowjetunion begann Hitler unverzüglich mit den Vorbereitungen zum Krieg gegen Polen. Vielleicht glaubte er, die Briten und Franzosen würden ihre Beistandsverpflichtungen gegenüber Polen ebensowenig erfüllen wie zuvor gegenüber der Tschechoslowakei; in jedem Fall sah er Deutschland für den Krieg so gut gerüstet, daß er sich durch nichts mehr davon abbringen lassen wollte, die Serie seiner Eroberungen nun mit Waffengewalt fortzusetzen. Nicht einmal die Tatsache, daß Großbritannien am 28. August die allgemeine Wehrdienstpflicht ausrief, beeindruckte ihn. Am 1. September 1939 nahm, ,,provoziert" von einem inszenierten Grenzzwischenfall, der sorgfältig geplante Einmarsch deutscher Truppen nach Polen seinen Lauf. London informierte die deutsche Regierung prompt darüber, daß es zu seinen Verpflichtungen Polen gegenüber stehen werde, falls die deutschen Truppen nicht sofort zurückgezogen würden. Als hierauf keine Antwort eintraf, teilte die britische Regierung den Deutschen am 3. September mit, falls nicht um 11 Uhr dieses Tages alle Kampfhandlungen eingestellt und der Rückzug der deutschen Streitkräfte aus Polen angeordnet seien, werde zwischen Deutschland und Großbritannien der Kriegszustand herrschen.

Amerikanische Abschreckungspolitik in Nahost

Die amerikanischen Sicherheitsverpflichtungen zugunsten des israelischen Staates hatten sich in einem allmählichen und, wie manche meinen, nicht unproblematischen Prozeß entwickelt, nachdem Washington 1947 die von den Vereinten Nationen vorgeschlagene Teilung Palästinas befürwortet und den daraufhin ausgerufenen israelischen Staat im Mai 1948 anerkannt hatte. Mit der Anerkennung Israels durch die USA, von Präsident Truman gegen den Rat einiger seiner engsten Mitarbeiter beschlossen, setzte ein, was mit der Zeit zu einer ,,moralischen" Verpflichtung der Amerikaner werden sollte: für den Fortbestand Israels Sorge zu tragen. Einen entscheidenden Beitrag zu dieser Entwicklung leisteten die zionistischen Organisationen in den Vereinigten Staaten und anderswo. Allerdings war die amerikanische Regierung sich der sehr realen strategischen und wirtschaftlichen Interessen, die ihr Land mit dem Nahen Osten und mit den dortigen arabischen Staaten verbanden, durchaus gewahr. Die ,,Arabisten" im State Department, allen voran Außenminister Marshall, betrieben denn auch eine ausgesprochen ausgewogene Nahostpolitik, ungeachtet der heftigen israelischen Bitten um

Wirtschafts- und Militärhilfe. Bei dieser Situation blieb es bis zur Suez-Krise von 1956.

Der ägyptische Staatspräsident Nasser brachte diese Krise im Juli 1956 mit der Nationalisierung des Suez-Kanals ins Rollen. Die Regierungen Großbritanniens, Frankreichs und Israels vereinigten sich zur Rettung ihrer Interessen an der Wasserstraße zu einem Bündnis und beschlossen, ihre Probleme mit Ägypten mit Waffengewalt zu bereinigen. Während die Israelis die Sinai-Halbinsel eroberten, versuchte eine gemeinsame englisch-französische Streitmacht die Kanalzone zu besetzen. Zum Leidwesen der verbündeten Angreifer waren die Vereinigten Staaten, deren Politik seit einigen Monaten von Präsident Eisenhower und Außenminister Dulles geleitet wurde, der Ansicht, daß dieses Vorgehen eine Verletzung des UN-Mandats von 1947 darstelle, und schlossen sich einer von der Mehrheit der Vereinten Nationen getragenen Forderung nach dem sofortigen Rückzug aller fremden Truppen aus Ägypten an. Während Engländer und Franzosen die Aufforderung befolgten, weigerte sich Israels Premierminister Ben Gurion, seine Truppen zurückzuziehen, wenn Israel nicht dafür die Garantie auf freie Durchfahrt durch den Golf von Akaba erhielte und die Zusage, daß der Gazastreifen von terroristischen Angriffen freigehalten würde. Diese Garantien wurden de facto von den Vereinigten Staaten übernommen, die sich verpflichteten, für die Stationierung von UN-Truppen im Gazastreifen zu sorgen und die Durchfahrtsrechte Israels zu gewährleisten. Mit diesen Zusagen gingen die Vereinigten Staaten ihre erste bedeutsame verbindliche Verpflichtung Israel gegenüber ein; Präsident Eisenhower machte diese Verpflichtung am 20. Februar 1957 „amtlich", als er in einer öffentlichen Rede feierlich verkündete, die Vereinigten Staaten würden für das freie Durchfahrtsrecht in den Golf von Akaba einstehen und seien bereit, selbst und gemeinsam mit anderen Ländern von diesem Recht Gebrauch zu machen.

Nach der Suez-Krise versuchten die Vereinigten Staaten, zu einer ausgewogenen Politik im Nahen Osten zurückzukehren, aber das zunehmend kriegerische Gebaren der arabischen Staaten und das wachsende Engagement der Sowjetunion in der Region machten es schwer, an dieser Politik festzuhalten. Die nächste Belastungsprobe erlebte die amerikanische Nahostpolitik 1967, als Nasser unter dem Druck der Arabischen Liga die Glaubwürdigkeit der amerikanischen Verpflichtung zugunsten Israels zu testen und die Unterstützung Ägyptens für die Sache der Palästinenser zu demonstrieren versuchte.

Am 14. Mai 1967 befahl Nasser den ägyptischen Streitkräften, die Sinai-Halbinsel zu besetzen. Als die US-Regierung, die zu dieser Zeit tief in den Vietnamkrieg verstrickt war, gegen diese Maßnahme keinen Einspruch erhob, schöpfte Nasser zusätzlichen Mut und forderte am 16. Mai den Rückzug der UN-Sicherheitstruppe. Zur Überraschung aller – auch Nassers selbst – erklärte UNO-Generalsekretär U Thant sich hierzu bereit. Nun griff Präsident Johnson ein, der aus politischen und persönlichen Gründen, die mit den amerikanischen Erfahrungen in Vietnam zusammenhingen, entschieden gegen jedes einseitige amerikanische Vorgehen in Nahost war, und drängte Premierminister Eschkol von Israel und Präsident Nasser zur Mäßigung. Die Vereinigten Staaten versuchten, die Krise mit Hilfe der UN beizulegen, aber Nasser ergriff am 22. Mai die Gelegenheit und sperrte den Schiffsverkehr durch die Straße von Tiran.

Johnson erkannte, daß dieses ägyptische Vorgehen die von Eisenhower 1957 gegebenen Zusagen einer echten Bewährungsprobe aussetzte, aber er war weder in der Lage noch willens, im Kongreß eine Mehrheit für einseitige Maßnahmen zugunsten Israels zu mobilisieren. Statt dessen setzte sich die Auffassung durch, daß die Lage sich am besten durch multilaterale Maßnahmen des UN-Sicherheitsrats entschärfen lassen werde. Ein Vorschlag lautete, eine Flotte der Vereinten Nationen solle die Blockade durchbrechen, und Johnson forderte Israel auf, sich in Geduld zu üben, bis dieser Vorschlag in die Tat umgesetzt werden könne. Die Israelis erklärten sich zunächst bereit, zwei Wochen zu warten, ehe sie etwas unternahmen, besannen sich dann aber doch eines anderen und führten am 5. Juni 1967 einen Präventivschlag gegen die ägyptischen, jordanischen und syrischen Streitkräfte. Dies war der Beginn des sogenannten Sechstagekrieges, in dessen Verlauf die Israelis ihre arabischen Nachbarn vernichtend schlugen und die Golanhöhen, das Jordan-Westufer und die Sinai-Halbinsel besetzten.

Nachdem die Feindseligkeiten ausgebrochen waren, verlegte sich die amerikanische Politik darauf, einen von den Vereinten Nationen kontrollierten Waffenstillstand herbeizuführen. Bezeichnenderweise dehnte jedoch Johnson den Umfang der amerikanischen Verpflichtung zugunsten Israels so sehr aus, daß er die Sowjetunion daran hinderte, den Arabern zu Hilfe zu kommen. Das hieß nichts anderes, als daß die Amerikaner einen strategischen Schutzschirm über Israel aufspannten und sich mit allen praktischen Konsequenzen zu der Politik einer Verhinderung massiver sowjetischer Eingriffe im Nahen Osten bekannten. Interessanterweise modifizierte die Regierung Johnson ihre nahostpolitische Position noch weiter, indem sie Israel nicht zum sofortigen Abzug seiner Truppen aus den besetzten Gebieten aufforderte und ihre Rüstungslieferungen an Israel verstärkte.

Bei dieser Politik blieb es in den ersten Jahren nach dem Sechstagekrieg. Die Vereinigten Staaten bekannten sich durch gleichbleibende Rüstungshilfe zu ihrer Verpflichtung gegenüber Israel, unterstützten jedoch gleichzeitig die UNO-Resolution 242, die den eventuellen Rückzug Israels aus den besetzten Gebieten erwog. Gefestigt wurden die amerikanisch-israelischen Beziehungen noch durch die Jordanien-Krise von 1970, als die Vereinigten Staaten, nunmehr unter Führung Präsident Nixons und seines Beraters Henry Kissinger, Israel als ihren Bevollmächtigten agieren ließen, um die Syrer einzuschüchtern und davon abzuhalten, König Hussein von Jordanien zu stürzen. Das beste Mittel, um die Araber von einem neuen Krieg gegen Israel abzuschrecken, bestand in den Augen der Amerikaner nunmehr darin, Israels militärische Stärke auf einem ausreichenden Niveau zu halten; gleichzeitig versuchten die Vereinigten Staaten, auf eine tragfähige Friedenslösung für die Region hinzuarbeiten und auf die Sowjetunion dahingehend einzuwirken, daß sie ihre arabischen Schützlinge im Zaum hielt.

So schön diese Konzeption sein mochte, in der Praxis zog sie unglückselige Folgen nach sich. Die ,,Weder-Krieg-noch-Frieden‘‘-Situation, die auf den Krieg von 1967 folgte, erwies sich als unerträgliche Belastung für den Stolz und das nationale Interesse der arabischen Staaten. Nachdem weder der Abnützungskrieg von 1969–70 noch das sogenannte ,,Jahr der Entscheidung‘‘ 1971 nennenswerte Veränderungen gebracht hatten, warteten der neue ägyptische Präsident Sadat und der syrische Staatschef Assad immer ungeduldiger auf eine Gelegenheit, wieder Bewegung in den Nahen Osten zu bringen. Beide Länder waren von der Sowjetunion massiv wiederaufgerüstet worden, und am 6. Oktober 1973 bliesen ägyptische und syrische Truppen an der Sinai- bzw. Golanfront zum Angriff auf Israel. Der Angriff traf die Israelis unvorbereitet – zum einen hatten sie auf Druck der US-Regierung auf einen Präventivschlag wie 1967 verzichtet, zum anderen hatte die israelische Regierung selbst die Kosten einer frühzeitigen Mobilmachung gescheut. In den entbrennenden Kämpfen behielten schließlich die Israelis wieder die Oberhand, aber diesmal nicht, ohne zuvor schwere Verluste erlitten zu haben. Noch wichtiger war, daß die Vereinigten Staaten sich erneut gezwungen sahen, zugunsten Israels einzugreifen, um eine einseitige Intervention der Sowjetunion zu verhindern, und daß sie am Ende neben Israel auch noch Ägypten gegenüber weitgehende Verpflichtungen übernehmen mußten, als Preis gleichsam für die Hoffnung, einer Lösung der arabisch-israelischen Probleme näherzukommen.

Analyse

Das Kalkül der Abschreckungsstrategie geht, wie wir bereits bemerkt haben, von dem Postulat eines rational reagierenden Gegners aus, den man von einem einmal eingeschlagenen Kurs abbringen kann, wenn man ihm deutlich macht, daß der Preis, den er für die Erreichung seines Ziels entrichten muß, den zu erwartenden Nutzen klar übersteigt. Es ist dies zwar nicht der Ort, diese Annahme in all ihren Implikationen zu untersuchen, doch sollte darauf hingewiesen werden, daß sie unter Umständen einen schweren und eventuell verhängnisvollen Irrtum in sich schließen kann. Nicht alle Widersacher handeln rational, und selbst wenn sie es tun, kann es sein, daß sie Einflüssen unterliegen, die sie daran hindern, das nach gewohnten Maßstäben ,,Rationale‘‘ zu tun. Die Bemühungen des Vierbunds und des nach-napoleonischen europäischen Konzerts wurden gestört und beinahe durchkreuzt von dem scheinbar irrationalen Bedürfnis Zar Alexanders II., ,,liberale" Regungen zu unterdrücken, wo immer sie sich zeigten. Chamberlains Appeasement-Politik zerschellte hauptsächlich an der Tatsache, daß Hitler in seinen Forderungen unersättlich und unberechenbar war. Die ägyptischen Staatsmänner Nasser und Sadat sahen sich 1967 bzw. 1973 gezwungen, riskante und in den Augen ihrer Widersacher irrationale Aktionen gegen Israel zu ergreifen, weil sie sowohl im eigenen Land als auch von seiten der arabischen Welt unter Druck gesetzt wurden. Die Annahme, daß die andere Seite rational handeln wird, kann also der erste und häufig auch schwerste Fehler sein.

Läßt man das Postulat des rational handelnden Gegners einmal außer acht, dann kommt es darauf an, daß die Macht, die abschrecken möchte, sich Klarheit über die eigenen nationalen Interessen und über die der anderen Seite verschafft, um die Vor- und Nachteile der verschiedenen zur Wahl stehenden politischen Optionen abschätzen zu können. Die eigenen nationalen Interessen zu definieren, ist oft schwierig, von denen der anderen Seite ganz zu schweigen; aber eine Fehleinschätzung in diesem Punkt kann selbst die beste aller Abschreckungsstrategien zunichte machen. Dies läßt sich ohne weiteres am Beispiel des vom Wiener Kongreß geschaffenen internationalen Systems demonstrieren, dem es nach 1815 gelang, den französischen Expansionsdrang in Schach zu halten, was nicht nur der Solidarität der im Vierbund vereinten Mächte zu verdanken war, sondern auch dem Verzicht Frankreichs selbst auf Vormachtansprüche; in dem Augenblick jedoch, als Interessengegensätze zwischen den Großmächten in Europa und der Neuen Welt hervortraten, ließ die stabilisierende Kraft der Allianz nach. Gleichermaßen litt das Bestreben der Alliierten, Hitler von seinem Angriff auf Polen durch Drohungen abzubringen, darunter, daß zwei divergente Interessen einflossen: Einerseits wollte man Rußland in ein Sicherheitsbündnis einbeziehen, andererseits aber seinen Einfluß in Osteuropa begrenzen. Und schließlich ist es den Vereinigten Staaten sehr schwer gefallen, angesichts einer Reihe widersprüchlicher Ziele eine Rangfolge ihrer Interessen aufzustellen – man wollte den Staat Israel erhalten, ein sowjetisches Vordringen in der arabischen Welt verhindern, sich selbst und seinen Verbündeten im Westen eine ausreichende Zufuhr arabischen Öls sichern, und all dies versuchte man innerhalb eines Kräftefelds konvergierender und divergierender arabischer, israelischer und sowjetischer Interessen zu verwirklichen.

Wenn der abschreckungswillige Staat seine Interessen und die der anderen Beteiligten berechnet hat, muß er explizit oder implizit seine Entschlossenheit klarmachen, das von der anderen Seite bedrohte Objekt, sei es ein Verbündeter, ein Territorium oder eine Interessensphäre, zu verteidigen. Auch das ist in vielen Fällen keine so leichte Aufgabe, wie es auf den ersten Blick scheinen mag. Was unseren ersten Beispielfall betrifft, so war die Verpflichtung der Mitglieder des Vierbunds, jede weitere militärische Aktion Frankreichs außerhalb seiner eigenen Grenzen zu unterbinden, von Anfang an klar artikuliert, sowohl in den Bestimmungen des Allianzvertrags als auch in der Vereinbarung, daß im Falle eines französischen Vorstoßes eine bestimmte Anzahl von Soldaten zu stellen sei. Die Entschlossenheit, jede Einmischung der Heiligen Allianz in Südamerika zu verhindern, kam sowohl in den Handlungen Cannings als auch in denen der US-Regierung unmißverständlich zum Ausdruck, beispielsweise durch die Verkündung der Monroe-Doktrin.

Die ersten Versuche Cannings dagegen, eine französische Intervention in Spanien abzuwenden, und der Versuch Chamberlains, die Alliierten auf die Unterstützung Polens einzuschwören, waren zwar ebenso unmißverständlich artikuliert, krankten aber an anderen Mängeln, die wir weiter unten erörtern werden. Die amerikanischen Verpflichtungen Israel gegenüber entwickelten sich, im Gegensatz zu den beiden vorgenannten Beispielen, zwischen 1948 und 1973 allmählich und im Gefolge einer Reihe von Ad-hoc-Operationen, bei denen die Vereinigten Staaten die Flexibilität ihrer Nahostpolitik zu bewahren suchten, während Israel nach einer hieb- und stichfesten amerikanischen Garantie für seine Sicherheit strebte. Das daraus resultierende bedingte amerikanische Engagement war kaum geeignet, in der Region Stabilität zu erzeugen oder israelische Ängste zu beschwichtigen. Wie sich aus den drei angeführten Fällen ersehen läßt, ist das Artikulieren einer eindeutigen Verpflichtung und eine ebenso eindeutige Demonstration der Entschlossenheit, sie einzuhalten, weder eine einfache Sache noch eine hinreichende Bedingung für eine erfolgreich praktizierte Abschreckungspolitik.

Wie bereits weiter oben in diesem Kapitel gesagt wurde, muß die abschreckungswillige Macht ihr Engagement mit Drohungen untermauern können, die in den Augen der anderen Seite sowohl glaubwürdig als auch „großkalibrig" genug sind, um sie von ihrem Vorhaben abzuhalten. Die Glaubwürdigkeit einer Drohung weist zwei Komponenten auf: Die eine besteht in dem Willen und der Entschlossenheit des abschreckenden Staates, die betreffenden Interessen zu verteidigen, die andere in der materiellen Kapazität, die Drohung wahrzumachen. Wenn wir uns an die genannten Beispiele für eine erfolgreiche Abschreckung erinnern, so wird deutlich, daß ein enger Zusammenhang zwischen der Demonstration der eigenen festen Entschlossenheit und dem Erfolg der darauf gegründeten Abschreckungspolitik besteht. Als die Alliierten Mächte 1815 Frankreich entgegentraten, waren sie fest entschlossen, nicht zuzulassen, daß Frankreich Europa in eine neue Epoche der Kriege stürzte, und sie unterstrichen diese Entschlossenheit, indem sie Besatzungstruppen in Frankreich beließen, bis sie ihre Friedensbedingungen durchgesetzt hatten. In ähnlicher Weise setzten Castlereagh und Canning darauf, daß das übrige Europa den Willen und die Entschlossenheit Großbritanniens respektieren würde, den anmaßenden Plänen des Zaren entgegenzutreten. Und sowohl Präsident Johnson als auch sein

Nachfolger Nixon demonstrierten 1967 beziehungsweise 1973, als die Krise zu eskalieren drohte, ihre Entschlossenheit, alles zu tun, damit ein Eingreifen sowjetischer Truppen im Nahen Osten unterblieb, und sie untermauerten ihre Drohungen mit handfesten Mitteln.

Im Gegensatz dazu waren Wille und Entschlossenheit der Westmächte 1939 beträchtlichen Zweifeln ausgesetzt. Anlaß dazu hatten ihre seit 1937 betriebene Appeasement-Politik gegeben und das Fehlen ernstzunehmender Anzeichen ihrer Zielstrebigkeit. Ähnlich war der Mangel an Entschlossenheit auf seiten der amerikanischen Regierung sowohl vor dem Krieg von 1967 als auch vor dem von 1973 Ausdruck der tiefen inneren Zwietracht, die der Vietnamkrieg beziehungsweise der Watergate-Skandal hatten aufbrechen lassen.

Fester Wille und Entschlossenheit allein garantieren jedoch noch nicht den Erfolg. Die abschreckungswillige Macht muß darüber hinaus über die zweite Komponente der Glaubwürdigkeit verfügen, über die Fähigkeit, dem Gegner Schaden zuzufügen. Was dies betrifft, so waren die Mitglieder des Vierbunds in den Jahren nach 1815 eindeutig und offensichtlich in der Lage, Frankreich jederzeit militärisch zu überwältigen, wenn sie gemeinsam vorgingen. Entsprechend war Großbritannien kraft seiner Flottenüberlegenheit in der Lage, jedes Fußfassen der Heiligen Allianz in der Neuen Welt zu vereiteln. Und die Vereinigten Staaten waren der Sowjetunion gegenüber in der Situation der Kriege von 1967 und 1973 stark genug, um die Sowjets an einem direkten Eingreifen zu hindern.

Wenn die Kräfte, über die die abschreckungswillige Macht verfügt, entweder nicht ausreichen oder in der gegebenen Situation nicht einsetzbar sind, geht die Glaubwürdigkeit der Drohung verloren. Die ganze gefürchtete Seemacht Großbritanniens konnte Frankreich nicht davon abschrecken, Spanien zu besetzen, nachdem die großen Landmächte dieses Vorhaben gebilligt hatten. Im Falle des deutschen Angriffs auf Polen 1939 waren die Westmächte allein, d. h. ohne Unterstützung durch die Sowjetunion, offenbar nicht so furchteinflößend, daß Deutschland eine unakzeptabel schwere Strafe für sein Vorgehen oder eine rechtzeitige und ausreichende Unterstützung für die überfallenen Polen hätte befürchten müssen. Präsident Johnson sah sich 1967, als Folge der durch das amerikanische Engagement in Vietnam geschürten Abneigung gegen militärische Aktionen auf fremdem Boden, nicht in der Lage, das von Präsident Eisenhower 1956 gegebene Versprechen bezüglich der Meerenge von Tiran einzulösen; und Präsident Nixon und sein Außenminister Kissinger mußten zu ihrer großen Überraschung feststellen, daß die Belieferung Israels mit Waffen nicht ausreichte, um die Araber vor einem Angriff auf dieses Land abzuschrecken. Die Frage nach der Stärke der einer abschreckungswilligen Macht zur Verfügung stehenden materiellen Mittel sollte mithin bei der Planung einer Abschreckungsstrategie als eines der Schlüsselelemente betrachtet werden.

Wenn wir uns mit dem zweiten Aspekt der Glaubwürdigkeit einer Drohung beschäftigen, müssen wir die Frage stellen: Ist sie massiv genug, um die andere Seite zu motivieren, den Status quo zu verändern? Das hängt natürlich wesentlich auch davon ab, wie groß die Motivation der Gegenseite ist. Die soeben erst restaurierte Bourbonen-Dynastie war ganz und gar nicht gewillt, nach 1815 eine neue Serie zerstörerischer Kriege vom Zaun zu brechen, und sie fügte sich daher willig in die Beschränkungen, die ihr 1815 die Mächte des Vierbunds und 1823 die Briten im Alleingang auferlegten. Entsprechend gilt für die jüngere Vergangenheit, daß die Sowjetunion kein Interesse daran hatte, eine atomare Konfrontation mit den Vereinigten Staaten zu riskieren, solange nicht der Fortbestand ihrer Mündelstaaten im Nahen Osten auf dem Spiel stand und solange sie bei der Austragung eines jeden Konflikts in dieser Region eine für das Ergebnis mitentscheidende Rolle zu spielen hatte.

Was nun Hitler betrifft, so darf man getrost voraussetzen, daß er bereits 1939 fest entschlossen war, seine außenpolitischen Ziele fortan mit Waffengewalt durchzusetzen; damit waren die Drohungen der Westmächte von vornherein zur Aussichtslosigkeit verurteilt, wenn sie nicht entweder durch ein Bündnis mit der Sowjetunion oder durch ein wesentlich verstärktes militärisches Drohpotential untermauert werden konnten – beides war nicht der Fall. 1967 und 1973 war es so, daß im arabischen Lager die potentiellen Kosten eines Krieges gegen das militärisch starke Israel und die Entzweiung mit dessen Schutzmacht USA offenbar nicht als so schwerwiegend empfunden wurden, daß Nasser beziehungsweise Sadat von ihrem Vorhaben Abstand genommen hätten, den Status quo durch drastische Aktionen zu verändern. Man erkennt hieraus, daß ein glaubwürdiges Abschreckungspotential nicht nur objektiv vorhanden sein muß, sondern, wichtiger noch, daß der potentielle Aggressor es auch als solches wahrnimmt.

Nachdem wir nun einige zentrale Hypothesen der Abschreckungstheorie anhand unserer drei historischen Fallstudien illustriert haben, empfiehlt es sich, noch auf einige spezifische Elemente dieser Theorie einzugehen, die bis jetzt keine Erwähnung gefunden haben.

Ein erstes Postulat, das sich aus der Abschreckungstheorie ableiten läßt, lautet: *Abschreckung erreicht man nicht einfach dadurch, daß man einen Interessenstandpunkt bekundet und ihn mit Drohungen unterstreicht.* Wie ernst ein angemeldeter Anspruch genommen wird, hängt unmittelbar davon ab, ob und inwieweit er in einem nachweisbaren oder rationalen Zusammenhang mit dem objektiven nationalen Interesse der betreffenden Macht steht. Dies läßt sich anhand jedes unserer drei Beispielfälle zeigen. Vor dem Einmarsch französischer Truppen in Spanien im April 1823 war allen anderen europäischen Mächten klar, daß Großbritannien etwas dagegen hatte, daß die Revolte in Spanien durch Eingriff von außen niedergeworfen würde; sie waren sich aber ebenso darüber im klaren, daß die wirklichen Schwerpunkte des nationalen Interesses der Briten anderswo lagen: in ihrem internationalen Handel und in der Bewahrung ihrer Vorherrschaft zur See. Daher waren die europäischen Mächte, während sie einerseits die Intervention in Spanien guthießen, andererseits nicht bereit, darüber hinaus auch noch die Wiedereroberung Portugals und der spanischen Kolonien zu betreiben und damit fast unausweichlich einen Krieg gegen Großbritannien zu riskieren. Die Garantie, welche die Westmächte 1939 Polen gaben, litt unter einer ähnlichen Inkongruenz von eingegangenem Engagement und nationalem Interesse. Hitler kalkulierte, daß Polen den Westmächten im Grunde nicht viel wert sei und daß sie es zu guter Letzt, ähnlich wie zuvor die Tschechoslowakei, fallenlassen würden, mußte ihnen doch ein deutsches Vordringen im Osten immer noch als das kleinere Übel erscheinen gegenüber der Möglichkeit, es selbst mit dem deutschen Expansionsdrang zu tun zu bekommen. Ein ganz ähnliches Problem stellte sich 1973, als Sadat – zu Recht, wie sich zeigte – von der Annahme ausging, daß die amerikanische Sicherheitsbürgschaft für Israel sich nicht auf die 1967 von den Israelis eroberten Gebiete bezog, und im Sinne dieses Kalküls den Versuch wagte, durch einen militärischen Kraftakt die arabische Selbstachtung und den Suez-Kanal wiederzugewinnen. Die Amerikaner, die es zunächst den Israelis überlassen wollten, sich zu wehren, wurden schließlich doch zum Eingreifen gezwungen, als die anhaltenden sowjetischen Waffenlieferungen an die Araber das Blatt in einer Weise zu wenden drohten, die den Zielen der amerikanischen Nahost-Politik entschieden widersprach. Hieraus läßt sich ersehen, daß ein Engagement, um glaubwürdig zu sein, in nachvollziehbarer Beziehung zu einem plausiblen nationalen Interesse stehen muß.

Ein zweites Postulat zur Abschreckung lautet: *Die Wirksamkeit von Abschreckung ist stark situationsabhängig.* Das will sagen: ebenso wie sich eine Abschreckungssituation verändern kann, können sich auch die Elemente des Abschreckungskalküls verändern. Dieses Phänomen zeigte sich in der Situation von 1939 auf beiden Seiten. Als die Alliierten nach 1936 erleben mußten, wie ihre Beschwichtigungspläne und ihre Aktivposten einer nach dem anderen durch die Vorstöße Hitlers zunichte gemacht wurden, steigerten sie die Intensität ihres Engagements, bis, im Anschluß an Prag 1939, die Entschlossenheit und die Einsicht vorhanden waren, daß man Hitler in Polen würde entgegentreten müssen. Unglücklicherweise beurteilte Hitler die Situation genau umgekehrt: Für ihn hatte es den Anschein, als habe die Willenskraft der Westmächte seit seinem Einmarsch ins Rheinland stetig abgenommen und sei 1938 in München schließlich zusammengebrochen. Er war daher überzeugt, daß er sich Polen nunmehr vornehmen konnte; das Risiko, damit einen allgemeinen Krieg zu entfesseln, schätzte er, vorausgesetzt, daß ihm ein schneller Sieg gelang, gering ein.

Präsident Johnson war 1967 wegen des Vietnamkriegs auf schmerzliche Weise unfähig, die Zusagen einzulösen, die die Regierung Eisenhower Israel

1956/57 gegeben hatte. Die situativen Bedingungen für ein potentielles einseitiges Eingreifen der Amerikaner hatten sich seit jener Zeit so drastisch verändert, daß die Israelis sich gezwungen sahen, zunächst einmal das Heft selbst in die Hand zu nehmen und zu hoffen, daß die Vereinigten Staaten ihnen im nachhinein Rückendeckung gewähren würden.

Dieser Gedankengang führt uns unmittelbar zu einem dritten wichtigen Postulat der Abschreckungstheorie. Wegen der starken Situationsabhängigkeit der die Abschreckung konstituierenden Faktoren *ist es oft schwierig, eine Strategie zu entwickeln, welche die am Status quo rüttelnde Macht gleichermaßen von allen ihr offenstehenden Optionen abschreckt.* Als der Vierbund 1815 formell begründet wurde, geschah dies in der Absicht, ein revolutionäres Frankreich als potentiellen europäischen Unruhestifter in Schach zu halten. Die Signatarmächte ahnten nicht, daß Frankreich 1823 wieder eine der reaktionärsten Mächte des europäischen Kontinents sein und es sich nicht nehmen lassen würde, zur Niederwerfung einer republikanischen Revolte in Spanien zu intervenieren. Kein Wunder, daß der Vierbund sich mit der Festlegung eines adäquaten politischen Kurses schwer tat.

Die Versuche der Westmächte, Deutschland vom Angriff auf Polen abzuschrecken, beruhten auf der Annahme, daß Hitler mit einer ihm feindselig gesonnenen Sowjetunion im Rücken keinesfalls einen allgemeinen europäischen Krieg riskieren werde und daß, falls es doch zum Krieg kam, die Polen lange genug würden Widerstand leisten können, um den französischen Streitkräften Gelegenheit zu wirksamen Operationen im Westen zu verschaffen. Hitler schaltete diese Schwierigkeiten aus, indem er einen zuvor nicht für möglich gehaltenen Nichtangriffspakt mit den Russen schloß und zur Niederwerfung Polens statt einiger Monate nur einige Wochen benötigte.

Den Vereinigten Staaten war es trotz aller diplomatischen Anstrengungen nicht möglich, Israel wirksam gegen eine Palette von Bedrohungen seitens seiner arabischen Nachbarn abzusichern, die von wirtschaftlichen Blockadeaktionen über Terroranschläge bis zu regelrechten militärischen Angriffen reichten. In jedem der drei Beispielfälle war es also so, daß die abschreckungswillige Seite sich genötigt fand, die Annahmen, auf denen ihr Abschreckungskalkül basierte, zu korrigieren, weil die Gegenseite ihrerseits in Ausnutzung der erkannten Schwächen dieses Kalküls ihre Strategie geändert hatte.

Eine weitere wichtige Erkenntnis der Abschreckungstheorie besagt, *daß ein Versagen der Abschreckung sich oft stufenweise und nicht auf einen Schlag offenbart.* Jeder unserer drei Beispielfälle veranschaulicht diese These. Die partiellen Interessengegensätze zwischen den Mitgliedern des Vierbunds manifestierten sich ganz allmählich im Verlauf der nach 1815 regelmäßig veranstalteten gesamteuropäischen Konferenzen. Die Westmächte hatten 1939 die Möglichkeit, aus mehreren eindeutigen Warnsignalen den drohenden Zusammenbruch ihrer Position in Polen abzulesen – aus der verschärften Agitation der Nazis, aus dem Abschluß des Stahlpakts zwischen Deutschland und Italien, aus der Ablösung des sowjetischen Außenministers Litwinow. Die schrittweise Besetzung der Sinai-Halbinsel durch Ägypten 1967 verkörpert ein beinahe klassisches Beispiel dafür, wie eine verbindliche Verpflichtung Schritt für Schritt aufgegeben beziehungsweise ausgehöhlt wurde. Auf jeder Stufe der Eskalation erwiesen die Vereinigten Staaten sich als nicht imstande, ihre gegebenen Zusagen einzulösen, und Nasser wurde mit jedem erfolgreichen Schritt mutiger. Auch 1973 gab es mit der vom israelischen und amerikanischen Geheimdienst registrierten (wenn auch nicht zutreffend gedeuteten) Evakuierung russischer Zivilpersonen 48 Stunden vor dem ägyptischen Angriff ein Warnsignal, das auf den geplanten Vorstoß hinwies. In der Regel fällt also das Gebäude der Abschreckung nicht auf einmal in sich zusammen wie ein Kartenhaus, sondern wird nach und nach ausgehöhlt wie ein Deich, der von der Brandung Stück für Stück weggeschwemmt wird. Worauf es ankommt, ist, ob die abschreckungswillige Macht über genügend Wahrnehmungsfähigkeit, Willenskraft und Machtmittel verfügt, ihr Vorhaben abzustützen, ehe es zu spät ist.

Die drei erörterten Beispielfälle illustrieren, ebenso wie viele andere, die untersucht worden sind, eine letzte wichtige Erkenntnis der modernen Abschreckungstheorie: daß *Abschreckung oft nicht mehr sein kann als eine Strategie des Zeitgewinns;* sie ist als solche nur ein Instrument der Außenpolitik und sollte kein Ersatz für eine kreative, sich auch anderer Mittel bedienende Staatskunst sein. 1815 begriffen die Mächte der antifranzösischen Koalition diese grundlegende Tatsache sehr wohl; sie nahmen Frankreich schon auf dem Wiener Kongreß wieder als geachtetes Mitglied in das europäische Staatensystem auf und richteten ihre Abschreckungsstrategie auf diese Sachlage aus. Indem sie Frankreich reintegrierten und das europäische Mächtekonzert schufen, legten die Initiatoren des Wiener Kongresses das Fundament für ein System, das den Frieden in Europa bis 1854 im großen und ganzen sicherte. Dies war in der Tat eine erfolgreiche Anwendung der Abschreckungsstrategie in Verbindung mit anderen diplomatischen Mitteln.

Unglücklicherweise läßt sich gleiches nicht über die Konferenz von Versailles sagen, die nach dem Ersten Weltkrieg zusammentrat. In ihrem Bemühen, dem deutschen Expansionsdrang Fesseln anzulegen und die Sowjetunion zu isolieren, um einen Siegeszug des Kommunismus zu verhindern, schufen die Siegermächte zwei „Parias" unter den Nationen, die sich später zusammentaten, um die zu ihrer Abschreckung gedachten Bestimmungen des Versailler Vertrages zu unterlaufen, und die zwanzig Jahre nach Versailles zu einem Zweckbündnis zusammenfanden, das den Ausbruch des Zweiten Weltkriegs praktisch unvermeidlich machte.

Im Nahen Osten haben die Vereinigten Staaten zu guter Letzt, nach arabisch-israelischen Kriegen, die immer auch Konfrontationen zwischen den

Supermächten waren, erkannt, daß sie in dieser Region mehr tun müssen, als nur Israel mit Waffen zu beliefern und sowjetischen Aktionen mit Drohungen zu begegnen. Auf das 1978 unter amerikanischen Auspizien zustandegekommene Rahmenabkommen von Camp David folgte im März 1979 der Friedensvertrag zwischen Ägypten und Israel, der eine wichtige Etappe auf dem Weg zu einer Entschärfung des arabisch-israelischen Konflikts markiert und der Anlaß zu der Hoffnung gibt, daß massive amerikanische Sicherheitsbürgschaften für Israel künftig überflüssig sein werden. Nicht in einem starren Bemühen um die Zementierung des Status quo liegen die besten Chancen für eine zukunftssichernde Politik, sondern in dem immer wieder mit Energie und Intelligenz unternommenen Versuch, die Ursachen von Konflikten an ihrer Wurzel zu bekämpfen.

14. Einschüchterungsdiplomatie

Diplomatie der Einschüchterung, manchmal auch Diplomatie der Druckausübung genannt, ist eine politische Strategie, die die Anwendung von Drohungen oder begrenzter Gewalt zur Beeinflussung des Verhaltens eines Widersachers beinhaltet, der beispielsweise dazu gebracht werden soll, Invasionstruppen zurückzuziehen oder besetztes Territorium freizugeben. Im Unterschied zu der im vorausgegangenen Kapitel dargestellten Strategie der Abschreckung, die dazu dient, die andere Seite von einem noch nicht in die Tat umgesetzten Vorhaben abzubringen, dient die Einschüchterungsdiplomatie dem Zweck, die Rücknahme einer bereits vollzogenen Aktion zu erzwingen.

Man muß einen Unterschied machen zwischen Einschüchterungsdiplomatie und nacktem Zwang. Erstere bemüht sich, einen Widersacher durch *Androhung* von Gewalt zum Zurückstecken zu bewegen, impliziert aber noch nicht die *Anwendung* von Gewaltmitteln oder doch nur in begrenzter Form, gleichsam zu Demonstrationszwecken. Die Strategie der diplomatischen Einschüchterung beruht darauf, gerade soviel Macht zu demonstrieren, wie nötig ist, um zu zeigen, daß man entschlossen ist, seine Interessen zu schützen und, wenn es nicht anders geht, auch Gewalt anzuwenden. Auf diese Weise gibt man der anderen Seite Gelegenheit, einzuhalten oder zurückzustecken, bevor man militärische Machtmittel einsetzt oder deren Einsatz eskaliert, wie die Briten es im Frühstadium des Falkland-Konflikts im Frühjahr 1982 taten. Zu diesem Zweck müssen die ausgesprochenen Drohungen und die zunächst begrenzt demonstrierte Macht Hand in Hand gehen mit einem ununterbrochenen Informationsaustausch mit der anderen Seite. Kommunikative Signale, der Austausch von Vorschlägen und Verhandlungsbereitschaft sind daher wichtige Elemente einer jeden Diplomatie der Gewaltandrohung.

Die Einschüchterungsdiplomatie bietet die Möglichkeit, die angestrebten Ziele auf ökonomische Weise, das heißt ohne große Blutopfer und mit geringeren politischen und psychologischen Kosten zu erreichen als bei der Anwendung einer traditionellen militärischen Gewaltstrategie, und oft ist auch das Eskalationsrisiko viel geringer. Das sind Vorteile, die diese Strategie oft als eine verführerische Möglichkeit erscheinen lassen. Die politischen Führer militärisch starker Staaten erliegen gerne der Versuchung zu glauben, sie könnten durch Gewaltandrohung – ohne großen eigenen Einsatz – schwächere Länder dazu bringen, ihre Ziele oder Vorhaben aufzugeben, wie es beispielsweise Präsident Johnson 1965 – ohne Erfolg – mit der Bombardierung Hanois versuchte. Wenn der Gegner sich nicht einschüchtern läßt und die Drohgebärden der einschüchternden Seite praktisch als Bluff entlarvt, stellt er diese damit vor die Entscheidung, entweder selbst zurückzustecken oder den Schritt in die militärische Eskalation zu tun.

Es ist wichtig, die Bedingungen zu benennen, die erfüllt sein müssen, wenn man diese Strategie mit Erfolg anwenden möchte, denn wenn sie nicht gegeben sind, kann selbst eine Supermacht in die Lage geraten, daß ihre Einschüchterungsversuche gegenüber einem schwächeren Gegner nichts fruchten und die Angelegenheit sich zu einem kostspieligen und langwierigen Konflikt entwickelt. Vergleiche zwischen Fällen, in denen Einschüchterungsstrategien mit Erfolg angewandt wurden (wie etwa in der Kuba-Krise), und solchen, in denen sie mißlangen (wie etwa in den Jahren und Monaten vor Pearl Harbor, als die Vereinigten Staaten Japan zum Zurückstecken zwingen wollten), ermöglichen die Identifizierung einer Reihe notwendiger Bedingungen. Insbesondere drei Voraussetzungen scheinen von entscheidender Bedeutung zu sein: Die einschüchternde Macht muß in der Vorstellung ihres Gegners das Gefühl wachrütteln, daß die Erfüllung ihrer Forderung drängt, sie muß ihn glauben machen, daß ihre Entschlossenheit zur Durchsetzung ihrer Forderungen letztlich stärker ist als die Entschlossenheit der anderen Seite, auf ihrem Standpunkt zu beharren, und sie muß die Angst vor einer unakzeptablen Eskalation schüren für den Fall, daß ihr Verlangen nicht erfüllt wird. Wir müssen erkennen, daß die Forderungen, die die einschüchternde Macht an die Gegenseite stellt, das „motivationale Gleichgewicht" verändern können. Wenn man sehr weitgehende Forderungen stellt, bestärkt man den Widersacher sehr wahrscheinlich nur in seiner Entschlossenheit, nicht nachzugeben. Wenn man es jedoch versteht, seine Forderungen auf das zu begrenzen, was für die eigene Seite wesentlich ist, ohne an vitale Interessen der anderen Seite zu rühren, dann ist die Chance größer, eine Asymmetrie der Motivationen zu schaffen, die einen Erfolg der Strategie begünstigt.

Die wesentlichen Merkmale und die Nachteile der Einschüchterungsdiplomatie sind seit langem bekannt, auch wenn diese Strategie in der Ära des traditionellen europäischen Mächtegleichgewichts offensichtlich keine systematische Ausformulierung erfuhr. Sie war einfach Teil des professionellen Gebrauchswissens derjenigen, die sich der Ausübung der Staatskunst und Diplomatie verschrieben. Gleichwohl können auch ältere geschichtliche Fallbeispiele für die Anwendung von Einschüchterungsstrategien, wenn man sie sachkundig analysiert, zu einem verbesserten Verständnis des Nutzens und der Grenzen dieser Strategie als Mittel der Außenpolitik beitragen.

Diplomatie der Gewaltandrohung hat sehr viel mit jenen Ultimaten gemein, die im Verlauf der europäischen Diplomatiegeschichte so oft gestellt worden sind. Ein klassisches Ultimatum besteht aus drei Elementen: einer konkreten und eindeutigen Forderung an den Gegner, einer Frist für die Erfüllung und einer Strafandrohung für den Fall der Nichterfüllung; diese Drohung muß sowohl glaubwürdig als auch massiv genug sein, um die Gegenseite zum Zurückstecken zu bewegen. Im Rahmen einer Strategie der Einschüchterung sind nicht unbedingt und nicht immer alle diese drei Elemente vorhanden. Es kann beispielsweise sein, daß die gestellte Forderung nicht konkret und eindeutig formuliert, daß keine Frist gesetzt oder daß die einschüchternde Macht nicht den Eindruck erweckt, es sei ihr bitterernst. Die Strafandrohung für Nichterfüllung ist möglicherweise zweideutig, ihrem Umfang nach ungenügend oder nicht glaubwürdig. Allgemein gesprochen, kann die Verwässerung jeder dieser drei Komponenten ein Ultimatum um seine Wirkung auf die Berechnungen und auf das Verhalten der anderen Seite bringen.

Es gibt mehrere Varianten der Einschüchterungsdiplomatie. Eng verwandt mit der gerade vorgestellten klassisch-ultimativen Variante ist die, wie man sie nennen könnte, Strategie des Auf-den-Busch-Klopfens. Bei dieser Variante wird nur das erste Element des klassischen Ultimatums, eine konkrete und eindeutige Forderung, eingebracht; eine Erfüllungsfrist hingegen wird nicht gesetzt, und die einschüchternde Macht versucht auch gar nicht, die Situation zu dramatisieren. Ein solches Auf-den-Busch-Klopfen ist eine nicht unübliche Strategie; häufig scheut eine einschüchterungswillige Macht vor einem regelrechten Ultimatum aus diesem oder jenem Grund zurück und begnügt sich zunächst mit einer bloßen Drohung, wie die Vereinigten Staaten es taten, als sie vor Pearl Harbor über mehrere Jahre hinweg die Japaner unter Druck setzten; der Drohende wartet dann, bevor er den nächsten Schritt tut, erst einmal ab, ob sein Einschüchterungsversuch beim Gegner Wirkung zeigt. Es gibt von dieser Strategie des Auf-den-Busch-Klopfens wiederum mehrere Untervarianten. In manchen Situationen, so etwa in zweien der drei historischen Beispiele, die wir weiter unten in diesem Kapitel erörtern werden, erscheint es erfolgversprechender, langsam „die Schraube anzuziehen", als ein richtiggehendes Ultimatum zu stellen.

Die systematische Analyse historischer Fallbeispiele, in denen die Einschüchterungsdiplomatie praktiziert wurde, hat gezeigt, daß diese Strategie, stärker noch vielleicht als die Strategie der Abschreckung, in hohem Maße situationsabhängig ist. Das bedeutet, daß sie in der Regel nur dann erfolgreich ist, wenn sie in allen Einzelheiten auf die jeweils gegebene Situation abgestimmt ist. Der verantwortliche Politiker jedoch überblickt nur in den seltensten Fällen einigermaßen vollständig alle wesentlichen Merkmale einer Krisensituation, in der die Diplomatie der Einschüchterung angewendet werden könnte, und so kann es leicht vorkommen, daß die Strategie fehlschlägt. Aus diesem und anderen Gründen erfordert die Diplomatie der Druckausübung, wie unsere nachfolgenden Fallstudien zeigen werden, in hohem Maße Geistesgegenwart und Improvisationstalent. Wer auf Gewalt-androhung setzt, muß Chancen und Risiken dessen, was er tut, beständig überprüfen. Er muß, wenn es notwendig ist, das Tempo der Ereignisse bremsen, um der Gegenseite Zeit zur Verdauung der Signale zu geben, die er übermittelt hat. Er muß seine eigenen Schritte sorgfältig überlegen und ter-minieren, um die Fähigkeit der Gegenseite, die jeweils neueste Konstellation abzuschätzen und angemessen darauf zu reagieren, nicht zu überfordern, und er muß dem Gegenüber immer einen Weg aus der Krise offen lassen. Wie sich aus diesen Bemerkungen ergibt, weist die Einschüchterungsdiplo-matie in ihren Voraussetzungen eine wichtige Gemeinsamkeit mit dem Kri-senmanagement auf, ein Thema mit dem wir uns im folgenden Kapitel be-schäftigen werden.

Allgemein gesprochen, wirft die Diplomatie der Einschücherung durch Gewalt als politische Strategie weit mehr Schwierigkeiten und Probleme auf, als gemeinhin angenommen wird. Politiker, die eine solche Strategie gegen-über einer die Interessen ihres Landes bedrohenden Macht anwenden wol-len, irren sich häufig, wenn sie annehmen, die Voraussetzungen für eine erfolgreiche Anwendung dieser Strategie stünden günstig, die Forderungen und Drohungen, die sie der Gegenseite übermittelten, seien eindeutig und glaubwürdig, und die Überzeugung von der Legitimität der eigenen Ansprü-che und damit die Entschlossenheit zu ihrer Durchsetzung sei auf ihrer Seite stärker als auf seiten des Gegners. Politiker, die mit der Diplomatie der Gewaltandrohung operieren, machen ferner auch oft den Fehler, einzig auf Strafandrohungen für den Fall der Nichterfüllung ihrer Forderungen zu setzen, anstatt der Gegenseite für ein Nachgeben auch gewisse Belohnungen in Aussicht zu stellen. Nicht jeder erkennt so klar wie Präsident Kennedy in der Zeit der Kuba-Krise, daß die Ziele, deretwegen man zu Einschüchte-rungsmaßnahmen greift, manchmal nur zu erreichen sind, wenn man echte und vielleicht sogar weitgehende Zugeständnisse macht. Der Leser wird sich erinnern, daß Kennedy und Chruschtschow ein Quidproquo aushandelten, das die Krise entschärfte und beendete. Chruschtschow erklärte sich bereit, die Raketen und Bomber aus Kuba abzuziehen, und Kennedy versprach dafür, keine weiteren militärischen Angriffe auf Kuba von amerikanischem Territorium aus zuzulassen. Wir sollten Einschüchterungsdiplomatie somit am besten als eine flexible Strategie vorstellen, in deren Rahmen man mit der Peitsche nicht immer all das erreicht, was sich möglicherweise erlangen läßt, wenn man daneben ein Stück Zuckerbrot anbietet. Jede Einschüchterungs-strategie schließt also, im Gegensatz zu einer Politik der nackten Gewalt, Elemente des Verhandelns, des Austauschens von Vorschlägen und Angebo-ten und des Kompromisses ein.

Um zu zeigen, wie Diplomatie der Einschüchterung in der Praxis gehand-habt wird, sollen im folgenden drei Fallbeispiele skizziert und jeweils die Gründe für den Erfolg beziehungsweise Mißerfolg der angewendeten Strate-

gien herausgearbeitet werden.* Der erste Fall, die ägyptische Krise von
1838–41, stammt aus der Epoche des klassischen europäischen Machtgleichgewichts. Dieses Beispiel ist zwar nicht so bekannt wie unsere beiden anderen Fälle, wir haben es aber gewählt, weil es zeigt, daß Verständnis- und
Kommunikationsprobleme schon vor dem Wirksamwerden der diplomatischen Revolution eine erfolgreiche Anwendung dieser Strategie gegenüber
schwächeren Staaten beeinträchtigen konnten. Das zweite Beispiel, die in
den Jahren zwischen 1938 und 1941 von den Vereinigten Staaten unternommenen Versuche zur Einschüchterung Japans, lehrt uns, wie das allzu
fordernde Auftreten einer einschüchterungswilligen Macht zu einem Bume-
rang werden kann, der, wie in diesem Fall, schließlich zu dem japanischen
Überfall auf Pearl Harbor führte. Das dritte Fallbeispiel, die arabische Öldi-
plomatie zu Beginn der 70er Jahre, zeigt, daß die Strategie der Gewaltandrohung bis heute ein attraktives und unter bestimmten Umständen auch nütz-
liches Instrument der Machtpolitik geblieben ist. Alle unsere Fallbeispiele
zeigen die hohe Situationsabhängigkeit jeder Einschüchterungsdiplomatie;
es ist wichtig, sich sorgfältig die Umstände und Voraussetzungen – ob sie
den handelnden Akteuren bekannt waren oder nicht – zu vergegenwärtigen,
die in jedem der Fälle den Gang der Ereignisse beeinflußten. Die Mahnung,
die sich aus den drei Fallbeispielen ableiten läßt, ist unzweideutig: Eine
Strategie der Gewaltandrohung zu einem erfolgreichen Ende zu führen, ist
keine leichte Aufgabe. Die Katastrophe wartet stets hinter der nächsten
falschen Entscheidung.

Die ägyptische Krise 1838–1841

Am 25. Mai 1838 gab der türkische Vizekönig in Ägypten, Mehmet Ali, von
Frankreich dazu ermuntert, seine Absicht bekannt, Ägypten vom Osmanischen Reich unabhängig zu machen. Die militärischen Vorkehrungen, die er
traf, ließen keinen Zweifel daran aufkommen, daß er entschlossen war, seine
Entscheidung gewaltsam gegen den türkischen Sultan durchzusetzen und
nebenbei noch einige Gebiete unter seine Herrschaft zu bringen. Es war dies
nicht der erste Anlauf Mehmet Alis. Schon einige Jahre zuvor hatte er ähnliches versucht, aber damals hatte Rußland, gedeckt durch das Einverständnis
der europäischen Mächte, interveniert und ihn zum Zurückstecken gezwungen. 1838 jedoch kam es nicht zu einer gemeinsamen Reaktion der beiden
Mächte, die am ehesten imstande gewesen wären, die Pläne Mehmet Alis zu
durchkreuzen, nämlich Englands und Rußlands, weil beide zu dieser Zeit im
Wettbewerb miteinander ihren Einfluß in der Türkei auszuweiten suchten
und einander auch noch wegen der ungelösten Probleme in Asien in den

---

* Die drei in diesem Kapitel unterbreiteten Fallstudien wurden ursprünglich von Captain Alan Carver von der U. S. Army erarbeitet.

Haaren lagen. Als Zar Nikolaus erkannte, daß der Sultan nicht bereit sein würde, sich allein auf die Hilfe Rußlands zu stützen, entschloß er sich rasch zu einer Reihe von Zugeständnissen, so daß schließlich doch eine englisch-russische Zusammenarbeit zustandekam.

Eine Zeitlang übten sowohl der Sultan als auch der ägyptische Pascha unter dem Druck Englands und Rußlands Zurückhaltung, und die Lage verschärfte sich nicht. Im April 1839 jedoch unternahm das türkische Heer einen Versuch, Mehmet Ali und seine Truppen aus Syrien, das sie besetzt hielten, zu vertreiben. Die Türken wurden geschlagen, und die Flotte des Sultans desertierte geschlossen nach Ägypten. In diesem Augenblick, da Konstantinopel am Rande der Kapitulation stand, forderten die fünf europäischen Mächte England, Rußland, Österreich, Preußen und Frankreich in einer gemeinsamen Note den Sultan auf, Mehmet Ali keine Zugeständnisse zu machen, ohne sich zuvor mit ihnen zu beraten.

Im August 1839 machte der britische Außenminister Lord Palmerston den Vorschlag, die fünf Mächte des europäischen Konzerts sollten sich zusammentun, um Mehmet Ali zum Rückzug aus Syrien zu zwingen und die Integrität und Sicherheit des Osmanischen Reichs wiederherzustellen. Wenn eine der Mächte sich weigerte, mitzutun, so brauchte das, wie Palmerston hervorhob, die anderen nicht am Handeln zu hindern – dies war als eine Warnung an die Adresse der Franzosen gedacht, die sich nach wie vor gegen jede Aktion zur Zurückdrängung des ägyptischen Paschas sperrten und damit die Krise noch um einen Konflikt bereicherten. Die österreichische Regierung, deren Außenpolitik von Fürst Metternich geleitet wurde, war sich nicht sicher, daß es ohne Mitwirkung Frankreichs gelingen werde, Mehmet Ali einzuschüchtern, und sie versuchte weiter, eine Grundlage für ein gemeinsames Vorgehen aller fünf Mächte zu finden; dieses Zögern währte bis zum Juni 1840, als in Syrien ein Aufstand ausbrach und sich auch Österreich der Notwendigkeit raschen Handelns bewußt wurde. Allerdings brauchte Palmerston noch bis zum 5. Juli, um die volle Unterstützung seiner eigenen Regierung für das geplante Vorgehen zu gewinnen, und er bekam sie nur, weil er mit seinem Rücktritt drohte. Erst als diese letzte Hürde aus dem Weg geräumt war, konnten Österreich, Preußen, Rußland und England gemeinsam in Aktion treten.

Am 9. Juli trafen Vertreter der vier Mächte in London zusammen, und am 15. Juli hatten sie eine Ägypten-Konvention ausgearbeitet, ein diplomatisches Instrument, das sie zu dem Zweck geschmiedet hatten, den Pascha in die Schranken zu weisen. Die Konvention enthielt die Forderung nach Rückgabe aller der Türkei im Krieg abgenommenen Gebiete sowie der türkischen Flotte. In den Mehmet Ali verbleibenden Gebieten sollten wieder die türkischen Gesetze gelten, und Ägypten sollte wieder türkische Provinz werden. Als Gegenleistung sollte Mehmet Ali zum erblichen Herrscher über Ägypten ernannt werden, und das südliche Syrien sollte bis an sein Lebensende seiner Herrschaft unterstehen. Ein ausgesprochen raffiniertes Ultimatum sollte dafür sorgen, daß Mehmet Ali die gestellten Bedingungen rasch akzeptierte: Falls er sich nicht binnen zehn Tagen nach Eingang des Ultimatums mit den Forderungen einverstanden erkläre, werde er alle Ansprüche auf Syrien verlieren. Falls er die Forderungen auch binnen zwanzig Tagen nicht annehme, werde ihm darüber hinaus auch Ägypten weggenommen. Parallel zu dieser diplomatischen Offensive wurde Druck auf die Mehmet Ali nach wie vor unterstützende französische Regierung ausgeübt, um zu verhindern, daß sie zu seinen Gunsten in Ägypten eingriff. Als Mehmet Ali sich weigerte, die Forderungen der Konvention zu akzeptieren, wurde ein englisch-österreichisches Flottengeschwader nach Beirut entsandt. Im September beschoß es die Stadt und ermöglichte die Landung türkischer Truppen. Dasselbe Geschwader lief später in den Hafen von Alexandria ein und verschaffte sich dort durch die Androhung ähnlicher Aktionen Respekt. Im Februar 1841 mußte Mehmet Ali sich nach Ägypten zurückziehen. Er sah sich nun gezwungen, wieder in Verhandlungen einzutreten und seinen Ansprüchen auf Syrien zu entsagen. Als Gegenleistung dafür durfte er die Herrschaft in Ägypten behalten.

Daß die Diplomatie der Einschüchterung der vier Mächte gegenüber dem ägyptischen Pascha zunächst ihre Wirkung verfehlte, hatte mehrere Gründe. Zunächst einmal waren ihre Drohungen nicht hundertprozentig glaubwürdig. Mehmet Ali konnte hoffen, daß die Aktion auf nicht viel mehr als eine Seeblockade gegen Ägypten hinauslaufen würde, die ihm nicht allzu weh getan hätte. Die Meinungsverschiedenheiten zwischen den vier europäischen Mächten in der Frage, ob ein Vorgehen ohne Mitwirkung Frankreichs sinnvoll sei, wurden erst einige Wochen vor Verkündung des Ultimatums beigelegt. Es stand daher keineswegs fest, ob es auch nur zu einer von vier Mächten getragenen gemeinsamen Aktion kommen würde. Außerdem war nicht abzusehen, daß den vier Mächten das, was in Nahost auf dem Spiel stand, letzten Endes einen höheren Einsatz wert sein würde, als Mehmet Ali ihn zu wagen bereit war. Um Mehmet Ali davon zu überzeugen, daß ein Beharren auf seinen Ansprüchen ihn teuer zu stehen kommen werde, sahen sich die vier Mächte gezwungen, mit aller Deutlichkeit klarzustellen, daß sie es auf eine militärische Konfrontation ankommen lassen würden. Hinzu kam schließlich noch, daß die Franzosen, entgegen den Hoffnungen des ehrgeizigen Paschas, nicht bereit waren, für seinen Standpunkt Partei zu ergreifen, vielleicht ein Erfolg Palmerstons, der sich bemüht hatte, ihnen ihre eventuellen diesbezüglichen Absichten zu verleiden. Alle diese Faktoren führten im Zusammenwirken dazu, daß Mehmet Ali sich zu einer veränderten Einschätzung der Situation durchrang. Erst die praktische Zurschaustellung militärischer Macht überzeugte ihn von der Entschlossenheit seiner Widersacher. Nachdem er auf das ursprüngliche Ultimatum nicht eingegangen war, wurde er durch begrenzte Gewaltanwendung zu der Einsicht gebracht, daß er noch am besten wegkommen würde, wenn er nachgab. Als sein Einlenken den weiteren Vollzug der Strafandrohung überflüssig machte, war den europäischen Mächten daran gelegen, die Krise auf eine Weise beizulegen, die Mehmet Ali nicht zu Verzweiflungsaktionen provozieren würde; so gewährten sie ihm einen großzügigen Frieden. Dieses Beispiel für eine erfolgreiche Einschüchterungsdiplomatie zeigt, wie wichtig es für das Gelingen ist, daß die Strategie beständig überprüft und der sich verändernden Situation angepaßt wird.

Die amerikanische Außenpolitik gegenüber Japan 1938–41

Zwischen 1938 und 1940 nahm der japanische Expansionismus auf chinesischem Boden ernstzunehmende Ausmaße an und erregte in den Vereinigten Staaten steigende Besorgnis. Krieg in China bedeutete für die Japaner eine bedeutende Investition von Männern, Mitteln und Prestige. Ihr erklärtes Ziel war die Schaffung eines „ostasiatischen Wirtschaftsgroßraums". Mit ihrer aggressiven und militaristischen Politik demonstrierten die Japaner, wie fest sie daran glaubten, zur Führungsmacht in diesem Raum bestimmt zu sein. Die amerikanischen Interessen in China waren vergleichsweise zweitrangig und ermangelten der treibenden Dynamik, durch die die japanischen Aktionen sich auszeichneten. Dazu kam, daß die amerikanische Regierung sich aus innenpolitischen Rücksichten nicht in der Lage sah, energische Signale des Mißfallens und unmißverständliche Warnungen an die Adresse der Japaner zu richten. Und ohnehin litten Überzeugungskraft und Glaubwürdigkeit amerikanischer Einsprüche gegen die Verletzung bestimmter Verträge und internationaler Rechtsnormen durch Japan beträchtlich unter dem Isolationismus der amerikanischen Politik und ihrer Festlegung auf „korrekte" Neutralität.

Ungeachtet dieser innenpolitischen Hemmnisse reagierten die Vereinigten Staaten auf die japanische Expansionspolitik schließlich 1939 mit einem Embargo auf bestimmte Rüstungsgüter und mit einer Kündigung der Kredite. Etwas später widerriefen sie den japanisch-amerikanischen Handelsvertrag von 1911. Der Zweck dieser Maßnahmen lief darauf hinaus, Japan zu einer Mäßigung seiner Politik in Ostasien zu veranlassen. Aber diese Politik der Einschüchterung durch wirtschaftliche Sanktionen war nicht präzise definiert und ließ die Japaner im Ungewissen darüber, welche Schritte möglicherweise folgen würden. Der amerikanische Außenminister Cordell Hull sträubte sich dagegen, den gesamten Handel mit Japan zu unterbinden; er wollte noch Druckmittel in Reserve behalten, äußerte sich aber nicht näher darüber, wie er diese Waffe in Zukunft einzusetzen gedachte. Obwohl die Amerikaner also frühzeitig Druck ausübten, versäumten sie es, den Japanern unmißverständlich klarzumachen, daß sie bereit waren, ihre rhetorischen Forderungen notfalls mit handfesten Mitteln durchzusetzen. Die japanische

Führung durfte daher mit gutem Grund annehmen, daß ihr Interesse an der Bewahrung ihrer Position in China stärker motiviert war als der Wille der Amerikaner, ihre Forderungen durchzusetzen. Im Interessenkonflikt auf dem ostasiatischen Festland spielte Japan eindeutig mit höherem Einsatz als die USA. Es gab zwar von japanischer Seite einige bescheidene Bemühungen, offene Zusammenstöße mit den Amerikanern zu vermeiden, aber gleichwohl setzten die Japaner ihre Politik der militärischen Expansion fort, und 1940 bedrohten sie bereits die holländischen Positionen in Ostindien und die französische Interessensphäre in Indochina.

Die Vereinigten Staaten sandten weiterhin Signale der Konfliktbereitschaft aus, Signale, in denen sich Elemente einer harten und einer gemäßigteren Linie mischten, worin die mangelnde Übereinstimmung zwischen den politisch Verantwortlichen in Washington zum Ausdruck kam. Die wirtschaftlichen Sanktionen waren unterdessen durch zusätzliche spezifische Embargobestimmungen verschärft worden. Um die Mitte des Jahres 1940 setzte sich in den Reihen der US-Regierung eine allgemeine Unzufriedenheit ob der offensichtlichen Wirkungslosigkeit dieser begrenzten Maßnahmen durch, und die gemäßigten Stimmen verstummten weitgehend. Im Laufe dieses Sommers wurden weitere schwerwiegende Embargos verhängt. Die Japaner waren, nachdem man ihnen noch kaum konkrete Forderungen unterbreitet hatte, etwas verblüfft ob der Lawine neuer Wirtschaftssanktionen, die sich nun über sie ergoß. Dennoch bot die neue amerikanische Politik, Schritt für Schritt den wirtschaftlichen Druck zu verschärfen, den Japanern keine Anreize, die ihnen ein Nachgeben hätten vorteilhaft erscheinen lassen können, und so bewirkte sie das Gegenteil des Gewollten – sie bestärkte die japanische Regierung in ihrer Entschlossenheit, dem amerikanischen Druck zu trotzen und sich nach sicheren und unabhängigen Rohstoffquellen umzutun; die Stellung der Gemäßigten im japanischen Kabinett wurde schwächer. Als die Amerikaner daraufhin mit einer weiteren Verschärfung des Wirtschaftskriegs drohten, bestärkte dies die Japaner in ihren schlimmsten Befürchtungen für die Zukunft und veranlaßte sie zu einer nochmaligen Forcierung ihrer Expansionspolitik. Man war sich in Tokio sicher, daß die Vereinigten Staaten keinen Krieg gegen Japan wollten und sich nicht ohne weiteres in einen solchen Krieg hineintreiben lassen würden, zumal der Krieg in Europa sich ausweitete und das Blatt sich gegen die Alliierten und zu Hitlers Gunsten zu wenden schien. Das Embargo auf dringend benötigte Materialien wurde von den Japanern eher als Herausforderung denn als Warnung begriffen, als eine Herausforderung, der die Amerikaner, so glaubte man, nichts würden folgen lassen. Daß Japan selbst ähnliche Embargos verhängt hatte, um kriegswichtige Materialien im Lande zu halten, wollte man nicht wahrhaben, wogegen jede neue amerikanische Ausfuhrbeschränkung von den Falken in Tokio als ungerechtfertigt und als Zeichen bösen Willens gebrandmarkt wurde.

Am 27. September 1940 schloß Japan sich im sogenannten Dreimächte-pakt mit Deutschland und Italien zusammen, was auch ein Warnsignal an die Adresse der Amerikaner war, sich in Asien nicht noch mehr einzumischen. Japan schöpfte aus der Allianz mit Deutschland und Italien wenig Vorteile; bei den Amerikanern weckte das Bündnis der Japaner mit diesen aggressiven Mächten neue Befürchtungen. Gleichwohl hatte die amerikanische Regierung kein Interesse an einer direkten Konfrontation mit Japan und betrieb weiterhin eine Politik der kompromißlosen Forderungen und der halbherzigen Sanktionen. Man verhandelte, aber da jede Seite unnachgiebig auf einem Totalrückzug der anderen beharrte, kam dabei nichts heraus. An einen kritischen Punkt der Eskalation geriet der diplomatische Konflikt am 25. Juli 1941, als die Vereinigten Staaten ein totales Erdölembargo gegen Japan verhängten und alle japanischen Guthaben bei amerikanischen Banken einfroren. Damit zeigten die Amerikaner ihre Stärke und Entschlossenheit, und es wurde deutlich, daß nun die akute Gefahr einer weiteren Eskalation bestand. Im November wurde Japan mit Forderungen konfrontiert, denen zufolge es sich unter anderem aus allen besetzten Gebieten zurückziehen, den Pakt mit Deutschland und Italien aufkündigen und seine Expansionsbestrebungen einstellen sollte. Mit der Vision vor Augen, dem wirtschaftlichen Würgegriff der Amerikaner ausgeliefert zu sein, entschieden die Japaner sich für die Alternative: Krieg gegen die Vereinigten Staaten. In diesem Sinne war Pearl Harbor eine rationale Antwort auf die Wahl, vor die Japan durch das amerikanische Ultimatum gestellt wurde, denn die Alternative – Unterwerfung unter die amerikanischen Forderungen – war noch unerfreulicher als die Aussicht auf einen Krieg gegen einen überlegenen Gegner, in dem man sich gleichwohl nicht chancenlos glaubte.

Der Entschluß der Japaner zum Krieg war keineswegs eine übereilte Entscheidung, sondern war im Verlauf eines längeren internen Prozesses herangereift. Im September 1941 wurden aus Kriegsplanungen Manöver, und der Oktober wurde als Termin für die endgültige Entscheidung bestimmt. Mitte Oktober stürzte das Kabinett Konoye, und General Tojo übernahm das Premierministeramt. Zwar war der selbstgesetzte Termin nun da, aber die neue Regierung entschied sich, zunächst einmal weiter nach einer Alternative Ausschau zu halten, da der Krieg ihr Land sicherlich schwer belasten würde. Die durch das amerikanische Embargo bewirkte zunehmende Verknappung der japanischen Erdöleinfuhren setzte Japan jedoch unter Zeitdruck, denn es war absehbar, wann die Option Krieg verfallen würde. Die Chance, daß die vorhandenen Vorräte hinreichen würden, den Krieg solange zu führen, bis unabhängige Nachschubquellen erschlossen waren, verringerte sich stetig. Roosevelt hatte sich bis dahin geweigert, eine bindende Zusage abzugeben, daß die USA auf einen japanischen Angriff auf britische und niederländische Territorien im Pazifik reagieren würden. Aber das Risiko einer militärischen Intervention der Amerikaner in einem solchen Fall bestand, und wenn die Japaner es ausschalten wollten, dann war die Vernichtung des amerikanischen Militärpotentials im Pazifik durch einen präventiven Angriffsschlag das beste Mittel, dies zu erreichen. Am 5. November beschloß das neue japanische Kabinett, alles auf eine Karte zu setzen und ein letztes Paket von Vorschlägen an die Adresse der USA zu richten. Cordell Hull erhielt diese Vorschläge am 20. November. Zwei Tage später wurde Admiral Yamamoto angewiesen, die japanische Flotte am 3. Dezember zusammenzuziehen. Die US-Regierung antwortete auf die japanische Note am 26. November mit einer Zurückweisung der Vorschläge und einer nochmaligen Forderung, Japan solle auf seine auf dem asiatischen Festland errungenen Machtpositionen verzichten. Die Aufgabe dieser Positionen jedoch, die die Frucht jahrelanger wirtschaftlicher und politischer Investitionen waren, wäre ein schwerer Prestigeverlust gewesen. Damit war die weitere Entwicklung programmiert: Am 1. Dezember 1941 um 2 Uhr nachmittags japanischer Zeit faßte der japanische Ministerrat den Beschluß, den Krieg zu eröffnen.

Die Tatsache, daß die Amerikaner ihre politischen Ziele im ostasiatischen Raum nicht von Anfang an klarstellten und vor allem nicht ihre Minimalziele definierten, bestärkte die Japaner beträchtlich in ihrer Entschlossenheit, nicht nachzugeben. Nicht bereit oder fähig, zu begreifen, daß die Japaner nicht von heute auf morgen lange gepflegte Wertvorstellungen und Überzeugungen aufgeben und unter Druck den bereits erzielten Fortschritt im Aufbau eines asiatischen Wirtschaftsgroßraums rückgängig machen würden, bewirkte die US-Regierung mit ihrer Politik lediglich eine Verhärtung der japanischen Haltung. Und mit der Verhängung eines vollständigen Embargos auf amerikanische Ölexporte nach Japan setzte Washington den Japanern de facto eine achtzehnmonatige Frist, binnen derer sie sich ihre Versorgung mit Erdöl anderweitig sichern mußten. Die wenigen Stückchen Zucker, mit denen die Amerikaner Japan die Einwilligung in ihre Forderungen zu versüßen suchten – Meistbegünstigung und ein gegenseitiger Nichtangriffspakt –, waren nicht geeignet, die Interessen der Japaner oder ihre Kosten-Nutzen-Analyse zu beeinflussen. Die einzigen japanischen Gegenvorschläge – das Angebot, sich nach Beendigung des Krieges gegen China aus Indochina zurückzuziehen, falls die Vereinigten Staaten eine für Japan günstige Verhandlungslösung zu unterstützen und die japanisch-amerikanischen Beziehungen wieder zu normalisieren versprachen – wurden von Washington schroff abgelehnt, womit jede Chance auf einen Kompromiß vertan war. Die unzutreffenden Vorstellungen, die sich viele führende amerikanische Politiker von der japanischen Position machten, verhinderten eine präzisere und besser kalkulierte Einschüchterungsdiplomatie und verurteilten die amerikanische Politik zum Scheitern. Die Situation entwickelte eine Eigendynamik, die der Kontrolle beider beteiligten Regierungen entglitt, und so wurde der Krieg schließlich unvermeidlich.

Arabische Erdöldiplomatie 1973–74

Es hat in jüngerer Zeit vermutlich kein Ereignis gegeben, das das Denken und Handeln der großen Industrieländer stärker verändert hat als das arabische Erdölembargo von 1973. Der Anpassungsprozeß des internationalen Systems an die neuen Bedingungen, die sich bei dieser Gelegenheit manifestierten, ist bis heute im Gang. Die akute Krise war rasch beigelegt, aber ihre Folgen wirken nach.

Die Nachfrage nach Erdöl war in Japan und in den westeuropäischen Staaten zwischen 1956 und 1973 spektakulär gewachsen. In geringerem Ausmaß traf dies auch auf die Vereinigten Staaten zu. Im Verlauf dieser Zeit lernten die arabischen Staaten allmählich, den potentiellen Wert des Erdöls als politischer Waffe zu begreifen. Als sie diese Waffe schließlich einsetzten, um die Haltung der westlichen Politik in der Frage des arabisch-israelischen Konflikts zu beeinflussen, war dies ein in der Geschichte fast einzig dastehender Versuch: Militärisch schwache, nichtindustrialisierte Staaten suchten mit rein wirtschaftlichen Mitteln, Druck auf mächtige Industrienationen auszuüben. Mit diesem Vorgehen setzten die arabischen Staaten einen dramatischen Umorientierungsprozeß in Gang, in dessen Verlauf die westlichen Staaten ihre Position und ihr politisches Denken neu bestimmten.

Die OPEC wurde 1960 mit dem Ziel gegründet, die Ölförderländer vor Preisstürzen für Rohöl zu schützen. Angesichts eines Überangebots an Erdöl und eines Mangels an Solidarität unter den OPEC-Mitgliedern erzielte die Organisation anfänglich nur äußerst bescheidene Erfolge. Gegen Ende der 60er Jahre setzte sich in der OPEC im Gefolge des aufkommenden arabischen Nationalismus und der westlichen Unterstützung für Israel eine radikalere Tendenz durch. Schon anläßlich des Sechstagekrieges von 1967 versuchten die OPEC-Staaten Kapital aus ihren Erdöl-Pfründen zu schlagen, was ihnen aber nicht gelang, hauptsächlich weil Saudi-Arabien sich nur widerwillig beteiligte. Die Vereinigten Staaten, die ihren Ölbedarf weitgehend aus eigener Förderung deckten, zeigten sich von dem arabischen Embargo im großen und ganzen unbeeindruckt, und auch anderswo traten dank eines raschen Reagierens der westlichen Welt nur unbedeutende Engpässe auf. Nach der Erfahrung von 1967 betrachtete man im Westen das Erdöl nicht als eine glaubwürdige Waffe und traf nur in geringem Ausmaß vorbeugende Schutzmaßnahmen gegen eine Wiederholung des Embargoversuchs.

Zwischen 1970 und 1973 herrschte im Nahen Osten ein militärisches Patt, und im Westen, insbesondere in den Vereinigten Staaten, rechnete man damit, daß es bei dem angespannten De-facto-Friedenszustand, der dort herrschte, auf unabsehbare Zeit bleiben werde. Die israelische Weigerung, die 1967 eroberten Gebiete zurückzugeben, führte jedoch zu einer gewissen Verbrüderung unter den arabischen Staaten und förderte das Verlangen nach einer Veränderung des Status quo. Zugleich vollzog sich ein spürbarer Wandel auf dem Ölmarkt hin zu einer verstärkten Abhängigkeit Europas und Japans vom arabischen Erdöl. Somit traten nach 1967 also mehrere Veränderungen auf, die sowohl die potentielle Wirkung der Ölwaffe als wirtschaftliches und politisches Druckmittel als auch die Neigung der arabischen Staaten verstärkten, an einen erfolgreichen Einsatz dieser Waffe zu glauben.

Am 6. Oktober 1973 ließ Präsident Sadat von Ägypten seine Truppen auf die Sinai-Halbinsel vorstoßen, mit anfangs beachtlichem Erfolg. Ein mit dem ägyptischen Vorstoß abgesprochener syrischer Angriff von Norden her folgte. Obgleich niemand davon ausging, daß die Chancen Sadats, seine Kriegsziele zu erreichen, durch eine gleichzeitige diplomatische Offensive erhöht würden, kann man doch annehmen, daß die Zusage Saudi-Arabiens, sich nötigenfalls an einem arabischen Ölembargo zu beteiligen, Sadat den Entschluß zum Angriff leichter gemacht hat. Am zwölften Tag des achtzehntägigen Krieges traten die arabischen Erdölminister zusammen, um sich auf ein Konzept für den Einsatz der Ölwaffe zu einigen. Die Bedingungen für ein Embargo schienen günstig, und der Krieg gegen Israel stärkte die Position der Befürworter einer solchen Maßnahme. Von Anfang an war man sich darin einig, daß man den proarabisch eingestellten Ländern die Ölzufuhr garantieren müsse, um einer allgemeinen antiarabischen Reaktion vorzubeugen. Dies erforderte eine sorgfältige Abstimmung mit bestimmten Nationen und eine klare Definition der Ziele der Aktion. Ferner benötigte man einen geeigneten Anlaß, um den Einsatz der Ölwaffe rechtfertigen zu können.

Die Vereinigten Staaten hatten sich anfänglich gegen Forderungen nach einer Intervention zugunsten Israels gesperrt, da sie für diesen Fall eine ähnliche Entwicklung wie 1967 befürchteten; dementsprechend gaben die arabischen Staaten sich zunächst damit zufrieden, lediglich ein Ölembargo anzudrohen, um so die Amerikaner von etwaigen Hilfsmaßnahmen für Israel abzuschrecken und darüber hinaus zu bewirken, daß Washington diplomatischen Druck auf Israel ausübte, um es zur Räumung der besetzten arabischen Gebiete zu veranlassen. Als die militärische Lage sich jedoch für Israel mehr und mehr verschlechterte, änderte die amerikanische Regierung ihre Politik. Am 14. Oktober (8. Kriegstag) wurde eine leistungsfähige Luftbrücke in das belagerte Israel eingerichtet. Unmittelbar danach begann sich das Blatt zu wenden. Eine ägyptische Offensive, zur Entlastung der syrischen Front gedacht, wurde zurückgeschlagen, und binnen weniger Tage gelang es den israelischen Streitkräften, die ägyptische Dritte Armee in die Zange zu nehmen und völlig einzuschließen. Angesichts der mißlichen Lage Ägyptens und Syriens rückte das Erdölembargo als potentielles Druckmittel für möglicherweise bevorstehende Waffenstillstandsverhandlungen und als diplomatische Waffe, mit der die Westeuropäer und die Japaner zu einer stärkeren Beachtung der arabischen Interessen im Rahmen des arabisch-israelischen Gegensatzes veranlaßt werden konnten, erneut in den Blickpunkt. Mitte Oktober gaben sechs OPEC-Staaten eine 70prozentige Preiserhöhung für Rohöl und eine unverzügliche Drosselung der Produktion um 5 Prozent bekannt. Sie verkündeten ferner, daß sie so lange, wie Israel Territorien außerhalb seines ursprünglichen Staatsgebiets besetzt hielt und die Rechte der Palästinenser nicht anerkannte, die Erdölförderung Monat für Monat weiter drosseln würden. Kurz nach dieser ersten Ankündigung reduzierte Saudi-Arabien seine Förderquote und drohte den Vereinigten Staaten mit einem Embargo. Als die Regierung Nixon am 20. Oktober dem Kongreß ein umfangreiches Paket von Hilfsmaßnahmen für Israel vorlegte, kündigte die OPEC ein Embargo gegen all jene Staaten an, die gegenüber dem arabisch-israelischen Konflikt keine ,,ausgewogene" Stellung beziehen würden.

Mehrere Aspekte des Embargos sind erwähnenswert. Zunächst einmal war die Forderung, die Rechte der palästinensischen Bevölkerung gemäß der UNO-Resolution Nr. 242 von 1967 wiederherzustellen, äußerst vage gehalten und eröffnete vielerlei Interpretations- und Diskussionsmöglichkeiten. Zum zweiten waren in das Embargo auch manche westlichen Staaten einbezogen, die gar keinen direkten Einfluß auf den Verlauf des Krieges oder auf die Gestaltung der späteren Friedensregelung nehmen konnten. Viele waren kaum in der Lage, mehr zu tun, als die Minimalforderung zu erfüllen und in offiziellen Verlautbarungen den arabischen Standpunkt zu unterstützen. Daraus ergaben sich, da der Hauptadressat des Embargos die Vereinigten Staaten waren, so lange keine übermäßigen Probleme, wie es gelang, die Formierung eines antiarabischen Blocks zu verhindern. Um einer solchen Frontbildung vorzubeugen, sah die OPEC sich gezwungen, bestimmten Staaten als Gegenleistung für geringfügige Konzessionen Öl zu liefern, selbst wenn sie damit die Gesamtwirkung des Embargos beeinträchtigte.

Das Hauptproblem war, daß die Vereinigten Staaten, die es als einzige in der Hand hatten, Wesentliches für die Erfüllung der OPEC-Forderungen zu tun, von der Drosselung der Förderquoten am wenigsten betroffen waren. Die interessanteste Wirkung, die das Embargo erzielte, war die tendenzielle Schwächung des westlichen Zusammenhalts dadurch, daß die Vereinigten Staaten indirekt, durch die gleichsam stellvertretende Bestrafung ihrer in bezug auf das Erdöl verwundbarsten Partner Japan, Großbritannien und Westdeutschland, getroffen wurden. Eine direkt gegen die USA gerichtete Strategie wäre vielleicht ohnehin nicht das Klügste gewesen, da die Araber darauf bedacht sein mußten, keinen zu starken Gegensatz zwischen den USA und Israel aufkommen zu lassen. Falls nämlich die amerikanisch-israelischen Beziehungen sich allzusehr verschlechtert hätten, wäre die amerikanische Regierung vielleicht nicht mehr in der Lage gewesen, den erwünschten diplomatischen Druck auf Israel auszuüben und es zu Zugeständnissen zu veranlassen. Eine unmittelbare günstige Wirkung konnte sich das arabische Lager vom Ölembargo nur unter der Bedingung erhoffen, daß die amerikanisch-israelischen Beziehungen erhalten blieben. Diese Überlegungen veranlaßten, zusammen mit dem anhaltenden Interesse Saudi-Arabiens an einem guten Verhältnis zu den Vereinigten Staaten, die OPEC zu einer flexiblen Politik, die Spielraum für zukünftige Anpassungen ließ.

Eine abgestimmte Strategie des vorsichtigen Auf-den-Busch-Klopfens wurde diesen Bedingungen am besten gerecht und von den OPEC-Staaten denn auch praktiziert. Die Formulierung begrenzter Ziele, die Bereitschaft, diese Ziele in flexibler Weise an die Entwicklung und an die Einschätzung dessen, was möglich war und was nicht, anzupassen, sowie eine sorgfältige „Peilung" hinsichtlich der Auswirkungen des Embargos auf die Vereinigten Staaten und ihre Verbündeten, all dies addierte sich zu einer geschickten und effektiven diplomatischen Offensive. Durch indirekten Druck erreichten die Araber, daß das Verständnis für ihre Ansprüche zunahm. Für den Fall, daß sich während der Dauer des Erdölembargos eine Gefährdung langfristiger arabischer Interessen abzeichnete, hatten die arabischen Führer sich die Möglichkeit offengehalten, Zugeständnisse zu machen; sie behielten die Entwicklung der Dinge genau im Auge, um eine unnötig starke Eskalation der Krise verhindern zu können. Sie gingen sogar so weit, durch Werbekampagnen in vom Embargo betroffenen Ländern bei der westlichen Öffentlichkeit Verständnis für ihre Sache zu wecken. Als schließlich die Vereinigten Staaten ihre Bereitschaft erklärten, im Nahen Osten eine „ausgewogenere" Politik zu betreiben, wurde das Embargo aufgehoben, von dem über das Erreichte hinaus kein weiterer Nutzen mehr zu erhoffen war. Wenn das arabische Erdölembargo auch nur in einem begrenzten Sinn erfolgreich war, so demonstrierte es doch ein bemerkenswertes Maß an Einsicht in die Möglichkeiten und Grenzen des Einsatzes diplomatischer Druckmittel.

Analyse

Im Fall der Ägyptenkrise von 1840 schlug die Einschüchterungsdiplomatie der europäischen Mächte zunächst fehl, weil die Drohung, mit der sie arbeiteten, nicht glaubwürdig genug und die Furcht der anderen Seite vor einer Eskalation so lange gering war, bis tatsächlich Gewalt angewendet wurde. Die amerikanische Politik der Einschüchterung gegenüber Japan in den Jahren vor 1941 fruchtete nichts, weil die Japaner in bezug auf bestimmte Grundpositionen nicht verhandlungsbereit waren und durch die überzogenen amerikanischen Forderungen nur in ihrem Widerstandswillen bestärkt wurden. Im Falle des arabischen Erdölembargos kam eine rationale Strategie des Einsatzes begrenzter Druckmittel zur Anwendung. Die Mittel wurden dabei der sich verändernden Konstellation angepaßt und die Aktion beendet, als sich ein vertretbarer Erfolg eingestellt hatte. An jedem der drei Fälle läßt sich die wichtige Rolle der situativen Umstände und das Vorhandensein eines Potentials für Trugschlüsse und Fehler demonstrieren.

Darüber hinaus läßt jedes der Fallbeispiele auch bestimmte Charakteristika der diplomatischen Revolution anschaulich werden. So spielen in den beiden späteren Fällen beispielsweise bürokratische Entscheidungsprozesse und der Einfluß innenpolitischer Faktoren eine sichtbare Rolle. Offensichtlich war es nicht mehr möglich, daß ein einzelner Politiker oder eine einzelne Regierungsstelle den Gang der Ereignisse oder auch nur die politischen Reaktionen des eigenen Landes in den Bahnen einer konsequent durchgehaltenen Strategie leitete. Die Unfähigkeit der Großmächte, schwächere Staaten in Schach zu halten, und die Fähigkeit inferiorer Staaten, ihre Stimme geltend zu machen, sind ebenfalls beachtenswerte Aspekte, die sich aus der Analyse dieser Fälle ergeben. Die OPEC ist nur ein Beispiel für die Vielzahl neuer Akteure, die die internationale politische Bühne betreten haben und zu der Komplexität beitragen, die ein untilgbares Merkmal der diplomatischen Szene der Gegenwart zu sein scheint. Klar ist ferner, daß die Fortschritte in der Kommunikationstechnik und in der nachrichtendienstlichen Informationserhebung für den diplomatischen Entscheidungsprozeß keine sichtbaren Erleichterungen gebracht haben, trotz der enormen Vermehrung der Informationsmenge, die dem heutigen Staatsmann zur Verfügung steht. Mißverständnisse und Fehldeutungen sind nach wie vor möglich, so daß die praktische Anwendung einer Einschüchterungsstrategie weiterhin eine äußerst diffizile Aufgabe bleibt. Die Akteure stehen meist unter Zeitdruck, die Zahl der Einflußfaktoren, die in Rechnung gestellt werden müssen, hat sich vervielfacht, und die militärische Überlegenheit der Supermächte bringt, wie sich gezeigt hat, wenig Nutzen, birgt dafür aber schwerwiegende Risiken. Neue, aus anderen Quellen gespeiste Formen der Macht und der zunehmende Einfluß kleinerer Staaten sind Faktoren, die demzufolge immer mehr an Bedeutung gewinnen. Im Zeichen neuer äußerer Voraussetzungen sollten jedoch die Vorbedingungen, Möglichkeiten und Grenzen der Einschüchterungsstrategien einer gründlichen Überprüfung unterzogen werden. Von der theoretischen Warte aus können wir kaum mehr tun, als die für eine erfolgreiche Einschüchterungsdiplomatie erforderlichen Voraussetzungen zu nennen und vor den darin liegenden Risiken zu warnen. Zu entscheiden, wo und wann die Anwendung einer solchen Strategie angezeigt und, gemessen am Risiko, lohnend erscheint, bleibt auch in Zukunft die Aufgabe der Regierenden.

Wenn sich ein Staat für den Einsatz von Druckmitteln entscheidet, müssen seine Politiker sich bewußt bleiben, daß das Verhandeln über mögliche Lösungen damit nicht zu Ende ist, sondern möglicherweise gerade erst begonnen hat. Kein Ultimatum ist so rigoros, daß es nicht möglich wäre, eine bedrohliche Entwicklung nötigenfalls durch Konzessionen zu verlangsamen. Die Wahl des richtigen Zeitpunkts ist ein entscheidender Faktor für den Erfolg einer jeden Einschüchterungsstrategie. Man muß der anderen Seite Gelegenheit geben, sich mit der Situation, die etwa durch ein Ultimatum entstanden ist, vertraut zu machen und sich ihre Reaktion zu überlegen. Wenn man dem Widersacher diese Zeit nicht gibt, wird er sich vielleicht zu einer überstürzten und gefährlichen Antwort hinreißen lassen. Die Verantwortung für die zeitliche Abfolge und das Tempo der Ereignisse, für die mehr oder weniger dramatische Zuspitzung, die die Situation erfährt, und für die Vermeidung von Unklarheiten und Mißverständnissen liegt bei der Regierung, die die Einschüchterungsstrategie initiiert. Die Reaktionen der anderen Seite müssen antizipiert und bei den nächsten Schritten berücksichtigt werden. Ohne sorgfältige Abstimmung kann es leicht passieren, daß das, was als Schuß vor den Bug des Gegners gedacht sein mag, nach hinten losgeht, mehr Schaden als Nutzen stiftet und schließlich alle Beteiligten zu Verlierern macht.

Aus dem Gesagten wird deutlich, daß Einschüchterungsdiplomatie sehr wenig mit absoluter Macht und sehr viel mit relativer Überlegenheit unter bestimmten Bedingungen zu tun hat. Die Einschätzung der jeweils vorliegenden Machtverhältnisse ist eine Sache der Situationserfassung und der Kalkulation. Der Staat, der zu einer Einschüchterungsstrategie greift, wird sich des Erfolgs nie sicher sein können, weil so vieles davon abhängt, wie die andere Seite die Situation wahrnimmt und welche Schlüsse sie daraus zieht. Aus dieser Tatsache ergibt sich die gefährlichste Tücke jeder solchen Strategie. Was vielleicht in der Hoffnung auf einen billig erkauften politischen Erfolg gestartet wird, kann, wenn die andere Seite den Fehdehandschuh aufnimmt und man sich zum Kampf stellen muß, leicht außer Kontrolle geraten. Einschüchterungsdiplomatie ist immer eine Politik, die rationales Kalkül und Besonnenheit, ein Wissen um die in ihr liegenden Risiken und eine nüchterne Einschätzung der Grenzen des Erreichbaren erfordert. Der kalkulierte Einsatz begrenzter Gewaltmittel ist eine scharfe und zuweilen sehr wirksame politische Waffe, die jedoch schwer zu handhaben ist, wenn man es mit einem hartnäckigen Widersacher zu tun hat. Wenn die Versuchung, diese Waffe zu benutzen, auch oft sehr groß ist, sollte man sich doch durch ihre auf den ersten Blick möglicherweise bestechend anmutenden Vorteile nicht dazu verleiten lassen, ihr in jedem Fall den Vorzug vor anderen, besser kontrollierbaren Strategien zu geben, wenn die Situation solche Alternativen zuläßt.

15. Krisenmanagement

Die Geschichte der zwischenstaatlichen Beziehungen ist mit unzähligen diplomatischen Konflikten gespickt, von denen manche friedlich beigelegt wurden und andere zu kriegerischen Auseinandersetzungen führten. Krisen entstehen durch Interessenkonflikte, die sich, sei es durch Unachtsamkeit oder von den beteiligten Parteien bewußt provoziert, zu friedensbedrohenden Situationen zuspitzen. Die politisch Verantwortlichen sind in einer solchen Krisensituation aufgerufen, unter dem Druck der Zeit und der Ereignisse schwerwiegende diplomatische und militärische Entscheidungen zu treffen. Was bei solchen Entscheidungen auf dem Spiel steht, sind nicht immer nur Gewinn oder Verlust, Sieg oder Niederlage für die beteiligten Staaten, sondern unter Umständen der Fortbestand der bestehenden internationalen Ordnung selbst.

Die Kunst der Bewältigung von Krisen, heute meist Krisenmanagement genannt, war zwar schon in der Ära des europäischen Mächtegleichgewichts ein vertrautes Element der internationalen Diplomatie, ist aber im Zeitalter der thermonuklearen Waffen zu ungeahnter Bedeutung gelangt. Noch unter dem frischen Eindruck der dramatischen Kuba-Krise stellte der damalige amerikanische Verteidigungsminister Robert McNamara nüchtern fest: ,,Es gibt keine militärischen Strategien mehr; es gibt nur noch Krisenmanagement." Das war gewiß eine übertriebene Behauptung; sie illustriert jedoch aufs beste, welche entscheidende Bedeutung dem Bemühen um eine Entschärfung dieser massivsten sowjetisch-amerikanischen Konfrontation seit dem Beginn des Atomzeitalters zukam.

Allerdings war die Kuba-Krise nicht der erste Anlaß, bei dem die Notwendigkeit und die Modalitäten eines wirksamen Krisenmanagements zwischen Ost und West sichtbar wurden. Schon in der Berlinfrage hatten die beiden Supermächte einschlägige Erfahrungen zur Bewältigung und Entschärfung kritischer Situationen gesammelt. Aber es ist durchaus richtig, wenn man sagt, daß es vor der Kuba-Krise allenfalls Ansätze zu einer regelrechten Theorie des Krisenmanagements gab, nach der sich die Politiker, die das nationale Interesse ihres Staates wahren wollten, ohne einen Krieg zu riskieren, hätten richten können. Wie Robert Kennedy schrieb, hatte sein Bruder kurz vor der Entdeckung der Raketenrampen auf Kuba das Buch *The Guns of August* von Barbara Tuchman gelesen, das schildert, wie Europa 1914 in den Krieg hineinschlitterte. Es ist denkbar, daß diese Lektüre sein Bewußtsein dafür schärfte, welche Fehler Staatsmänner in Augenblicken einer dramatisch zugespitzten Krise begehen können. So etwas wie ein

Handbuch des Krisenmanagements, in dem der Präsident hätte nachschlagen können, gab es aber ganz sicher nicht.

Angeregt durch die Erfahrung der Kuba-Krise, haben Historiker und Politikwissenschaftler inzwischen Untersuchungen über die Aufgaben und Anforderungen eines effektiven Krisenmanagements angestellt und dabei beachtliche Erkenntnisse gewonnen. Sowohl innerhalb staatlicher Institutionen als auch an wissenschaftlichen Forschungsstätten sind Krisen, die sich seit dem Ende des Zweiten Weltkriegs ergeben haben, analysiert worden. Insbesondere wurde dabei berücksichtigt, welche Aufschlüsse sie im Hinblick auf Probleme der Informationsverarbeitung und der Entscheidungsfindung unter Krisenbedingungen auf die spezifischen Erfordernisse von Befehls- und Kontrollmechanismen, auf Methoden der Koordinierung diplomatischer und militärischer Schritte sowie auf das Problem der Kommunikation mit dem Kontrahenten und ihre Aufrechterhaltung während der Krise möglicherweise liefern können.

Nicht alle Resultate dieser Arbeit müssen oder können an dieser Stelle referiert werden, zumal einige davon der Geheimhaltungspflicht unterliegen. Für unsere Zwecke genügt es, die allgemeinen Aufgaben und Anforderungen eines effektiven Krisenmanagements zu benennen, wie sie von den auf diesem Gebiet Forschenden herausgearbeitet worden sind. Die Analyse einer Anzahl von Krisen – darunter sowohl solchen, die, wie die Kuba-Krise, entschärft werden konnten, als auch anderen, bei denen dies nicht gelang, wie etwa jenen, die in den Ersten Weltkrieg oder in den Koreakrieg mündeten – stützt die Annahme, daß es die Bewältigung einer Krise erleichtert, wenn eine Seite oder auch beide die *Ziele*, die sie in der Konfrontation verfolgen, und/oder die *Mittel,* die sie dabei anwenden, *begrenzen.* Es muß allerdings auch betont werden, daß die Begrenzung der Ziele und Mittel allein noch keine Gewähr für die gewaltlose Beilegung einer Krise bietet. Wie aus den einschlägigen Untersuchungen hervorgeht, müssen noch eine ganze Reihe weiterer Voraussetzungen erfüllt sein, und zwar jeweils von *beiden* an einem Konflikt beteiligten Seiten her; das heißt, beide müssen willens und fähig sein, ihr Verhalten den im folgenden aufgelisteten Anforderungen unterzuordnen.

1. *Die höchstinstanzliche politische Kontrolle über militärische Optionen muß erhalten bleiben.* Von überragender Bedeutung für ein erfolgversprechendes Krisenmanagement ist, daß die höchste politische, d. h. zivile Entscheidungsinstanz die Kontrolle über Art und Zeitpunkt eventueller militärischer Aktionen behält. Diese Forderung muß sich unter Umständen sogar auf etwaige rein taktische Manöver und Operationen erstrecken, die zu einem nicht beabsichtigten Zusammenstoß mit den Streitkräften der anderen Seite führen können.

2. *Die Dynamik militärischer Aktionen muß durch Atempausen gebremst*

werden. Die Eigendynamik militärischen Vorgehens muß unter Umständen bewußt gebrochen werden, damit beiden Seiten genug Zeit bleibt, diplomatische Signale und Botschaften auszutauschen, und damit jeder Seite ausreichend Zeit bleibt, die Lage abzuschätzen, Entscheidungen zu treffen und auf Vorschläge zu antworten.

3. *Diplomatische und militärische Schritte müssen koordiniert werden.* Alles, was an militärischen Schritten unternommen wird, muß sorgfältig mit dem politisch-diplomatischen Vorgehen und den Mitteilungen an die andere Seite koordiniert werden; alles zusammen sollte in eine sorgfältig durchkalkulierte Strategie für eine akzeptable Beilegung der Krise mit friedlichen Mitteln integriert sein.

4. *Ein etwaiges militärisches Vorgehen sollte sich auf solche Schritte beschränken, die der Gegenseite unmißverständlich die eigene Entschlossenheit signalisieren und den eigenen begrenzten Zielen angemessen sind.*

5. *Zu vermeiden sind militärische Schritte, die der Gegenseite den Eindruck vermitteln, man plane einen „richtigen" Krieg, und sie daher zu einem Präventivschlag provozieren können.*

6. *Es sollten diplomatisch-militärische Optionen gewählt werden, die der anderen Seite signalisieren, daß man Verhandlungen einer militärischen Lösung vorzieht.*

7. *Es sollten diplomatisch-militärische Optionen gewählt werden, die der anderen Seite einen Weg aus der Krise offenlassen, der mit ihren fundamentalen Interessen vereinbar ist.*

Sowohl Kennedy als auch Chruschtschow bewiesen in der Kuba-Krise, daß sie diese Postulate begriffen hatten und sie zu beherzigen wußten. Andere Staatsmänner freilich zeigten sich in anderen Krisensituationen nicht auf der Höhe dieser Grundsätze. Präsident Truman beispielsweise mißachtete einige von ihnen, als er im November 1950 mit dem Eingreifen rotchinesischer Streitkräfte in den Koreakrieg konfrontiert wurde. Freilich, die Tatsache, daß ein verantwortlicher Politiker die Grundregeln des Krisenmanagements kennt, bietet für sich allein noch keinerlei Gewähr dafür, daß er sie auch mit Erfolg praktizieren wird. Es ist denkbar, daß die Verantwortlichen einer Seite oder beider Seiten ihre Militärs nur unvollkommen unter Kontrolle haben. Oder es kann sein, daß die Streitkräfte eines Landes in einer Weise aufgebaut und strukturiert sind, die den gerade in einer Krise notwendigen flexiblen Umgang mit ihnen ausschließt. Die dem Einsatz der Streitkräfte zugrundeliegenden Doktrinen bewirken möglicherweise – wie es am Vorabend des Ersten Weltkriegs der Fall war, auf dessen Ausbruch wir weiter unten in diesem Kapitel eingehen werden –, daß den Regierungen jene Optionen einer begrenzten Mobilmachung und Aufstellung von Truppen, die sie für ein sensibles Krisenmanagement benötigen würden, nicht zur Verfügung stehen.

Es sollte nicht vergessen werden, daß ein erfolgreiches Krisenmanagement nur auf der Grundlage neuartiger Konzepte der Planung, Überwachung und Durchführung militärischer Operationen möglich ist und daß diese Konzepte hohe, vielleicht zu hohe Anforderungen an die Erfahrung, die Kreativität und die Geduld professioneller Militärs stellen. Die weiter oben angeführten sieben Postulate beinhalten die Forderung nach einem streng kontrollierten Umgang mit den zu Gebote stehenden militärischen Kräften, was unter Umständen zu ernsten Spannungen zwischen den militärischen und den politischen Führern eines Landes führen kann. Es ist keine leichte Aufgabe, das militärische Leistungspotential so dosiert einzusetzen, wie es im Sinne jener sieben Postulate notwendig ist, wenn die vorhandenen Waffensysteme nicht ein Mindestmaß an Flexibilität zulassen und wenn die militärischen Planer nicht genügend Einfallsreichtum besitzen, um die verfügbaren militärischen Mittel eventuell auch einmal unorthodox einsetzen zu können. Optionen, die diese Kriterien erfüllen und von denen man daher annimmt, daß sie für einen Staatsmann, der eine Krise wirksam entschärfen möchte, brauchbar sind, haben allerdings die Eigenart, verhältnismäßig schnell ausgeschöpft zu sein. In der Kuba-Krise wären Präsident Kennedy, wenn die Seeblockade nicht gefruchtet hätte, nur noch sehr wenige Optionen mit nicht-kriegerischer Tendenz verblieben. Wenn Militärstrategen und politische Führer Versuche zu weit treiben, militärische Machtmittel zu verfeinerten, selektiv und abgestuft einsetzbaren Instrumenten zu machen, die sich sowohl zur Untermauerung einer selbstbewußten Machtpolitik als auch zur Krisenbewältigung eignen, werden sie damit letzten Endes Schiffbruch erleiden.

Eine erfolgreiche praktische Umsetzung der Grundsätze des Krisenmanagements verlangt also, um es noch einmal zusammenzufassen, unter anderem ein geeignetes militärisches Rüstzeug, adäquate militärische Doktrinen und Optionen, eine effektive Kommandostruktur und wirksame Kontroll- und Lenkungsmöglichkeiten von der politischen Spitze bis hinunter zu den taktischen Operationseinheiten. Ebenso wichtig sind eine enge Zusammenarbeit zwischen politischen und militärischen Entscheidungsträgern bei der Entwicklung aufgabenangemessener militärischer Optionen sowie Geschicklichkeit und Flexibilität in der Abwandlung von Einsatzplänen bei unerwarteten Entwicklungen und Wendungen im Verlauf einer Krise.

Nimmt man die oben aufgelisteten sieben Postulate für ein erfolgreiches Krisenmanagement zur Richtschnur, kann man die Leistungen und Fehler vergleichen, die verschiedene Staatsmänner in verschiedenen Krisen begangen haben; darüber hinaus gewinnt man ein tieferes Verständnis für den Einfluß, den die diplomatische Revolution ganz allgemein auf die Art und Weise der Krisenbewältigung ausgeübt hat. Die drei von uns ausgewählten Fallbeispiele – der Krimkrieg, der Erste Weltkrieg und der arabisch-israelische Krieg von 1973 – sind insofern besonders aussagekräftig, als ihr Verlauf und ihr Ausgang nicht nur die Fähigkeit der internationalen Gemeinschaft beleuchten, Konflikte kurz vor Ausbruch eines allgemeinen Krieges zu lösen, sondern auch die weiterreichende Frage der Bewahrung beziehungsweise Auflösung des jeweils gerade bestehenden internationalen Systems.*

Der Krimkrieg (1854)

Die Ursachen der Krise, die sich im Krimkrieg entlud, lagen im allmählichen Zerfall des Osmanischen Reiches und in den destabilisierenden Wirkungen, die dieser Zersetzungsprozeß auf das 1815 etablierte System des europäischen Mächtekonzerts ausübte. Vier der fünf europäischen Mächte – England, Frankreich, Rußland und Österreich – hatten ein handfestes materielles Interesse an den Geschicken des türkischen Reiches, und die fünfte, Preußen, spielte die Rolle einer teilnahmsvollen Beobachterin. Die Russen, geführt von ihrem unternehmungslustigen Zaren Nikolaus, hatten alte Ansprüche in diesem Gebiet, die sie in einen religiösen Konflikt mit dem Frankreich Napoleons III. und in einen wirtschaftlichen mit England verwickelten, einem England, das seit dem Streit um die Korngesetze im Jahr 1846 politisch zerrissen war. Österreich war zwar in bezug auf alles, was seine Grenzen auf dem Balkan tangieren konnte, stets hellhörig, befand sich aber in einer Phase der inneren Erholung von den Erschütterungen der Revolution von 1848, und sein junger Kaiser Franz Joseph war nicht darauf erpicht, sich auf ein außenpolitisches Abenteuer einzulassen, dessen Erfolg nicht garantiert war.

Anders der frischgekrönte Kaiser von Frankreich, Napoleon III. Bemüht, das Ansehen Frankreichs nach außen und das seiner eigenen Person im Innern zu erhöhen, machte Napoleon sich zum Fürsprecher der römisch-katholischen Ordensbrüderschaften im Heiligen Land und preßte dem Sultan Anfang 1852 eine Reihe von Zugeständnissen zugunsten dieser Minderheiten ab. Die waren, so schien es, zum Teil unvereinbar mit den Rechten, die den griechisch-orthodoxen Ordensbrüderschaften bereits 1740 verliehen worden waren, und der Zar fühlte sich in seiner Eigenschaft als Schutzherr der orthodoxen Christen im türkischen Reich gezwungen, ihnen zu Hilfe zu eilen. Als erstes schickte er einen Gesandten, den Fürsten Menschikow, nach Konstantinopel. Im Auftrag des Zaren und in hochfahrendem Ton forderte Menschikow den Sultan auf, die jüngsten Bestimmungen rückgängig zu machen und das Recht des russischen Thrones, die orthodoxen Christen im Osmanischen Reich zu schützen, formell anzuerkennen. Menschikow erreichte mit seiner Draufgänger-Diplomatie immerhin, daß die türkische Re-

---

* Die Fallbeispiele dieses Kapitels wurden in ihrer ursprünglichen Form von Captain Richard J. Hoffman von der U. S. Army ausgearbeitet.

gierung am 4. Mai 1853 einen Erlaß herausgab, der die respektiven Rechte der verschiedenen religiösen Minderheiten im Heiligen Land definierte. Die Russen waren damit nicht zufrieden, und sie setzten Truppen in Marsch und besetzten die unter türkischer Verwaltung stehenden Donaufürstentümer, in der Absicht, sie solange als Pfand zu behalten, bis ihre Forderungen erfüllt waren.

Zar Nikolaus entschloß sich zu diesem Vorgehen in der Überzeugung, Österreich und England würden ihn darin unterstützen. Allein, Österreich blieb, weil seine leitenden Köpfe sich nicht einig werden konnten, neutral, und England, das von einem Koalitionskabinett regiert wurde, betrieb eine doppelte Politik: Die prorussische Fraktion, an ihrer Spitze Premierminister Aberdeen, signalisierte Nikolaus ihre Unterstützung. Unglücklicherweise tat aber die antirussische Fraktion, angeführt von dem populären Innenminister Lord Palmerston und assistiert vom britischen Botschafter in der Türkei, Stratford Canning, einem selbständigen Kopf, ihr Bestes, um sowohl im eigenen Land als auch am Hof des Sultans Widerstand gegen das russische Vorgehen zu mobilisieren.

Während die europäischen Regierungen nach einer Entschärfung der sich zuspitzenden Krise suchten, trafen sich ihre Botschafter im Juli 1853 in Wien zu Konsultationen. Diese führten zur „Wiener Note" vom 28. Juli 1853, die das Versprechen enthielt, daß man den russischen Forderungen nachgeben werde, zugleich aber betonte, man wolle die türkische Souveränität gewahrt sehen. An diesem Punkt griff nun Botschafter Canning ein: Er überredete die Türken, die Note zurückzuweisen, und versicherte ihnen, England werde die Türkei, falls die Situation es erfordern sollte, mit allen, auch militärischen, Mitteln unterstützen. Daraufhin verlangten die Minister des Sultans den Abzug der russischen Truppen aus den Donaufürstentümern und erklärten, als sie keine Antwort erhielten, Rußland im Oktober den Krieg.

Die erste bedeutsamere Kampfhandlung des Krieges war ein Seegefecht bei Sinope am Schwarzen Meer am 30. November 1853, bei dem die Russen die vollkommen veraltete türkische Flotte vernichteten. Der Zar versuchte daraufhin wieder Verhandlungen in Gang zu bringen, aber die Ereignisse entglitten seiner Kontrolle. In England bediente sich Palmerston des Einflusses einer chauvinistischen Presse, um die britische Öffentlichkeit unter Ausschlachtung des angeblichen „Massakers" bei Sinope in Kriegshysterie zu versetzen. Unterdessen zog Canning, auf eigene Faust handelnd, die britische und französische Flotte – die Franzosen hatten sich ins Schlepptau der britischen Politik begeben – bei den Dardanellen zusammen, um den Türken den Rücken zu stärken und die Voraussetzungen für ein Eingreifen in den Krieg zu schaffen. Ungeachtet der Bemühungen Aberdeens, gegenzusteuern, erzielte Palmerston mit seiner Kampagne die erwünschte Wirkung, und das britische Kabinett sah sich im Januar 1854 gezwungen, grünes Licht für die Entsendung der französisch-britischen Flotte ins Schwarze Meer zu geben.

Nikolaus sah durch diesen Schritt den *casus belli* gegeben und brach im Februar 1854 die diplomatischen Beziehungen zu Großbritannien und Frankreich ab. Letztere forderten im Gegenzug die Räumung der Fürstentümer. Als der Zar hierauf nicht einging, erklärten Briten und Franzosen ihm im März den Krieg. Damit war der Krimkrieg eröffnet.

Der Erste Weltkrieg

Wie beim Krimkrieg, so lag auch bei der Krise von 1914, die in den Ersten Weltkrieg mündete, die Ursache im Verfall des Osmanischen Reichs und seinen Auswirkungen auf die internationale Situation. Das Europa von 1914 unterschied sich allerdings sehr stark von dem Europa von 1854. An die Stelle des 1815 etablierten Konzerts der fünf Großmächte war inzwischen ein bipolares Bündnissystem getreten. Deutschland, Österreich-Ungarn und Italien hatten sich im Dreibund, Großbritannien, Frankreich und Rußland sich in der Dreier-Entente zusammengeschlossen. Europa war 1914 also in zwei Bündnisblöcke gespalten, die einander schwer gerüstet gegenüberstanden und so strukturiert waren, daß jedes Vorgehen eines einzelnen Mitglieds einer der beiden Allianzen de facto oder de jure das nationale Interesse der anderen Mitglieder tangieren würde.

Im Zeichen dieser angespannten internationalen Lage glichen die ungelösten Probleme auf dem Balkan seit der bosnischen Krise von 1908 einer schwärenden Wunde. Für die Österreicher stand nach wie vor fest, daß der serbische Staat zerschlagen werden müsse, sobald sich Gelegenheit dazu ergab. Die Serben hingen ihrerseits dem Wunschtraum nach einem slawischen Nationalstaat unter serbischer Führung nach, und die Russen suchten ihre traditionellen Ziele betreffend die Meerengen weiter voranzutreiben.

Als der österreichische Thronfolger Franz Ferdinand und seine Frau am 28. Juni 1914 von serbischen Terroristen ermordet wurden, beschlossen die Regierenden in Wien, diesen Vorfall zum Vorwand für eine endgültige Lösung des serbischen Problems zu nehmen. Ihre Hauptsorge war, sich für die Operation die Unterstützung Deutschlands zu sichern, als Gegengewicht gegen die Gefahr eines russischen Eingreifens. Dieser Sorge wurden sie am 5. Juli 1914 enthoben, als der deutsche Kaiser seinem österreichischen Amtsbruder praktisch einen Blankoscheck ausstellte: Österreich möge die Sache nach eigenem Ermessen regeln, Deutschland werde auf jeden Fall Beistand leisten. Daraufhin fühlten sich die Österreicher stark genug, ein drakonisches Ultimatum zu stellen, das sie den schockierten Serben am 23. Juli präsentierten. Die darin gestellten Bedingungen waren derart, daß Serbien bei ihrer Erfüllung praktisch seine Unabhängigkeit preisgegeben hätte. Von Rußland zum Einlenken gedrängt, formulierte die serbische Regierung eine

Antwort, die ein diplomatisches Meisterstück war und die meisten österreichischen Forderungen außer der nach einer De-facto-Besetzung Serbiens für annehmbar erklärte. Die Österreicher ließen sich dadurch nicht besänftigen; sie machten mobil und erklärten Serbien am 28. Juli 1914 den Krieg.

Jetzt, da der Krieg auf dem Balkan zur unwiderruflichen Tatsache geworden war, verlagerte sich der Schwerpunkt der Aktivitäten auf das Bemühen um eine Eingrenzung des Konflikts. Zwar wollten die meisten betroffenen Staaten nicht, daß es zu einem allgemeinen europäischen Krieg kam, aber ihre Versuche, ihn abzuwenden, scheiterten an den Eigengesetzlichkeiten ihrer Bündnissysteme und Kriegsplanungen sowie an einer im großen und ganzen der Aufgabe nicht gewachsenen politischen Führung. Am 29. Juli setzten die Russen ein erstes bedeutsames Zeichen der Bereitschaft zur Begrenzung des Konflikts, als sie als Reaktion auf die österreichische Kriegserklärung an Serbien eine Teilmobilmachung bekanntgaben, die nur auf einen Krieg gegen Österreich gerichtet war; sie hofften, daß Deutschland diese Chance, sich aus dem Konflikt herauszuhalten, ergreifen werde. Diese Hoffnung erfüllte sich jedoch nicht: Allen Bedenken des Kaisers und des Kanzlers Bethmann Hollweg zum Trotz beschäftigte sich der deutsche Generalstabschef Moltke bereits mit den Vorbereitungen für eine deutsche Mobilmachung sowohl gegen Rußland als auch gegen dessen wichtigsten festländischen Verbündeten Frankreich. Da Großbritannien, wie Bethmann Hollweg am gleichen schicksalsschweren Tag vom britischen Außenminister Lord Grey erfuhr, im Falle eines deutschen Angriffs auf Frankreich und Belgien zu seinen Verpflichtungen gegenüber diesen Ländern stehen würde, waren nunmehr die Weichen für einen Krieg von globalen Ausmaßen gestellt.

Am 30. Juli unternahmen Kaiser und Kanzler nochmals einen Versuch, die sich beschleunigende Eskalation zu bremsen; aber noch während Bethmann Hollweg versuchte, die Österreicher vom Schritt in den Krieg abzubringen, erhielt der österreichische Stabschef Conrad von Hötzendorf ein Telegramm von Moltke mit der dringenden Aufforderung, unverzüglich mobilzumachen. Am 31. Juli erteilte die österreichische Regierung die entsprechenden Anordnungen, und die Russen, die ihren Versuch einer nur teilweisen Mobilmachung als gescheitert betrachteten, antworteten mit der uneingeschränkten Ingangsetzung der Kriegsvorbereitungen gegen Deutschland und Österreich. Am 31. Juli richtete die deutsche Regierung ein Ultimatum an Rußland, das die sofortige Einstellung dieser Vorbereitungen forderte. Als der Zar darauf nicht einging, ordnete Moltke am 1. August die Mobilmachung der deutschen Truppen an, und noch am selben Tag folgte die förmliche Kriegserklärung an Rußland. Gegenüber einem zögernden Kaiser, der noch versuchte, die deutsche Mobilmachung auf den Osten zu beschränken, setzte Moltke, der eine solche Beschränkung für militärisch töricht und ohnehin für praktisch unmöglich hielt, die Absendung eines Ultimatums an

Frankreich und einer diplomatischen Note an Belgien durch, in der die Regierung in Brüssel aufgefordert wurde, den deutschen Truppen Durchmarschrecht zu gewähren. Als die gestellten Forderungen abgelehnt wurden, erklärte Deutschland am 3. August beiden Ländern den Krieg und setzte seine Truppen über die belgische Grenze in Marsch. Getreu seiner öffentlich eingegangenen Verpflichtung, für die belgische Neutralität einzustehen, und seinen nichtöffentlichen Vereinbarungen mit Frankreich, sah sich Großbritannien gezwungen, Deutschland den Krieg zu erklären, und tat dies am 4. August 1914. Damit waren alle europäischen Großmächte – außer Italien, das sich mit Hinweis darauf, daß Österreich und Deutschland den Konflikt provoziert hätten, für neutral erklärt hatte – unentrinnbar im Strudel eines Krieges gefangen, wie es ihn verheerender in der Geschichte noch nicht gegeben hatte.

Der arabisch-israelische Krieg von 1973

Wenn der arabisch-israelische Krieg von 1967 auch allem äußeren Anschein nach mit einem haushohen israelischen Sieg endete, so hinterließ er doch scharfe Gegensätze, die sich später in erneuten Ausbrüchen von Gewalt Luft machten. Das von Ägyptern und Syrern proklamierte „Entscheidungsjahr" 1971 verging, ohne daß die Araber nennenswert Boden hatten gutmachen können. 1973 entschlossen sich Ägypten und Syrien, nachdem beide von der Sowjetunion mit modernsten Waffen wiederaufgerüstet worden waren, den Status quo mit Waffengewalt zu verändern.

Die anderen in diesen Nahostkonflikt verwickelten Mächte waren natürlich die Vereinigten Staaten und die UdSSR. Was letztere betraf, so versuchte sie zunächst, die arabischen Staaten mit diplomatischen Mitteln und durch Drosselung ihrer Waffenlieferungen von einem offenen militärischen Vorgehen abzubringen; später gaben die sowjetischen Führer ihren Widerstand gegen ein gewaltsames arabisches Vorgehen zögernd auf. Die Vereinigten Staaten betrieben unter Führung ihres quirligen Außenministers Henry Kissinger eine Politik des „weder Krieg noch Frieden", in der Hoffnung, die Sowjetunion irgendwann einmal aus dem Nahen Osten hinausdrängen und im arabisch-israelischen Konflikt die Rolle des alleinigen Vermittlers übernehmen zu können.

Am 6. Oktober 1973 jedoch kam unvermittelt Bewegung in die festgefahrene Situation: Die Streitkräfte Syriens und Ägyptens gingen an der Golanbeziehungsweise Sinaifront zu einer koordinierten Offensive über. Der Angriff kam für die Israelis zwar nicht vollkommen überraschend, traf jedoch auf zahlenmäßig weit unterlegene israelische Kräfte, Folge einer internen Entscheidung, nicht mobilzumachen, bevor man angegriffen wurde. Die arabischen Truppen erzielten daher an beiden Fronten zunächst taktische Erfolge und zwangen die Israelis schließlich zur Räumung der Bar-Lev-

Festungslinie entlang dem Suez-Kanal. Schon am 7. Oktober aber stoppten israelische Truppen den syrischen Angriff, und am 8. Oktober ging Israel dann an der Sinaifront zum Gegenangriff über. Diese Konterversuche blieben zunächst einmal erfolglos, sorgten aber für soviel Druck auf die arabischen Truppen, daß diese Moskau um Unterstützung baten.

Die Russen, die dem Entschluß der Araber, zu den Waffen zu greifen, zunächst skeptisch gegenübergestanden hatten, gerieten durch das Vorgehen ihrer Schützlinge in eine wenig beneidenswerte Lage. Eine Ablehnung des Ersuchens um Hilfe hätte ihre gesamte Position im Nahen Osten gefährdet, während seine Erfüllung die Gefahr einer Eskalation des Konflikts heraufbeschwören würde. Moskau entschied sich schließlich für eine rasche und großangelegte Waffenhilfe mittels einer am 10. Oktober eingerichteten Luftbrücke; am 16. Oktober reiste Ministerpräsident Kossygin nach Kairo, um die Lage vor Ort zu inspizieren. Am 18. Oktober war schon nicht mehr daran zu zweifeln, daß das Blatt sich gegen die arabischen Streitkräfte zu wenden begann, und Sadat erteilte Kossygin die Vollmacht, auf einen Waffenstillstand an der Sinaifront hinzuwirken. Am 20. Oktober 1973 flog Außenminister Kissinger auf Einladung Breschnews nach Moskau, um über die Bedingungen für eine Feuereinstellung zu verhandeln. Das Ergebnis dieser Reise war die UNO-Resolution Nr. 338, die, am 22. Oktober verabschiedet, einen sofortigen Waffenstillstand und die Aufnahme von Verhandlungen forderte. Auf dem Rückweg von Moskau machte Kissinger in Tel Aviv Station, um die israelische Regierung ins Bild zu setzen und ihr Einverständnis mit dem Waffenstillstand sicherzustellen. Da die Israelis auf die Versorgungs-Luftbrücke, die die Amerikaner am 14. Oktober als Reaktion auf das sowjetische Engagement eingerichtet hatten, angewiesen waren, blieb ihnen keine andere Wahl, als den Bedingungen der Resolution Nr. 338 zuzustimmen. Am 22. Oktober schließlich schien es dann, als sei der Friede wieder eingekehrt.

Der Waffenstillstand vom 22. Oktober war jedoch nicht von Dauer. Es ist schwer zu sagen, welche Seite ihn als erste verletzte, aber am 23. Oktober meldeten die Russen israelische Verstöße, als die israelische Armee ihr Einkreisungsmanöver gegen die ägyptische Dritte Armee östlich von Suez fortzusetzen versuchte und die Ägypter gegen die Umklammerung ankämpften. Auf Verlangen der Supermächte trat am selben Abend der UN-Sicherheitsrat zusammen und verabschiedete die Resolution Nr. 339, die die Forderungen von Nr. 338 bekräftigte und die Entsendung von UNO-Beobachtern ins Kampfgebiet genehmigte. Ein neuer Waffenstillstand, auf den man sich am 24. Oktober einigte, erwies sich unglücklicherweise, kaum daß er beschlossen war, als hinfällig; Sadat bat daraufhin Breschnew und Nixon um ein gemeinsames militärisches Vorgehen zur Durchsetzung des von der UNO verordneten Waffenstillstands. Dies war der Augenblick, in dem die Krise in ihr gefährlichstes Stadium trat.

Die Russen wünschten offensichtlich keine direkte Intervention, schienen aber entschlossen, die Vereinigten Staaten zu zwingen, ihren Schützling zur Einhaltung der Vereinbarung vom 22. Oktober zu veranlassen. Die russischen Luftstreitkräfte wurden in Alarmbereitschaft für einen möglichen Einsatz im Nahen Osten versetzt, und am selben Abend richtete Breschnew eine Note an Nixon, in der er ein gemeinsames militärisches Eingreifen vorschlug und androhte, die Sowjetunion werde erforderlichenfalls auch einseitig vorgehen.

Die amerikanische Reaktion kam schnell und brachte, wie die Ereignisse zeigen sollten, die Entscheidung. Sechs Stunden nach Eintreffen der Breschnew-Note ließ Nixon seine Antwort abgehen, in der er die Sowjets vor einem einseitigen Vorgehen warnte und erklärte, Washington werde einen solchen Schritt als einen Verstoß gegen das amerikanisch-sowjetische Abkommen über die Vermeidung eines Atomkriegs betrachten. Um den Ernst der Situation zu unterstreichen, versetzte der Präsident die amerikanischen Streitkräfte in eine unter der Abkürzung DEFCON 3 bekannte vorbeugende Alarmbereitschaft. Zur gleichen Stunde traf Außenminister Kissinger mit dem israelischen Botschafter zusammen und forderte, den denkbar härtesten Ton anschlagend, Israel solle sich an die Waffenstillstandsbedingungen vom 22. Oktober halten. Später am gleichen Tag, dem 25. Oktober, trat der UN-Sicherheitsrat zusammen und verabschiedete die Resolution Nr. 340, die eine Erhöhung der Zahl der UNO-Beobachter und einen sofortigen Waffenstillstand bei Rückzug beider Seiten auf die Stellungen vom 22. Oktober 1973 forderte. Dieses Mal befolgte Israel unter starkem amerikanischen Druck die Weisung, und die Kampfhandlungen hörten auf.

Der Notwendigkeit einer direkten Intervention enthoben, begnügten die Sowjets sich mit der Entsendung von 70 Beobachtern im Rahmen der UNO-Friedenstruppe und mit öffentlichen Verlautbarungen, in denen sie ihren Anteil an den Friedensbemühungen herausstrichen. Die Vereinigten Staaten hoben, in der beruhigenden Gewißheit, daß die UNO und Israel die Lage in der Hand hatten und die UdSSR nicht mehr ernsthaft an eine Intervention dachte, am 26. Oktober die Alarmbereitschaft ihrer Streitkräfte auf; die Krise war vorüber.

Analyse

Mit Hilfe der eingangs dieses Kapitels aufgelisteten sieben Postulate können wir nunmehr eine allgemeine Interpretation dieser Fallbeispiele versuchen und dabei auch der Frage nachgehen, auf welche Weise die in diesem Buch so häufig beschworene diplomatische Revolution die Methoden des Krisenmanagements beeinflußt hat.

1. Was die Bewahrung der höchstinstanzlichen politischen Kontrolle über die militärischen Optionen betrifft, so kann kein Zweifel daran bestehen, daß in technischer Hinsicht die Voraussetzungen für den heutigen Politiker

ungleich günstiger sind, als sie es für seine Vorgänger waren. Verbesserte Kommunikationsmöglichkeiten und Verkehrsverbindungen gestatten ihm eine direkte persönliche Kontrolle über das Vorgehen der ihm unterstellten militärischen Kräfte, an welcher Stelle des Globus diese auch immer operieren mögen. Man braucht nur die relative Abgelegenheit und Unerreichbarkeit des Schauplatzes der Krise von 1854 mit den Verhältnissen von 1973 zu vergleichen, als Kissinger und Kossygin binnen weniger Stunden am Ort des Geschehens sein konnten, dann kann man ermessen, wie schwierig es für Aberdeen gewesen sein muß, seinen Botschafter Canning und dessen Flottenmanöver von London aus unter Kontrolle zu behalten. Heutzutage erlaubt das weltumspannende Telekommunikationsnetz den Spitzenpolitikern, jederzeit und sofort in Kontakt mit ihren militärischen Untergebenen zu treten, selbst wenn diese sich am anderen Ende des Globus befinden.

Der massive Größenzuwachs und die strukturelle Differenzierung der für das innere Funktionieren einer modernen Weltmacht anscheinend unentbehrlichen bürokratischen Organisationen haben jedoch, zusammen mit der zunehmenden Komplexität der internationalen Bündnisstrukturen, auch wieder neue Probleme für die höchstinstanzliche politische Kontrolle mit sich gebracht. In einem unserer Beispiele haben wir darauf hingewiesen, welche Probleme es dem deutschen Reichskanzler am Vorabend des Ersten Weltkriegs bereitete, seinen eigenen Militärapparat, sein Auswärtiges Amt und die politisch Verantwortlichen seines wichtigsten Bündnispartners unter Kontrolle zu behalten – ein Vorgeschmack auf die schwierige Aufgabe, die politischen Entwicklungs- und Entscheidungsprozesse im Innern eines modernen Nationalstaats zu koordinieren. Um wieviel schwerer muß angesichts dessen die Aufgabe der Supermächte in der Krise von 1973 gewesen sein, mußten sie doch nicht bloß die Aktivitäten ihrer eigenen politischen und militärischen Organe, sondern außerdem auch die ihrer Mündelstaaten unter Kontrolle behalten! Man kann sogar sagen: Wenn die beiden Supermächte in der Lage gewesen wären, ihre Kontrollfunktion effektiver wahrzunehmen, wären Ägypten und Syrien vielleicht gar nicht erst in den Krieg gezogen und die Israelis hätten die anschließende Konfrontation der Supermächte und ihrer nuklearen Waffensysteme vielleicht nicht heraufbeschworen.

2. Was die Forderung betrifft, die Dynamik der militärischen Abläufe zu bremsen, so scheint es, daß diese Aufgabe für den Krisenmanager von heute schwieriger zu bewältigen ist als für den Staatsmann des 19. und frühen 20. Jahrhunderts. Die Fortschritte in der Kommunikationstechnik, im Verkehrs- und Transportwesen und in der Waffentechnik haben zu einer stetigen Beschleunigung der Ereignisabläufe geführt, so daß die politischen Führer für ihre Entscheidungen immer weniger Zeit zur Verfügung haben. Dies wird deutlich, wenn man die Zeitdauer der drei als Beispiele gewählten Krisen vergleicht. Die Krise, die zum Krimkrieg führte, dauerte von 1852 bis

zum Ausbruch der Feindseligkeiten 1854, zog sich also über zwei Jahre hin. Die akute Krise, die in den Ersten Weltkrieg mündete, erstreckte sich über etwas mehr als einen Monat. Beim arabisch-israelischen Krieg von 1973 schließlich dauerte die kritische Periode nicht einmal eine Woche, und die entscheidenden Vorgänge spielten sich innerhalb von 48 Stunden ab. Es ist schwierig, für Atem- oder Denkpausen zu sorgen, wenn die Ereignisse sich überschlagen.

Dazu kommt der zunehmende Einfluß der öffentlichen Meinung auf die politischen Entscheidungsprozesse, der die Aufgabe des Politikers, eine krisenhafte Entwicklung zu bremsen oder „einzufrieren", zusätzlich erschwert. 1854 hatte nur die britische Regierung Probleme mit dem Druck einer öffentlichen Meinung, die auf eine unverzügliche Bereinigung der Situation drängte. 1914 sah dies bereits ganz anders aus: In allen europäischen Ländern gab es eine Sensationspresse, die nur darauf wartete, im Augenblick der Krise die öffentliche Erregung anzuheizen – ein Phänomen, das trotz des Versuchs der Berufsdiplomaten, es zu ignorieren (was ihnen in Nicht-Krisenzeiten auch gelang), in mehreren europäischen Hauptstädten in den letzten Tagen vor Kriegsausbruch auffällig zutage trat und seine Wirkung nicht verfehlte. Und da die Entwicklung seither nicht stehengeblieben ist und die öffentliche Meinung ihren Mitbestimmungsanspruch heute nachdrücklicher denn je geltend macht, muß man in der Tatsache, daß es Außenminister Kissinger gelang, die westliche Presse zu Mäßigung und Gelassenheit zu bewegen, während die Vereinigten Staaten und die Sowjetunion die brisante Situation im Nahen Osten entschärften, ehe sie zu einem allgemeinen Krieg ausufern konnte, durchaus eine bemerkenswerte Leistung sehen.

3. Auch die Forderung nach einer Koordinierung des diplomatischen Vorgehens mit dem militärischen läßt sich im Zeichen der durch die diplomatische Revolution bewirkten Veränderungen nicht mehr so leicht erfüllen. Zum einen ist es so, daß die Grundsatzentscheidungen über die strategischen und taktischen Einsatzmöglichkeiten moderner Streitkräfte nicht immer unter gebührender Berücksichtigung der Tatsache getroffen werden, daß es in Krisenzeiten vor allem darauf ankommt, daß man diese Streitkräfte auf dosierte und beherrschbare Weise einsetzen kann. Staaten, deren Streitkräfte sich nur für die Führung eines „großen" Krieges eignen, werden kaum zu einem koordinierten militärischen und diplomatischen Vorgehen in der Lage sein. Am Vorabend des Ersten Weltkriegs verfügten die einander gegenüberstehenden Lager über Massenheere, die nach starren vorbereiteten Plänen mobilisiert wurden und deren Einsatz sich nach ebenso starren, fertig ausgearbeiteten Feldzugsplänen richtete, die, wenn man den Mechanismus einmal in Gang gesetzt hatte, zwangsläufig in die Eskalation und in den unbegrenzten Krieg führten. Die Versuche Deutschlands und Rußlands, Einschüchterungsdiplomatie zu betreiben, entpuppten sich daher, sobald die Mobilmachung einmal angeordnet war, als De-facto-Kriegserklärungen. Ganz anders

1973: hier gelang es den Vereinigten Staaten und der UdSSR, ihren diplomatischen Notenaustausch mit gezielten militärischen Warnsignalen zu koordinieren, indem sie bestimmte Teile ihrer Streitkräfte in abgestufte Alarmbereitschaft versetzten.

Das zweite Problem, vor dem die politisch Verantwortlichen von heute stehen, leitet sich direkt aus dem ersten ab. Moderne Streitkräfte lassen sich flexibel einsetzen, aber gerade diese Flexibilität stellt denjenigen, der sie einsetzen will, vor Probleme. Es ist außerordentlich schwierig, vorauszusehen, wie eine bestimmte militärische Maßnahme von der anderen Seite interpretiert werden wird. Im Verlauf der Krise von 1973 warfen beispielsweise sowjetische Flottenmanöver die Frage auf, ob die Russen vorhatten, ihrem Schützling Ägypten begrenzte militärische Hilfe zu leisten, oder ob sie eine Drohung an die Adresse der Sechsten US-Flotte im Mittelmeer richten wollten. Oder andersherum: würden die Sowjets die Entsendung amerikanischer Flugzeugträger ins östliche Mittelmeer als einen taktischen Zug zur Unterstützung Israels oder als eine strategische Vorbereitungsmaßnahme für einen Angriff auf die UdSSR selbst deuten? Vor Probleme dieser Art sehen sich verantwortliche Politiker von heute immer wieder gestellt, wenn sie versuchen, im Angesicht des drohenden atomaren Konflikts diplomatische und militärische Schritte zu koordinieren.

Schließlich muß, nachdem die Zahl der Personen und Institutionen, die heutzutage an der Erarbeitung und Formulierung der Außenpolitik eines Staates mitwirken, so stark angewachsen ist, besonders sorgfältig darauf geachtet werden, daß diplomatische Mitteilungen aller Art mit der allgemeinen Tendenz des politischen und militärischen Vorgehens abgestimmt sind. Die Art, wie Botschafter Canning mit der Wiener Note umging, ist noch ein harmloses Beispiel dafür, wie man es nicht machen sollte, verglichen mit der Situation von 1914, als alle möglichen Leute alle möglichen Botschaften durch das europäische Telegraphennetz schickten, bis niemand mehr wußte, wer verbindlich für das Deutsche Reich sprach und was Deutschland wirklich wollte. In positivem Kontrast zu diesen Beispielen steht die Krise von 1973, bei der in den diplomatischen Kommunikationsprozeß im wesentlichen nur die fünf Hauptakteure eingeschaltet waren: Nixon, Kissinger, Breschnew, Golda Meir und Sadat – mit bemerkenswertem Erfolg.

4. Die diplomatische Revolution hat den verantwortlichen Politikern die Aufgabe, in einer Krise nur zu solchen militärischen Maßnahmen zu greifen, die die eigene Entschlossenheit klar zum Ausdruck bringen und den begrenzten Zielen der eigenen Seite angemessen sind, zugleich erleichtert und erschwert. Das Ausmaß und die Komplexität militärischer Aktionen haben, wie bereits bemerkt, seit der Zeit des Krimkriegs zugenommen. 1854 war es dem britischen Kabinett noch nicht möglich, Botschafter Canning von seinen die Russen unnötig provozierenden Manövern mit der britischen Flotte abzuhalten. Am Vorabend des Ersten Weltkriegs mußten die politischen

Führer feststellen, daß sie sich schwertaten, bremsend in den von ihren militärischen Apparaten in Gang gesetzten Eskalationsautomatismus einzugreifen. Die Unfähigkeit der Regierungen Rußlands und Deutschlands, ihre militärischen Führer zu einer Revision ihrer Mobilmachungs- und Feldzugspläne gemäß den Anforderungen der aktuellen diplomatischen Situation zu zwingen, illustriert, welche unbeabsichtigten Konsequenzen Maßnahmen haben können, die unter militärischen Gesichtspunkten vorteilhaft oder notwendig erscheinen mögen.

Zum Glück haben die Politiker vom technischen Wandel in anderer Hinsicht auch profitiert. In den Krisen vor dem Krimkrieg und vor dem Ersten Weltkrieg waren die verantwortlichen Männer der betroffenen Nationen auf ihre Botschafter, ihre Nachrichtendienste und auf die internationale Presse als Informationsquellen angewiesen. Alle diese Erkenntnisquellen beruhten auf der Übermittlung von Geschriebenem und bargen damit potentiell die Gefahr von Mißverständnissen oder Mißdeutungen. Heutzutage stehen den Staatsmännern alle Mittel der modernen Kommunikations- und Aufklärungstechnik zu Gebote. Die Entwicklung einer leistungsfähigen Foto-Aufklärung von hochfliegenden Flugzeugen und Satelliten aus eröffnet den verantwortlichen Politikern von heute die Möglichkeit, die militärischen Schritte der anderen Seite selbst zu interpretieren.

5. Infolge militärischer Fortschritte ist es weitaus schwieriger geworden, solche militärische Maßnahmen zu vermeiden, die beim Gegenüber den Eindruck erwecken können, daß man einen ,,richtigen“ Krieg vorbereitet. Die Methoden der Kriegführung haben sich auf eine Weise verändert, die den überraschenden Präventivschlag, der die Aussicht auf einen raschen, entscheidenden Sieg und eine Begrenzung der eigenen Verluste durch Ausschaltung des Gegenschlagpotentials der anderen Seite verheißt, oft zu einer verlockenden Option macht. 1854 war die Möglichkeit, daß eine Macht die andere mit einem Überraschungsschlag überrumpelte, noch nicht gegeben, unter anderem wegen der begrenzten Zahl regulärer Truppen auf beiden Seiten. 1914 war die Entwicklung jedoch so weit vorangeschritten, daß bereits eine eintägige Verzögerung im Ablauf der Mobilmachung als ein möglicherweise verhängnisvoller Nachteil betrachtet wurde. Angesichts dessen nimmt es nicht wunder, daß der deutsche Kaiser, als er von seinem Stabschef Moltke gedrängt wurde, als Reaktion auf die russischen Vorkehrungen die Mobilmachung der deutschen Streitkräfte anzuordnen, ein Nein nicht verantworten zu können glaubte.

Unter den Vorzeichen der atomaren Bewaffnung hat sich das Problem noch zugespitzt. Wenn der höchste politische Verantwortungsträger einer mit einer atomaren Bedrohung konfrontierten Nation auch nur eine Stunde zögert, kann dies die Zerstörung seines Landes zur Folge haben. In Anbetracht dieser Tatsache überrascht es nicht, daß die Botschaften, die im Oktober 1973 in rascher Abfolge zwischen Nixon und Breschnew hin- und hergingen, behutsam formuliert waren, um den Adressaten ja nicht in Panik zu versetzen. Weder Generalsekretär Breschnew noch Präsident Nixon wollten ihr Gegenüber in eine Lage ähnlich der bringen, in der Kaiser Wilhelm sich 1914 befand, und damit das Risiko eines atomaren Schlagabtausches eingehen.

6. Die Zerstörungskraft moderner Waffen, die nicht nur die Streitkräfte, sondern die gesamte Zivilisation eines Landes auslöschen können, läßt dem Politiker von heute fast keine andere Wahl, als sich für solche diplomatisch-militärischen Optionen zu entscheiden, die der anderen Seite den Wunsch nach und die Bereitschaft zu Verhandlungen signalisieren. Seit Beginn des Atomzeitalters nach dem Zweiten Weltkrieg sind sich die politischen Führer aller wichtigen Nationen zunehmend über den Preis klargeworden, den der Versuch, eine Krise mit militärischen Mitteln zu lösen, wahrscheinlich fordern würde. Weil sich das Wissen um die Schrecken eines modernen Krieges durchgesetzt hat, neigen die politisch Verantwortlichen von heute weit weniger zu dem militanten Nationalismus eines Palmerston oder zu jenem fatalistischen Sich-Fügen in die Unausweichlichkeit des Krieges, wie es die zivilen Führer der europäischen Großmächte 1914 vorexerzierten. Die Staatsmänner, die heute die Nationen der industrialisierten Welt regieren, würden vermutlich in jeder Situation erst einmal alle denkbaren diplomatischen Möglichkeiten ausschöpfen, ehe sie auf gewaltsame Lösungsversuche zurückgreifen würden. Die Frage ist, ob die nächste Politikergeneration genauso denken und, falls sie es tut, in der Lage sein wird, mäßigend auf politische Führer aus der Dritten Welt einzuwirken, die wie Sadat 1973 aus irgendwelchen mehr oder weniger zwingenden Gründen ihre Ziele mit Waffengewalt glauben durchsetzen zu müssen.

7. Infolge der zunehmenden Ideologisierung vieler internationaler Konfliktthemen ist es im allgemeinen schwieriger geworden, unter den zur Verfügung stehenden diplomatisch-militärischen Optionen diejenigen auszuwählen, die der anderen Seite einen ihre lebenswichtigen Interessen wahrenden Rückzugsweg aus einer Krisensituation offenlassen. Bei dem Konflikt von 1854 ging es nur vordergründig um die Probleme der christlichen Minderheiten im Osmanischen Reich. Die wirklichen Ursachen und Motive, die hinter dem Konflikt wirkten, waren klassischer machtpolitischer Art. 1914 lagen die Dinge insofern anders, als inzwischen eine brisante Mischung aus Nationalismus und Imperialismus herangereift war, die für zusätzliche weltpolitische Konfliktstoffe sorgte. In der Krise von 1973 spielten ideologische Motive eine auffällige Rolle, einmal in Form der notorischen arabisch-israelischen Rivalität, zum andern in Form eines religiösen Motivs, das dem arabischen Erdölembargo ein wenig den Charakter eines islamischen Dschihad gegen die industrialisierte Welt verlieh. Hinter der rhetorischen Fassade die wirklichen, grundlegenden Interessen der anderen Seite zu erkennen, ist eine der allerschwierigsten Aufgaben der Staatsmänner von heute.

Glücklicherweise stehen ihnen in Gestalt der modernen Kommunikations- und Beförderungstechniken Mittel zu Gebote, die diese Aufgabe beträchtlich erleichtern können, weil sie den Spitzenpolitikern den Luxus jederzeitiger persönlicher Begegnungen und Verhandlungen ermöglichen. Ferner haben sich unsere wissenschaftlichen Kenntnisse über das Verhalten von Menschen in Krisensituationen verbessert. Die Bedeutung der Tatsache, daß Außenminister Kissinger 1973 nach Moskau fliegen und dort persönlich verhandeln konnte, kann gar nicht hoch genug veranschlagt werden; aber mindestens ebenso wichtig ist, daß die politisch Verantwortlichen unserer Zeit sich der potentiell verheerenden Folgen, die Mißverständnisse und Mißdeutungen in einer Krisensituation unter den Bedingungen des atomaren Zeitalters nach sich ziehen können, bewußt sind und wissen, daß sie alles tun müssen, um die Möglichkeit solcher Mißverständnisse auszuschließen. Dies gibt uns Grund zu der Hoffnung, daß verhängnisvolle Fehldeutungen wie die eines Palmerston, eines Nikolaus oder eines Bethmann Hollweg in Zukunft nicht mehr vorkommen werden.

Die Schlußfolgerungen, die wir aus dieser Analyse ziehen können, machen deutlich, daß es in zweien der drei untersuchten Fallbeispiele der Unfähigkeit der verantwortlichen Politiker zuzuschreiben war, eine Eskalation zu verhüten, wodurch zusammen mit der sich zunehmend offenbarenden Wirkungslosigkeit der traditionellen Mittel der politischen Kontrolle die Katastrophe herbeigeführt wurde – zum einen der Krimkrieg, zum andern der Erste Weltkrieg. Wie das Beispiel für ein erfolgreiches Krisenmanagement im arabisch-israelischen Krieg von 1973 (und auch die Kuba-Krise könnte hier als Beispiel dienen) klar und deutlich zeigt, müssen die Politiker, auf die es ankommt, alle ihre Möglichkeiten ausschöpfen, wie es Kissinger, Nixon und Breschnew mit ihren persönlichen Kontakten und ihren sorgfältig formulierten Vorschlägen taten, und andererseits einer Einengung ihres Entscheidungsspielraums möglichst weitgehend dadurch vorbeugen, daß sie auf die Medien Einfluß nehmen und ihre eigenen Streitkräfte sowie die ihrer Mündelstaaten unter Kontrolle halten. Eines wird aus all dem, was in diesem Kapitel gesagt wurde, klar: Wenn die Katastrophe verhindert werden soll, müssen die verantwortlichen Staatsmänner in Krisensituationen höchsten Ansprüchen genügen und fähig sein, entsprechend zu handeln und zu reagieren. Welche tragischen Folgen Unachtsamkeit, Fahrlässigkeit oder ein Mangel an analytischer Denkfähigkeit auf seiten einzelner Entscheidungsträger nach sich ziehen können, machen alle angeführten Beispielfälle deutlich.

16. Kriegsbeendigung

Von den militärwissenschaftlichen Autoren, die über Probleme der Strategie geschrieben haben, ist die Frage, wie Kriege beendet werden, nicht systematisch behandelt worden, und auch die Militärplaner haben dieses Problem traditionell vernachlässigt; sie haben sich hauptsächlich damit beschäftigt, wie Kriege begonnen und erfolgreich geführt werden, und weniger damit, wie man sie beendet, wenn die Dinge nicht nach Plan laufen. Die japanische Führung arbeitete beispielsweise einen raffinierten Plan für einen Überraschungsangriff auf Pearl Harbor aus, hatte aber kein Konzept dafür, wie der anschließende Krieg gegen die Vereinigten Staaten durchgehalten und zu welchem Abschluß er gebracht werden sollte.

I

Bei der Beschäftigung mit dieser Thematik muß man eine Unterscheidung treffen zwischen der bloßen Einstellung der Kampfhandlungen und einem Friedensvertrag, in dem die Beteiligten zu einer Einigung in den Streitfragen zu kommen suchen, derentwegen der Krieg geführt worden ist. Die Kampfhandlungen selbst können durch eine Feuereinstellung oder einen Waffenstillstand beendet werden, der den Konflikt, um den es geht, ungelöst läßt, so daß es einer späteren Friedenskonferenz vorbehalten bleibt, eine Regelung zu finden. Tatsächlich kann die Entwicklung nach der Einstellung der Kampfhandlungen einen ganz unterschiedlichen Verlauf nehmen, je nach der militärischen Lage. Die völlige militärische Niederlage einer Seite als Extremfall stellt die Friedensunterhändler vor viel geringere Probleme als etwa eine militärisch ausgeglichene Situation, die den zugrundeliegenden Konflikt nicht zugunsten der einen oder anderen Seite entschieden hat, so daß in Verhandlungen eine für beide Seiten akzeptable Lösung gefunden werden muß.

Man muß ferner zwischen verschiedenen Kriegsarten unterscheiden, von denen eine jede das Problem der Kriegsbeendigung in etwas anderem Licht erscheinen läßt. Bei einem totalen Krieg strebt jede Seite den totalen Sieg an, d. h. die bedingungslose Kapitulation des Gegners. Beispiele für totale Kriege waren der Erste und der Zweite Weltkrieg, wobei letzterer fast von Anfang an ein totaler Krieg war, während ersterer sich erst allmählich dazu entwickelte. Verhandlungen als Mittel der Kriegsbeendigung spielen bei solchen totalen Kriegen keine so wichtige Rolle wie bei Kriegen, die mit begrenzten Mitteln um begrenzte Ziele geführt werden. Es lassen sich mehrere

Typen beschränkter Kriege unterscheiden. Bei manchen liegt eine ungefähre Symmetrie der Ziele vor, d. h. beide Parteien betrachten den Konflikt als begrenzt; in anderen Fällen bestehen möglicherweise Unterschiede in bezug auf die Ziele und die Höhe des Einsatzes. Einen symmetrischen – also auf beiden Seiten begrenzten – Krieg zu beenden, ist eine Aufgabe, die ganz andere Probleme aufwirft als der Versuch, einen asymmetrischen Konflikt zu beenden, bei dem die eine Seite mit einem begrenzten Einsatz engagiert ist, während die andere von einem praktisch unbegrenzten Einsatz ausgeht.

In diese letztere Kategorie gehören viele Kriege zwischen großen und kleinen Staaten, beispielsweise antikoloniale Befreiungskriege, bei denen der schwächere der Kontrahenten um seine Unabhängigkeit kämpft und dabei in Kauf nimmt, daß es für ihn um Sein oder Nichtsein geht. In einer solchen Situation können die Führer der militärisch schwächeren Seite ihrem Volk praktisch unbeschränkte Opfer abverlangen. Indem der nominell Unterlegene die gegnerische Macht in einen Abnützungskrieg verwickelt und ihr über einen längeren Zeitraum zunehmende Verluste beibringt, kann er hoffen, daß sich die Stimmung im Lande des Gegners allmählich gegen eine Fortsetzung des Krieges wendet und seine politischen Führer schließlich zu der Überzeugung gelangen, daß die Ziele, um derentwegen der Krieg geführt wird, den Preis, den seine Fortführung kosten würde, nicht rechtfertigen. Eine Großmacht muß bei Kriegen dieses Typs noch mit anderen Nachteilen fertig werden: Sie hat viele andere Interessen und Verpflichtungen, deren Erfüllung mit den Anforderungen, die der Krieg stellt, kollidieren können. Auch wenn sie über erhebliche militärische Kräfte verfügt, kann es sein, daß ein mehr oder weniger großer Teil davon für die Art der Kriegführung, die der Gegner ihr aufzwingt, nicht geeignet ist. Es kommt auch oft vor, daß eine Großmacht von ihrer eigenen Bevölkerung und von der Weltmeinung nach strengeren Maßstäben beurteilt wird als ihr Gegner, wenn sie zu moralisch verwerflichen Mitteln der Kriegführung greift. Der Vietnamkrieg, auf den wir in diesem Kapitel ausführlich eingehen werden, ist ein bekanntes Beispiel aus jüngerer Zeit für diesen Typus eines asymmetrischen Konflikts; es ließen sich aber auch viele ältere Beispiele anführen, beispielsweise der Burenkrieg um die Jahrhundertwende oder der algerische Befreiungskrieg zu Anfang der 60er Jahre des 20. Jahrhunderts.

Allgemein gesprochen, sind die Parteien bei einem symmetrischen begrenzten Krieg in bezug auf ihre Kriegsziele flexibler als bei einem totalen Krieg, und ihre Regierungen und Bevölkerungen tun sich leichter, Kompromisse zu akzeptieren. Es ist freilich auch möglich, daß ein zunächst begrenzter, auf niedrigem Niveau geführter Krieg eskaliert; sowohl die Ziele, derentwegen er geführt wird, als auch der diesen Zielen beigemessene Wert können sich im Verlauf des Krieges steigern, und dies kann dazu führen, daß mit zunehmender Erbitterung und zunehmend größerem Einsatz gekämpft wird.

II

Viele unterschiedliche Faktoren können dazu beitragen, einen Krieg zu verlängern oder aber seine Beendigung zu beschleunigen. Die Zahl dieser Faktoren und die Komplexität der zwischen ihnen bestehenden Wechselwirkungen haben im Gefolge der diplomatischen Revolution zugenommen. Ob ein Staat sich entschließt, einen Krieg fortzuführen oder zu beenden, und ob es ihm gelingt, einen solchen Entschluß auch zu verwirklichen, hängt im konkreten Fall möglicherweise von den Charaktereigenschaften seiner Politiker, von der politischen Struktur, von der Rolle und dem politischen Gewicht seiner militärischen Befehlshaber und vom Einfluß der öffentlichen Meinung sowie der organisierten Interessengruppen ab.

Zu diesen innenpolitischen Faktoren, die die Bereitschaft und Fähigkeit einer Regierung zur Beendigung eines militärischen Konflikts beeinflussen, gesellen sich noch verschiedene von außen her wirkende Kräfte, die unter Umständen ebenfalls eine bedeutsame Rolle spielen können. Lokale Konflikte haben oft komplexe Auswirkungen auf das internationale politische Gefüge, wodurch der Handlungsspielraum der unmittelbar beteiligten Staaten eingeengt und ihre Führer in schwierige Konfliktsituationen gebracht werden können. Es kann beispielsweise vorkommen, daß eine Großmacht, die in einen örtlichen Krieg verwickelt ist, wie die Vereinigten Staaten es in Vietnam waren, den Kampf länger weiterführt, als sie es normalerweise täte, weil sie fürchtet, andernfalls könne die Glaubwürdigkeit ihres Engagements und ihrer Verpflichtungen in anderen Weltteilen und ihr allgemeines Image der Stärke und Entschlossenheit Schaden nehmen. Andererseits kann die Fähigkeit einer Großmacht, einen begrenzten Krieg zu führen und zu gewinnen, wie die Vereinigten Staaten es in Korea versuchten, durch ihre anderen Bündnisverpflichtungen beeinträchtigt werden, die einen bestimmten Teil ihrer Kräfte und Mittel beanspruchen.

In vielen militärischen Konflikten ist eine oder sind beide beteiligten Parteien von der materiellen oder diplomatischen Unterstützung verbündeter Staaten abhängig; deren Bereitschaft, diese Unterstützung zu gewähren, ist aber eine unsichere Größe, die sich im Verlauf eines Krieges verändern kann. Schwache Staaten, die Krieg führen, benötigen, um ihre Kampfkraft erhalten zu können, häufig ein geschütztes Rückzugsgebiet in einem benachbarten Staat. Die überlegene Macht hat vielleicht Skrupel, ein solches Gebiet anzugreifen, weil sie fürchtet, dafür einen hohen politisch-diplomatischen Preis zahlen zu müssen oder damit eine beträchtliche Ausweitung des Konflikts in Gang zu setzen. Erwägungen dieser Art hielten die Vereinigten Staaten im Koreakrieg davon ab, nach dem Eingreifen der chinesischen Kommunisten die Mandschurei zu bombardieren. Internationale Organisationen wie die UNO oder regionale Organisationen wie die OAU (Organisation für Afrikanische Einheit) können auf vielfältige Weise zur Beendigung eines Krieges beitragen. Die UNO kann beispielsweise die Kriegsziele einer Seite als legitim anerkennen und auf die andere Seite Druck ausüben, damit sie in ihren Forderungen zurücksteckt. Häufig versucht sie, durch diplomatischen Druck beide Seiten zu einer Feuereinstellung zu bewegen und vorläufige Bedingungen für eine Kompromißregelung zu formulieren.

Der internationale Charakter, der sich in dem Bemühen zur Beendigung eines Krieges zeigt, war natürlich bei Konflikten in der Ära des europäischen Gleichgewichtssystems von großer Bedeutung. Im Gefolge der mit der diplomatischen Revolution zusammenhängenden Entwicklungen ist die internationale Politik in ihrer Struktur und Dynamik komplexer geworden. Wenn es um die Beendigung einer bewaffneten Auseinandersetzung geht, werden heutzutage vielfältige Formen internationalen politischen Drucks wirksam, die eine Einstellung der Kampfhandlungen teils fördern, teils aber auch verhindern, ja manchmal beides zugleich bewirken.

Nehmen wir uns zunächst einmal systematisch jene Faktoren vor, die eine Kriegsbeendigung erschweren. Wenn ein Land in einen Krieg verwickelt wird, macht es sehr häufig die Erfahrung, daß das Wieder-Herauskommen viel schwieriger ist, als man es sich vorgestellt hatte, selbst wenn man längst bereut, daß man sich in den Krieg hat hineinziehen lassen. Die Politikwissenschaft hat dieses Phänomen oft genug registriert, um einige der dafür maßgeblichen Ursachen identifizieren zu können. In manchen Kriegen, wie im Ersten Weltkrieg, opfern die Regierungen und Bevölkerungen der beteiligten Länder beständig weiter Menschen, Material und Geldmittel, weil sie entschlossen sind, eine Regelung zu erkämpfen, die einen sichereren und friedlicheren Zustand gewährleistet, als er vor Beginn der Kampfhandlungen bestand. In diesem Sinne können die Ziele, derentwegen ein Krieg geführt wird, sich von den Gründen, derentwegen der Krieg begonnen worden ist, unterscheiden und weit über sie hinausgehen. Das Beispiel Woodrow Wilsons drängt sich in diesem Zusammenhang auf; hatte er zunächst versucht, die Vereinigten Staaten aus dem Ersten Weltkrieg herauszuhalten, sich dann, nach der Wiederaufnahme des unbeschränkten U-Boot-Kriegs durch Deutschland, doch zum Kriegseintritt gezwungen gesehen, so setzte er sich schließlich das ehrgeizige Ziel, etwas für den weltweiten Sieg der Demokratie zu tun. Die europäischen Führer und Völker hatten sich schon vor dem Kriegseintritt der USA weitgehende Kriegsziele gesteckt. Nicht willens, zu der Situation des gespannten Kräftegleichgewichts zurückzukehren, wie sie 1914 bestanden hatte, strebten sie danach, den Gegner durch einen militärischen Sieg so weitgehend zu bestrafen und zu schwächen, daß er in absehbarer Zukunft nicht mehr in der Lage sein würde, Krieg zu führen; auf diese Weise hofften sie einen „dauerhaften Frieden" sicherstellen zu können. Ähnliche Gedankengänge wurden auch während des Zweiten Weltkriegs laut.

In der Ära des klassischen europäischen Gleichgewichtssystems war es selbstverständlich, daß der Feind, den man heute bekriegte, im nächsten

Krieg Bündnispartner werden konnte. Kriege zwischen den Großmächten wurden normalerweise um begrenzte Ziele geführt; wenn sie mit dem Sieg einer Seite endeten, mußte selbstverständlich der Verlierer Tribut zollen, aber der Sieger versuchte für gewöhnlich nicht, den Gegner zu vernichten oder wehrlos zu machen. Es war nicht ungewöhnlich, daß eine siegreich aus dem Krieg hervorgegangene Macht ihre Gewinne freiwillig und bewußt in bescheidenen Grenzen hielt, um den Boden für einen „Versöhnungsfrieden" zu bereiten. In dem Maße, wie Ideologien, Nationalismus und öffentliche Meinung als Faktoren der internationalen Politik an Bedeutung gewannen, wuchs die Bereitschaft, im Gegner von heute nicht mehr den potentiellen Verbündeten von morgen zu sehen, sondern die Verkörperung des Bösen. Solche Einstellungen haben eine tendenziell kriegsverlängernde Wirkung und erschweren die Bemühungen um Verkürzung und Beendigung von Kriegen.

Ein weiterer psychologischer Faktor, der häufig eine Verlängerung kriegerischer Auseinandersetzungen bewirkt, ist eine Einstellung, die ihren Ausdruck in der Behauptung findet, daß das Opferbringen ein Wert an sich sei. In Situationen, in denen ein Krieg sich verschärft und einen zunehmend höheren Preis fordert, trägt diese Einstellung oft dazu bei, Regierende wie Regierte gleichermaßen in ihrer Entschlossenheit zum Festhalten an den Zielen zu bestärken, um derentwillen der Krieg geführt wird. Eine solche Eskalation des Siegeswillens führt möglicherweise wiederum zu einer Eskalation der Kriegsziele und/oder der zu ihrer Erreichung eingesetzten militärischen Mittel. Selbst wenn die politischen Führer eines Landes bereit und geneigt sind, eine Kompromißlösung anzustreben, kann es ihnen passieren – wie es im Ersten Weltkrieg geschah – daß die öffentliche Stimmung in ihrem Land dies nicht zuläßt, weil die ungeheuren Opfer, die das Land womöglich schon gebracht hat, sich „nicht gelohnt" hätten, wenn man sich mit reduzierten Gewinnen zufriedengäbe. Es kann einige Zeit dauern, bis ein sich weiter hinziehender Krieg und eine weitere Zunahme der Verluste die öffentliche Stimmung so weit umkippen lassen, daß der umgekehrte Gedankengang Anklang findet – daß man nun genug Opfer gebracht habe und aufhören müsse, noch mehr Geld in eine schlechte Sache zu investieren.

Ein weiterer kriegsverlängernder Faktor, der gelegentlich eine Rolle spielt, ist die hartnäckige Weigerung politischer Führer, die ihr Land in einen Krieg verwickelt haben, der sich dann zunehmend als katastrophale Fehlkalkulation erweist, ihren Fehler dadurch einzugestehen, daß sie einen Ausweg aus dem Dilemma suchen. In ihrem Beharren auf einen totalen „Sieg" oder auf einen für die Nation „ehrenhaften Frieden" werden sie manchmal – oft unbewußt – durch persönliche und parteipolitische Motive bestärkt. Gleich aus welchem Grund die Regierung eines Landes in einen ausweglosen und verheerenden Krieg hineingerät, der Wunsch, ihn zu Ende zu bringen, kann oft nur durch einen Wechsel in der politischen Führung in die Tat umgesetzt werden, manchmal durch legale und verfassungsmäßige, manchmal durch irreguläre und gewaltsame Methoden.

Der Eintritt in einen Krieg verändert gewöhnlich die Macht- und Einfluß-strukturen innerhalb eines Staates. Viele Beobachter haben registriert, daß mit dem Augenblick des Kriegseintritts die militärische Führung, die wichti-gen Ministerien und die für die Kriegführung bedeutsamsten Industriezwei-ge enger zusammen- und dem Zentrum der Macht näherrücken. Wie Fred Iklé in diesem Zusammenhang schreibt:

> Wenn bei Ausbruch der Feindseligkeiten die Diplomatie zusammenbricht, verlie-ren die Auswärtigen Ämter viel von ihrer Bedeutung als Zentren des Kontakts zum und der Information über den Gegner. Die Beamten im Außenministerium mögen nach wie vor Hintergrundanalysen verfassen und Pläne für mögliche künftige Frie-densregelungen ausarbeiten, aber der Einfluß, der sich als zwangsläufige Folge tägli-cher Entscheidungen ergibt, geht an die Militärplaner über. Von dem Augenblick an, da die Diplomaten aus der Hauptstadt des Feindes ausgewiesen werden, dehnen die militärischen Führer ihre Kommandogewalt auf wesentliche zusätzliche Bereiche des nationalen Leistungspotentials aus.

In Kriegszeiten gewinnen militärische Führer manchmal so viel Einfluß, daß sie völlig dem Zugriff der Politiker entgleiten, wie es während des Zweiten Weltkriegs in Japan der Fall war; fanatische Militärs gingen dort rücksichts-los gegen politische Führer vor, die dafür eintraten, den Weg zu einer Frie-denslösung nicht zu versperren. Es wäre freilich falsch, hieraus zu schließen, daß militärische Führer für friedliche Lösungen in jedem Fall weniger aufge-schlossen sind als zivile Politiker. In vielen Krisen hatten die Militärs größe-re Bedenken, zu den Waffen zu greifen, als die zivilen Führer, und in man-chen Kriegen waren es die militärischen Führer, die die Initiative zur Been-digung der Feindseligkeiten ergriffen.

Man sollte die Rolle der Militärs in bezug auf die Beendigung von Kriegen also weder zu sehr vereinfachen noch überzeichnen. Es ist irreführend, von „den Militärs" zu sprechen, als ob sie eine monolithische Gruppe wären; tatsächlich gibt es innerhalb der meisten militärischen Apparate ein beträcht-liches Maß an Meinungs- und Urteilsvielfalt. Dies hängt nicht nur mit der Einteilung der Streitkräfte in die weitgehend selbständigen Waffengattungen Heer, Luftwaffe und Marine zusammen, sondern auch mit der Differenzie-rung der Funktionen in der Führungsspitze der Teilstreitkräfte, innerhalb des Generalstabs und in den Reihen der Truppenbefehlshaber. In den Ver-einigten Staaten – und für andere Länder gilt zweifellos Ähnliches – bezieht die Regierung im Kriegsfall ihre militärischen Informationen und Ratschläge aus drei Quellen, zwischen denen feine, aber charakteristische Unterschiede bestehen. Die erste ist der Oberbefehlshaber des Kampfgebiets, in dem der Krieg geführt wird. Er hebt gewöhnlich die Bedeutung dieses spezifischen Kriegsschauplatzes hervor, betont, wie wichtig es ist, die dort operierenden Streitkräfte zu unterstützen, und bekundet seine Überzeugung, daß eine siegreiche Beendigung des Kampfes möglich ist. Er äußert sich häufig zu optimistisch. Eine zweite Quelle sind die Oberbefehlshaber der einzelnen Waffengattungen; sie sitzen normalerweise in der Hauptstadt des kriegführenden Staates. In ihren Beurteilungen neigen sie dazu, die Rolle und Bedeutung der ihnen unterstellten Teilstreitkraft für das Kriegsgeschehen und für die Errichtung einer Nachkriegsordnung herauszustreichen; oft sind ihre Lageberichte auch ein indirekter Versuch, ihren Anteil am Militärbudget und ihren Einfluß gegenüber anderen Waffengattungen zu vergrößern.

Die dritte Informations- und Empfehlungsquelle bilden die der politischen Führung des Landes zugeordneten Militärberater, meist hohe Offiziere, die zeitweilig von ihren Kommandoposten abkommandiert sind, um im Kreise des Generalstabs an der militärischen Planung mitzuwirken. Diese Berater sind in der Regel mit dem tatsächlichen Kriegsgeschehen bestens vertraut, und ihre Beurteilungen und Ratschläge sind in geringerem Maß von parteiischen Interessen und Rücksichten beeinflußt als die der vorgenannten Funktionsträger. Wegen ihrer größeren Objektivität kommt dieser Gruppe im Rahmen von Vorkehrungen und Planungen für eine Kriegsbeendigung großes Gewicht zu.

Ein weiterer Faktor, der kriegsverlängernd wirken kann, ist die bei zivilen und militärischen Führern gleichermaßen verbreitete Neigung, jedes ernsthafte Bemühen um Verhandlungen zur Beendigung eines Krieges hinauszuschieben, mit dem Argument, man müsse damit warten, bis durch Erfolge der eigenen Truppen auf dem Schlachtfeld eine günstige Ausgangsposition geschaffen sei. Die schlichte Logik dieses Arguments besagt, daß eine überlegene militärische Position auf dem Schlachtfeld denjenigen, der sie innehat, auch am Verhandlungstisch in eine stärkere Position bringt. Daher wird die Seite, die eine militärische Niederlage erlitten hat, es vorziehen, ernsthafte Verhandlungen hinauszuschieben, bis sich das militärische Gleichgewicht hergestellt hat. Das Dumme daran ist freilich, daß sehr oft beide Gegner nach dieser Logik operieren. Wenn aber beide Kontrahenden beharrlich an diesem Kalkül festhalten, wie es beispielsweise im Ersten Weltkrieg der Fall war, hat das zwangsläufig zur Folge, daß sie den Krieg unvermindert heftig fortsetzen und einen Erfolg auf dem Schlachtfeld suchen, der so entscheidend und nachhaltig ist, daß bessere Verhandlungsbedingungen erzielt werden können. Die Hoffnung auf einen politisch entscheidenden militärischen Durchbruch erweist sich allerdings oft als trügerisch und führt nur zu einer sinnlosen Verlängerung des bewaffneten Kampfes. Wie Analysen der Kriege in Korea, Algerien und Vietnam zeigen, brachte der Versuch, den Gegner zu einer Reduzierung seiner Forderungen am Verhandlungstisch zu bewegen, dadurch, daß man zusätzliche Truppen und Waffen in den Kampf warf, keinen Erfolg.

Eine potentiell kriegsverlängernde Wirkung geht auch von der Neigung mancher Kriegsplaner und Politiker aus, die Qualität und Erfolgsträchtigkeit der eigenen Streitkräfte und ihrer Strategie zu überschätzen und die Kampfkraft und den Siegeswillen der anderen Seite völlig unrealistisch einzustufen.

Welche Faktoren sind es dann, die das Bemühen um die Beendigung eines bewaffneten Konflikts fördern und erleichtern? Allgemein gesprochen, wird ein kriegführender Staat kein Interesse an der Beendigung der Kampfhandlungen haben, solange nicht die Aussicht besteht, daß er zumindest die Ziele erreicht, die ihm unverzichtbar erscheinen und um derentwillen er den Kampf aufgenommen hat. Er muß allerdings über die Mittel und den Willen verfügen, für die Durchsetzung dieser seiner Minimalforderungen notfalls weiterzukämpfen. Je länger der Krieg andauert und je kostspieliger er wird, desto größer werden vielleicht die Zweifel daran, ob jene Minimalziele die weitere Verausgabung wertvoller Ressourcen rechtfertigen. Anders gesagt: die Bereitschaft einen Krieg zu beenden, hängt letztlich auch vom Ergebnis einer Kosten-Nutzen-Berechnung ab. Eine Abwägung der bei einer Fortführung des Krieges zu erwartenden Kosten gegen den maximal erreichbaren Nutzen kann an einem bestimmten Punkt der Entwicklung zu einer politischen Neubestimmung und zu einer Reduzierung der Minimalforderungen führen, mit deren Erfüllung man sich notfalls zufriedengeben würde. Dieser Prozeß der Neubestimmung kann natürlich auf beiden Seiten zugleich vor sich gehen, und er wird in jedem Fall solange weitergehen, bis beide Seiten zu der Überzeugung gelangt sind, daß es besser ist, sich mit weniger als der ursprünglich erhofften Beute zufriedenzugeben, als den Kampf fortzusetzen.

Die Bereitschaft, weiterhin Menschen und Material in den Kampf um vorgegebene Kriegsziele zu investieren, kann durch verschiedene Faktoren ausgehöhlt werden. Die Kosten eines Krieges können schwerwiegende wirtschaftliche Konsequenzen nach sich ziehen, die, zusammen mit steigenden Verlustziffern, die Kriegsbereitschaft der Öffentlichkeit dämpfen und innenpolitisch die Forderung nach Beendigung des Krieges laut werden lassen. Die allgemeine Stimmung kann weltweit zusehends kritischer gegenüber den kriegführenden Parteien werden, so daß sie sich gezwungen sehen, durch die Reduzierung ihrer Forderungen einer Verhandlungslösung näherzukommen. Internationale Entwicklungen können die Regierung eines kriegführenden Landes dazu veranlassen, ihre außenpolitischen Prioritäten neu zu definieren und bisher hochgehaltenen Kriegszielen einen geringeren Wert beizumessen. Schließlich können einem kriegführenden Staat aus dem weltpolitischen Geschehen heraus neue Bedrohungen erwachsen, die eine Verlagerung seiner Kräfte und seines Kriegsmaterials vom bisherigen Schauplatz weg erfordern. Alle diese Faktoren können zur Folge haben, daß sich bei einem der Kontrahenten oder bei beiden eine Bereitschaft, wenn nicht sogar ein starkes Interesse zeigt, durch Verhandlungen den Krieg zu beenden.

III

Viele der in Kapitel 12 getroffenen Feststellungen über das Wesen und den Verlauf von Verhandlungen sind im Zusammenhang mit diesem Kapitel relevant. Bei Verhandlungen über die Beendigung eines Krieges geht es jedoch typischerweise – und in einem Ausmaß, wie wir es bei anderen Arten von Verhandlungen gewöhnlich nicht antreffen – nicht nur um eine, sondern um mehrere wichtige strittige Fragen: beispielsweise um den Zeitpunkt und andere Bedingungen für eine Feuereinstellung, die Aufteilung von Gebieten und die Festlegung von Grenzen, den Austausch von Kriegsgefangenen und den Abzug von Truppen, die Modalitäten eventueller Reparationszahlungen, die Regierungsform eines Staates oder die Zusammensetzung einer Regierung.

Daher führt der Verhandlungsprozeß dazu, daß sich die Widerstandspunkte beider Seiten in jeder der strittigen Fragen herausschälen. Beide Seiten greifen zu Strategien der Überredung und des Aushandelns, um die Kluft zwischen ihren Standpunkten zu verringern, nicht nur separat für jeden zur Debatte stehenden Einzelkomplex, sondern möglicherweise auch, um eine für beide Seiten akzeptable Gesamtlösung zu finden. In der Diplomatie des Überredens und Aushandelns benützen beide Seiten Zuckerbrot und Peitsche; es werden Konzessionen gemacht, Bedingungen unterbreitet, Tauschgeschäfte vorgeschlagen oder Verschleppungstaktiken angewandt. Schwierige und komplexe Verhandlungen ziehen sich oft über lange Zeiträume hin. Versuche, den Abstand zwischen den Widerstandspunkten zu überbrücken, gelingen vielleicht nur in einigen wenigen Einzelfragen. In einem späteren Verhandlungsstadium werden vielleicht weitere strittige Punkte erledigt. In einem noch späteren Stadium werden vielleicht durch die Koppelung zweier strittiger Fragen Kompromisse erzielt, indem sich jede Seite Zugeständnisse durch Konzession der anderen Seite vergelten läßt.

Solche komplizierten und langwierigen Verhandlungen kennzeichnen häufig das Bemühen um die Beendigung eines Krieges. Man kann den Fortschritt auf eine schließliche Einigung analytisch nachvollziehen, indem man eine Reihe unterschiedlicher Stadien und Wendepunkte identifiziert, die im Verhandlungsprozeß aufeinander folgen. In Abbildung 7 ist der Verlauf eines hypothetischen Verhandlungsprozesses dieser Art schematisch dargestellt. Wie das Diagramm zeigt, verläuft die zu einer Einigung hinführende Entwicklung in den unterschiedlichen Fragen ungleichmäßig. Eine vorläufige Einigung über eine bestimmte Frage, die in einem Stadium der Verhandlungen erzielt wird, kann im darauffolgenden Stadium widerrufen werden. Während die Verhandlungen im Gang sind, können sich auf dem Schlachtfeld oder auf der innen- oder außenpolitischen Bühne neue Gesichtspunkte ergeben, die zu einer Modifizierung der Verhandlungsziele und -taktiken führen können.

Am Verhandlungstisch versucht normalerweise jede Seite, diejenigen Fragen oder diejenigen Aspekte einer Frage in den Vordergrund zu rücken, die ihr besonders wichtig sind und in denen sie am wenigsten kompromißbereit ist. Es kann dann zu einer stillschweigenden Einigung über die Zugeständnisse kommen, in der Form, daß eine Seite in einer Frage, die andere in einer anderen stärker nachgibt. Was dann noch an strittigen Fragen übrigbleibt, kann durch Kompromisse bereinigt oder zu einem Gesamtpaket geschnürt werden, für das dann ein für beide Seiten akzeptables Quidproquo gesucht wird.

Wenn wir den Verhandlungsprozeß analytisch in Sequenzen zerlegen, können wir feststellen, daß er oft eine Anzahl von Zäsuren aufweist, Haltepunkte gewissermaßen, an denen die Verhandlungen nur schleppend vorankommen oder zeitweise ausgesetzt werden, so daß die Regierungen der beteiligten Länder ihre Positionen in Ruhe überdenken können. Eine sequentielle Analyse von Verhandlungsprozessen sollte daher auch Querverweise auf neue Entwicklungen auf dem Schlachtfeld, auf der innenpolitischen Bühne beider Länder und auf internationaler Ebene enthalten, Entwicklungen, die möglicherweise Einfluß auf die Verhandlungsziele der Kontrahenten haben.

Verhandlungen führen nicht notwendigerweise zu symmetrischen Einigungen, in dem Sinn, daß beide Seiten in etwa gleich große Zugeständnisse machen oder zu einer Vereinbarung gelangen, die ihren entgegengesetzten Interessen in ausgewogener Weise Rechnung trägt. Die Verhandlungsstärke der beiden Kontrahenten (ein Produkt aus ihren Machtmitteln und ihrem Durchsetzungswillen) kann unterschiedlich sein, d.h. auch, daß eine Seite vielleicht mit größerem Geschick als die andere verhandelt. Selbst ein Land, das am Boden zerstört ist, wie Deutschland und Japan am Ende des Zweiten Weltkriegs, kann noch einen Rest von Verhandlungsstärke besitzen, den es im Verlauf der Kapitulationsverhandlungen in die Waagschale werfen kann, um in Fragen, die es als lebenswichtig erachtet, etwas bessere Bedingungen auszuhandeln.

Es sollte auch noch angemerkt werden, daß Friedensverhandlungen mitunter nur zur Regelung eines Teils der strittigen Fragen führen. Es kann also sein, daß beide Seiten sich auf die Einstellung der Kampfhandlungen einigen, ohne in allen Bereichen, in denen es Interessenkonflikte zwischen ihnen gibt, zu einer Übereinkunft gekommen zu sein. Möglicherweise einigen sie sich darauf, über diese Konfliktthemen zu einem späteren Zeitpunkt zu verhandeln oder eine internationale Kommission zu berufen, die sich damit befaßt, oder bestehende internationale Organisationen anzurufen.

Den Einzelelementen eines Friedensvertrags fehlt es oft an Klarheit und Eindeutigkeit, so daß sie widersprüchliche Deutungen zulassen. Manchmal ist es notwendig, solche Mängel von vornherein in Kauf zu nehmen, damit überhaupt ein Abkommen zustande kommt. Die entsprechenden Teile eines Friedensvertrags stellen daher oft nur Pseudovereinbarungen dar, die einen

Verhandlungsverlauf im (hypothetischen) Fall einer komplexen
(d. h. mehrere Verhandlungsgegenstände umfassenden) Kriegsbeendigung

Neue Gesichtspunkte und Entwicklungen auf dem Schlachtfeld und/oder auf der innen- und außenpolitischen Bühne; zusätzliche Argumente, Angebote und Forderungen

Verhandlungsgegenstände	Phase I	Phase II	Phase III
1	Widerstandspunkte weit auseinanderliegend	→ Kluft verringert sich (B macht A Zugeständnisse)	→ Einigung erzielt als Teil eines Quidproquo mit Verhandlungsgegenstand 5
2	Kluft verringert sich (A und B machen einander Zugeständnisse)	→ keine Veränderung	→ Einigung auf Kompromiß
3	Vorläufige Vereinbarung kommt zustande	→ A widerruft Zustimmung zu vorläufiger Vereinbarung	→ Einigung (A und B bereinigen verbliebene Gegensätze durch einen Kompromiß)
4	Einigung (A macht B Zugeständnisse)	→ keine Veränderung	→ keine Veränderung
5	Widerstandspunkte weit auseinanderliegend	→ Kluft verringert sich (A macht bedeutsame, B geringfügigere Zugeständnisse)	→ Einigung erzielt als Teil eines Quidproquo mit Verhandlungsgegenstand 1

Einigung auf Beendigung des Kriegszustands

Abb. 7

bestehenden fundamentalen Gegensatz überkleistern und den Keim für zukünftige Konflikte in sich bergen. Es kann ferner vorkommen, daß die Durchführungs- und Kontrollbestimmungen für bestimmte Schlüsselelemente des Abkommens so unzulänglich sind, daß bereits bei Vertragsabschluß abzusehen ist, daß die Vereinbarung zu einem späteren Zeitpunkt total auseinanderbrechen wird.

Viele der Faktoren, die den Prozeß der Kriegsbeendigung und der Aushandlung von Vereinbarungen in einer Vielzahl strittiger Fragen erleichtern beziehungsweise erschweren können, lassen sich am Beispiel der Bemühungen demonstrieren, die zur Beendigung des Vietnamkriegs führten.

Vietnam: Eine Fallstudie zum Problem der Kriegsbeendigung*

Man kann sagen, daß der bewaffnete Kampf der indochinesischen Kommunisten gegen die koloniale Fremdherrschaft schon 1930 mit der Gründung der Indochinesischen Kommunistischen Partei eingesetzt hat. Von diesem Zeitpunkt an bis zum Zusammenbruch des letzten Widerstandes in Südvietnam im Jahr 1975 hielt die Partei Ho Tschi Minhs und seiner Erben unbeirrt an ihrem einmal erklärten Ziel, der Schaffung eines geeinten kommunistischen Vietnam, fest. Es war weniger die Anziehungskraft der kommunistischen Ideologie an sich als vielmehr die Tatsache, daß Ho Tschi Minh es verstand, sie mit massenwirksamen nationalistischen und antikolonialistischen Motiven zu verbinden, die ihm und seinem Volk die Kraft verliehen, drei Kriege zu führen, erst gegen die Japaner, dann gegen die Franzosen und schließlich gegen die Amerikaner. Diesem simplen, auf ein einziges Ziel gerichteten, aber machtvollen Motiv der Vietminh hatten die Amerikaner, wie vor ihnen die Japaner und Franzosen, keine ebenbürtige Motivation entgegenzusetzen, da sie noch andere Interessen zu verfolgen hatten, die es ihnen nicht erlaubten, ihre ganze Kraft auf Vietnam zu konzentrieren. Nur so läßt es sich erklären, daß die vietnamesischen Kommunisten sich gegen eine der beiden Supermächte der Welt von heute, die Vereinigten Staaten von Amerika, durchzusetzen vermochten.

Das Engagement der Vereinigten Staaten in Vietnam nahm seinen Anfang im Zweiten Weltkrieg, als das amerikanische Office of Strategic Services (OSS), eine Vorgängerorganisation der CIA, ironischerweise den Kommunisten bei ihrem Kampf gegen die Japaner Hilfe leistete. An dem amerikanischen Engagement war eigentlich nichts Fragwürdiges, bis die Vereinigten Staaten in den frühen 5oer Jahren das Vorgehen der Franzosen gegen die Kommunisten unterstützten. Diese Unterstützung muß im Kontext der Kalte-Kriegs-Mentalität jener Jahre gesehen werden, die die Bedingungen schuf,

---

* Diese Fallstudie wurde in ihrer ursprünglichen Form von Major Clinton Ancker III. von der U. S. Army erarbeitet.

die schließlich dazu führten, daß über eine halbe Million amerikanischer
Soldaten in Vietnam kämpften; später war es ein Wandel in dieser Mentali-
tät, der entscheidend zu dem Ausgang betrug, den die Entwicklung schließlich nahm. 1949 wurde China ein kommunistischer Staat. Ende 1950 kam es
in Korea zu Kämpfen zwischen rotchinesischen und amerikanischen Truppen. Die chinesische Unterstützung für die vietnamesischen Kommunisten
verstärkte sich nach 1949 erheblich, und alles schien darauf hinzudeuten, daß
China nicht mehr war als ein neues Stück in der wachsenden sowjetischen
Marionettensammlung. Die Vereinigten Staaten, sowohl in Asien als auch in
Europa mit kommunistischem Expansionismus konfrontiert, entschieden
sich für eine Politik der Eindämmung. Als Frankreich sich 1954 aus Indochina zurückzog, sprangen die Amerikaner in die Bresche, um dem neugeschaffenen Staat Südvietnam seine prowestliche Unabhängigkeit erhalten zu helfen, ganz ähnlich wie sie Griechenland, nachdem Großbritannien 1947 dort
die Stellung geräumt hatte, Hilfe leisteten.

Die Kommunisten in Südvietnam führten einen stillen, halblegalen
Kampf, um den Norden mit dem Süden zu vereinen, in der Hoffnung und
Erwartung, einen politischen Sieg erringen zu können. Allein, die Tatsache,
daß es dem südvietnamesischen Präsidenten Diem überraschend gelang, seine Stellung zu festigen, veranlaßte sie ab 1959, wieder verstärkt auf den
bewaffneten Kampf zu setzen. 1965 war es so weit, daß diese von Nordvietnam unterstützte gewaltsame Subversion zu einem Umsturz in Südvietnam
zu führen drohte, und die Vereinigten Staaten begannen daraufhin mit der
Entsendung starker Truppenverbände zur Stützung des wankenden Regi-
mes. Vielen, darunter auch den meisten prominenten amerikanischen Politikern, erschien dies logisch und richtig. Die Vereinigten Staaten hatten in
Korea den Versuch, den Kommunismus zu exportieren, mittels eines konventionellen Kriegs abgeblockt, sie hatten im Konflikt um die Stationierung
sowjetischer Atomraketen auf Kuba der Sowjetunion ihre Grenzen gezeigt,
und nun würde, so schien es wenigstens, durch die Niederwerfung eines
kommunistischen Guerillaheers in Südostasien das letzte Gebiet gesperrt,
durch das der Kommunismus hätte expandieren können. Als Supermacht
und Führungsmacht der freien Welt hatten die Vereinigten Staaten die
Pflicht, jeder kommunistischen Aggression, wo immer sie in Erscheinung
trat, einen Riegel vorzuschieben. Mehrere aufeinanderfolgende Regierungen
hatten bindende Zusagen abgegeben, daß die Vereinigten Staaten für Südvietnam einstehen würden, und somit schienen ihr Ansehen als Weltmacht
und ihr Nimbus der Stärke auf dem Spiel zu stehen. Dazu kam, daß die US-
Streitkräfte, ermuntert von Präsident Kennedy, durch Aufrüstung im konventionellen Bereich ihre Kampfkraft verstärkt hatten, und Vietnam bot
Gelegenheit, diese Kampfkraft unter Beweis zu stellen. Mit einer Hybris, die
sich aus einer Anzahl außenpolitischer Erfolgserlebnisse in den Jahren seit
Kriegsende speiste, mit einer Kalte-Kriegs-Mentalität, die den Kommunis-

mus überall auf dem Vormarsch wähnte, und mit einer typischen Geringschätzigkeit gegenüber den Möglichkeiten eines Staates der Dritten Welt
machten die Amerikaner sich auf, Südvietnam zu retten. Über dieses vage
formulierte Ziel hinaus definierte die amerikanische Politik niemals konkret
und eindeutig, wie sie das Problem zu lösen gedachte und welche die Kriterien für seine erfolgreiche Lösung sein sollten.

Dennoch schien sich die Sache gut anzulassen. Noch Ende 1967 prophe-
zeiten die amerikanischen Militärs zuversichtlich einen Sieg ihrer Truppen;
ihr anscheinend erfolgreiches militärisches Wirken ließ keine wirksame innere Opposition gegen den Krieg aufkommen, und die steigenden Kosten des
Krieges blieben dank der Entscheidung Präsident Johnsons, auf die Methode
des *deficit spending* zurückzugreifen, verborgen. Die von den Kommunisten
im Februar 1968 eröffnete Tet-Offensive ließ die Illusionen ein für allemal
zerplatzen, und plötzlich sah die amerikanische Führung sich mit einer Situation konfrontiert, die ein Umdenken erforderte. Zwar endete die Tet-
Offensive mit einer verheerenden taktischen Niederlage des Vietkong und
der Nordvietnamesen, doch in strategischer Hinsicht war sie ein Erfolg,
zeitigte sie doch ungeheure psychologische und politische Auswirkungen
auf die öffentliche Meinung in den USA. Hanoi hatte niemals wirklich ge-
hofft, die Vereinigten Staaten in einer militärischen Auseinandersetzung besiegen zu können; was die nordvietnamesischen Führer erreichen wollten,
war einfach, den Krieg für die Vereinigten Staaten in bezug auf die Verluste
an Menschen, Material und internationalem Prestige so teuer zu machen,
daß sie schließlich zu der Einsicht kommen würden, daß die Ziele, um
derentwillen sie den Krieg führten, einen solchen Einsatz nicht wert waren.
Im Anschluß an die Tet-Offensive verbreitete sich in den USA ein Klima der
Hoffnungslosigkeit und der Furcht vor einem langen, zähen, nie zu Ende
gehenden Krieg. Zum ersten Mal, seit der Krieg in die heiße Phase getreten
war, sank die Zustimmung für die Vietnampolitik der Regierung Johnson
bei öffentlichen Meinungsumfragen unter 50 Prozent. Der allerorten laut-
werdende Protest fand nun, da die Aussicht auf „Sieg" sich als Schimäre
entpuppt zu haben schien, ein immenses Echo. Die Medien, die den Krieg
ohnehin verurteilten, liefen gegen seine Fortführung immer heftiger Sturm.
Viele Intellektuelle aus allen gesellschaftlichen Bereichen stießen zur Antikriegsbewegung. Und was ebenso wichtig war: die Berater des Weißen Hauses brachten Präsident Johnson zu der Einsicht, daß eine rein militärische
Lösung in Vietnam nun nicht mehr zu erhoffen war. Es unterlag nicht dem
geringsten Zweifel, daß Nordvietnam bereit war, jenes Maß an Verlusten,
Leiden und Entbehrungen auf sich zu nehmen, das die Amerikaner ihm
durch ihre Kampftruppen in Südvietnam und durch ihre Bombenangriffe auf
den Norden zuzufügen vermochten.

Lyndon Johnson zog aus all dem die Konsequenz, die amerikanische
Strategie radikal zu revidieren. Er versuchte jetzt, das amerikanische

Engagement zurückzuschrauben und eine Verhandlungslösung anzubahnen. Dies erwies sich jedoch als sehr schwierig. Hanoi stand so gut wie gar nicht unter Zeitdruck, und die Nordvietnamesen zeigten deutlich, daß sie willens waren, zu warten, wie lange es auch immer sein mußte, bis sie ihr Ziel erreicht haben würden, und dieses Ziel war nach wie vor ein vereintes Vietnam. Außerdem erwiesen sie sich als Großmeister in der Kunst, aus Verhandlungen ein Mittel zur Sicherstellung des Sieges zu machen, nachdem ihre Streitkräfte auf dem Schlachtfeld entweder nichts erreicht oder nur die Grundlage für Gespräche geschaffen hatten. Als die beiden Seiten ihre Vorbedingungen für die Aufnahme von Verhandlungen nannten, stellten sie sich denn auch als unvereinbar heraus. Zwar willigten die Nordvietnamesen im April 1968, nachdem Johnson die Bombenangriffe ausgesetzt hatte, in Gespräche über die Aufnahme von Verhandlungen ein, aber das war offensichtlich nur eine Finte, mit der sie sich eine Erholungspause von den massiven Luftangriffen verschaffen wollten, und die Gespräche erbrachten nichts wirklich Greifbares.

Aber Johnson galt ohnehin als eine „lahme Ente". Am 20. Januar 1969 wurde Richard Nixon als neuer Präsident vereidigt; er brachte ein ganz neues politisches Konzept für den Vietnamkrieg mit. Es waren Nixon und sein außenpolitischer Berater Henry Kissinger, denen es schließlich gelang, den Krieg zu beenden. Wie so oft, bedurfte es einer neuen Führung, damit sich eine neue Politik durchsetzen konnte.

Nixon bediente sich einer facettenreichen Strategie, bei der jedes Element dazu ausersehen war, mit einem Aspekt des Problems fertigzuwerden, und im ganzen zielte die Strategie darauf ab, das amerikanische Engagement in Vietnam zu so guten Bedingungen wie nur möglich zu beenden. Zunächst verkündete Nixon, um der heimischen Antikriegsbewegung ein wenig Wind aus den Segeln zu nehmen, das Verteidigungsministerium werde einen beträchtlichen Abbau der amerikanischen Truppen in Vietnam einleiten und die südvietnamesischen Streitkräfte wieder kampffähig machen. Dieser Prozeß der Vietnamisierung des Krieges, wie er genannt wurde, sollte dazu führen, daß die Südvietnamesen imstande sein würden, die Verteidigung ihres Landes im wesentlichen selbst in die Hand zu nehmen; auf diese Weise hoffte man, die amerikanischen Verluste beträchtlich senken und den Krieg von den Titelseiten der Zeitungen vertreiben zu können. Um die Nordvietnamesen unter stärkeren Druck zu setzen, ordnete Nixon die verstärkte Bombardierung des Landes an und weitete die Bombenangriffe und den Bodenkrieg auch auf kambodschanisches und laotisches Territorium aus. Ferner versuchten Nixon und Kissinger, dadurch einen gewissen internationalen Druck auf Hanoi zu bewirken, daß sie sich um eine Verbesserung des amerikanischen Verhältnisses zu China und zur Sowjetunion bemühten, Staaten, die Einfluß auf Hanoi hatten und die Nordvietnamesen zu einer Beendigung des Krieges drängen konnten. Und schließlich trat Kissinger in

Geheimverhandlungen mit Vertretern Nordvietnams ein, um vielleicht auf diesem direkten Weg dem Frieden näherzukommen.

Was auf den ersten Blick wie eine umfassende amerikanische Friedensstrategie aussehen mochte, war in Wirklichkeit mit Widersprüchen durchsetzt. Während die Reduzierung der amerikanischen Kampftruppen die Antikriegsbewegung zunächst dämpfte, hatten die Ausweitung der Bombenangriffe gegen Nordvietnam und die zusätzliche Einbeziehung Kambodschas und Laos' in den Krieg den gegenteiligen Effekt – der Protest gegen den Krieg entbrannte mit neuer Heftigkeit. Nicht nur kamen die alten Argumente gegen den Krieg allesamt wieder auf den Tisch, auch die moralische Frage nahm jetzt einen viel größeren Raum ein, da die Vereinigten Staaten sich mit dem Stigma des Aggressors behaftet sahen, der einen unmoralischen Krieg führte. Zwar ließen sich beide Seiten moralisch verwerfliche Dinge zuschulden kommen, doch wurden einzig die USA dafür zur Verantwortung gezogen, und zwar sowohl von ihrer eigenen wie von der internationalen Presse. Kongreßabgeordnete begannen in noch größerer Zahl gegen den Krieg zu opponieren, und die Unterstützung für die Regierung, angesichts einer demokratischen Kongreßmehrheit ohnehin dürftig, bröckelte weiter ab. Eine hohe Inflationsrate, Folge der Finanzierung des Krieges durch *deficit spending*, wurde der Liste der angeblich durch das amerikanische Engagement in Vietnam verursachten Übel angefügt. Darüber hinaus wuchs die Kritik seitens der Verbündeten, die durch das amerikanische Engagement ihr Verhältnis zur Sowjetunion belastet und ihre Annäherungsversuche an China erschwert sahen und ferner der Meinung waren, die Schwächung des Dollars gegenüber den anderen westlichen Währungen gefährde die Stabilität des internationalen Währungssystems.

Die Verstärkung der Bombenangriffe und die Ausweitung der Kampfhandlungen auf Laos und Kambodscha änderten nichts am Kosten-Nutzen-Kalkül Hanois. Der Beginn der amerikanischen Truppenreduzierungen signalisierte den Nordvietnamesen vielmehr ganz eindeutig, daß die Amerikaner ihr Engagement zurückschraubten, selbst wenn sie ihre Bombenfracht aufstockten. Dies bestärkte die Nordvietnamesen lediglich in ihrer Überzeugung, daß die Zeit für sie arbeitete.

Auch die Verhandlungen waren zunächst fruchtlos. Kissinger wollte zunächst und vor allem die militärischen von den politischen Fragen abkoppeln; er wollte als erstes die militärischen Fragen klären und dann über die politische Zukunft Südvietnams verhandeln. Hanoi, das die militärischen Aspekte stets seinen allgemeinen politischen Zielen untergeordnet hatte, war nicht bereit, eine solche Abkoppelung auch nur in Erwägung zu ziehen. Schließlich, so fragten die Nordvietnamesen, welchen Sinn hatte dieser Krieg, wenn nicht den, über die politische Zukunft des Südens zu entscheiden? Die nordvietnamesischen Unterhändler gingen sogar so weit, die Installierung einer kommunistischen Regierung in Südvietnam zu einer ihrer

Bedingungen für eine friedliche Regelung zu erklären. Dadurch, daß sie an dieser unrealistischen Forderung hartnäckig festhielten, konnten sie den Amerikanern ein Zugeständnis nach dem anderen abhandeln; in letzter Minute ließen sie ihre Forderung schließlich fallen, um einen Friedensvertrag unter Dach und Fach zu bringen, der für sie in anderen Teilen höchst vorteilhaft ausfiel.

Die Bemühungen Nixons und Kissingers schließlich, auf internationalem Weg Druck auf Hanoi auszuüben, zeitigten eher bescheidene Ergebnisse. Da sowohl die Sowjetunion als auch China den Wunsch Nixons nach besseren und engeren Beziehungen erwiderten, war diese diplomatische Strategie zunächst insofern erfolgreich, als keine der kommunistischen Großmächte die von Nixon angeordnete Ausweitung des Krieges mit irgendwelchen heftigen Reaktionen beantwortete, also etwa die eingeleitete Annäherung an Washington aufkündigte oder gar, wie Johnson es befürchtet hatte, zugunsten Hanois direkt militärisch intervenierte. Es ist darüber hinaus denkbar, daß die Regierenden in Moskau und Peking in dem Wunsch nach Entspannung einen gewissen begrenzten Druck auf Hanoi ausübten, um es auf den Verhandlungsweg zu bringen. Insgesamt war die Nixon-Kissinger-Strategie jedoch eine zweischneidige Sache. Der Präsident und sein Berater hatten Vietnam stets nur als einen Nebenschauplatz betrachtet, der im Rahmen ihrer viel umfassender angelegten Globalpolitik eine untergeordnete Rolle spielte. Die sich schier endlos hinziehenden Verhandlungen mit Hanoi entpuppten sich jedoch als Hindernis für die Implementierung dieser Globalpolitik, so daß Nixon und Kissinger sich genötigt sahen, um der Beendigung des Krieges willen schmerzliche Zugeständnisse zu machen ohne Rücksicht auf die Folgen, die sich daraus letztlich für Südvietnam ergeben würden.

Der schrittweise Abzug der amerikanischen Truppen aus Südvietnam war ursprünglich mit der Forderung verknüpft, die Nordvietnamesen müßten ihre Aktivitäten im Süden des Landes einstellen oder reduzieren. Nachdem aber die Truppen einmal abgezogen waren, konnte Nixon diese Aktivitäten nicht mehr unterbinden, wenn er nicht Gefahr laufen wollte, die Opposition im eigenen Land noch weiter anzufachen; er hatte somit die Fähigkeit eingebüßt, Nordvietnam zu angemessenen Gegenleistungen zu zwingen. Angesichts dessen und der zunehmenden Beschränkungen, die dem amerikanischen Luftkriegsprogramm in Indochina durch den Kongreß auferlegt wurden, gab es für das Regime in Saigon nur noch die eine Hoffnung: daß es die Fähigkeit erlangen würde, sich aus eigenen Kräften der nordvietnamesischen Aggression zu erwehren. Die Aussichten darauf, daß dies gelingen würde, schienen sich nach der Tet-Offensive, die große Teile der südvietnamesischen Führungsschicht und auch der Bevölkerung schockierte und aufrüttelte, zu verbessern. Dazu kam, daß die Programme zur inneren Befriedung ebenso gute Fortschritte machten wie der Neuaufbau der südvietnamesischen Streitkräfte – durch die Landreform und die sicherheitspolitische

Neuorientierung büßte der Vietcong politischen Rückhalt und die nordvietnamesische Armee die Fähigkeit ein, nach Gutdünken zu operieren. Aber für die erfolgreiche Durchführung eines so anspruchvollen Programms benötigte man Zeit, und Zeit war 1972, im entscheidenden Jahr des Krieges, ein äußerst knappes Gut.

Die Verhandlungen blieben bis Anfang 1972 nahezu ergebnislos, die Kluft zwischen den beiden Seiten hatte sich kaum verringert. Im April starteten die Nordvietnamesen die sogenannte Osteroffensive, einen konventionellen Invasionsfeldzug nach Südvietnam. Ihr Vormarsch konnte im Mai gestoppt werden, einerseits durch massive amerikanische Luftangriffe auf Ziele in ganz Indochina, andererseits durch die überraschende Widerstandskraft des südvietnamesischen Heeres, das die Truppen des Nordens bei Au Loc, Kontum und Quang Tri festnagelte. Diese Entwicklung der Osteroffensive und die Tatsache, daß in den USA die Präsidentschaftswahlen bevorstanden, verstärkten auf beiden Seiten das Interesse an einer Verhandlungslösung. Nixon geriet seitens der Öffentlichkeit und des Kongresses unter erneuten und vermehrten Druck, dem Krieg ein Ende zu machen. Die massiven amerikanischen Bombenangriffe hatten die Opposition aufheulen lassen, und der Kongreß war näher daran als je zuvor, den militärischen Handlungsspielraum der Regierung in Indochina und die militärische Entscheidungsbefugnis des Präsidenten überhaupt auf dem Gesetzesweg spürbar einzuengen. Im Hinblick auf die im November anstehenden Wahlen konnte Nixon sich ausrechnen, daß es eine fabelhafte Trumpfkarte für seinen Wahlkampf sein würde, wenn es gelänge, vorher eine Friedensregelung für Vietnam zustande zu bringen. Anders als bisher, war jetzt auch Hanoi an einer Verhandlungslösung interessiert. Die Nordvietnamesen fürchteten, ein wiedergewählter Nixon könne zu einer härteren Linie zurückkehren. Außerdem waren sie von der Kampfkraft der südvietnamesischen Truppen überrascht. Sie erkannten, daß die Südvietnamesen, wenn ihnen genug Zeit dafür blieb, unter amerikanischer Leitung und mit materieller amerikanischer Unterstützung die militärische Überlegenheit des Nordens wettmachen und eines Tages in der Lage sein könnten, sich selbst zu verteidigen. Daher mußte Hanoi daran gelegen sein, die Amerikaner zum Abzug aus Vietnam zu bringen, solange der Norden noch die besseren Siegeschancen besaß.

Im Lauf des Sommers und Frühherbstes 1972 erzielten Kissinger und der nordvietnamesische Unterhändler Le Duc Tho bei ihren geheimen Verhandlungen rasche Fortschritte. Beide Seiten machten Zugeständnisse, die Amerikaner allerdings substantiellere als die Nordvietnamesen. Washington erklärte sich bereit, alle seine Truppen zurückzuziehen, ohne daß Hanoi sich seinerseits zu einem entsprechenden Truppenabzug verpflichten mußte. De facto willigten die Vereinigten Staaten also darin ein, daß nordvietnamesische Truppen in Südvietnam stehen blieben – eine schwerwiegende und letzten Endes verhängnisvolle Konzession. Ferner erklärte Washington sich bereit, die militärischen und politischen Vereinbarungen in einem Vertragsdokument zusammenzufassen. Als Gegenleistung ließ Hanoi die Forderung nach einer unverzüglichen Absetzung Präsident Thieus als Vorbedingung für eine Feuereinstellung fallen. Diese Forderung war aus der Sicht der amerikanischen Unterhändler die ganze Zeit über das größte Hindernis gewesen. Nachdem Hanoi nun sein wichtigstes Nahziel, den Rückzug aller US-Truppen, erreicht hatte, ohne seinerseits die errungenen militärischen Positionen in Südvietnam räumen zu müssen, erschien ihm ein Zugeständnis in bezug auf die Person Thieus offenbar als ein annehmbarer Preis.

Aber der Friede war damit noch keineswegs zum Greifen nahe, denn Präsident Thieu begehrte leidenschaftlich gegen diesen, wie er es sah, Verrat der Vereinigten Staaten an Südvietnam auf. Er war über Inhalt und Verlauf der Verhandlungen nicht informiert gewesen und zeigte sich nun schockiert über die weitgehenden amerikanischen Zugeständnisse. Seine strikte Weigerung, über die ausgehandelten Bedingungen auch nur mit sich reden zu lassen, machte alle Hoffnungen Nixons und Kissingers zunichte, noch vor der Präsidentschaftswahl im November einen Schlußstrich unter das amerikanische Engagement in Indochina ziehen zu können. Nachdem die US-Regierung somit nicht in der Lage war, die ausgehandelte Lösung zu ratifizieren, zog Hanoi sich in der Frage der politischen Zukunft Südvietnams wieder auf kompromißlos harte, für Washington unannehmbare Positionen zurück. Einen Augenblick lang sah es so aus, als sei der nahe geglaubte Friede wieder in weite Ferne gerückt.

Nixon und Kissinger, die es beide müde waren, sich mit den offenbar unausrottbaren Problemen Vietnams und deren Rückwirkungen auf die ihnen so teure Globalstrategie herumzuschlagen, entschlossen sich nun, an allen Fronten Druck zu machen. Thieu setzten sie einer Zuckerbrot-und-Peitsche-Behandlung aus – sie versprachen und lieferten ihm massive materielle Unterstützung für die weitere Verstärkung seiner Streitkräfte und sagten ihm für den Fall, daß Hanoi gegen die ausgehandelten Vereinbarungen verstoßen sollte, massive Luftunterstützung zu; außerdem drohten sie damit, einseitig mit Hanoi abzuschließen, wenn er sich weiterhin sperrte. Das genügte, um den widerstrebenden Thieu zum Einlenken zu bewegen. Was die Nordvietnamesen betraf, so trugen erneute massive Bombenangriffe und Verminungsaktionen im Zusammenwirken mit einem von China und der Sowjetunion ausgeübten diplomatischen Druck dazu bei, sie wieder verhandlungsbereit zu machen. Freilich unterschied sich das Abkommen, das schließlich Anfang 1973 unterzeichnet wurde, nicht wesentlich von den unter den Tisch gefallenen Vereinbarungen vom Oktober 1972; was es an Durchführungs- und Durchsetzungsbestimmungen enthielt, war schwammig formuliert und konnte, das war von vornherein absehbar, nicht funktionieren. Aber mit diesem Abkommen war der Krieg für die Vereinigten Staaten beendet.

Wie sich in der Folge zeigte, war das Abkommen allenfalls der dürftige Abklatsch eines wirklichen Friedensvertrags. Keines der wesentlichen Probleme Indochinas war gelöst, und das Instrumentarium, das die Erfüllung der Vereinbarungen garantieren sollte, erwies sich als praktisch wirkungslos. Hanoi wartete, nachdem es den völligen Rückzug der amerikanischen Truppen erreicht hatte, zwei Jahre und trat dann zu der massiven konventionellen Offensive an, an deren Ende schließlich die Verwirklichung des alten, nie aus den Augen verlorenen Ziels stand: die Schaffung eines geeinten kommunistischen Vietnam. Dem Regime in Saigon war die Zeit – und die amerikanische Unterstützung – davongelaufen.

17. Entspannung

Obwohl der Begriff „Entspannung" in aller Munde ist, sind das Phänomen, das er bezeichnet, und seine Rolle in den internationalen Beziehungen bisher kaum einer systematischen geschichts- und politikwissenschaftlichen Untersuchung unterzogen worden. Der Begriff *détente* selbst kam in den Vereinigten Staaten nach Abschluß des Abkommens über das Verbot bestimmter Kernwaffenversuche im Sommer 1963 recht plötzlich in Mode. Nachdem die Supermächte in der Kuba-Krise erstmals knapp an der atomaren Katastrophe vorbeigekommen waren, versuchten Kennedy und Chruschtschow die amerikanisch-sowjetischen Beziehungen auf eine neue Grundlage zu stellen, um das extreme Mißtrauen und die Konfliktbereitschaft abzubauen, die ihr Verhältnis in der Zeit des Kalten Krieges charakterisiert hatten. Mit dem Inkrafttreten des Teststopabkommens, der ersten Rüstungskontrollvereinbarung zwischen den beiden nuklearen Supermächten, begannen Politiker und Kommentatoren den Ausdruck *détente* zu benutzen, allerdings keineswegs in einheitlicher Bedeutung. *Détente* konnte für unterschiedliche Dinge stehen: für die Entwicklung eines neuen Klimas in den amerikanisch-sowjetischen Beziehungen, für das Ende der akuten Phase des Kalten Krieges, für den Beginn einer neuen, aber noch nicht allzu präzise definierten Politik gegenüber der Sowjetunion oder für die allmähliche Anbahnung eines kooperativeren Verhältnisses zu den Sowjets.

Das tiefe und oft lautstark zum Ausdruck gebrachte Unbehagen derjenigen, die der Sowjetunion weiterhin mißtrauten, verstärkte noch die Unschärfen und Unklarheiten des neuen Modebegriffs und die Zweifel an seiner Anwendbarkeit auf die amerikanisch-sowjetischen Beziehungen. Viele Leute waren der Meinung, die Unterzeichnung des Atomteststopvertrags biete keinerlei Gewähr dafür, daß die Russen in ihrer Feindseligkeit dem Westen gegenüber nachgelassen hätten oder von ihren langfristigen Zielen abgegangen wären. Sie hielten das sowjetische Interesse an einer Entspannung lediglich für ein taktisches Manöver, mit dem der Westen eingelullt

---

Anm. d. Übersetzers: Der Ausdruck *détente* hat eine engere Bedeutung als der Begriff „Entspannung", mit dem er in der Kapitelüberschrift übersetzt ist. In den ersten Abschnitten des Kapitels, in denen es um die spezifische historisch-diplomatische Bedeutung des Terminus *détente* geht, wird dieser als diplomatischer Fachausdruck unübersetzt wiedergegeben. In den weiteren Abschnitten, die konkret von jener Periode in der Entwicklung des Ost-West-Verhältnisses handeln, die sich an den Kalten Krieg anschloß, steht für *détente* meist der in diesem Kontext eingebürgerte Begriff „Entspannung".

werden sollte. Bald entbrannten Auseinandersetzungen darüber, was *détente* bedeute und was es nicht bedeute, was sich daraus entwickeln solle und was sich daraus nicht entwickeln dürfe.

Es ist wichtig, sich zu vergegenwärtigen, daß es bei dem Streit um die richtige Bedeutung des Begriffes *détente* nicht bloß um ein semantisches Problem ging. Die Sache ließ sich nicht einfach dadurch klären, daß man das Wörterbuch aufschlug und daraus entnahm, daß *détente* in der Ära der klassischen Diplomatie den „Abbau von Spannungen im Verhältnis zwischen zwei Staaten" bedeutet hatte, deren Beziehungen bis dahin durch eine erhebliche Rivalität bestimmt waren, einer Rivalität, die die Gefahr eines Krieges heraufbeschwor. Die Frage war, was „Abbau von Spannungen" in der Ära des Kalten Krieges bedeuten und was sich daraus für die Zukunft der amerikanisch-sowjetischen Beziehungen ergeben sollte.

Wir können uns die Klärung dieser Fragen erleichtern, wenn wir uns vergegenwärtigen, daß Entspannung im Kontext des Kalten Krieges etwas anderes hieß als im Kontext des 19. und des frühen 20. Jahrhunderts. Das alte europäische System war, wie wir gesehen haben, ein relativ wohlgeordnetes multipolares System, innerhalb dessen die Hauptakteure sich dem Gebot der Bewahrung eines Gleichgewichts der Kräfte verpflichtet fühlten. Der Wettbewerb und die Rivalität zwischen ihnen waren nicht unbegrenzt; die herrschenden Klassen der verschiedenen Mächte wiesen untereinander ein hohes Maß an kultureller Homogenität auf; ausgeprägte ideologische Differenzen gab es nicht; und nicht zuletzt lag die Führung der Außenpolitik weitgehend in den Händen professioneller Diplomaten. Diese Merkmale der klassischen Ära der europäischen Politik hatten sich in der Periode des Kalten Krieges bis auf geringe Überreste längst verflüchtigt.

Angesichts der ins Auge springenden Unterschiede zwischen diesen beiden internationalen Systemen (dem Gleichgewichtssystem und dem System des Kalten Krieges) überrascht es nicht, daß der Versuch, diplomatische Begriffe aus dem einen in das andere zu transferieren, zu Verwirrung und Ratlosigkeit führt. Begriffe und Handlungsmodelle wie *détente* hatten im Rahmen des europäischen Systems eine wohldefinierte theoretische und praktische Bedeutung. Die Diplomaten und Staatsmänner jener Periode hatten ein reichhaltiges, differenziertes und relativ präzises Instrumentarium technischer Begriffe entwickelt, die die Kommunikation im Bereich der zwischenstaatlichen Beziehungen erleichterten. Im Zuge der Krise, des Zusammenbruchs und der Transformation des alten Systems verlor jedoch das diplomatische Vokabular der klassischen Ära seine Brauchbarkeit. Die Begriffe büßten ihre Präzision ein, und die Konsequenz war, daß der Versuch, sie einfach auf neue außenpolitische Gegebenheiten zu übertragen, zu Unklarheiten und Mißverständnissen führte.

Wir können das zeigen, indem wir uns vergegenwärtigen, wie genau die Sprache der klassischen Diplomatie die aufeinanderfolgenden Stadien zu beschreiben vermochte, die die Entwicklung der Beziehungen zweier Staaten zueinander durchlaufen konnte, bei denen gerade ein akuter Konflikt beigelegt worden war. Der Prozeß konnte mit einer *détente* beginnen, sich zu einem *rapprochement* (Annäherung) entwickeln und schließlich in eine *entente* münden. Daran anschließend waren zwei Entwicklungsverläufe möglich: Eine der beiden Seiten konnte der anderen (oder beide Seiten konnten einander) gegenüber eine Politik des *appeasement* (d. h. der Befriedung durch Zugeständnisse) betreiben und/oder beide Seiten konnten eine *alliance* bilden. Diese stufenweise Verbesserung der Beziehungen konnte natürlich bei jedem der genannten Entwicklungsstadien stehenbleiben. Die spezifische Bedeutung der verwendeten Begriffe und ihr Verhältnis zueinander sind in Abb. 8 schematisch dargestellt.

Das folgende Beispiel illustriert die Nützlichkeit einer so präzisen Terminologie für die Gewährleistung gut funktionierender diplomatischer Kommunikation: Im Februar 1912 traf der britische Kriegsminister Lord Haldane in Berlin, wo er sich in diplomatischer Mission aufhielt, mit Jules Cambon, dem französischen Botschafter in Berlin, zusammen, um ihn über die Ziele und die Bedeutung der Gespräche ins Bild zu setzen, die er mit dem deutschen Kanzler Bethmann Hollweg über die Möglichkeit eines englisch-deutschen Flottenbegrenzungsabkommens führte. Cambon, der von diesen Verhandlungen wußte und Befürchtungen hegte, sie könnten das Vorzeichen einer Loslösung Englands von Frankreich und Rußland sein, suchte Haldane in der britischen Botschaft auf, um etwas über den Inhalt der Gespräche zu erfahren. Haldane schilderte die Begegnung in seinem Tagebuch:

Ohne ihm etwas mitzuteilen, erklärte ich emphatisch, wir würden Frankreich und Rußland nicht untreu werden, der Kanzler habe mir darin beigepflichtet, daß es unehrenhaft von uns wäre, wenn wir von einer Lockerung der bestehenden Bindungen auch nur sprächen, und wir seien der Meinung, daß ein besseres Verhältnis zwischen England und Deutschland in der Öffentlichkeit auch Frankreich zugute käme. Dem stimmte er [Cambon] zu. Er meinte, ob meine Gespräche dann wohl keinem anderen Zweck dienten, als eine *détente* herbeizuführen – zum Unterschied von einer *entente*. Ich sagte, daß dies in bezug auf meine Gespräche zutreffe. Ich sei nicht hergekommen, um ein Abkommen auszuhandeln oder um mehr als das Terrain zu sondieren, hoffte jedoch, daß später mehr als eine *détente* daraus würde – falls meiner sehr begrenzten Mission Erfolg beschieden sein würde.

Bezeichnend dafür, wieviel den Diplomaten im Interesse der Vermeidung von Mißverständnissen und Mißtrauen an präziser Wortwahl gelegen war, ist, daß Haldane es für „eine nützliche Vorsichtsmaßnahme" hielt, Cambon um Einsicht in seinen für den französischen Premierminister Raymond Poincaré bestimmten telegraphischen Bericht über ihre Unterredung zu bitten, ehe dieser nach Paris abging. Cambon erklärte sich dazu bereit; Haldane bekam den Bericht, und er befand die Art, wie der französische

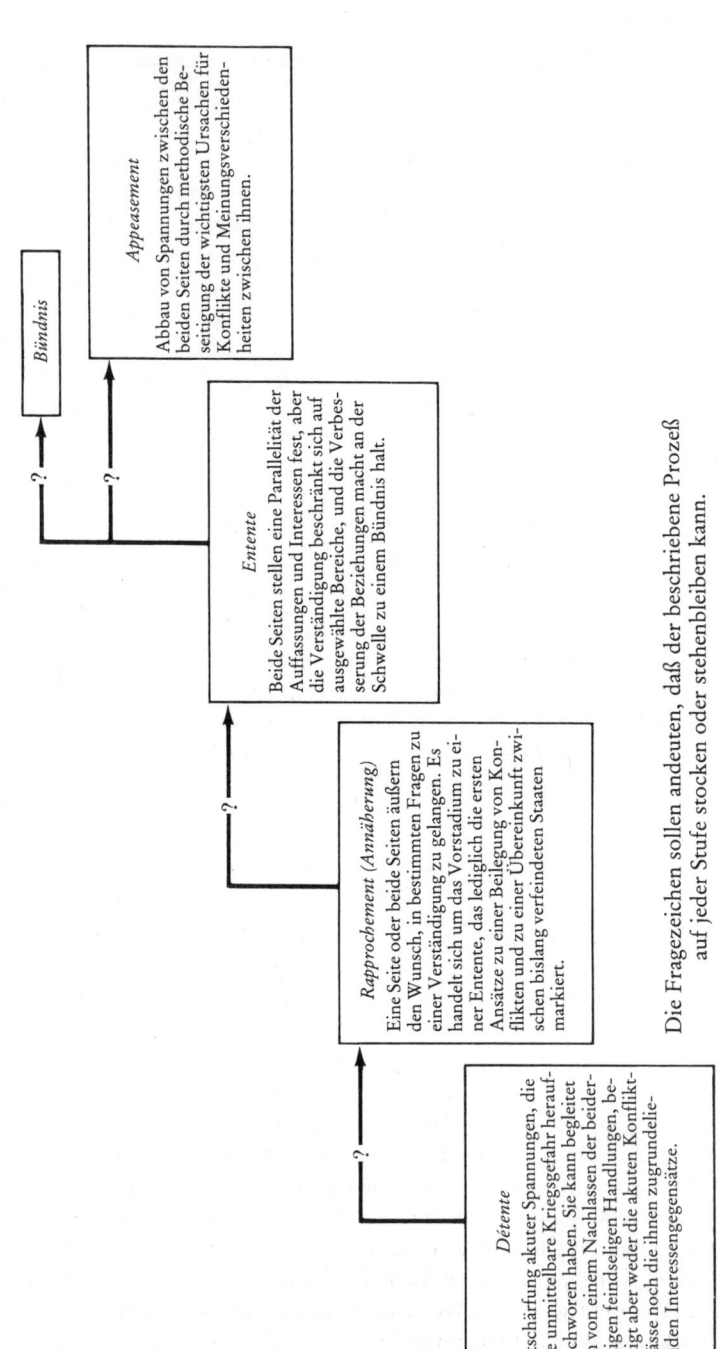

Bündnis

Appeasement
Abbau von Spannungen zwischen den beiden Seiten durch methodische Beseitigung der wichtigsten Ursachen für Konflikte und Meinungsverschiedenheiten zwischen ihnen.

Entente
Beide Seiten stellen eine Parallelität der Auffassungen und Interessen fest, aber die Verständigung beschränkt sich auf ausgewählte Bereiche, und die Verbesserung der Beziehungen macht an der Schwelle zu einem Bündnis halt.

Rapprochement (Annäherung)
Eine Seite oder beide Seiten äußern den Wunsch, in bestimmten Fragen zu einer Verständigung zu gelangen. Es handelt sich um das Vorstadium zu einer Entente, das lediglich die ersten Ansätze zu einer Beilegung von Konflikten und zu einer Übereinkunft zwischen bislang verfeindeten Staaten markiert.

Détente
Entschärfung akuter Spannungen, die eine unmittelbare Kriegsgefahr heraufbeschworen haben. Sie kann begleitet sein von einem Nachlassen der beiderseitigen feindseligen Handlungen, beseitigt aber weder die akuten Konfliktanlässe noch die ihnen zugrundeliegenden Interessengegensätze.

Die Fragezeichen sollen andeuten, daß der beschriebene Prozeß auf jeder Stufe stocken oder stehenbleiben kann.

Abb. 8

Botschafter darin den Unterschied zwischen *détente* und *entente* definierte,
für gut.

Wie wichtig diese begrifflichen Unterscheidungen für die außenpolitische
und diplomatische Praxis im europäischen Gleichgewichtssystem waren,
läßt sich auch am Beispiel der allmählichen Verbesserung der englisch-französischen Beziehungen aufzeigen, die 1898 einsetzte.

Die englisch-französische Entente 1898–1904

Die schon lange schwelenden Gegensätze zwischen Großbritannien und
Frankreich auf kolonialpolitischem Gebiet trieben 1898 einem Höhepunkt
zu, als die französische Regierung Truppen unter dem Kommando von
Oberst Marchand aus Westafrika in das obere Nilgebiet in Marsch setzte. Sie
verfolgte damit die Absicht, die Briten zum Abzug aus Ägypten (das sie seit
1882 besetzt hielten) und zum Abschluß eines die französischen Interessen
berücksichtigenden Abkommens zu zwingen. Bei einem Ort namens Faschoda stieß das französische Korps auf einen stärkeren britischen Truppen-
verband unter dem Kommando General Kitcheners, und die Gefahr eines
Zusammenstoßes, der vielleicht einen europäischen Krieg auslösen konnte,
lag in der Luft. In dieser Situation wirkte ernüchternd auf die französische
Regierung: man hatte nur halb so viele Kriegsschiffe wie die Briten, der
einzige Verbündete Frankreichs war zu sehr mit seinen Problemen im Fernen Osten beschäftigt, um zu wirksamer Hilfeleistung imstande zu sein, von
den Dreibundmächten, denen die Aussicht auf einen englisch-französischen
Konflikt keineswegs unangenehm war, konnte ebenfalls keine Hilfe erwartet
werden, und nicht zuletzt stand die Regierung im Innern wegen der Drey-
fus-Affäre und des weltweiten Aufsehens, das sie erregte, unter Druck. Der
französische Außenminister Théophile Delcassé, ein Nationalist, dessen fester Überzeugung nach die verlorengegangenen Provinzen Elsaß und Lothringen vielleicht einen Krieg wert waren, Ägypten aber gewiß nicht, verhielt
sich abwartend, und als die Briten keine Neigung zeigten, Zugeständnisse zu
machen, warf er im November 1898 das Handtuch und befahl Marchand den
Rückzug.

Schon vor dieser Krise hatte Delcassé dem britischen Botschafter in Paris
erklärt, er wünsche eine Annäherung an Großbritannien; und im Oktober
schrieb er in einem Brief an seine Frau: ,,Ich hoffe, man hat erkannt, daß der
Wunsch nach einer Übereinkunft mit England, den ich seit meiner Ernennung zum Außenminister sehr ausgiebig zum Ausdruck gebracht habe, nicht
aus einem Gefühl der Schwäche resultierte, sondern aus einer allgemeinen
politischen Konzeption.`` Der Rückzug der französischen Soldaten aus Faschoda ebnete einerseits den Weg zu diesem Ziel, erschwerte ihn andererseits
aber auch. Die Spannung nahm dadurch erheblich ab und bannte die Gefahr
eines Krieges, war also in diesem Sinn tatsächlich ein Schritt, der zu einer

Entspannung im Verhältnis der beiden Staaten zueinander führte; zugleich hinterließ er bei vielen Franzosen Bitterkeit, bei manchen sogar Rachegelüste. Nach Faschoda waren die Voraussetzungen für eine Verbesserung der englisch-französischen Beziehungen zunächst eine Zeitlang nicht günstig. Die Briten beschäftigten sich zu jener Zeit noch ernsthaft mit der Möglichkeit und den potentiellen Vorteilen eines Bündnisses mit Deutschland, das nach Ansicht des Kolonialministers Joseph Chamberlain Großbritannien einen guten Rückhalt für die Eindämmung der expansionistischen Tendenzen bieten würde, die Frankreichs Bündnispartner Rußland in China an den Tag legte.

Dennoch entwickelte sich aus der *détente* im Verlauf der darauffolgenden drei Jahre allmählich ein *rapprochement*. Der Burenkrieg machte den Briten die Nachteile ihrer ,,splendid isolation" klar, denn sie konnten im Verlauf dieses Krieges zu keinem Zeitpunkt sicher sein, daß sie es nicht mit der Intervention einer oder gar mehrerer der europäischen Kontinentalmächte zu tun bekommen würden. Besonders große Sorgen machte ihnen in dieser Beziehung die deutsche Regierung. Sie erwies sich in Fernost als unzuverlässiger Partner, machte keine Anstalten, etwas gegen die eindeutig burenfreundliche Stimmungsmache in ihrer Presse zu unternehmen, und brachte im Jahr 1900 im Reichstag ein Flottenergänzungsgesetz durch, das den Grundstein legte für den von Großadmiral Tirpitz betriebenen Aufbau einer deutschen Schlachtflotte, die den Briten die Seeherrschaft in der Nordsee streitig machen sollte. Die Briten reagierten auf all dies nicht sofort mit einer Annäherung an Frankreich. Ihre dringendste Sorge galt, abgesehen vom Burenkrieg, der russischen Politik in China, und um dieser wirksam begegnen zu können, verabschiedeten sie sich schließlich von ihrer isolationistischen Politik, indem sie 1902 ein Bündnis mit Japan schlossen.

Dieser Schritt löste in Paris Beunruhigung aus. Der französischen Regierung bereitete die russische Fernostpolitik längst ebensoviel Unbehagen wie der britischen (schon 1898 hatte Delcassé dem britischen Botschafter anvertraut: ,,Ich hätte lieber England zum Verbündeten als jenen anderen."); die englisch-japanische Allianz eröffnete nun die Aussicht auf einen Krieg im Fernen Osten zwischen diesen neuen Partnern und Rußland; in diesem Fall wäre Frankreich aufgefordert, seinen Bündnisvertrag mit Rußland zu erfüllen. Diese Situation wollte Delcassé um jeden Preis vermeiden, und er sah in einer Annäherung an Großbritannien den besten Weg, dieses Ziel zu erreichen. Ein englisch-französisches Abkommen könnte, so glaubte er, vielleicht gar den Weg zu einer einvernehmlichen Bereinigung der Situation im Fernen Osten ebnen, indem es die Voraussetzungen für ein Arrangement zwischen Frankreich und Rußland schuf. In diesem Sinne begann der französische Außenminister in London zu sondieren, und die Reaktion fiel positiv aus, nachdem die britische Regierung ihr Liebäugeln mit Deutschland inzwischen desillusioniert aufgegeben hatte. Selbst Joseph Chamberlain, der vordem vehementeste Verfechter einer Verständigung mit Berlin, stimmte der französischen Option nachdrücklich zu.

Diese Entwicklung – von der zögernden Annäherung bis zur Entente – war ein sich zwar nur schrittweise vollziehender, aber bewußt gesteuerter Prozeß. Die ersten Annäherungsversuche wurden durch eine Reihe gegenseitiger Staatsbesuche aufgewertet – König Edward VII. stattete Paris im Mai 1903 einen ersten, gleichwohl höchst ergebnisreichen Besuch ab, Präsident Loubet revanchierte sich, indem er im Juli nach London fuhr. Unterdessen begannen die Diplomaten die schwierigen Fragen in Angriff zu nehmen, die das französisch-britische Verhältnis seit 1882 belastet hatten. Die Streitpunkte, die es in bezug auf Souveränitätsfragen, wirtschaftliche Interessen und Grenzverläufe in Neufundland, Siam und Westafrika gab, wurden ohne große Schwierigkeiten beigelegt. Heikler war da schon die ägyptische Frage. Die Worte *Faschoda* und *Marchand* waren noch immer geeignet, in Frankreich patriotische Ressentiments zu wecken, doch rechnete die große Mehrheit der Franzosen nicht mehr damit, daß ihr Land in Ägypten noch einmal eine so starke Position wie vor 1882 erlangen konnte; sie setzten vielmehr darauf, sich mit Zugewinnen in der Region ihres momentan größten Interesses – Marokko – schadlos halten zu können.

Mit einer Ignoranz gegenüber den Interessen der eingeborenen Bevölkerung, die heutigentags Empörung auslösen würde, erkannte die französische Regierung den britischen Protektoratsanspruch über Ägypten an und verpflichtete sich, keine zeitliche Begrenzung für die Anwesenheit der Briten als Besatzungsmacht in Ägypten zu fordern. Die englische Regierung vergalt dies damit, daß sie die Zugehörigkeit Marokkos zur französischen Einflußsphäre und das alleinige Recht Frankreichs anerkannte, als Ordnungsmacht in diesem ausgesprochen reichen Gebiet aufzutreten und den dortigen Sultan zu Reformen zu veranlassen. In geheimen Zusatzklauseln erklärte England ferner, es werde nichts gegen Maßnahmen unternehmen, die Frankreich im Falle eines Zusammenbruchs der Herrschaft des Sultans für notwendig erachte, mit der einen Einschränkung allerdings, daß, was immer aus Marokko würde, die marokkanische Atlantikküste nicht an Frankreich, sondern an Spanien fallen müsse. Die weiterreichende Bedeutung der durch diese Vereinbarungen begründeten *Entente cordiale* lag darin, daß sie den Beginn einer sich auch auf andere Bereiche erstreckenden englisch-französischen Zusammenarbeit markierte und den Grundstein für das Bündnis legte, das die beiden Mächte im Ersten Weltkrieg eingingen. Der Hauptgrund dafür, daß die Entente nicht früher in ein formelles Bündnis überführt wurde, lag in der traditionellen Abneigung der britischen Politik, Verpflichtungen für einen lediglich denkbaren, aber noch nicht akut bevorstehenden Eventualfall einzugehen. Aber auch so nahm die Entente in dem Jahrzehnt vor Kriegsausbruch mehr und mehr den Charakter einer normalen Allianz an. Nach der Marokko-Krise von 1905, in der die Deutschen den Versuch machten, die neuen Partner durch Drohungen auseinanderzubringen, vereinbarten die beiden Regierungen Gespräche auf hoher militärischer Ebene; in diesen Gesprächen wurden – angeblich rein theoretische und unverbindliche – Überlegungen zu den Möglichkeiten eines gemeinsamen Operierens in Kriegszeiten angestellt. Unter dem Eindruck der zweiten Marokko-Krise im Jahr 1911 und der forcierten deutschen Flottenrüstung stimmte die britische Regierung nicht nur einer Fortsetzung der Generalstabsgespräche zu, sondern sprach sich den Franzosen gegenüber sogar dafür aus, daß, ,,wenn eine der beiden Regierungen triftige Gründe hat, einen unprovozierten Angriff von seiten einer dritten Macht zu erwarten, sie unverzüglich mit der anderen darüber beraten sollte, ob nicht beide Regierungen gemeinsam handeln sollten". Hinter dieser Anregung steckte die Absicht, die Franzosen zur Verlegung ihrer Atlantikflotte ins Mittelmeer zu überreden, um die dortigen britischen Interessensphären zu schützen, während die Royal Navy in den einheimischen Gewässern zusammengezogen war.

Wie aus dieser Darstellung hoffentlich deutlich geworden ist, war die schrittweise Entwicklung von der *détente* zum *rapprochement,* dann zur *entente* und danach schließlich entweder zum *appeasement* oder zum formellen Bündnis oder zu beidem, wie bereits gesagt, ein ganz bewußt gesteuerter Prozeß. Das erste Stadium dieses Prozesses, die Entspannungsphase, schloß für keine Seite Verpflichtung oder Gewähr für eine weitere Verbesserung der gegenseitigen Beziehungen ein. Die Staatsmänner der klassischen europäischen Ära ließen in jedem Stadium Besonnenheit walten, prüften erst sorgfältig die erhoffbaren Vorteile und die denkbaren Risiken, ehe sie die nächste Etappe anvisierten. Sie kannten die Notwendigkeit und den Wert eines sorgfältigen diplomatischen Sondierens und einer gründlichen ,,Düngung" sowohl des diplomatischen Bodens als auch der öffentlichen Meinung, ehe sie mit einem Land, das vor kurzem noch Gegner und Rivale gewesen war, eine Partnerschaft oder gar ein Bündnis eingingen. Nach der diplomatischen Revolution, die die Rolle und Aufgabe des Staatsmanns veränderte und die Führung der Außenpolitik neuen Forderungen und einengenden Bestimmungen unterwarf, wurden diese bewährten Praktiken teilweise aufgegeben.

Die britische Appeasement-Politik

Die von der sogenannten Nationalen Regierung Großbritanniens in der Amtszeit von Premierminister Neville Chamberlain verfolgte Politik des *appeasement* (also der Befriedung oder, wie es oft, aber nicht sehr treffend heißt, der Beschwichtigung) resultierte aus dem ehrlichen Wunsch, die Voraussetzungen für Frieden und Stabilität in Europa zu schaffen; daß sie dieses Ziel verfehlte, lag nicht zuletzt an Chamberlains Ungeduld und der Geringschätzigkeit, die er gegenüber den auf Wachsamkeit und Absicherung bedachten Methoden der traditionellen Diplomatie an den Tag legte. Das britische Foreign Office hatte zwischen 1933 und 1937, auf wie unvollkommene Weise auch immer, versucht, die politische Bonität der Diktatoren zu ergründen und festzustellen, ob es gemeinsame Interessen und Wertvorstellungen gäbe, die als Grundlage für eine Zusammenarbeit mit ihnen dienen konnten; erst dann, so glaubte man im Außenamt, habe es einen Sinn, an die systematische Bereinigung spezifischer Konfliktherde heranzugehen. Chamberlain hielt jene Präliminarien für nutzlos und verstand es, Männer wie Eden und Vansittart, die nicht davon lassen wollten, sehr schnell abzuservieren. Mit überwiegender Zustimmung eines Parlaments und einer öffentlichen Meinung, die kein neues 1914 wollten, stürzte er sich in ein diplomatisches Unterfangen, das eigentlich die letzte Etappe eines mühseligen mehrstufigen Prozesses hätte sein müssen, in der irrigen Annahme, daß Hitler und Mussolini sich mit ihm in den Zielen einig seien, eine Demonstration seiner Bereitschaft, ihre Forderungen zu erfüllen, also genügen werde, um eine Friedenssicherung zu erlangen. Tatsächlich aber führte jedes neue Nachgeben nur zu weitergehenden, noch unverschämteren Forderungen – und am Ende blieb keine Wahl, als sich ihnen mit Gewalt entgegenzustellen. Die britische Appeasement-Politik von 1937–39 wird als Beispiel dafür, wie man Entspannungspolitik nicht betreiben sollte, wahrscheinlich noch lange unübertroffen bleiben.

Die sowjetisch-amerikanische Entspannung

Diese Rückschau auf die entspannungspolitischen diplomatischen Praktiken der Vergangenheit kann uns bei der Darstellung der politischen Entwicklung nach der Kuba-Krise zum Vergleich dienen. Wie bereits bemerkt, war der damals begonnene Abbau von Spannungen im amerikanisch-sowjetischen Verhältnis, auf den von manchen der Begriff *détente* angewandt wurde, ein Phänomen, das sich vom *détente*-Begriff in der Ära der europäischen Gleichgewichtspolitik erheblich unterschied. Unter den Bedingungen jenes politischen Systems waren Verbesserungen in den Beziehungen zwischen den einzelnen Großmächten möglich: Aus Gegnern konnten Verbündete werden, ein Wechsel des Bündnispartners war nichts Außergewöhnliches. Bedeutsame Umgruppierungen dieser Art innerhalb des Systems gehörten zu den notwendigen Mechanismen und Vorgängen, mit denen das multipolare europäische System austariert und aufrechterhalten wurde, gehörten insofern also zu den allgemein akzeptierten Spielregeln. Im krassen Gegensatz hierzu stand das bipolare System des Kalten Krieges, das durch einen scharfen Antagonismus – mit der Gefahr des Umschlagens in einen Nullsummen-Konflikt – gekennzeichnet war. War die Sequenz *détente* → *rapprochement* → *entente* → *appeasement* → *alliance* im Rahmen der europäischen Gleichgewichtspolitik ein *systemerhaltender* Prozeß, so wäre eine in dieser Abfolge verlaufende Verbesserung der amerikanisch-sowjetischen Beziehungen nur im Zuge der Ablösung des Kalte-Kriegs-Systems durch ein neues System möglich gewesen, das auf einem weit kooperativeren Verhältnis zwischen den Supermächten hätte beruhen müssen.

Als der Abbau der Spannungen zwischen den Vereinigten Staaten und der Sowjetunion einsetzte, war daher die Frage, ob darin schon ein Signal zu sehen war, daß das System des Kalten Krieges einem internationalen System anderer Art weichen würde, oder ob diese Form der Entspannung nur als Episode oder nur als eine geringfügige Korrektur an einem unverändert weiterbestehenden antagonistischen System angesehen werden konnte. Angesichts dieser Unsicherheit überrascht es nicht, daß nach dem Abschluß des Teststop-Abkommens im Sommer 1963 Skeptiker die Frage stellten, ob der Spannungsabbau, der sich abzuzeichnen schien, durchführbar, ja ob er überhaupt wünschenswert sei. Konnte diese Entspannung nicht einfach ein taktisches Manöver, ein Instrument der sowjetischen Kalte-Kriegs-Strategie sein, dessen die Russen sich bedienten, um Zeit zur Verbesserung ihrer Position zu gewinnen und den Westen psychologisch zu entwaffnen? Würden nicht ein Abbau der Spannungen und ein vordergründiges Abflauen der sowjetischen Aggressivität im Westen eine gefährliche allgemeine Euphorie hervorrufen und zu einer Verringerung der Wachsamkeit und einer Schwächung der Verteidigungsbereitschaft führen? Würde eine Entspannung zwischen den Vereinigten Staaten und der Sowjetunion nicht bei den Verbündeten der USA in Europa und anderswo negative Reaktionen auslösen, den Zusammenhalt der freien Welt lockern und ihr den Blick für die Gefahr einer weiteren Ausbreitung des Kommunismus trüben?

Es war mithin im Rahmen des Kalte-Kriegs-Systems viel schwieriger, die *Motive* zu beurteilen, die hinter dem Wunsch der anderen Seite nach einem Spannungsabbau standen; und auch die möglichen unerwünschten *Folgen* eines Spannungsabbaus, wenn man sich denn darauf einließ, waren schwieriger abzuwägen als etwa unter den Bedingungen des klassischen europäischen Systems.

Interessanterweise wurden skeptische Fragen dieser Art nicht nur in den Vereinigten Staaten laut, sondern bis zu einem gewissen Grad auch in der Sowjetunion. Die sowjetischen Führer sahen sich genötigt, den Kritikern der Entspannungspolitik im eigenen Land zu versichern, sie würden in ihrer Wachsamkeit nicht nachlassen, würden die sowjetische Verteidigung nicht vernachlässigen, keineswegs hegten sie ein naives Vertrauen zu den amerikanischen Staatsmännern, auch begingen sie keinen Verrat an der marxistischen Ideologie und an den Zielen des Sozialismus. Sowohl die amerikanischen als auch, freilich in geringerem Grad, die sowjetischen Führer sahen sich vor der schwierigen Aufgabe, ihrer Bemühung, den Kalten Krieg in eine weniger gefährliche Form der Rivalität zu überführen, eine politische Legitimation im eigenen Land zu verschaffen. Ideologische Festlegungen, die öf-

fentliche Meinung, innenpolitische Hindernisse und Rücksichten und andere im Gefolge der diplomatischen Revolution wichtig gewordene Faktoren
erwiesen sich besonders für die führenden Politiker der Vereinigten Staaten
als Stolpersteine auf dem Weg zu einer Neustrukturierung und Verbesserung der Beziehungen zur Sowjetunion über den bloßen Abbau von Spannungen hinaus.

Im Lauf der Jahre und insbesondere in der Amtszeit Richard Nixons
erstreckte sich das Bestreben nach einer Verbesserung des amerikanisch-
sowjetischen Verhältnisses auf wesentlich mehr als nur die Entschärfung
bestehender Spannungen. Wie bereits in Kapitel 10 erwähnt, verkündeten
Nixon und Kissinger, daß sie sich die Entwicklung einer neuen „konstruktiven" Beziehung zur Sowjetunion zum Ziel gesetzt hätten; diese Beziehung
sollte das Fundament für ein neues internationales System bilden, das an die
Stelle des Kalten Krieges treten würde. Interessanterweise charakterisierten
sie auch dieses ehrgeizige – erst auf längere Sicht zu erreichende – politische
Ziel mit dem Begriff *détente*. Während Nixon und Kissinger davon sprachen, man müsse den „Entspannungsprozeß" fortentwickeln, bewegten sich
die sowjetisch-amerikanischen Beziehungen tatsächlich durch mehrere Phasen – von Entspannung über Annäherung zu einer teilweisen Befriedung.
Der Entspannungsbegriff wurde so weit ausgedehnt, daß er schließlich die
meisten aus jener Reihe aufeinanderfolgender Stadien umfaßte, in die sich
der Prozeß der allmählichen Verbesserung der Beziehungen zwischen zuvor
verfeindeten Staaten zerlegen läßt. Man kann natürlich verstehen, daß Kissinger Bedenken hatte, seine Politik und seine Aktivitäten mit dem Begriff
appeasement zu charakterisieren, der infolge der katastrophalen britischen
Politik gegenüber Hitler in den 30er Jahren in der amerikanischen Öffentlichkeit einen miserablen Klang hatte. Dennoch wurden Parallelen gezogen;
die negative Assoziation tat ihre Wirkung. Das bekam schließlich die Regierung Ford zu spüren, als die amerikanische Öffentlichkeit sich, wie wir
weiter oben sahen, gegen die Entspannungspolitik zu wenden begann und
eine Kursänderung erzwang.

Die amerikanischen und sowjetischen Führer waren nicht die einzigen, die
den Versuch unternahmen, an die Stelle des Kalten Krieges eine Politik der
Entspannung zu setzen. Schon in den frühen 60er Jahren hatte Präsident
Charles de Gaulle von sich aus Schritte unternommen, um die Beziehungen
Frankreichs zur Sowjetunion zu vertiefen, und später im gleichen Jahrzehnt
schickte sich die Regierung der Bundesrepublik Deutschland behutsam an,
ihr Verhältnis zur UdSSR, zu den anderen osteuropäischen Staaten und
insbesondere zur DDR zu normalisieren und weiterzuentwickeln. Die Initiative dazu ging vor allem von Willy Brandt aus, der zunächst im Kabinett
der Großen Koalition unter Kanzler Kiesinger als Außenminister amtierte
und anschließend als Kanzler die SPD-FDP-Koalitionsregierung leitete, die
aus der Bundestagswahl von 1969 hervorgegangen war.

Wir haben die Ostpolitik Willy Brandts, ihre Motive und ihren allgemeinen Kurs bereits in Kapitel 10 gestreift; es erscheint uns jedoch lohnend, noch einmal näher auf die diplomatische Technik einzugehen, mit der diese bemerkenswert gekonnt durchgeführte politische Normalisierung bewerkstelligt wurde, die schließlich in einem komplexen internationalen Umfeld und unter schwierigen innenpolitischen Bedingungen in Angriff genommen wurde. Die Aufgabe war für Brandt um so schwieriger, als die Prozeduren, deren er sich bediente, mehr Ähnlichkeit mit der diplomatischen Praxis des 19. Jahrhunderts hatten als mit den kürzer zurückliegenden Experimenten bei der Entspannungsdiplomatie.

Brandts Ostpolitik

Vorweg sollte gesagt werden, daß Brandt sich nicht nur darüber klar war, welche Veränderungen er bewirken wollte, sondern auch über die Hindernisse, die ihn auf seinem Weg erwarteten. Seine Initiative beruhte auf einer klugen Einschätzung der potentiellen Risiken und Chancen und einem ebenso hoch einzuschätzenden Wissen, wie er zu manövrieren hatte. Da seine Ostpolitik die bewußte Bereitschaft zu erheblichen Zugeständnissen an die Sowjetunion und die DDR beinhaltete, wies sie sicherlich Elemente dessen auf, was wir eine Appeasement- oder Befriedungspolitik nennen würden; doch Brandt sorgte durch eine virtuose Bedienung des komplizierten Mechanismus des Entspannungsprozesses dafür, daß auch auf der Habenseite der Ostpolitik einige bedeutsame Posten zu verzeichnen waren, die nicht nur der Bundesrepublik, sondern ganz Europa zum Vorteil gereichten. Er nahm diplomatische Beziehungen zu Rumänien und Jugoslawien auf und vertiefte die wirtschaftlichen und kulturellen Bindungen zu anderen osteuropäischen Staaten. 1970 handelte er ein bedeutendes Geschäft mit der Sowjetunion aus, das die Lieferung deutscher Röhren im Austausch für sowjetisches Erdgas vorsah. Er stellte den Regierungen der wirtschaftlich darniederliegenden osteuropäischen Staaten günstige Kredite und Handelskonditionen in Aussicht.

Anders als Chamberlain bei seinem Versuch, Hitler zu befrieden, legte Brandt keine hektische Eile an den Tag, um sein Ziel nur ja rasch zu erreichen. Der britische Premierminister war sich des Erfolgs seiner Appeasement-Politik so sicher gewesen, daß er sich auf ein Hasardspiel einließ, ohne sich viele Gedanken darüber zu machen, was geschehen würde, wenn seine Rechnung nicht aufging und ohne für diesen Fall eine Auffangstellung vorbereitet zu haben. Brandt hingegen handelte realistisch. Er wog Unsicherheitsfaktoren und Gefahren gegeneinander ab und arbeitete ein Konzept aus, das diese Risiken in Rechnung stellte. Gewiß, ein Rückschlag in der Ostpolitik, gleich auf welche Weise, hätte den Kanzler möglicherweise zum Rücktritt gezwungen, hätte aber weder für die Bundesrepublik noch für die europäische Verteidigungsgemeinschaft irgendwelche katastrophalen Folgen gehabt. Brandt schränkte die Risiken ein; er machte immer nur einen Schritt und wartete ab, bis die Situation für den nächsten reif war. Er vergaß nie, daß er mit der Sowjetunion und ihren Verbündeten nur dann erfolgreich verhandeln konnte, wenn er von einer auf die deutsche NATO-Mitgliedschaft gestützten Position der Stärke aus operierte. Zugleich achtete er darauf, daß die Initiativen, die er zu ergreifen wünschte, nicht infolge der manchmal nur lauen Unterstützung der Vereinigten Staaten steckenblieben.

Die ganze Zeit über war Brandt in seiner Manövrierfähigkeit eingeengt, weil seine Ostpolitik im eigenen Land umstritten war. Dies zwang ihn dazu, eine Strategie zu entwickeln, bei der die einzelnen diplomatischen Manöver sorgfältig dosiert und terminiert waren, um der Opposition im Innern keine Blößen zu bieten und die öffentliche Unterstützung für seine Ostpolitik zu stabilisieren. Einige der Vorstöße, die der Kanzler in Richtung des Ostblocks unternahm, waren in der Tat klug darauf berechnet, die Opposition im Innern zu schwächen.

Das zeigt sehr gut die Art und Weise, wie Brandt seiner Politik zu Anfang einen dramatischen Anstrich verlieh – durch seine aufsehenerregende Reise nach Erfurt im März 1970, ein Zug, der in vieler Hinsicht dem Besuch des englischen Königs Edward VII. in Paris ähnelte, der den Boden für die englisch-französische Entente von 1904 bereitete. In seiner Regierungserklärung vom Oktober 1969 hatte Brandt erklärt, er beabsichtige, sich um Gespräche sowohl mit der sowjetischen als auch mit der polnischen Regierung zu bemühen; sehr bald darauf schickte er Egon Bahr nach Moskau mit dem Auftrag, bei Andrej Gromyko die Aussichten auf eine Normalisierung der Beziehungen auszuloten. Gleichzeitig nahm der Staatssekretär im Bonner Auswärtigen Amt Georg Duckwitz ähnliche Gespräche mit polnischen Regierungsvertretern auf. Den Versuch, mit der Regierung der DDR ins Gespräch zu kommen, behielt Brandt sich selbst vor, zweifellos weil es ihm auch ein sehr starkes emotionales Bedürfnis war, den Kontakt zwischen den beiden Teilen Deutschlands, zwischen denen der Kalte Krieg einen so tiefen Graben aufgerissen hatte, wiederherzustellen. Am 22. Januar 1970 schrieb er einen Brief an den Vorsitzenden des Ministerrats der DDR, Willi Stoph; er schlug ihm eine persönliche Zusammenkunft vor, damit man „in Verhandlungen über praktische Fragen zu Regelungen [kommen könne], die das Leben der Menschen im gespaltenen Deutschland erleichtern können". Nach einigem diplomatischen Gezerre – Stoph versuchte zunächst, die Aufnahme von Gesprächen von der Erfüllung gewisser Vorbedingungen durch die Bundesrepublik abhängig zu machen – traf eine zustimmende Antwort ein, was möglicherweise sowjetischem Druck auf Ostberlin zu verdanken war. Am 19. März traf Brandt in Erfurt ein, und viele europäische Beobachter hatten den Eindruck, daß dieser Tag einen entscheidenden Wendepunkt in der politischen Entwicklung Mitteleuropas markierte.

Der Kanzler rechnete nicht damit, daß die Begegnung in Erfurt oder das Folgetreffen im westdeutschen Kassel irgendwelche großartigen Ergebnisse bringen würden. Der Besuch in Erfurt war in erster Linie darauf berechnet, die Öffentlichkeit auf beiden Seiten der Grenze zu beeindrucken. Davon abgesehen, kam es Brandt allenfalls noch darauf an, mit seinem Vorstoß, auch wenn die Gespräche sonst zu nichts führten, einem möglicherweise negativen Einfluß Ostberlins auf die Gespräche zwischen Bahr und Gromyko vorzubeugen. Schließlich sollten die anderen osteuropäischen Regierungen sehen, daß es politische Handlungsfelder gab, auf denen die Bundesrepublik zum Abschluß bilateraler Übereinkünfte bereit und imstande war. Ohne die Bindungen an den Westen im geringsten zu lockern, machte Brandt auf diese Weise deutlich, daß die Bundesrepublik die Absicht hatte, im Interesse einer allgemeinen Befriedung einen selbständigen politischen Kurs zu steuern.

Die Ergebnisse waren positiv. Im August 1970 konnten die Moskauer Gespräche mit der Unterzeichnung eines Vertrags zwischen der Sowjetunion und der Bundesrepublik abgeschlossen werden, in dem beide Seiten sich verpflichteten, alle Streitfragen friedlich zu regeln, und in dem sie die bestehenden Grenzen zwischen den beiden deutschen Staaten sowie zwischen Deutschland und Polen anerkannten, ohne aber die Möglichkeiten einer Wiedervereinigung Deutschlands „in freier Selbstbestimmung" auszuschließen. (Dieser Vertrag war für die Sowjetunion eine Zwischenstation auf dem Weg zu der umfassenderen formellen Bestätigung der bestehenden Grenzverläufe, wie sie 1975 in Helsinki, im Schlußdokument der Europäischen Sicherheitskonferenz [KSZE], proklamiert wurde.) Vier Monate später kam es zu einem ähnlichen Vertrag zwischen der Bundesrepublik und Polen, der die Beziehungen beider Länder zueinander normalisierte und in dem Bonn die Unverletzlichkeit der polnischen Grenzen anerkannte, einschließlich der Oder-Neiße-Grenze, die von den Regierungen des Westens bis dahin nur als vorläufige Demarkationslinie anerkannt worden war.

Was nützten nun diese ostpolitischen Initiativen und Zugeständnisse der Bundesrepublik Deutschland und der westlichen Welt im allgemeinen? Brandt wollte erreichen, daß die Sowjets und die DDR in einem Vertrag den Status Westberlins als einer freien Stadt und die Zugangsrechte der Westmächte garantierten. Er setzte dies durch, indem er den Sowjets zu verstehen gab, daß er den Moskauer Vertrag dem Deutschen Bundestag erst dann zur Ratifizierung vorlegen werde, wenn zwischen den vier Besatzungsmächten ein zufriedenstellendes Berlin-Abkommen ausgehandelt sei. Die entsprechenden Verhandlungen kamen bald darauf in Gang, und im September 1971 wurde das Viermächteabkommen über Berlin unterzeichnet. Unter sowjetischem Druck bequemte sich die DDR-Regierung, die auf die bisherigen Avancen und Vorschläge Brandts zurückhaltend reagiert hatte, nun dazu, mit der Bundesrepublik in Verhandlungen über die Zufahrtswege nach

Westberlin und den Besuchsverkehr zwischen den beiden Hälften der geteilten Stadt einzutreten. Im Mai 1972 ratifizierte der Bundestag den Moskauer Vertrag. Sechs Monate später, nach zahllosen Verhandlungsrunden zwischen Beamten der westlichen und der östlichen deutschen Republik, war der sogenannte Grundlagenvertrag unter Dach und Fach, der das Verhältnis zwischen der Bundesrepublik und der DDR insofern normalisierte, als beide sich darin verpflichteten, die territoriale Integrität des anderen zu respektieren, auf die Anwendung von Gewalt bei der Austragung von Konflikten zu verzichten und in praktischen und humanitären Belangen zusammenzuarbeiten. 1973 beantragten und erhielten beide deutsche Staaten die Mitgliedschaft in den Vereinten Nationen.

Mit dem Kampf, den Brandt um die parlamentarische Zustimmung zu seinem Werk führen mußte und den er gewann, indem er im April 1972 ein Mißtrauensvotum unbeschadet überstand und fünf Monate später eine vorgezogene Parlamentswahl erzwang, brauchen wir uns hier nicht zu beschäftigen. Wir wollen hingegen noch einmal hervorheben, daß die Art und Weise, wie er seine politischen Pläne und Ziele in die Tat umsetzte, beispielhaft einige der wichtigsten Voraussetzungen für die erfolgreiche Durchführung einer Entspannungsstrategie zeigt. Zu denken ist dabei vor allem daran, wie wichtig eine fähige und geschickte politische Führung ist, die die vielfachen Risiken einer Entspannungsinitiative erkennt. Dabei fällt der Kontrast zwischen Brandt und Chamberlain in dieser Beziehung, wie bereits gesagt, besonders deutlich ins Auge. Was die Brandtsche Ostpolitik ferner lehrt, ist, daß die Sequenz *détente → rapprochement → entente → appeasement* zwar in der Welt von heute nicht mehr auf genau dieselbe Weise eingehalten werden kann, wie es unter den Bedingungen der europäischen Gleichgewichtspolitik möglich war, daß jedoch die seinerzeit gesammelten Erkenntnisse über diesen Prozeß wichtig und wertvoll bleiben. Wenn auch der Kontext, innerhalb dessen Entspannungs- und/oder Befriedungspolitik betrieben wurde, im Zeichen des Kalten Krieges vollkommen anders geworden war, so blieb diese Strategie doch eine potentiell fruchtbare politische Option, vorausgesetzt daß sie mit der nötigen Behutsamkeit und mit einem gewissen Fingerspitzengefühl für die gewachsene Komplexität der Situation praktiziert wurde. In der Tat hat das besonnene Vorgehen, das die Ostpolitik Brandts auszeichnete, manche Ähnlichkeit mit der Bedachtsamkeit der englischen und französischen Staatsmänner der Jahrhundertwende bei der Entwicklung des Entspannungsprozesses.

Dritter Teil

Ethische Imperative und
Außenpolitik

18. Der christliche Staatsmann: Bismarck und Gladstone

Man kann wohl die Behauptung wagen, daß die meisten Amerikaner es gern hören, wenn ihre höchsten politischen Repräsentanten hin und wieder den Namen Gottes im Munde führen und einen Gottesdienst besuchen. Einer verbreiteten Ansicht zufolge weisen sie sich durch solche Handlungen als rechtschaffene Männer mit moralischen Qualitäten aus, und solche Qualitäten erwarten wir von den Inhabern hoher Staatsämter.

Schwieriger würde die Sache vermutlich schon, wenn man versuchen wollte, zu einer allgemeinen Übereinstimmung in der Frage zu kommen, welche Beziehung zwischen den religiösen Überzeugungen und den moralischen Normen eines Staatsmanns und seiner Politik bestehen sollte. Sollten sie seine politischen Ziele und Methoden beeinflussen? Präsident Eisenhowers Außenminister John Foster Dulles war praktizierender Christ. Er gehörte lange Jahre der Führung der Presbyterianischen Kirche an und war auch im Bundesrat der Kirchen (Federal Council of Churches) aktiv, unter dessen Ägide er 1939 die sogenannte ,Kommission für einen gerechten und dauerhaften Frieden' gegründet hatte, eine Organisation, deren Zweck darin bestand, dafür Sorge zu tragen, daß die großen moralischen Fragen des Zeitalters nicht außer acht gelassen würden, wenn nach dem Ende des Krieges ein Friede ausgehandelt wurde. Dulles' christliches Selbstverständnis war für sein politisches Handeln in seinen Augen offensichtlich keineswegs irrelevant, und sein Moralempfinden beeinflußte sicher seine diplomatischen Methoden. Nicht alle seine Zeitgenossen waren davon angetan, und es gab durchaus Leute, die eine solche Verquickung für schädlich hielten. Richard Rovere ließ einmal über die Dullessche Düsendiplomatie die boshafte Bemerkung fallen: ,,Mr. Dulles fliegt für ein paar Tage ein, gibt düstere calvinistische Kassandrarufe über Untergang und Sühne von sich und fliegt dann weiter nach Bangkok oder Rio oder sonstwohin'' – ohne, so Roveres implizite Kritik, irgend etwas bewirkt zu haben, abgesehen davon vielleicht, daß er mit seinem hochfahrenden moralischen Habitus seine Gastgeber vor den Kopf gestoßen hatte. Walter Lippmann war derselben Ansicht und übte harsche Kritik an den Dullesschen Predigten über die moralische Erhabenheit des Amerikanertums. Dulles sei, so schrieb Lippmann einmal, ,,zu selbstgefällig in bezug auf unsere Ideale und niemals demütig im Blick auf unsere menschlichen, unsere allzu menschlichen Versäumnisse und Fehler. Dies befremdet, ja empört diejenigen, die in ihrem nationalen Interesse unsere Freunde und Verbündeten sind. . . . Denn große Macht, die stets Mißtrauen weckt, sollte sich mit Anstand und Bescheidenheit verbinden." In ähnlicher Weise stieß auch das moralische Sendungsbewußtsein Präsident Carters bei seiner von christlichen Überzeugungen durchdrungenen Menschenrechtskampagne, die er in seinem ersten Amtsjahr so vehement vorantrieb – ungeachtet des verbreiteten Lobes, das er dafür erntete –, bei manchen kompetenten Beobachtern auf Kritik. George F. Kennan, der frühere amerikanische Botschafter in der Sowjetunion, sah in der Kampagne einen unnötigen Affront gegen die Sowjetunion und erklärte: ,,Ich meine, die neue Regierung hat so ungefähr jeden nur denkbaren Fehler gemacht . . . und alles ignoriert, was wir seit dem letzten Weltkrieg über die Sowjets gelernt haben."

Schwieriger zu beantworten ist die Frage, ob religiöse und moralische Überzeugungen dem Handeln eines Staatsmanns bestimmte Grenzen setzen sollten – etwa wenn er glaubt, politische Maßnahmen ablehnen zu müssen, weil sie seinen ,,privaten" Überzeugungen widersprechen. Wie soll sich der fromme Staatsmann verhalten, wenn er mit einer Situation konfrontiert wird, in der im Interesse seines Vaterlandes Maßnahmen unumgänglich scheinen, die ihm persönlich zutiefst widerwärtig sind? Viele, die sich über dieses Problem Gedanken gemacht haben, sehen die beste Lösung dieses Problems im Rücktritt des Betroffenen – doch das ist keineswegs die einhellige Meinung aller. Der Theologe Karl Holl vertritt in einem berühmten Aufsatz über Martin Luther die Auffassung, daß dies ein zu einfacher Ausweg wäre. Der große Reformator hatte erklärt, als Christ habe der einzelne zweifellos die Pflicht, sein persönliches Verhalten nach den Geboten Gottes auszurichten. Wenn es aber Gott gefalle, jemanden in ein politisches Amt zu berufen, dann sei es seine Pflicht, dieses Amt getreulich und mit allen notwendigen Konsequenzen auszuüben. Daß es dabei zu Konflikten zwischen der, wie Holl sich ausdrückte, ,,Personalethik" und der ,,Berufsethik" komme, sei unausweichlich, doch sei es keineswegs zwingend, daß die erstere immer über die letztere zu stellen sei.

Wir erheben nicht den Anspruch, diese schwierigen Probleme hier zu klären; wir möchten vielmehr nur zeigen, in welcher Weise sich Fragen wie diese auf die Politik von zwei berühmten europäischen Staatsmännern der zweiten Hälfte des 19. Jahrhunderts ausgewirkt haben: Otto von Bismarck und William Gladstone.

Manchen mag es überraschen, Otto von Bismarck hier als einen christlichen Staatsmann gekennzeichnet zu sehen, gilt er doch allgemein als Verkörperung des *political animal*, des Realpolitikers. Niemand aber, der sich näher mit seinem Leben oder seiner politischen Laufbahn beschäftigt hat, wird bestreiten wollen, daß religiöse Gesichtspunkte dabei eine wichtige Rolle gespielt haben. Als junger Mann, der nach pommerscher Landjunkerart einen ausschweifenden, feuchtfröhlichen Lebenswandel führte, lernte Bismarck eine junge Frau namens Marie von Thadden kennen, eine gläubige Christin und Anhängerin des Pietismus. Er war von ihr so nachhaltig beeindruckt, daß er so etwas wie eine Bekehrung durchmachte und sich einem pietistischen Freundeskreis anschloß, bei dem er seine spätere Frau, Johanna von Puttkamer, kennenlernte. Diese frühe Erfahrung prägte ihm einen bleibenden Stempel auf. Nicht daß er eine demonstrative Frömmigkeit an den Tag gelegt hätte – das lag ihm fern. Nachdem er berühmt geworden war, gab er es auf, in die Kirche zu gehen, weil die Menschen ihn, wie er sagte, anstarrten, als ob er ein seltenes Tier sei; wenn er das Abendmahl nahm, tat er es in der Abgeschiedenheit des eigenen Hauses. Davon abgesehen, kostete es ihn anscheinend allerhand innere Kämpfe, den Glauben zu bewahren, den er sich in seiner Jugend so mühsam angeeignet hatte. Sein bevorzugter Bibelspruch war: ,,Ich glaube, lieber Herr; hilf meinem Unglauben!'' (Markus 9:24); und wie es scheint, fürchtete er zuweilen, den Kampf zu verlieren – in seinen späten Jahren verglich er sich gern mit Petrus, der im Wasser versank, weil sein Glaube ihn verlassen hatte. Doch wie beharrlich auch der Selbstzweifel an ihm nagte, er behielt seinen Glauben an die göttliche Vorsehung und fand seinen persönlichen Trost in der Lehre von der Rechtfertigung. Diese Religiosität färbte nicht nur auf seinen diplomatischen Stil ab (Otto Vossler hat einmal eine berühmte Passage aus einem von Bismarcks Briefen analysiert und im Hinblick auf den emphatischen Gebrauch, den der Briefschreiber von Ausdrücken wie ,,rechtfertigen'', ,,Pflicht'', ,,Dienst'', ,,Untreue'', ,,Willkür'' und ,,Recht'' machte, bemerkt, daß sich wohl niemand dem Eindruck der moralischen und ethischen Ernsthaftigkeit entziehen könne, den diese Zeilen vermitteln), sondern beeinflußte auch die Auffassung, die er von seinem Amt hatte; zugleich gab sie ihm die Kraft, die Bürden dieses Amtes zu tragen, und schließlich verlieh sie ihm auch das Selbstvertrauen, die Entscheidungen zu treffen, die sein Amt ihm abverlangte.

Als Bismarck 1850 erfuhr, daß er zum preußischen Gesandten beim Deutschen Bundestag in Frankfurt ernannt worden war (es war seine erste öffentliche Stellung und von hier nahm seine politische Karriere ihren Ausgang), schrieb er an seine Frau: ,,Ich bin Gottes Soldat, und wo er mich hinschickt, da muß ich gehn, und ich *glaube* daß er mich schickt, und mein Leben zuschnitzt, wie Er es braucht.'' Manche Interpreten haben die Ansicht geäußert, diese Worte hätten lediglich dazu gedient, bei einer frommen Gattin, die fürchtete, entwurzelt und zum Umzug in eine fremde Stadt gezwungen zu werden, um Verständnis zu heischen; das wäre vielleicht zu akzeptieren, wenn diese Äußerung nicht eine von vielen wäre, die zeigen, daß die Politik für Bismarck nicht bloß ein ,,Job'' war, sondern eine *vocatio*, eine Aufgabe, zu der Gott ihn berufen hatte. ,,Ich habe'', schrieb er im Mai 1860 an Gerlach, ,,weder den Königlichen Dienst noch die eigene Ehre in demselben, letzteres wenigstens nicht in vorbedachter Weise, gesucht, ... Gott ... [hat] mich unerwartet hineingesetzt.'' Und wenn es denn Gottes Wille war, daß er diese Aufgabe erfüllen sollte, dann war es nur ein Ausdruck des Gehorsams und ein Akt des Dienens, dieses Amt so gut wie möglich zu versehen.

„Wenn ich nicht mehr Christ wäre, diente ich dem König keine Stunde mehr. Wenn ich nicht auf meinen Gott rechnete, so gäbe ich gewiß nichts auf irdische Herren", sagte er einmal, und ein anderes Mal: „. . . aber gerade dieser mein lebendiger, evangelischer christlicher Glaube legt mir die Verpflichtung auf, für das Land, wo ich geboren bin und zu dessen Dienst mich Gott geschaffen hat, und wo ein hohes Amt mir übertragen worden ist, dieses Amt nach allen Seiten hin zu wahren." Hier klingt natürlich die Luthersche Auffassung vom „Beruf" als einer dem einzelnen von Gott zugewiesenen Aufgabe durch, die man nicht nur Gott, sondern auch seinen Mitmenschen gegenüber erfüllen muß.

Dieser Glaube an das Wirken Gottes half Bismarck, die Belastungen seines Amtes durchzustehen und die Verantwortung zu tragen, die ihm zufiel, nachdem er im September 1862 zum preußischen Ministerpräsidenten ernannt worden war, ein Amt, das er bis 1890 innehatte und zu dem sich von 1871 an auch noch das Amt eines Kanzlers des neugegründeten Deutschen Reichs gesellte. Zu den Bürden dieses Amtes gehörte die schwerwiegende Verantwortung für Entscheidungen, die sein Land in den Krieg, vielleicht in die Niederlage führen konnten. Zwar bezog er aus der Ausübung von Macht zweifellos persönliche Befriedigung, doch lag ihm nichts ferner, als etwa deswegen seine Verantwortung auf die leichte Schulter zu nehmen oder ihr gegenüber abzustumpfen; es verletzte ihn jedes Mal, wenn gegen ihn der Vorwurf der Rücksichts-, Skrupel- oder Gewissenlosigkeit erhoben wurde. Es war eine einsame Arbeit, die er zu leisten hatte, denn die Entscheidungsgewalt in den wichtigen außenpolitischen Fragen lag allein bei ihm; er konnte sie nicht an andere delegieren oder die letzte Entscheidung dem König beziehungsweise Kaiser überlassen, dessen oberster Ratgeber er war. Er mußte entscheiden, und das bedeutete oft, daß er Dinge tun oder Wege einschlagen mußte, die nach den ethischen Normen jeder Religion dieser Welt unrecht waren. 1865 schrieb ein evangelischer Pfarrer namens Andrae-Roman ihm einen Brief und fragte ihn, wie er all die Dinge, die er kraft seines Amtes tat, vor seinem christlichen Gewissen verantworten könne. Bismarck schrieb zurück: „Wollte Gott, daß ich außerdem, was der Welt bekannt wird, nicht andere Sünden auf meiner Seele hätte." Er glaube aber nicht, fuhr er fort, daß irgend jemand das Recht habe, ihn rücksichtslos oder einen Menschen ohne christliches Gewissen zu nennen:

Als Staatsmann bin ich nicht einmal *hinreichend* rücksichtslos, meinem Gefühl nach eher feig, und das, weil es nicht leicht ist, in den Fragen, die an mich treten, immer *die* Klarheit zu gewinnen, auf deren Boden das Gottvertrauen wächst. Wer mich einen gewissenlosen Politiker schilt, tut mir Unrecht und soll sich sein Gewissen auf *diesem* Kampfplatz erst selbst einmal versuchen.

Es sei, so erklärte er weiter, nun einmal so, daß auch die schmutzigen Geschäfte getan werden müßten, und der Mann, dem ihre Ausführung zufiele, müsse sich einfach an die Hoffnung klammern, daß Gott ihn dennoch seiner Gnade teilhaftig werden lasse. Bei einer späteren Gelegenheit, nach 1870, setzte Bismarck sich ein weiteres Mal mit der von Andrae-Roman gestellten Frage auseinander und sagte: „Ohne mich hätte es drei große Kriege nicht gegeben, wären 80 000 Männer nicht umgekommen, und Eltern, Brüder, Schwestern, Witwen trauerten nicht. Das habe ich indessen mit Gott abgemacht."

Der Glaube, aus dem Bismarck in den großen Fragen von Krieg und Frieden Kraft und Trost schöpfte, half ihm zweifellos auch bei den weniger vornehmen, aber gleichwohl wichtigen Aufgaben seines Amtes. Am Beginn seiner diplomatischen Laufbahn hatte er in einem Brief an seine Frau geschrieben: „Ich werde mein Amt tun, daß Gott mir den Verstand dazu gibt, ist seine Sache." Ein Jahrzehnt später kleidete er den gleichen Gedanken in eine elegantere Sprache, wenn er sagte, daß der Gott, der ihn wider Erwarten zum Diplomaten gemacht habe, über sein Tun wachen werde, „solange ich ehrlich suche, was Seines Dienstes in meinem Amte ist, und gehe ich fehl, so wird er mein tägliches Gebet hören und mein Herz wenden oder mir Freunde schicken, die das vermögen".

Aus all dem wird deutlich, daß die Entschlußkraft und die unbeirrbare Sicherheit, die seine Anhänger an Bismarck so bewunderten und rühmten, nicht bloß die Attribute einer dynamischen Persönlichkeit oder einer professionellen Virtuosität waren, sondern auch noch andere Wurzeln hatten. Das Verständnis der religiösen Komponente in seinem Denken erleichtert es uns, nicht nur die Leidenschaft und Hingabe, die er für seinen Beruf aufbrachte, sondern auch die Zuversicht, mit der er seines Amtes waltete, zu begreifen. Es war charakteristisch für ihn, daß er, wenn er einmal einen Entschluß gefaßt hatte, so selbstgewiß auf sein Ziel losging, als vollziehe er göttlich inspirierte Entscheidungen – ja, fast so, als ob der Ausspruch eines seiner Bewunderer, Maximilian Hardens, „Gott gab ihm das Wort im Schlaf", wirklich zuträfe und die gefällte Entscheidung gottgewollt und daher richtig sei. Dieses Selbstvertrauen, das andere Staatsmänner so beeindruckte, wurzelte sicherlich in seinen religiösen Überzeugungen.

Allerdings muß man auch die Möglichkeit in Betracht ziehen, die der liberale Abgeordnete Ludwig Bamberger einmal andeutete: daß Bismarck sich die Sache zu leicht machte. Bamberger drückte dies, auf seine eigene Art, so aus: „Fürst Bismarck glaubt fest und tief an einen Gott, der die merkwürdige Eigenschaft hat, immer seiner Ansicht zu sein." So zynisch diese Bemerkung auch war, Bamberger lag vermutlich nicht weit daneben. Vielleicht wäre es zutreffender gewesen zu sagen, Bismarck habe, nachdem er die Arbeit im Dienste des Staates von vornherein mit der Erfüllung des göttlichen Willens gleichsetzte, insofern leichtes Spiel gehabt, als er das, was sich als staatsnotwendig darstellen ließ, ohne weiteres als göttliches Gebot interpretieren und rechtfertigen konnte. Wenn man liest, was Bismarck über den preußischen Staat sagte oder schrieb, so klingt dies denn auch oft sehr hegelianisch – obgleich er Hegel nur flüchtig kannte –, denn in seinen Augen war er, so scheint es, so etwas wie eine Idee Gottes, eine geschichtliche Kraft, mit eigener Dynamik. Er hielt es für die Pflicht des Staatsmanns, diese Dynamik nicht in Frage zu stellen, sondern sie verstehen zu lernen, die Zwänge staatlicher Machtausübung und staatlichen Machtzuwachses nicht zu hinterfragen, sondern ihnen nach bestem Gewissen gerecht zu werden. Er kleidete diesen Gedanken in eine religiöse (anstatt eine geschichtsphilosophische) Begrifflichkeit, indem er sagte, der Staatsmann müsse „den Schritt Gottes durch die Ereignisse hallen hören, dann vorspringen und den Zipfel seines Mantels fassen" – Hegel hätte an diesem Bild vermutlich nichts auszusetzen gehabt. Was andere Christen vielleicht in einen lähmenden Gewissenskonflikt gestürzt hätte – in Erfüllung von Amtspflichten beständig gegen die eigenen moralischen Normen verstoßen zu müssen –, reduzierte sich bei Bismarck auf das etwas simpler zu lösende Problem, von Fall zu Fall zu prüfen, ob er seine Pflichten *als Staatsmann* gut genug erfüllte. Wenn er zu dieser Überzeugung gelangte, so gab ihm das die beruhigende Gewißheit, auch seine Pflicht gegenüber Gott getan zu haben. Gewiß mochte es die eine oder andere persönliche Verfehlung geben, über die er mit sich und mit Gott ins reine kommen mußte, aber im Großen, dort wo es um den Schutz und die Wahrung der Interessen des Staates ging, glaubte er seiner Verantwortung gerecht geworden zu sein.

Für jeden, der sich für Bismarck interessiert, ist ein Besuch auf seinem Landsitz Friedrichsruh bei Hamburg aufschlußreich. Man kann dort, im Sachsenwald, unter Bäumen spazierengehen, die der Kanzler eigenhändig gepflanzt hat, und sich im Museum Erinnerungsstücke aus dem Fundus einer langen und fruchtbaren Laufbahn anschauen. Und man kann schließlich die Waldkapelle besuchen, in der die Sarkophage der Familie Bismarck stehen – die des Reichskanzlers und seiner Frau Johanna oben vor dem Altar, die des Sohnes Herbert und seiner Gattin unten in der Gruft. Auf Johannas Sarg sind die Worte eingraviert: „Gott ist die Liebe und wer in der Liebe bleibt, der bleibt in Gott und Gott in ihm." Die Inschrift auf Bismarcks Sarg ist kürzer; sie lautet schlicht: „Ein treuer deutscher Diener Kaiser Wilhelms I." Man kann diese Worte, denen die Örtlichkeit einen feierlichen Klang verleiht, als die lapidare Essenz der Grundsätze begreifen, die das Handeln Bismarcks bestimmten: Sie symbolisieren seinen Glauben daran, daß die Pflichterfüllung im Dienste des Staates und des Herrschers das höchste Gebot und, wie er Luther versteht, eine Form des Gottesdienstes sei. Wenn es bei Otto von Bismarck einen Konflikt zwischen Berufsethik und Personalethik gegeben hat, dann tat er sich nicht schwer damit, ihn zu lösen, indem er den Notwendigkeiten, die der Beruf mit sich brachte, die höhere Priorität einräumte.

Im Falle William Gladstones war der Konflikt zwischen diesen beiden ethischen Polen schmerzhafter, denn er war nicht bereit, sich den Zwängen des politischen Amtes unbesehen unterzuordnen. Gladstone war der Sohn eines zähen Geschäftsmanns aus den schottischen Lowlands, der viel Kapital in Indien und Westindien investiert hatte, und einer romantischen und vergeistigten Mutter, die von geradezu leidenschaftlicher Religiosität war und ihren Sohn im Schoße des evangelischen Flügels der Kirche von England aufzog. William, ein idealistisch gesinnter, temperamentvoller und geistig höchst gewandter Jüngling, ging 1821 nach Eton, wo er eine erfolgreiche Schullaufbahn durchlief – er wurde in die angesehensten Vereinigungen aufgenommen und brachte es zum leitenden Redakteur der Schulzeitung *Eton Miscellany*, in der seine ersten Aufsätze erschienen. 1828 immatrikulierte er sich am Christ Church College in Oxford. Er wurde zu einem der stärksten Debattenredner in der Geschichte der Oxford Union und beendete sein Studium an beiden Fakultäten, der klassischen und der mathematischen, mit höchster Auszeichnung – eine bemerkenswerte Leistung. Die ersten Regungen der Oxford-Bewegung – einer von Männern wie Newman und Manning inspirierten und geführten kirchlichen Reformbewegung – fielen in Gladstones Studienzeit und verstärkten noch die Intensität seiner religiösen Überzeugung. Wenn es nach ihm gegangen wäre, hätte er einen geistlichen Beruf ergriffen. Sein Vater, ein prosaischer Tatmensch, wollte davon jedoch nichts wissen und bestand darauf, daß sein Sohn Politiker werde. So geschah es: 1832 zog Gladstone als Dreiundzwanzigjähriger ins Unterhaus ein, der Beginn einer parlamentarischen Karriere, die bis zu seinem Tod 1898 währte und ihn viermal – 1868–74, 1880–85, 1886 und 1892–94 – ins höchste Regierungsamt führte.

Seine Mitgliedschaft im Parlament führte nicht dazu, daß sein religiöser Eifer nachließ. Peter Stansky schrieb:

> Sein Leben war nach seiner Auffassung dem Herrn geweiht; die Politik war in seinen Augen die zweitbeste Art, den Versuch zu machen, die Gesellschaft im christlichen Sinn zu verbessern. Eine Predigt zu hören, war ihm allemal lieber, als eine Sehenswürdigkeit zu besichtigen, und er ließ es nicht zu, daß sein beruflicher Aufstieg die Regelmäßigkeit seines Kirchgangs beeinträchtigte. In seiner Jugend neigte er zu einer gewissen protestantischen Engstirnigkeit, doch war er kein sturer Prinzipienreiter – er spielte Karten (wenn auch nicht ohne Gewissensbisse), trank hin und wieder ein Glas guten Weins, und wenn es einmal sein mußte, reiste er auch am Sabbat.

Mit zunehmendem Alter erweiterte sich der Horizont seiner religiösen Anschauungen, und er wurde toleranter; die mißtrauische Abneigung gegen den Katholizismus, die er von früh an gehegt hatte, wich allmählich einem zunehmenden Respekt vor der römischen Kirche (Newman, der von Gladstone bewunderte führende Kopf der Oxford-Bewegung, war am Ende zu ihr übergetreten). Mit den Jahren näherte er sich immer mehr einem ökumenischen Christentum. Das engherzige Sektierertum, das am liebsten all denen einen Parlamentssitz verweigert hätte, die sich nicht ausdrücklich zu den 39 Artikeln der Kirche von England bekannten – und das den Iren diese Kirche weiterhin als Staatskirche aufnötigen wollte –, hatte er ohnehin stets abgelehnt. Er gelangte vielmehr zu der Auffassung, der Religion wäre am besten mit einer Trennung von Kirche und Staat gedient.

Seine persönliche Religiosität war innig und sie blieb unangefochten von jenen Zweifeln, die Bismarck gelegentlich bedrängten. Er versuchte ernstlich, seine Lebensführung an der Bergpredigt auszurichten, und dafür, daß er die Geschicke einer mächtigen Nation leitete, gelang ihm dies erstaunlich gut. Dies trug ihm Bewunderung ein in einer Zeit, in der Macht ebenso hoch geschätzt wurde wie moralische Größe, war er doch, wie Stansky geschrieben hat, ein lebendiges Beispiel dafür, daß es möglich war, moralisch intakt zu bleiben und sich gleichwohl in der Welt zu behaupten. Gladstone ließ sich nie in seiner Entschlossenheit beirren, das zu tun, was er für seine christliche Pflicht hielt, auch wenn es die Frömmler empörte oder in den Augen der nur in wirtschaftlichen Kategorien Rechnenden unvernünftig war. So widmete er sich viele Jahre hin dem Versuch, das Los der Londoner Prostituierten zu verbessern; selbst als er schon Premierminister war, nahm er sich bemerkenswert viel Zeit für Spaziergänge durch die Straßen Londons; er unterhielt sich mit den Dirnen und ließ sich manchmal sogar ihre Zimmer zeigen, ohne Rücksicht auf die kritischen Reaktionen, die er damit heraufbeschwor.

In welcher Weise wirkten sich diese religiösen Überzeugungen auf seine Politik aus? Sie bestimmten seine Ziele und die Art, wie er sie zu erreichen versuchte. Gladstone war einer der großen Reformer in der Geschichte der britischen Politik, ein Mann, der seinen Platz in der Geschichte selbst dann verdient hätte, wenn er niemals Premierminister geworden wäre, denn er erwarb schon in seinen mittleren Jahren, als Schatzkanzler in den Kabinetten Aberdeen (1852–55), Palmerston (1859–65) und Russell (1865/66) bleibende Verdienste; er förderte den Freihandel, schaffte die Verbrauchssteuer auf Papier ab (dadurch wurden Bücher und Zeitungen billiger), entwarf ein segensreiches Postspar- und Versicherungssystem, das von den armen Bevölkerungsschichten ausgiebig in Anspruch genommen wurde, und senkte systematisch die direkten und indirekten Steuern. Aber erst nach seiner erstmaligen Wahl ins Premierministeramt im Jahr 1868 kam die Dynamik seines Reformwillens richtig zum Tragen, und es wurde deutlich, daß er, obgleich er kein Demokrat war, entschlossen war, den verwundbaren Teilen der Gesellschaft, insbesondere der Arbeiterklasse und den Iren, die Möglichkeiten und Chancen für politische Gleichberechtigung und soziale Gleichstellung mit den Mittelschichten zu bieten. Vor allem seiner Initiative war die Verabschiedung des Reformgesetzes von 1867 zu verdanken, denn er hatte als erster erklärt: „Jeder, dessen Eignung nicht durch charakterliche Mängel oder politische Gefährlichkeit in Frage gestellt ist, hat das Recht, in den Genuß der Verfassung zu kommen." Der Wahlsieg der Liberalen, durch den Gladstone 1868 Premierminister wurde, zeigte, daß die Wähler die Reformgesetze und ihren Schöpfer zu würdigen wußten; und er vergalt ihnen ihren Vertrauensbeweis, indem er neue Maßnahmen initiierte – die Reform des öffentlichen Dienstes (1870), die den Verwaltungsapparat für Begabte aller Schichten öffnete, die Heeresreform, die das gleiche in bezug auf die Offizierslaufbahn bedeutete, indem sie der Käuflichkeit des Offizierspatents ein Ende machte, und die Schulgesetzgebung von 1870, die der allgemeinen Volksbildung gewaltigen Auftrieb verlieh.

Das Reformanliegen, das Gladstone selbst am meisten am Herzen lag, betraf Irland, das seit Königin Elisabeths Zeiten unter dem Joch der britischen Herrschaft litt. Als Gladstone 1868 sein Regierungsamt antrat, erklärte er: ,,Meine Aufgabe ist die Befriedung Irlands!" Den ersten Schritt in diese Richtung tat er, indem er die Anglikanische Kirche der privilegierten Stellung enthob, die sie in Irland bis dahin innegehabt hatte. Sodann unternahm er Schritte zur Verbesserung der Existenzbedingungen der irischen Pachtbauern; sie erhielten einen besseren Schutz vor willkürlicher Vertreibung und ein Anrecht auf Ausgleichszahlungen für durch ihre Arbeit bewirkte Verbesserungen der Bodenproduktivität. Nachdem das Fundament einmal gelegt war, bemühte Gladstone sich im Verlauf seiner drei weiteren Amtszeiten, der Logik der Entwicklung und seinem eigenen Gewissen folgend, um eine Ausweitung der irischen Selbstbestimmungsrechte; sein langfristiges Ziel war die Schaffung eines irischen Freistaates. Für dieses Ziel kämpfte er unerbittlich; er scheute auch nicht davor zurück, das politische Überleben seines jeweiligen Kabinetts aufs Spiel zu setzen, nahm auch keine Rücksicht auf die wütenden Attacken der Konservativen und der innerparteilichen Gegner, die seinen Plan eine ,,ungeheuerliche Mischung aus Maßlosigkeit und politischer Hysterie" nannten. Er wurde nicht müde, sein Anliegen in den Versammlungslokalen und auf den Marktplätzen vorzutragen, zum Schaden seiner Gesundheit – und am Ende verfehlte er sein Ziel. Indes, wie er im Verlaufe einer dieser Wahlkampftourneen, als betagter Mann schon, sagte: ,,Ich ging in Bitterkeit, in der Glut meiner Gefühle, aber die Hand des Herrn war über mir." Er kämpfte für ein Ziel, von dem sein Gewissen ihm sagte, daß es ein gerechtes Ziel war, und er war, wenn es zur Entscheidung kam, bereit, für das Festhalten an der gerechten Sache den Preis der Niederlage zu zahlen. Manche seiner politischen Kollegen, die sich wünschten, er möge das irische Problem auf sich beruhen lassen, raunten sich zu, er strebe die Rolle des Märtyrers an, denn Irland nahm im Denken des alten Mannes während seiner dritten und vierten Amtszeit als Premierminister offenbar den wichtigsten Platz ein – und Irland war es auch, über das seine Regierung beide Male stürzte.

Auf welche Weise haben Gladstones religiöse Anschauungen seine Außenpolitik beeinflußt? Zunächst einmal war sein Denken, anders als das

Bismarcks, nicht von Hegelschen oder Lutherschen Ideen über den Staat und seine Ansprüche geprägt. Abgesehen davon, daß der Ausdruck „Staat" einem Engländer ohnehin nicht leicht über die Lippen geht, lag es Gladstone – der wußte, daß die britische Politik im Unterhaus gemacht wurde – fern, den Staat zu objektivieren oder ihm gar eigene Ideen zuzuschreiben. Der britischen Außenpolitik stand er stets kritisch gegenüber, im negativen wie im positiven Sinn. Nach seiner Überzeugung war es unter der Würde seines Landes – das er für das fortschrittlichste auf der Welt hielt –, in die Sünde des Nationalstolzes zu verfallen, indem es sich über andere Länder und Völker stellte, oder in die Sünde der Habgier, indem es nach den Besitzungen anderer trachtete, oder in die des Tötens, indem es sich auf Kriege einließ, die für verwerfliche oder überhaupt für andere Zwecke geführt wurden als den der Selbstverteidigung.

Seine erste außenpolitische Rede hielt Gladstone im Juni 1850, zu einem Zeitpunkt, als er noch Tory-Abgeordneter für Oxford war und der Opposition angehörte. Der Anlaß war eine Debatte über eine von Lord Palmerston, Außenminister im Kabinett Russell, veranlaßte Aktion. Palmerston hatte britische Schiffe mit dem Auftrag in Marsch gesetzt, eine Seeblockade gegen Griechenland aufzuziehen, weil die griechische Regierung sich geweigert hatte, einem portugiesischen Geldverleiher namens Don Pacifico, dessen Haus überfallen und geplündert worden war, eine Entschädigung zu zahlen. Don Pacifico berief sich darauf, britischer Staatsbürger zu sein, da er in Gibraltar geboren war, und aufgrund dessen hatte Palmerston die Flottenaktion angeordnet, die in einer Kanonade gipfelte. Im Unterhaus wurde daraufhin ein Mißbilligungsantrag gegen ihn eingebracht, und Palmerston verteidigte sich in einer glänzenden fünfstündigen Rede, die mit den Worten schloß: „Wie einst der Römer keine Erniedrigung zu fürchten brauchte, wenn er sagen konnte . . . ‚Civis Romanus sum!‘, so soll auch ein britischer Bürger, in welchem Land er sich auch aufhalten mag, darauf vertrauen können, daß das wachsame Auge und der starke Arm Englands ihn vor Unrecht schützen werden."

Der schmalspurige Patriotismus und das falsche Pathos dieser Rede brachten Gladstone in Rage; er wies den Vergleich mit den römischen Bürgern zurück, der, so erklärte er, den Anspruch impliziere, daß die Briten wie seinerzeit die Römer das Privileg einer besonderen Rechtsstellung genössen, die sie über alle anderen erhebe. „Das englische Volk ist in der Tat ein großes und edel gesinntes Volk; aber es vermehrt seine Größe oder seine edle Gesinnung nicht im geringsten, wenn wir von dieser Stelle aus in ausgefeilten Lobreden unsere Tugenden hinausposaunen und diejenigen, die vielleicht nicht ganz unserer Meinung sind, als ausländische Verschwörer hinstellen . . . . Wenn sich jemand gegen den ehrenwerten Lord verschworen hat, dann niemand anders als die gesamte öffentliche Meinung des zivilisierten Europa." Mit Worten, die den innigen Zusammenhang zwischen seiner tiefen Religiosität und seinen außenpolitischen Grundsätzen aufzeigen, erklärte Gladstone weiter: ,,Es wäre eine Zuwiderhandlung gegen die Gesetze der Natur und die Gebote Gottes, wenn eine einzelne aus dem Kreis der christlichen Nationen sich anmaßte, die Verpflichtungen abzuschütteln, an die alle anderen Nationen gebunden sind, und vor den Augen der Menschheit eine besonders bevorrechtigte Stellung zu beanspruchen." Gladstone wandte sich immer wieder gegen diese Neigung der Briten, sich für eine überlegene Nation zu halten, für die jene Regeln nicht gälten, die zu beachten sie von allen anderen Nationen erwartete; und ebenso wandte er sich gegen die Politik des Imperialismus, zu deren Rechtfertigung jene Ideologie der Überlegenheit diente.

Die ausführlichste und beredteste Darstellung seiner Auffassung von der Außenpolitik Großbritanniens, wie sie seiner Überzeugung nach hätte aussehen müssen, gab Gladstone im Verlauf seiner großen Wahlkampagne von 1879/80, der sogenannten Midlothian-Kampagne; der tief religiöse Tenor seiner Rede spricht schon aus den Überschriften der einzelnen Abschnitte:

1. ,,Das Empire stärker machen ... und es großen und würdigen Anlässen vorbehalten."
2. ,,Den Nationen ... die Segnungen des Friedens bewahren – und wäre es ganz allein um der Scham der christlichen Völker willen, wenn wir uns des geheiligten Namens erinnern, den wir als Christen tragen."
3. ,,Das Europäische Konzert nach besten Kräften fördern, [weil man auf diese Weise] den Egoismus [der einzelnen Nationen] neutralisieren und bändigen kann."
4. ,,Keine überflüssigen und verfänglichen Engagements eingehen."
5. ,,Die Rechte aller Völker anerkennen. In Wirklichkeit sind alle [Völker] gleich, und man hat kein Recht, ein System zu errichten, das eines von ihnen der moralischen Beargwöhnung oder der Spionage aussetzt oder es zur Zielscheibe beständiger Schmähungen macht. Wenn ihr dies tut, und besonders wenn ihr für euch pharisäerhaft eine Überlegenheit in Anspruch nehmt ... so seid ihr, da könnt ihr über euren Patriotismus sagen, was ihr wollt, fehlgeleitete Freunde eures Vaterlandes, die das Fundament untergraben, auf dem die Hochachtung und der Respekt anderer vor diesem Lande beruhen."
6. ,,[Die Außenpolitik] sollte immer im Zeichen der Freiheitsliebe [und] des Bestrebens stehen, ihr eine Breite des Horizonts zu verleihen, die sich nicht auf visionäre Ideen gründet, sondern auf die ... Erfahrung vieler Generationen, die zwischen den Küsten dieser glücklichen Insel gelebt haben." (Gegen diesen Grundsatz hatte die Regierung Disraeli-Salisbury nach Meinung Gladstones auf dem Berliner Kongreß verstoßen, als sie einen Vertrag unterzeichnet hatte, der die türkische Herrschaft über christliche Balkanvölker festgeschrieben hatte – wie es schien als Gegen-

leistung dafür, daß die Türken die Insel Zypern an Großbritannien abgetreten hatten.)

Angesichts dieses politischen Glaubensbekenntnisses ist leicht zu verstehen, warum Woodrow Wilson – ebenfalls ein Staatsmann, dessen Politik seine religiösen Überzeugungen widerspiegelte – ein großer Bewunderer Gladstones war. Allein, seinen Prinzipien treu zu bleiben, ist nicht immer leicht, wenn man mit der Leitung der politischen Geschicke einer großen Nation betraut ist, und auch Gladstone sollte nur zwei Jahre nach der Verkündung seiner hehren Grundsätze diese Erfahrung machen.

Im Juni 1882 erhoben sich, geführt von einem Obersten namens Arabi (einem frühen Nasser oder Sadat), ägyptische Nationalisten gegen das korrupte Regime des Khediven. In Ägypten hatten sowohl Großbritannien als auch Frankreich wirtschaftliche Interessen, und den Briten oblag seit der Amtszeit Disraelis die finanzielle Kontrolle über den Suezkanal. Die britische Regierung hatte also in Ägypten einiges zu verteidigen, aber die Franzosen zeigten wenig Neigung, mit ihnen bei der Wiederherstellung der Ordnung zusammenzuarbeiten, und allein wollte der imperialistischen Abenteuern ohnehin abholde Gladstone nicht vorgehen. Getreu seinen Prinzipien rief er die europäischen Mächte zum Handeln auf, erntete jedoch eine Absage. Bismarck, der die Schwierigkeiten Gladstones nicht ungern sah und die Chance erkannte, aus Ägypten einen Keil zu machen, der sich zwischen England und Frankreich treiben ließ, setzte den Hoffnungen auf ein gemeinsames Vorgehen ein Ende, indem er erklärte: ,,Sollen die interessierten Mächte damit nach ihrem Gutdünken fertigwerden, aber keiner frage mich, wie, denn ich weiß es weder, noch kümmert es mich." Gegen seinen Willen fand Gladstone sich zum Handeln gezwungen; vor dem Unterhaus erklärte er eher verhalten: ,,Wir würden unseren Pflichten nicht voll gerecht, wenn wir nicht etwas unternähmen, um den gegenwärtigen inneren Zustand Ägyptens aus einem der Anarchie und des Konflikts in einen des Friedens und der Ordnung zu überführen. Wir werden uns ... um die Mitwirkung der Mächte des zivilisierten Europa bemühen .... Wenn jedoch alle Chancen, eine solche Mitwirkung zu erreichen, erschöpft sind, wird England die Sache allein und aus eigener Kraft durchführen."

Im Juli richtete der Admiral der vor der ägyptischen Küste liegenden britischen Flotte ein Ultimatum an Arabi, in dem dieser aufgefordert wurde, mit der Befestigung Alexandrias aufzuhören. Als keine Antwort kam, ließ er das Feuer eröffnen und die Festung zerstören. Als daraufhin Unruhen ausbrachen und Anarchie einsetzte, beantragte Gladstone im Unterhaus Mittel zur Entsendung einer Expeditionstruppe unter General Wolsey, die denn auch im August in Port Said landete, in einer erbittert geführten Schlacht die Truppen Arabis besiegte und die Ordnung wiederherstellte. Diese Entwicklung veranlaßte einen der langjährigen politischen Weggefährten Gladstones,

John Bright, zum Rücktritt von seinem Ministerposten – er hielt das britische Vorgehen in Ägypten für „einfach verdammenswert – schlimmer als alles, was Dizzy* je verbrochen hat".

Gladstone wünschte zweifellos, die britischen Besatzungstruppen möglichst schnell aus Ägypten abzuziehen, aber de facto hatte er einen Schritt getan, der Ägypten zum britischen Protektorat machte. Unvorhergesehene Ereignisse zementierten diesen Zustand. 1883 brach im Sudan ein von einem religiösen Eiferer, der sich der Mahdi nannte, geführter Aufstand aus, und kurz vor Jahresende stellten die Freischärler des Mahdi eine ägyptische Armee unter Hicks Pascha, einen undisziplinierten Haufen, und hieben sie kurz und klein. Es schien, als bleibe Großbritannien keine andere Wahl, als Truppen zur Rettung der unglücklichen ägyptischen Armee und zur Bereinigung der Lage im Sudan zu entsenden; die Regierung tat den ersten Schritt hierzu, indem sie General George Gordon nach Khartum entsandte. Kaum jedoch war diese seltsame Kreuzung aus Abenteurer und religiösem Fanatiker in Khartum eingetroffen, da verkündete er auch schon, wenn in Ägypten Ruhe und Ordnung erhalten bleiben sollten, müsse der Mahdi vernichtet werden. Diese abenteuerliche Kreuzzugsidee führte zu nichts Gutem: Im März 1884 sah Gordon sich in Khartum von den Truppen des Mahdi eingeschlossen und belagert. In London rückte nun die Frage in den Mittelpunkt, ob eine Entsatzstreitmacht nach Khartum geschickt werden sollte. Die Entscheidung verzögerte sich, nicht zuletzt weil Gladstone sehr wütend auf Gordon war, den er beschuldigte, „einen Eroberungskrieg gegen ein um seine Freiheit kämpfendes Volk" ausgerufen zu haben. (Viele empfanden dies als eine eigenartige Inkonsequenz, denn wenn der Mahdi der Anführer eines um seine Freiheit kämpfenden Volks war, weshalb hatte dann nicht für Oberst Arabi dasselbe gegolten?) Gladstone wollte nicht glauben, daß Gordon in Gefahr sei. Er hatte, wie einer seiner Kollegen es ausdrückte, die Fähigkeit, „den meisten Leuten die meisten Dinge einzureden, und vor allem [konnte] er sich selbst fast alles einreden"; hier handelte es sich indes nicht um einen Fall von schlichter Realitätsblindheit; die Haltung Gladstones wurzelte vielmehr in seiner unbedingten Überzeugung, daß Großbritannien sich aus Ägypten zurückziehen müsse, anstatt sich dort noch stärker zu engagieren. Das Resultat seines Unbehagens war freilich, daß die Diskussion über die Entsendung einer Hilfsexpedition sich viel zu lange hinzog. Erst im Juli erhielt Wolsey Weisung, loszumarschieren; erst im Oktober war er marschbereit; und als seine Vorhut am 28. Januar 1885 Khartum erreichte, waren Gordon und seine Männer schon zwei Tage tot.

Die Gordon-Affäre (die im übrigen den Ausschlag für das Verbleiben der Briten in Ägypten gab) schürte die erbitterten Gegensätze innerhalb der Liberalen Partei beträchtlich und war die Ursache dafür, daß sie im Juni

* Disraeli.

1885 die Regierungsmacht einbüßte; auch Gladstone geriet unter heftigen Beschuß. Sogar die Königin Victoria sagte emphatisch: „Mr. Gladstone und die Regierung haben Gordons unschuldiges, edles, heroisches Blut auf ihrem Gewissen." Philip Magnus hat in seiner Gladstone-Biographie einen Gassenhauer zitiert, der zu jener Zeit in den Musikhallen gesungen wurde; darin wurde die häufig für Gladstone verwendete Abkürzung G.O.M. (Grand Old Man) in M.O.G. (für: Murderer of Gordon) verkehrt:

> Der M.O.G., sollt ihm sein letztes Stündlein schlagen,
> Wird fahren in einem Feuerwagen,
> Vornehme Kleider wird er tragen,
> Thronend auf einer Platte glühend rot,
> Zwischen Pilatus und Judas Ischariot.

Leute von einigem Ansehen nannten Gladstone einen Verräter und, unter Hinweis auf seine reformistischen Ziele, einen Kommunisten. 1886 rief Lord Randoph Churchill bei einer Wahlveranstaltung aus: „Mr. Gladstone hat sich in seiner Rede am Freitag in Edinburgh dem Land im Namen des Allmächtigen Gottes empfohlen. Andere können und werden ihm in solch blasphemischer Anmaßung nicht nacheifern."

Wogegen diese Leute wüteten, war der Versuch des führenden Staatsmanns der Nation – mit welch glückloser Hand auch immer unternommen –, in seiner Außenpolitik den Grundsätzen treu zu bleiben, die er 1880 in seiner Midlothian-Kampagne verkündet hatte und denen sie lautstark Beifall gezollt hatten. In ihrer Wut gebrauchten sie jetzt Gladstones Christentum als Waffe gegen ihn. Die ägyptische Affäre von 1882–85 liefert ein schlagendes Beispiel dafür, wie ein prinzipienfester Mensch sich in einen Wust von Widersprüchen verwickeln kann, die eine klare und eindeutige Entscheidung unmöglich machen. Es kann keinen Zweifel geben, wie Bismarck sich in dieser langwierigen Krise verhalten hätte: Nach einer sorgfältigen Analyse der in der betreffenden Region auf dem Spiel stehenden deutschen Interessen hätte er seine Entscheidung getroffen; dabei hätte er sich, vielleicht halb bewußt, vorgesagt, daß er ja nichts anderes tue, als Gottes Willen zu vollziehen. Für Gladstone kam diese Art der Selbstrechtfertigung nicht in Frage. Er ließ sich in seiner Konzeption einer nationalen Außenpolitik nicht von einem enggefaßten nationalen Interesse leiten, sondern gründete sie auf eine ethische Vorstellung davon, wie sein Land und sein Volk sein *sollten* und wie sie zur Schaffung einer vollkommeneren Gemeinschaft der Nationen beitragen konnten; durch seine Religiosität wurden diese anspruchsvollen Ziele zur verbindlichen Verpflichtung. Angesichts der Fülle von Problemen, die sich durch die Ereignisse in Ägypten und im Sudan vor ihm türmten, mußte Gladstone aber feststellen, daß es keinen geraden Weg zu einer unanfechtbaren Verwirklichung dieser Prinzipien gab. Seine hartnäckige Weigerung, sie für den Moment ganz außer acht zu lassen, führte schließlich dazu, daß er sich verhaßt machte, nicht nur bei einer von chauvinistischen Zeitungen aufgehetzten Öffentlichkeit, sondern auch bei Kollegen, die Rücksicht auf moralische Grundsätze in diesem Fall für nichts anderes als Schwäche hielten. Es ist leichter, sich in seinem persönlichen Verhalten nach den Geboten der Bergpredigt zu richten, als sie zur Richtschnur für die Führung der Außenpolitik eines Staates zu machen.

19. Die Frage ethischer und moralischer Bedenken gegen die Anwendung von Gewalt als Mittel der Außenpolitik

Die Suche nach Mitteln und Wegen, um die Rolle der Gewalt in den Beziehungen zwischen Staaten zu reduzieren, ist seit jeher ein Ziel der Theoretiker und Praktiker der internationalen Politik gewesen. Da die Abschaffung des Krieges offenbar unerreichbar ist, haben Staatsmänner, politische Philosophen und Völkerrechtsexperten versucht, andere Methoden zu finden, mit denen sich die Anwendung von Gewalt als Mittel der Außenpolitik in Grenzen halten läßt. Die Kodifizierung völkerrechtlicher Normen und die Schaffung von Institutionen wie Völkerbund, Internationaler Gerichtshof oder UNO waren und sind in diesem Zusammenhang sicher nicht ohne Bedeutung. Trotz der immer wieder unternommenen Versuche, den Tatbestand der Aggression völkerrechtlich zu definieren und die Bedingungen einzugrenzen, unter denen der Einsatz bewaffneter Macht statthaft sein soll, hat sich aber die Hoffnung auf ein verbindliches internationales Übereinkommen über diese Frage bislang nicht erfüllt. Die einzelnen Staaten sind offenbar nicht zu einem Verzicht auf ihr souveränes Recht bereit, selbst zu entscheiden, ob und wann ihr nationales Interesse den sei es defensiven, sei es offensiven Einsatz militärischer Machtmittel rechtfertigt.

Andererseits hat es im Rahmen aller internationalen Systeme der neueren Geschichte Ansätze zu einer Eindämmung der zwischenstaatlichen Gewaltanwendung gegeben, und sei es auch nur in Form einer mehr oder weniger wirksamen Abschreckung. Im 19. Jahrhundert war es, wie wir gesehen haben, der Konsens zwischen den das Europäische Konzert bildenden Großmächten, der den einzelnen Staat daran hinderte, eine Außenpolitik zu betreiben, die auf eine Vormachtstellung zielte. Diese Beschränkung der außenpolitischen Ziele führte andererseits zu einer Beschneidung der Mittel, die für die Verfolgung legaler politischer Ziele angewandt wurden.

Eine andere Art von Zwang waren die Beschränkungen, die von den moralischen und religiösen Überzeugungen der nationalen politischen Führer ausgingen. Manche Staatsmänner geraten, wie es Gladstone widerfuhr, in einen psychischen Konflikt zwischen ihren persönlichen Vorstellungen von einem moralisch integren Verhalten (die sich in der Regel mit den moralischen Normen der Gemeinschaft decken, der sie angehören) und den außenpolitischen Erfordernissen, die ihnen gelegentlich keine andere Wahl lassen, als einem anderen Land gegenüber militärische Machtmittel einzusetzen.

Freilich gibt es, wie der Vergleich zwischen Bismarck und Gladstone gezeigt hat, bedeutsame Unterschiede bezüglich des Grades, in dem ein Staatsmann sich seinen außenpolitischen Verhandlungsspielraum durch persönliche Skrupel und Gewissensrücksichten einengen läßt; für manche Staatsmänner spielt das Problem eines Konflikts zwischen moralischen Überzeugungen einerseits und den Imperativen der Politik andererseits kaum eine oder überhaupt keine Rolle.

I

Die Frage, welche Rolle moralische und ethische Grundsätze in der internationalen Politik spielen können oder sollen, ist, so sehr sie auch im Lauf der Jahrhunderte die Aufmerksamkeit der Moralphilosophen und der politischen Denker gefesselt hat, bislang noch nicht einmal auf theoretischer Ebene befriedigend beantwortet worden. Das Problem wird häufig in die altbekannte Frage gekleidet: Heiligt der Zweck die Mittel? Das ist das Muster, nach dem viele Menschen bestimmte konkrete politische Entscheidungen hinterfragen. Um ein paar Beispiele zu geben: Hatte Präsident Truman das moralische Recht, Atombomben auf Japan abwerfen zu lassen? War es moralisch gerechtfertigt, daß Präsident Kennedy den Invasionsversuch an der kubanischen Schweinebucht guthieß, oder daß er etwas später mit dem Versuch, Chruschtschow zum Abzug der auf Kuba stationierten Raketen zu zwingen, einen Atomkrieg riskierte? Handelte Präsident Nixon moralisch einwandfrei, als er versuchte, mit Hilfe geheimdienstlicher Machenschaften die Wahl des Sozialisten Allende zum chilenischen Staatspräsidenten zu verhindern, und als er später den Sturz Allendes herbeiführen half? Hatte die Sowjetunion 1956 das moralische Recht, den Aufstand in Ungarn mit Waffengewalt niederzuschlagen? Waren ihre Interventionen 1968 in der Tschechoslowakei und 1979 in Afghanistan moralisch gerechtfertigt? Wir könnten – leider – noch viele andere Beispiele aus der amerikanischen und sowjetischen Außenpolitik anführen, anhand derer sich dieselbe Frage stellen ließe. Gleiches gilt aber natürlich auch für andere Staaten. Die Regierung Schwedens zum Beispiel hielt es in der Anfangsphase des Zweiten Weltkriegs, in dem sie sich für eine Position der Neutralität entschieden hatte, für angebracht, norwegischen Bürgern, die auf der Flucht vor den Nazis (die Norwegen besetzt hatten) in Schweden Zuflucht suchten, den Grenzübertritt zu verwehren. Viele Beobachter, die sehr wohl das politische Dilemma begriffen, in dem die Schweden steckten, hielten diese Entscheidung gleichwohl für moralisch fragwürdig. Wie dieses Beispiel zeigt, kann die moralische Qualität der Außenpolitik eines Landes nicht nur dann in Frage gestellt werden, wenn die betreffende Regierung Dinge tut, die mit ethischen Prinzipien kollidieren, sondern auch dann, wenn sie etwas unterläßt, das unter moralischen Gesichtspunkten geboten erschiene. So waren viele Menschen der Ansicht, daß Präsident Eisenhower sich im Oktober 1956 einer moralischen Unterlassungssünde schuldig machte, als er sich weigerte, den ungarischen Aufständischen volle propagandistische und militärische Unterstützung zu gewähren, und damit zuließ, daß ihre Revolution von den sowjetischen Invasionstruppen niedergeschlagen wurde. Ebenso halten, um ein Beispiel aus jüngster Zeit zu wählen, viele Menschen die Politik der amerikanischen Regierung für moralisch fragwürdig, weil sie sich nicht energischer gegen die Apartheid-Politik der südafrikanischen Regierung wendet.

II

Wie bereits bemerkt, hat der Streit darüber, ob und wie sich moralische Grundsätze in der Außenpolitik niederschlagen sollten, eine lange Tradition. Es lassen sich hier drei Denkrichtungen identifizieren, deren jede die Frage „Heiligt der Zweck die Mittel?" anders beantwortet. Die erste vertritt den amoralischen Standpunkt. Diese Charakterisierung meint all jene, die der Ansicht sind, einer moralischen Rechtfertigung bedürften lediglich die Zwecke oder Ziele der Außenpolitik eines Staates, nicht aber die Mittel, die er zu ihrer Durchsetzung anwendet. Dieser Standpunkt wird vertreten von Befürwortern eines ausschließlich und extrem am Ideal der „Realpolitik" orientierten außenpolitischen Denkens und Handelns sowie von einem breiten Spektrum politischer Aktivisten, das sich von ideologischen Fanatikern wie Hitler über Machtstrategen wie die bolschewistischen Revolutionäre bis zum extremen Nationalisten und Terroristen erstreckt. Für sie zählt im Grunde nur, daß die Ziele, die sie verfolgen, von ihrem Standpunkt aus moralisch gerechtfertigt sind, und allein darauf kommt es ihrer Meinung nach an. Der Zweck, dem sie sich verschrieben haben, rechtfertigt in ihren Augen *jedes* Mittel – vorausgesetzt es bringt sie ihrem Ziel wirklich näher. Vom moralischen Standpunkt aus ist das ausschlaggebende Kriterium bei der Auswahl von Kampfmitteln und Methoden also nicht ihre moralische Vertretbarkeit, sondern ihre Effizienz.

Wir sollten allerdings festhalten, daß diejenigen, die sich den amoralischen Standpunkt zu eigen machen, sich nicht immer in der Lage sehen, nach Gutdünken zu moralisch fragwürdigen Mitteln zu greifen. Mitunter fühlen sie sich verpflichtet, Rücksicht auf die moralischen Einstellungen anderer zu nehmen, selbst wenn sie sie nicht teilen, wenn sie nämlich erkennen, daß sie mit einem rücksichtslos amoralischen Verhalten breite Empörung wecken und damit ihrer eigenen Sache schaden würden. Es kann also vorkommen, daß amoralische Politiker vor gewissen Dingen zurückschrecken, aber nicht weil sie selbst irgendwelche moralischen Skrupel empfänden, sondern aus Gründen der Klugheit und des kalt berechneten eigenen Vorteils.

Ein anderer vertrauter Standpunkt gegenüber der Frage „Heiligt der Zweck die Mittel?" ist der *perfektionistische*. Der Perfektionist vertritt die Auffassung, kein Ziel, so tugendhaft es auch erscheinen möge, rechtfertige *jemals* die Anwendung moralisch und ethisch verwerflicher Mittel. Die moralischen Perfektionisten und die Anhänger einer amoralischen Realpolitik bilden mithin die beiden Pole des Spektrums. Der vielleicht exemplarischste Typus des moralischen Perfektionisten ist der Pazifist, der die Anwendung militärischer Gewalt unter allen Umständen, auch zum Zwecke der Selbstverteidigung, ablehnt. In den Augen des konsequenten Pazifisten kann nicht einmal eine Situation, in der das physische Überleben des eigenen Volkes auf dem Spiel steht, d. h. also eine Notwehrsituation, Gewalt rechtfertigen. Dies sollte uns jedoch keinesfalls zu dem Schluß verleiten, daß Pazifisten Feiglinge seien. Pazifisten plädieren für den Fall, daß ihr Land Opfer eines Angriffs wird, für *gewaltlose* Formen des passiven Widerstands mit dem Ziel, dem Angreifer die Freude an seinem vermeintlichen Erfolg zu verleiden. Ein couragierter Pazifist kann unter Umständen bereit sein, bei passiven Widerstandsaktionen sein Leben aufs Spiel zu setzen.

Einen dem Pazifisten in mancher Hinsicht ähnlichen Typus verkörpern jene Personen in den USA und anderswo, die vor Jahren Kritik an der Politik des Kalten Krieges übten, weil diese Politik, so meinten sie, die Welt immer wieder in kritische Situationen wie die Berlin-Krise von 1948 und die Kuba-Krise von 1962 stürze, die die Gefahr einer atomaren Konfrontation heraufbeschworen hatten. Diese Kritiker waren nicht etwa prokommunistisch oder prosowjetisch eingestellt; sie hatten nicht die Absicht, der weltweiten Verbreitung des Kommunismus Vorschub zu leisten. Sie hielten es aber für unmoralisch und unannehmbar, daß der Westen bei dem Versuch, die Ausbreitung des Kommunismus einzudämmen, auf die atomare Abschreckung und auf militärische Drohungen zurückgriff, da eine solche Politik ihrer Ansicht nach die Gefahr einer atomaren Katastrophe vergrößerte. Viele von ihnen waren, wie die Pazifisten, bereit, für die Reduzierung der Gefahr eines dritten Weltkriegs auch einen hohen Preis zu zahlen, denn sie waren sich darüber klar, daß es zu einer bedeutenden Ausbreitung des Kommunismus führen würde, wenn Amerika ihrem Rat folgen und auf die Anwendung und Androhung von Gewalt zur Eindämmung kommunistischer Expansionsansprüche verzichtete. Sie stellten sich jedoch auf den Standpunkt, eine solche Konsequenz sei zwar schlimm, aber immer noch besser als ein atomares Inferno. Dieser Standpunkt fand seinen prägnanten Ausdruck in dem Spruch ,,Lieber rot als tot", der vor zwanzig Jahren bei Teilen der Friedensbewegung und bei denen, die für eine einseitige Abrüstung der Vereinigten Staaten eintraten, recht beliebt war.

Auch wenn man mit den Ansichten der Pazifisten nicht übereinstimmt und von der Maxime ,,Lieber rot als tot" nichts hält, kann einem ihre Bereitschaft, sich den logischen und politischen Konsequenzen ihrer Überzeugung zu stellen, Respekt abnötigen. In weit geringerem Maß gilt dies für einen anderen Typ des moralischen Perfektionisten, den man den *Moralprediger* nennen könnte und der sich dadurch auszeichnet, daß er es tunlichst vermeidet, sich mit der Frage zu befassen, welche Kosten (sowohl für ihn als auch und vor allem für andere) fällig würden, wenn seine moralistischen Vorstellungen zur Außenpolitik tatsächlich Gehör und Berücksichtigung fänden. Moralisten dieses Typs wird von ihren Kritikern häufig der Vorwurf gemacht, sie wollten sich einfach ein gutes politisches Gewissen machen, ohne befürchten zu müssen, für ihren Standpunkt auch einmal unter hohem Risiko einstehen zu müssen. Der typische Moralprediger beschäftigt sich viel lieber und häufiger mit den symbolischen Aspekten der Außenpolitik als mit konkreten inhaltlichen Fragen. Er macht oft den Eindruck, als gehe es ihm weniger darum, Einfluß auf die Außenpolitik seines Landes zu nehmen, als darum, die eigene Tugendhaftigkeit herauszukehren.

Der Standpunkt des moralischen Perfektionismus hat noch andere interessante Schattierungen, die erwähnt zu werden verdienen. Manche Perfektionisten vertreten die Auffassung, an das Verhalten von Staaten sollten die gleichen strengen moralischen Maßstäbe angelegt werden wie an das Verhalten von Einzelpersonen in einer wohlgeordneten Gemeinschaft. Sie wissen wohl, daß Staaten und ihre politischen Führer diesem moralischen Anspruch nicht gerecht werden, glauben jedoch, daß sie sich *bemühen sollten,* es zu tun, und daß es die Pflicht aufgeklärter politischer Führer sei, ein internationales System aufzubauen, in dem ein moralisch einwandfreies Verhalten der Staaten möglich wird. Wie Präsident Wilson es 1917 in seiner Botschaft an den Kongreß formulierte, in der er die Kriegserklärung an Deutschland begründete: ,,Wir stehen am Beginn eines Zeitalters, in dem der Anspruch erhoben werden wird, daß zwischen den Nationen und ihren Regierungen dieselben Normen des Verhaltens und der Verantwortung für unrechtes Tun gelten sollen wie zwischen den einzelnen Bürgern eines zivilisierten Staates.''

Gegen diese Spielart des moralischen Perfektionismus' sind verschiedene Einwände geltend gemacht worden, die wir an dieser Stelle nicht alle referieren können. Eine der kritischen Stellungnahmen besagt, daß ein Staat eben etwas anderes sei als ein individueller Mensch und daß daher moralische Normen, die in bezug auf das Verhalten einzelner Personen in einer wohlgeordneten Gemeinschaft von Menschen ihren guten Sinn haben, nicht für Staaten gelten können, die unter den Bedingungen eines anarchischen internationalen Systems ihre Sicherheit zu gewährleisten versuchen. Einige Autoren, die über dieses Thema geschrieben haben (zum Beispiel E. H. Carr), sind der Auffassung, daß sich moralische Normen im Verhalten der Staaten zueinander erst unter der Bedingung einer entwickelten, wohlgeordneten internationalen Gemeinschaft durchsetzen könnten, in der zwischen den einzelnen Nationen Einigkeit darüber besteht, daß das Wohl der Gemeinschaft, also in diesem Fall der Menschheit als ganzer, Vorrang hat vor dem Wohl der einzelnen Glieder. Daß heute das Gefühl der Zugehörigkeit und das der Verpflichtung gegenüber der Weltgemeinschaft noch längst nicht ausgeprägt genug sind, um im Zweifelsfall höher eingestuft zu werden als das, was die einzelnen Staaten gerne ihr „vitales nationales Interesse" nennen, unterliegt wohl keinem Zweifel.

Ein anderer oft gehörter Einwand gegen die moralischen Perfektionisten lautet, daß ihr Insistieren auf moralischen Wertungen sie leicht zu einem selbstgerechten Moralismus in außenpolitischen Fragen verführen könne. Vorwürfe dieser Art wurden gegen Eisenhowers Außenminister John Foster Dulles erhoben. Dulles und andere Moralisten seines Schlages mit außenpolitischer Verantwortung zu betrauen, sei, so wurde gesagt, gefährlich, weil sie dazu neigten, aus Interessenkonflikten zwischen Staaten Grundsatzkonflikte zwischen „Guten" und „Bösen" zu machen. Eine solche Moralisierung der Außenpolitik kann in der Tat katastrophale Folgen haben. Je mehr sich ein moralistischer Politiker in die Überzeugung verbeißt, er repräsentiere in einem Konflikt mit einem anderen Staat das Gute und Rechtschaffene, desto mehr wird er dazu neigen, Kompromisse und Zugeständnisse abzulehnen und statt dessen unter Berufung auf seine moralischen Grundsätze einen „Sieg auf der ganzen Linie" zu fordern. Es ist also denkbar, daß eine extrem moralistische Handhabung der Außenpolitik in einem missionarischen Fanatismus endet, der wiederum fatale Folgen haben kann. An diese Gefahr dachte Hans Morgenthau, einer der Wortführer einer „realistischen" Haltung in außenpolitischen Fragen, als er schrieb: „Allein aus den guten Absichten eines Staatsmannes können wir nicht schließen, daß seine Außenpolitik moralisch verdienstvoll oder politisch erfolgreich sein wird. . . . Wie oft sind Staatsmänner in dem Bestreben angetreten, die Welt zu verbessern, und haben am Ende nur erreicht, daß sie schlimmer geworden ist?"

Soviel zur Antwort des moralischen Perfektionismus auf die Frage „Heiligt der Zweck die Mittel?" Für falsch gestellt hält diese Frage eine dritte Denkschule, die der *Nonperfektionisten,* zu deren Wortführern Arnold Wolfers gehörte. In den Augen der Nonperfektionisten gibt es, anders als für die Amoralisten und die Perfektionisten, keine einfache, unzweideutige Antwort auf jene Frage. Nach Überzeugung des Nonperfektionisten muß sie ganz anders formuliert werden, etwa so: „Unter *welchen* Bedingungen rechtfertigen *welche* Ziele *welche* Mittel?" Wie aus dieser Fragestellung bereits hervorgeht, glauben die Nonperfektionisten, daß das darin enthaltene Problem nicht dogmatisch gelöst werden könne, sondern nur jeweils von Fall zu Fall in Abhängigkeit von den spezifischen Bedingungen der Situation sowie von der Beschaffenheit der Ziele, die der politisch Verantwortliche in dieser Situation verfolgt.

Da die Nonperfektionisten die Bedeutung der in jedem konkreten Fall gegebenen Bedingungen hervorheben, bezeichnen sie ihre Position oft als eine *kontextbezogene.* Damit ist gemeint, daß die Nonperfektionisten, anstatt absolute ethische Maßstäbe anzulegen, so etwas wie eine *Situationsethik* propagieren.

Welche Leute sind es, die die nonperfektionistische Auffassung vertreten, eine Auffassung also, die sowohl der amoralischen als auch der der moralischen Perfektionisten entgegentritt? Es mag manchen überraschen, zu erfahren, daß die ersten Fürsprecher der „Realpolitik" und des „realistischen" Ansatzes in der zwischenstaatlichen Politik sich nicht zur moralischen Position bekannten, sondern eben diese kontextbezogene Auffassung von der Rolle moralischer Prinzipien in der Festlegung der Außenpolitik eines Staates vertraten. Die realistische Position, deren zeitgemäße Formulierung wir in den Schriften Hans Morgenthaus finden, reicht mindestens bis Machiavelli zurück. Es ist richtig, sich daran zu erinnern, daß der politische Philosoph aus Florenz, obgleich er an vielen Stellen den Eindruck erweckt, den amoralischen Standpunkt zu favorisieren, in Wirklichkeit eine kontextbezogene, nonperfektionistische Position vertritt. Viele Realisten haben aus Machiavellis klassischem Werk *Der Fürst* fälschlicherweise die Botschaft „Der Zweck heiligt die Mittel" herausgelesen und haben ihm die Auffassung unterstellt, so, wie es in der internationalen Politik nun einmal zugehe – nämlich nach der Devise „Der Stärkere frißt den Schwächeren" –, könne man sich der Frage, welche Mittel zur Durchsetzung außenpolitischer Ziele eingesetzt werden dürften, nur auf zynische und amoralische Weise nähern. Diejenigen, die die Anschauungen Machiavellis in dieser Weise vereinfachen, können wir als *Vulgärrealisten* bezeichnen – „vulgär", weil sie seine realistische Auffassung der internationalen Politik mißverstanden und fehlgedeutet haben. In Wirklichkeit versieht Machiavelli, wie Kenneth Waltz und Michael Walzer hervorgehoben haben, seine Ratschläge an den Herrscher mit bedeutsamen Vorbehalten und Einschränkungen. So schreibt er beispielsweise, daß nur manche Zwecke, aber keineswegs alle, den Einsatz moralisch zweifelhafter Mittel rechtfertigen; es müßten, so meint er, in jedem Fall konstruktive, segensreiche Zwecke sein.

Eine weitere, noch bedeutsamere Einschränkung ist Machiavellis Hinweis darauf, daß es von der „Zwangsläufigkeit des Falles" abhänge, ob der Einsatz anstößiger moralisch fragwürdiger Mittel gerechtfertigt sei – d. h. davon, ob es in der konkreten Situation keine alternativen Handlungsweisen gibt, die Erfolg versprechen und zu einem konstruktiven Ziel führen. Die „realistischen" Anschauungen zu dieser Frage sind von politischen Denkern wie Morgenthau und Wolfers weiterentwickelt worden, die die ursprüngliche realistische Position – etwa eines Machiavelli – verteidigen und sie von den vereinfachenden und verzerrenden Auffassungen der Vulgärrealisten abgrenzen.

Worin auch immer die philosophische oder politische Anziehungskraft der nonperfektionistischen Anschauung bestehen mag, die praktische Umsetzung ist bei ihr wesentlich schwieriger als bei den beiden vor ihr referierten Positionen. Der Amoralist und der moralische Perfektionist können ihren Standpunkt in einer konkreten Situation viel leichter bestimmen als der nonperfektionistisch denkende Realist, der zunächst einmal die „Situationsethik" klären muß. Der Perfektionist lehnt rundheraus alle moralisch zweifelhaften Methoden ab, auch wenn die Ziele, die damit erreicht werden sollen, noch so tugendhaft anmuten. Die Handlungsmaxime des Amoralisten ist gerade umgekehrt formuliert und fast genau so leicht zu handhaben: Jedes, auch das unmoralischste Mittel ist zu bejahen, solange es Erfolg verspricht. Der nonperfektionistische Standpunkt hingegen läßt sich nicht in einfache Dogmen umsetzen, die dem verantwortlichen Politiker als vorgefertigte, konkrete und eindeutige Handlungsanweisungen dienen könnten. Da so vieles von den besonderen Bedingungen des jeweiligen Falles abhängt, kann der Nonperfektionist sich nur sehr allgemeine Entscheidungsrichtlinien zurechtlegen. Vier solche Richtlinien hat Arnold Wolfers formuliert; wenn wir sie im folgenden referieren, wird deutlich werden, weshalb man klüger daran tut, sie nur als allgemeine Orientierungsregeln zu betrachten und nicht etwa als konkrete Handlungsanweisungen für richtiges Verhalten.

Die erste besagt, daß das Ziel eines bestimmten außenpolitischen Vorgehens konstruktiv, legitim und anerkennenswert im echten Sinn dieser Worte sein muß, wenn der betreffende Verantwortungsträger überhaupt die Möglichkeit erwägen will, moralisch fragwürdige Mittel dafür einzusetzen. Bei strenger Auslegung dieser Richtlinie würde man zu dem Schluß kommen, daß der verantwortliche Politiker überhaupt nur dann, wenn es um wirklich ,,vitale Interessen'' seines Landes geht, auf militärische Machtmittel zurückgreifen darf.

Die zweite Richtlinie besagt, daß moralisch fragwürdige Mittel nicht eingesetzt werden sollten, wenn für die Erreichung desselben Ziels andere, weniger fragwürdige Optionen zur Verfügung stehen.

Zum dritten sollte ein Staatsmann sich für diejenige Vorgehensweise entscheiden, die unter den gegebenen Umständen die wenigsten Zerstörungen anzurichten und die wenigsten Opfer zu fordern verspricht.

Schließlich und endlich sollte sich der Politiker, der versucht, nach Maßgabe seiner ethischen Einschätzung einer Situation schwierige Entscheidungen dieser Art zu treffen, in der Wahl seiner Mittel – namentlich wenn es auch um die Anwendung bewaffneter Gewalt geht – von dem Prinzip der ,,Verhältnismäßigkeit der Mittel'' leiten lassen. Ein solches Gebot soll gewährleisten, daß die gegebenenfalls eingesetzten fragwürdigen Mittel zumindest in einem vernünftigen Verhältnis zu dem angestrebten Ziel stehen. In der Praxis verpflichtet dieser Grundsatz den Staatsmann, jede zügellose Gewaltanwendung zu verhüten, die mehr Opfer an Menschenleben und materiellen Werten fordert, als in Anbetracht dessen, was auf dem Spiel steht, nötig oder vertretbar wäre. Der Leser wird sich erinnern, daß die amerikanische Kriegführung in Vietnam selbst von Leuten, die den dortigen Zielen der amerikanischen Politik nicht ganz und gar ablehnend gegenüberstanden, scharf kritisiert wurde, weil sie flagrant gegen den Grundsatz der Verhältnismäßigkeit der Mittel verstieß. Die militärischen Gewaltmittel, die die US-Streitkräfte in Vietnam eingesetzt haben, und die enorme Zerstörung, die sie damit anrichteten, standen, so der Eindruck, auch nicht annähernd mehr in einem vertretbaren Verhältnis zu den auf dem Spiel stehenden amerikanischen Interessen.

III

Wo liegt der praktische Nutzen dieser vier von der nonperfektionistischen Denkrichtung angebotenen Richtlinien für das ,,richtige" Verhalten angesichts des moralischen Dilemmas, das die Anwendung von Gewalt als Mittel der Außenpolitik aufwirft? Sie sind sicherlich aussagekräftig und besser, als wenn dem politisch Handelnden gar kein Orientierungsrahmen für die praktische Bestimmung der Ethik einer Situation zur Verfügung stünde; man muß allerdings einräumen, daß sie aufgrund der Vagheit hinsichtlich ihrer praktischen Umsetzung ein beträchtliches Maß an Subjektivität und Elastizität zulassen. Vielleicht stiften die Richtlinien irgendwo irgendeinen Nutzen, besonders in Situationen, in denen die verantwortlichen Politiker nicht unter Zeitdruck stehen; doch bieten sie keinerlei Gewähr dafür, daß diejenigen Entscheidungsträger, die sie sich zu Herzen nehmen – von den anderen ganz zu schweigen –, moralischen Erwägungen bei der Formulierung und beim Vollzug ihrer Außenpolitik gewissenhaft und gebührend Rechnung tragen.

In einem Land wie den Vereinigten Staaten betrachten sich vermutlich die meisten Politiker und Regierungsberater als Vertreter und Praktiker des nonperfektionistischen Denkansatzes. Im allgemeinen aber wenden sie diesen Ansatz auf eine höchst subjektive, freizügige und inkonsequente Weise an, und sie tun dies nicht nur, weil die besagten Richtlinien so vage sind, sondern auch weil andere auf den verantwortlichen Politiker wirkende Druckkräfte oft um so viel stärker sind und schwerer wiegen als moralische Erwägungen. Man denke nur an den hohen Erwartungsdruck, unter dem etwa ein Außenminister steht: Er soll die weltpolitische Stellung seines Landes bewahren und festigen, auch in Zeiten, in denen keine vitalen nationalen Interessen auf dem Spiel stehen; er soll in internationalen Angelegenheiten sein Land erfolgreich vertreten und positive Ergebnisse nach Hause bringen, und gewöhnlich liegt ihm außerdem noch etwas daran, für sein persönliches politisches Ansehen und Fortkommen zu sorgen, das Wohlergehen seiner Partei zu fördern und Wahlen zu gewinnen. Diese Motive fallen bei den meisten verantwortlichen Politikern stärker ins Gewicht als die in ihren Augen vielleicht ohnehin allzu feinsinnige Frage nach der moralischen Unbedenklichkeit der angewendeten Mittel. Dies alles gibt politischen Entscheidungsträgern die Möglichkeit, sich das Ausweichen vor moralischen Konflikten leicht zu machen, indem sie ihren Rückgriff auf moralisch fragwürdige Mittel und Methoden durch den Hinweis auf vermeintlich höherrangige Notwendigkeiten rechtfertigen oder rationalisieren oder sich in die Selbsttäuschung flüchten.

Es ist gewiß richtig, daß der handelnde Politiker, solange strengere Richtlinien für die Definition einer Situationsethik noch ausstehen, leicht dem Glauben verfallen kann, daß Ergebnisse wichtiger seien als die moralische Unbedenklichkeit seines Tuns. Ein von den Zwängen des ihn umgebenden kontroversen politischen Kräftefelds in die Enge getriebener Staatsmann zieht sich in der Regel, wenn alle anderen Verteidigungslinien zusammenbrechen, auf jenes letzte Rechtfertigungsargument zurück, daß die Richtigkeit seines Handelns sich daran bemesse, ob es sich als erfolgreich erweist. Politische Führerpersönlichkeiten der unterschiedlichsten weltanschaulichen Orientierung haben wenigstens dies eine gemeinsam: daß sie sich, wenn sie von ihren Zeitgenossen herbe Kritik ernten, gern auf das künftige Urteil der ,,Geschichte" berufen. Unglücklicherweise herrscht an Staatsmännern, die als Beispiele und Vorbilder für diese Variante der Selbstrechtfertigung dienen können, kein Mangel, und es sind sogar einige höchst respektable Persönlichkeiten darunter. Kein Geringerer als Abraham Lincoln entgegnete einmal auf eine gegen ihn vorgebrachte Kritik: ,,Wenn es am Ende gut für mich ausgeht, ist das, was heute gegen mich gesagt wird, Makulatur. Geht es schlecht aus, dann könnten zehn Engel schwören, daß ich recht hatte – es würde mir nicht helfen." Dies mag ein gutes politisches Argument gewesen sein – jedenfalls gefiel es Präsident Nixon, der Lincoln zitierte, um seine höchst umstrittene Entscheidung für eine Invasion Kambodschas zu rechtfertigen; und auch Bert Lance, der Budgetdirektor Präsident Carters, griff auf dieses Zitat zurück, als er seine ungewöhnlichen finanziellen Transaktionen vor einem Senatsausschuß rechtfertigen mußte –, aber vom Standpunkt der politischen Moral aus ist und bleibt es eine fragwürdige Äußerung.

Angesichts der Unvollkommenheit des nonperfektionistischen Ansatzes und der Tatsache, daß dennoch auch weiterhin viele Staatsmänner auf ihn zurückgreifen werden, ist es vielleicht nicht unpassend, am Schluß noch ein wohlwollendes Wort über die moralischen Perfektionisten zu verlieren – über jene Personen, die die unverwüstliche Neigung haben, außenpolitisches Handeln in dieser und jener, ja in fast jeder Hinsicht moralisch zu verdammen. Ihre Predigten sind zwar oft nervtötend und von naiver Weltfremdheit, aber wir sollten immerhin den Beitrag anerkennen, den sie zur öffentlichen Debatte über das Problem der Außenpolitik leisten. Denn ihre Kritik ist eine stetige, wertvolle Erinnerung daran, daß außenpolitisches Handeln vom moralischen Standpunkt aus gesehen oft angreifbar ist, und sie hat die nützliche Eigenschaft, der Neigung der politischen Praktiker zur moralischen Selbsttäuschung entgegenzuwirken. Häufig wird vergessen, daß derselbe Machiavelli, der den regierenden Fürsten darauf aufmerksam machte, daß die Umstände ihn zwingen würden, um lohnender Ziele willen zu moralisch fragwürdigen Mitteln zu greifen, auch hervorhob, wie wichtig es sei, daß der Fürst sich dessen bewußt bleibe und ein schlechtes Gewissen davontrage, so daß die moralischen Werte ihre Verletzung wenigstens überlebten.

Danksagung

Unser Dank gilt allen Studenten, die im Lauf der zurückliegenden drei Jahre an unserem Seminar über Probleme heutiger Außenpolitik teilnahmen und von denen wir viel gelernt haben. Besonderen Dank schulden wir Major Clinton Ancker III., Captain Alan Carver und Captain Richard S. Hoffman (alle von der U.S. Army), die die Originalfassungen der in den zweiten Teil dieses Buches aufgenommenen historischen Fallstudien erarbeitet haben.

Unser Dank gebührt ferner Loraine Sinclair vom Fachbereich Geschichte sowie Wilma Fuller und Alyce Adams vom Fachbereich Politikwissenschaft der Stanford University, die das Manuskript abgeschrieben haben.

Stanford/Kalifornien, Dezember 1981   G.A.C.
                                                                        A.L.G.

Bibliographie

1. Der Aufstieg der Großmächte

Zum allgemeinen Stand der internationalen Beziehungen vor dem 18. Jahrhundert sind folgende Arbeiten empfehlenswert: Marvin R. O'Connell, *The Counter-Reformation 1559–1610*, New York 1974; Karl Joachim Friedrich, *Das Zeitalter des Barock: Kultur und Staaten Europas im 17. Jahrhundert*, Stuttgart 1954, ein glänzendes Buch; Cicely V. Wedgwood, *Der Dreißigjährige Krieg*, München 1976; Frederick L. Nussbaum, *The Triumph of Science and Reason, 1660–1685*, New York 1953; und John B. Wolf, *The Emergence of the Great Powers, 1685–1715*, New York 1951. Zur Politik Österreichs im 17. Jahrhundert s. insbesondere Max Braubach, *Prinz Eugen von Savoyen* (5 Bde.), Wien 1963–65; zu Preußen siehe Otto Hintze, *Die Hohenzollern und ihr Werk*, Berlin 1915 sowie, kurz, aber informativ Sidney B. Fay, *The Rise of Brandenburg-Prussia to 1786*, New York 1937. Eine klassische Schrift zum Thema Großmachtpolitik in der frühmodernen Epoche ist Leopold von Rankes Abhandlung, *Die großen Mächte*, hrsg. von Friedrich Meinecke, Leipzig 1941. Das Standardwerk zum Thema Staatsräson ist: Friedrich Meinecke, *Die Idee der Staatsräson*, München ³1963.

Zu den Ursprüngen der Entwicklung der Diplomatie siehe D. P. Heatley, *Diplomacy and the Study of International Relations*, Oxford 1919; Léon van der Essen, *La Diplomatie: Ses origines et son organisation*, Brüssel 1953; Ragnar Numelin, *The Beginnings of Diplomacy: A Sociological Study of Intertribal and International Relations*, London 1950; sowie insbesondere Heinrich Wildner, *Die Technik der Diplomatie: L'Art de négocier*, Wien 1959. Höchst lesenswert ist Harold Nicolson, *Diplomatie*, Bern 1947. S. ferner Adda B. Bozeman, *Politics and Culture in International History*, Princeton 1960, eine interessante vergleichende Untersuchung.

2. Diplomatie des 18. Jahrhunderts

Der vollständige Titel von Heerens Buch lautet: *Handbuch der Geschichte des Europäischen Staatensystems und seiner Colonien. Von der Entdeckung beyder Indien bis zur Errichtung des Französischen Kayserthrons*, Göttingen ²1811. Eine fundamental andere Auffassung vertritt Albert Sorel in seiner klassisch gewordenen Studie zur Diplomatie des 18. Jahrhunderts, *L'Europe et la révolution française*, (8 Bde.), I, Paris ⁴1897.

Eine Darstellung der relativ friedlichen Jahrzehnte des 18. Jahrhunderts gibt Penfield Roberts, *The Quest for Security, 1715–1740*, New York 1947; die kriegerischen beschreibt Walter L. Dorn in seinem brillanten Buch *Competition for Empire, 1740–1763*, New York 1940, das eine besonders gut gelungene Darstellung Kaunitz' und seiner Zeitgenossen enthält. Zu Friedrich II. siehe das entsprechende Kapitel in: Friedrich Meinecke, *Die Idee der Staatsräson*, München 1929, Gerhard Ritter, *Fried-*

rich der Große. Ein historisches Profil. Leipzig 1936 und George P. Gooch, *Friedrich der Große: Herrscher, Schriftsteller, Mensch*, München 1975.

Zur Ära der amerikanischen und der Französischen Revolution s. das klassische Werk von Robert R. Palmer, *Das Zeitalter der demokratischen Revolution: Eine vergleichende Geschichte Europas und Amerikas von 1760 bis zur Französischen Revolution*, Frankfurt/M. 1970ff.; Leo Gershoy, *From Despotism to Revolution, 1763–1789*, New York 1944, sowie Crane Brinton, *Europa im Zeitalter der französischen Revolution*, Wien ²1948. Zur Diplomatie in der Napoleonischen Ära siehe insbesondere Enno E. Kraehe, *Metternich's German Policy: I. The Contest with Napoleon, 1799–1814*. Princeton 1963 und Charles K. Webster, *The Foreign Policy of Castlereagh, 1812–1815*. London 1931. Auch Geoffrey Bruun, *Europe and the French Imperium, 1799–1814*. New York 1938, verlohnt noch die Lektüre.

Von Carl von Clausewitz' klassischem Werk *Vom Kriege* liegen eine ganze Reihe kritischer, vollständiger oder gekürzter Ausgaben aus neuerer Zeit vor.

3. Mächtegleichgewicht 1815–1914: Drei Experimente

Über die Restauration Europas nach den Napoleonischen Kriegen gibt es eine Fülle von Literatur. Die lesenswertesten Arbeiten zum Wiener Kongreß sind Charles K. Webster, *The Congress of Vienna*, London 1937 und Harold Nicolson, *The Congress of Vienna*. London 1945. Erhellende Aufschlüsse über die Männer, die den Wiener Kongreß prägten, liefern C. K. Webster, *The Foreign Policy of Castlereagh, 1815–1822*. Oxford ²1937; Duff Cooper, *Talleyrand*, München 1962; Henry L. Kissinger, *Großmacht-Diplomatie. Metternich, Castlereagh und das Problem des Friedens*. Düsseldorf 1962, ist eine brillante Darstellung; s. auch die Metternich-Biographien von H. Ritter von Srbik, 4 Bände, München 1925ff., H. du Coudray, London 1935, G. Berthier du Sauvignon, London 1962 und Algernon Cecil, London 1933. Auch E. L. Woodwards provokativer Essay, in: „*Three Studies of European Conservatism*", London 1930, ist im Hinblick auf Metternich lesenswert. Zu dem vom Wiener Kongreß sanktionierten System s. das alte, aber noch immer lohnende Standardwerk von G. Allison Phillips, *The Confederation of Europe*, aber auch Hans-Georg Schenk, *The Aftermath of the Napoleonic Wars: The Concert of Europe – an Experiment*. London 1947. Zur Entwicklung der internationalen Politik vor 1848 s. Harold W. V. Temperley, *The Foreign Policy of Canning, 1822–1827*. London 1925 und Paul W. Schroeder, *Metternich's Diplomacy at Its Zenith, 1820–1823*. New York 1962 – zwei interessante gegensätzliche Interpretationen; grundlegend ist nach wie vor C. K. Webster, *The Foreign Policy of Palmerston, 1830–1841*. 2 Bände, London 1969. Eine allgemeine Darstellung der mittleren Jahrzehnte findet sich bei Gordon A. Craig, „*The Great Powers and the Balance of Power, 1830–1870*", in: New Cambridge Modern History, 10 (Cambridge 1960), S. 246–73; zur Abrüstungsfrage siehe Gordon A. Craig und Peter Paret, „*The Control of International Violence: Some Historical Notes*" in: Stanford Journal of International Studies, 7 (1972), S. 1–21; Ernest L. Woodward, *War and Peace in Europe*. London 1929 und James Headlam-Morley, *Studies in Diplomatic History*. London 1930.

Zur zweiten Jahrhunderthälfte s. insbesondere Alan John Percivale Taylor, *The Struggle for Mastery in Europe, 1848–1918*, Oxford 1954 – in seinen Beurteilungen allerdings manchmal ein wenig zu pauschal; Robert C. Binkley, *Realism and Nationalism, 1852–1870*, New York 1935, eine glänzend geschriebene Studie; William L.

Langer, *European Alliances and Alignments*, Neuauflage, New York 1950 und *The Diplomacy of Imperialism*, New York ²1951. Über Bismarck als Diplomaten informieren ausführlich seine Biographen A. J. P. Taylor, München 1981, Erich Eyck, 3 Bde., Zürich 1941–1944 und Lothar Gall, Frankfurt am Main 1980; siehe jedoch auch W. N. Medlicott, *Bismarck, Gladstone and the Concert of Europe*, London 1956 und George F. Kennan, *Bismarcks europäisches System in der Auflösung: die französisch-russische Annäherung 1875–1890*, Frankfurt/M. 1981. Zum Zerfall des Systems des Kräftegleichgewichts nach 1890 s. die ersten Kapitel des vieldiskutierten Buches von Fritz Fischer, *Griff nach der Weltmacht*, Düsseldorf 1961; ferner Zara S. Steiner, *The Foreign Office and Foreign Policy, 1898–1914*, Cambridge 1969 und *Britain and the Origins of the First World War*, London 1977; sowie Paul Kennedy, *The Rise of the Anglo-German Antagonism, 1860–1914*, London 1980, eine glänzende Studie.

Zwei nützliche allgemeine Darstellungen sind: Francis H. Hinsley, *Power and the Pursuit of Peace: Theory and Practice in the History of Relations Between States*, Cambridge 1963, das sich thematisch auf die Staatenordnung des 19. Jahrhunderts konzentriert, und Edward V. Gulick, *Europe's Classical Balance of Power*, Ithaca, N. Y., 1955.

4. Der Versuch, ein neues System aufzubauen: 1919–1939

Zur Strukturierung und zu den Verfahrensweisen der Friedenskonferenz s. insbesondere Frank S. Marston, *The Peace Conference of 1919*, Oxford 1944; zu den dadurch aufgeworfenen Problemen s. Harold Nicolson, *Friedensmacher 1919*, Berlin 1933 sowie Paul Birdsall, *Versailles Twenty Years After*, New York 1941; zu den allgemeineren Problemen der Konferenz und den Interessen der Teilnehmerstaaten siehe Arno J. Mayer, *Politics and Diplomacy of Peacemaking: Containment and Counterrevolution at Versailles, 1918–1919*, London 1967, eine informative, wenn auch tendenziöse Darstellung. Die Literatur über Wilson ist fast unübersehbar, aber einen ausgezeichneten Überblick darüber gibt der Herausgeber der Wilson-Papiere, Arthur S. Link, in: *Wilson the Diplomatist*, Baltimore 1957. S. ferner Arno J. Mayer, *Political Origins of the New Diplomacy, 1917–1918*, New Haven 1959, und Gordon A. Craig, „The United States and the European Balance", *Foreign Affairs* 55 (1976), Seite 189–98. Eine wichtige Arbeit ist auch: Alexander L. George und Juliette L. George, *Woodrow Wilson and Colonel House: A Personality Study*, New York 1956.

Zu den englisch-französischen Gegensätzen nach dem Krieg liegen drei wichtige Bücher vor: Arnold Wolfers, *Britain and France Between the Wars:* Conflicting Strategies of Peace since Versailles, New York 1940, Piotr Wandycz, *France and Her Eastern Allies, 1919–1925*, Minneapolis 1962, und W. M. Jordan, *Great Britain, France and the German Problem, 1918–1939*, London 1943. Das Standardwerk zur Geschichte des Völkerbunds ist: Francis P. Walters, *A History of the League of Nations*, 2 Bde., Reprint London 1965, London 1952; Jon Jacobsons *Locarno Diplomacy: Germany and the West, 1925–1929*, Princeton 1972, ist eine solide Arbeit. Zur diplomatischen Revolution siehe Gordon A. Craig, „The Revolution in War and Diplomacy", in: War, Politics and Diplomacy: Selectied Essays, New York 1966; sowie, allgemeiner, Gordon A. Craig und Felix Gilbert (Hrsg.), *The Diplomats, 1919–1939*, Princeton 1953.

5. Öffentliche Meinung und Außenpolitik

Ausführliche Informationen über den Einfluß der öffentlichen Meinung auf die amerikanische Außenpolitik der Nachkriegszeit finden sich in der umfangreichen Literatur über den Kampf um den Völkerbund. Um aus den vielen Büchern zu diesem Thema zwei herauszugreifen: Thomas A. Bailey, *Woodrow Wilson and the Lost Peace*, Neuaufl., Chicago 1963 und ders., *Woodrow Wilson and the Great Betrayal*, Neuaufl., Chicago 1963. Zur gleichen Problematik in Großbritannien vgl. Zara S. Steiner, *The Foreign Office and Foreign Policy*, Cambridge 1969, und Gordon A. Craig, „*The British Foreign Office from Grey to Austen Chamberlain*", in: Gordon A. Craig und Felix Gilbert, (Hrsg.), *The Diplomats, 1919–1939*, Princeton 1953 sowie „The Professional Diplomat and His Problems, 1919–1939" in: War, Politics and Diplomacy, Selected Essays, New York 1966. Zur Friedensumfrage der Völkerbunds-Union s. Winston Churchill, Der 2. Weltkrieg, Bd. 1,1: *Der Sturm zieht auf: Von Krieg zu Krieg*, München ²1959, Bd. 1,2: *Der Sturm zieht auf: Drole de Guerre*, München 1953; Harold MacMillan, *The Winds of Change, 1914–1939*, London 1966 sowie Keith Middlemas and John Barnes, *Baldwin:* A Biography, London 1969; zum Hoare-Laval-Pakt und seinen Auswirkungen s. Anthony Eden, *Facing the Dictators*, Boston 1962 und Middlemas and Barnes, *Baldwin*.

Zum Thema Konferenzdiplomatie und Gipfelgespräche s. die Bemerkungen von Charles W. Thayer in: *Diplomat*, Hamburg 1960 und Richard Nixon in: *The Real War*, New York 1980. Zur Konferenz von Genua s. J. Saxon Mills, *The Genoa Conference*, New York 1922; Harry Graf Kessler, *Walther Rathenau: Sein Leben und sein Werk*, Neuaufl. Wiesbaden 1962 und Jane Degras (Hrsg.), *Soviet Documents on Foreign Policy: I, 1917–1924*, Oxford 1952. Über Locarno siehe Gustav Stresemann, *Vermächtnis*, 3 Bde., Berlin 1932–1933; über die Abrüstungskonferenz und das Bessinge-Treffen siehe die Artikel von Michael Geyer und Gordon Craig in: *Internationale Beziehungen in der Weltwirtschaftskrise 1929–1933*, Hrsg. von Josef Becker und Klaus Hildebrand, München 1980; zur Münchner Konferenz siehe John W. Wheeler-Bennett, *Munich: Prologue to Tragedy*, London ²1963, und Telford Taylor, *Munich: The Price of Peace*, New York 1979.

6. Wirtschaft und Außenpolitik

Die Reparationsdebatte setzte ein mit John Maynard Keynes, *Die wirtschaftlichen Folgen des Friedensvertrages*, München 1920 und hält bis heute an. S. zum Beispiel Etienne Mantoux, *The Carthaginian Peace*, New York 1952; Gustav Stolper, *Deutsche Wirtschaft 1870–1940: Kaiserreich-Republik-Drittes Reich*, Stuttgart 1950; Sally Marks, „*Reparations Reconsidered*", in: Central European History 5 (1972) S. 358–61; und Charles S. Maier, *Recasting Bourgeois Europe:* Stabilization in France, Germany and Italy in the Decade After World War I, Princeton 1975. Über die englisch-französischen Gegensätze und ihre diplomatischen Konsequenzen W. M. Jordan, *Great Britain, France and the German Problem, 1918–1939*, London 1943; Harold Nicolson, *Nachkriegsdiplomatie:* Curzon: the Last Phase 1919–1925, deutsch, Berlin 1934; ferner die glänzende Studie Stephen Schukers, *The End of French Predominance in Europe:* The Financial Crisis of 1924 and the Adoption of the Dawes Plan, Chapel Hill, N. C. 1976, auf der die oben gegebene Darstellung der

Londoner Konferenz beruht; sowie, für die Periode nach Locarno, Jon Jacobson, *Locarno Diplomacy:* Germany and the West, 1925–1929, Princeton 1972, J. W. Wheeler-Bennett, *Information on the Reparation Settlement,* Being the Background History of the Young Plan and the Hague Agreements, 1929–1930, London 1930, Philip Snowden, *An Autobiography,* 2 Bde., London 1934 und Gustav Stresemann, *Vermächtnis,* 3 Bde., Berlin 1932–1933.

Zu den wirtschaftlichen Aspekten der Abrüstungskonferenz siehe Gordon A. Craig, *„Die Regierung Hoover und die Abrüstungskonferenz"* in: Internationale Beziehungen in der Weltwirtschaftskrise 1929–1933, hrsg. von Josef Becker und Klaus Hildebrand, München 1980; und Heinrich Brüning, *Memoiren 1918–1934,* Stuttgart 1970.

Zur deutschen Wirtschaftsdiplomatie siehe Edward W. Bennett, *Germany and the Diplomacy of the Financial Crisis, 1931,* Cambridge, Mass., 1962, das die plausibelste Erklärung für den Plan einer österreichisch-deutschen Zollunion bietet; Hjalmar Greeley Schacht, *76 Jahre meines Lebens,* Bad Wörishofen 1953; Dieter Petzina, *Autarkiepolitik im Dritten Reich:* Der nationalsozialistische Vierjahresplan, Stuttgart 1968 und insbesondere David E. Kaiser, *Economic Diplomacy and the Origins of the Second World War:* Germany, Britain, France and Eastern Europe, 1930–1939, Princeton 1980; dieser Arbeit sind die Zitate von Ingram und Massigli entnommen.

7. Die Diplomatie der totalitären und der demokratischen Staaten 1919–1939

Dieses Kapitel stützt sich teilweise auf: Gordon A. Craig, *On the Diplomatic Revolution of Our Times;* The Haynes Foundation Lectures, University of California, Riverside, April 1961, sowie auf: ders., *„Totalitarian Approaches to Diplomatic Negotiation"* in: War, Politics and Diplomacy: Selected Essays, Hrsg. Gordon A. Craig, New York 1966.

Über Sowjet-Diplomatie siehe Theodore von Laue, *„Soviet Diplomacy:* G. V. Chicherin, People's Commission for Foreign Affairs, 1918–1930" in: *The Diplomats; Russian Foreign Policy:* Essays in Historical Perspective, Hrsg. Ivo J. Lederer, New Haven 1962; George F. Kennan, *Sowjetische Außenpolitik unter Lenin und Stalin,* Stuttgart 1961 und Adam B. Ulam, *Expansion and Coexistence:* The History of Soviet Foreign Policy, 1917–1967, New York ²1974.

Reichhaltiges Hintergrundmaterial zur Appeasement-Politik findet sich in: Keith Middlemas and John Barnes, *Baldwin, A Biography,* London 1969 sowie bei: Anthony Eden, *Facing the Dictators,* Boston 1962; Keith Feiling, *The Life of Neville Chamberlain,* London 1946, ist nach wie vor grundlegend. James R. M. Butler, *Lord Lothian,* London 1960 und Alfred L. Rowse, *All Souls and Appeasement:* A Contribution to Contemporary History, London 1961 liefern wertvollen Aufschluß über die Auffassungen, von denen Chamberlain und seine Berater ausgingen; einen noch tieferen Einblick gewährt: *The History of „The Times",* IV, Teil 2, London 1952. Nützliche Spezialdarstellungen sind: Martin Gilbert, *The Roots of Appeasement,* London 1966, sowie Martin Gilbert und Richard Gott, *Der gescheiterte Frieden: Europa 1933–1939,* Stuttgart 1964. Eine detaillierte Chronologie der Politik Chamberlains findet sich bei Telford Taylor, *Munich: The Price of Peace,* New York 1979.

Einen Überblick über die wesentlichen Erkenntnisse aus der reichen Literatur zur

Außenpolitik Hitlers sowie Hinweise auf die wichtigsten Arbeiten zu diesem Thema finden sich in Kapitel 19 des Buches *Deutsche Geschichte 1866–1945*, München 1980, von Gordon A. Craig. Besondere Erwähnung verdienen außerdem noch: Alan John Percivale Taylor, *Die Ursprünge des Zweiten Weltkrieges: Die Jahre 1933–1939*, München 1980, eine verführerische, aber schlecht fundierte Darstellung; Eberhard Jaeckel, *Hitlers Weltanschauung*, Tübingen 1969, sowie Gerhard L. Weinberg, *The Foreign Policy of Hitler's Germany:* I, Diplomatic Revolution in Europe, 1933–1936, Chicago 1970 und II, Starting World War II, 1937–1939, Chicago 1980. Eine interessante Arbeit ist auch: Andreas Hillgruber, *Deutschlands Rolle in der Vorgeschichte der beiden Weltkriege*, Göttingen ²1979.

8. Franklin D. Roosevelts Pläne für ein internationales Sicherheitssystem nach dem Kriege

Dieses Kapitel stützt sich auf eine bereits früher veröffentlichte Arbeit: Alexander L. George, „*Domestic Constraints on Regime Change in U.S. Foreign Policy: The Need for Policy Legitimacy*", in: *Change in the International System*, Hrsg. Ole R. Holsti, R. M. Siverson und A. L. George (Boulder/Colorado 1980). Der Begriff der „Legitimierung" einer Politik ist übernommen aus dem anregenden Beitrag von B. Thomas Trout, „*Rhetoric Revisited: Political Legitimation and the Cold War*", *International Studies Quarterly* 19 (1975), S. 251–84.

Die Darstellung der Rooseveltschen Vorstellungen und Pläne im Hinblick auf ein Nachkriegs-Sicherheitssystem stützt sich auf eine große Zahl von Analysen, unter anderem auf: John Lewis Gaddis, *The United States and the Origins of the Cold War, 1941–1947* (New York ²1972); Willard Range, *Franklin D. Rossevelt's World Order*, Athens 1959; Roland N. Stromberg, *Collective Security and American Foreign Policy*, New York 1963 und Robert A. Divine, *Roosevelt and World War II* Baltimore 1969. Zum Thema der Einflußsphären siehe Daniel Yergin, *Der zerbrochene Frieden: Der Ursprung des Kalten Krieges und die Teilung Europas*, Frankfurt/M. 1979.

Roosevelt erläuterte sein „Great Design" für die Nachkriegszeit in bemerkenswerter Ausführlichkeit dem Journalisten Forrest Davis; siehe dazu „*Roosevelt's World Blueprint*", 10. April 1943; „*What Really Happened at Teheran-I*", 13. Mai 1944; und „*What Really Happened at Teheran-II*", 20. Mai 1944; alle Artikel in der *Saturday Evening Post*.

9. Der Kalte Krieg als internationales System

Die Entwicklung des Kalten Krieges löste mannigfaltige politische Kontroversen aus, die sehr rasch auch auf die wissenschaftliche Diskussion übergriffen und sich bis heute noch nicht zu verbindlichen historischen Urteilen verfestigt haben. Herbert Feis lieferte eine frühe „orthodoxe" Interpretation der Ursprünge und der Entwicklung des Kalten Krieges. Unter den vielen wichtigen kritischen Stellungnahmen zum orthodoxen Standpunkt möchten wir besonders die „revisionistischen" Deutungen hervorheben, die von William A. Williams, Walter LaFeber, Gabriel und Joyce Kolko, Barton J. Bernstein, Lloyd C. Gardner und Thomas G. Paterson eingebracht wurden. Im voraufgegangenen Kapitel wurden die Ursprünge und die Entwicklung des Kalten Krieges analysiert, ohne daß dahinter die Absicht gestanden hätte, Schuldzuweisungen an die eine oder andere Supermacht zu verteilen. Es liegen viele brauchbare historische Darstellungen des Kalten Krieges vor, die freilich meistens vom Standpunkt der amerikanischen Politik aus geschrieben sind. Eine Auswahl: Walter LaFeber, *America, Russia and the Cold War, 1945–1967,* New York ⁴1980; Seyom Brown, *The Faces of Power: Constancy and Change in United States Foreign Policy from Truman to Johnson,* New York 1968; John Spanier, *American Foreign Policy Since World War II,* 7. Aufl., New York 1977; Daniel Yergin, *Der zerbrochene Frieden,* Frankfurt/M. 1979; Stephen E. Ambrose: *Rise to Globalism,* New York 1976; und Thomas G. Paterson: *On Every Front: The Making of the Cold War,* New York 1979. John Lewis Gaddis hat seiner älteren Untersuchung *The United States and the Origins of the Cold War, 1941–1947,* New York 1972 kürzlich eine detaillierte Analyse der verschiedenen Spielarten amerikanischer Eindämmungspolitik in den Jahren seit 1946 folgen lassen: *Strategies of Containment,* New York 1982. Eine eingehende Untersuchung der Frage, welche Rolle die militärische Abschreckung in der amerikanischen Kalte-Kriegs-Politik gespielt hat, bietet die Arbeit von Alexander L. George und Richard Smoke, *Deterrence in American Foreign Policy: Theory and Practice,* New York 1974, die auch zwölf detaillierte Fallstudien zu internationalen Krisen in der Periode des Kalten Krieges enthält.

10. Die Politik der „détente" und ihre Probleme

Dieses Kapitel stützt sich auf eine frühere Veröffentlichung: Alexander L. George, „Domestic Constraints on Regime Change in U.S. Foreign Policy: The Need for Policy Legitimacy", in: *Change in the International System,* Hrsg. O. R. Holsti, R. M. Siverson, und A. L. George, Boulder/Colorado 1980. Abgesehen von den zahlreichen Äußerungen und Erklärungen, in denen Nixon und Kissinger während ihrer Amtszeit die Entspannungspolitik formulierten und verteidigten, haben beide in ihren Memoiren wertvolles Material nachgeliefert; besonders aufschlußreich sind die beiden Bände von Kissinger, *Memoiren,* Bd. 1, 1968–73 (München 1979); Bd. 2, 1973–74 (München 1982); siehe ferner Richard M. Nixon, *Memoiren,* Neuaufl. Frankfurt/M. 1981.

Eine brauchbare Sammlung von Dokumenten, Grundsatzerklärungen und anderen öffentlichen Verlautbarungen zur Entspannungspolitik hat Robert J. Pranger (Hrsg.) zusammengestellt: *Détente and Defence,* Washington/D.C. 1976. Die für unsere Zwecke brauchbarste unter den vielen kommentierenden und kritischen Veröffentlichungen zur Entspannungspolitik ist: Stanley Hoffmann, *Primacy or World Order,* New York 1978, S. 33–100; Dieses Buch enthält Beobachtungen und Anmerkungen zum Problem der Legitimierung der Entspannungspolitik, wie sie ähnlich auch im obigen Kapitel formuliert worden sind. Wichtige Daten und Analysen präsentiert Dan Caldwell, *American-Soviet Relations from 1947 to the Nixon-Kissinger Grand Design,* Westport/Conn. 1981; s. auch Stephen A. Garrett, „Nixonian Foreign Policy: A New Balance of Power or a Revived Concert?" *Polity,* 8 (1976), 389–421; Robert Osgood (Hrsg.), *America and the World, II, Retreat from Empire? The First Nixon Administration,* Baltimore 1973.

Analysen und Bewertungen der Sowjetunion-Politik Präsident Carters finden sich in den entsprechenden Jahrgängen von Zeitschriften wie *Foreign Affairs, Foreign Policy* und *Orbis.*

Kissinger setzte sich als Außenminister mit den Bedenken, die in den Vereinigten Staaten gegenüber der Entspannungspolitik geäußert wurden, in einer ausführlichen Erklärung auseinander, die er am 19. September 1974 vor dem Senatsausschuß für Auswärtige Beziehungen abgab. Siehe *„Détente with the Soviet Union:* The Reality of Competition and the Imperative of Cooperation", abgedruckt in: Henry A. Kissinger, *Amerikanische Außenpolitik: Analysen und Tendenzen,* Neuaufl. München 1980.

11. Die Entwicklung eines neuen internationalen Systems

Eine brauchbare Darstellung der sich abzeichnenden strukturellen Tendenzen auf weltpolitischer Ebene liefert Seyom Brown, *New Forces in World Politics,* Washington D.C., 1974. Die Entwicklungslinien der politischen und wirtschaftlichen Beziehungen innerhalb der verschiedenen Subsysteme skizziert Joan Edelman Spero, *The Politics of International Economic Relations,* New York 1977. Zu den jüngsten Entwicklungen in Europa siehe Peter Bender, *Das Ende des ideologischen Zeitalters:* Die Europäisierung Europas, Berlin 1981; das Geheimmanifest aus der DDR ist abgedruckt in: Der Spiegel, 1 (1978), S. 21–24, und 2 (1978), S. 26–30, *„Das Manifest der ersten organisierten Opposition in der DDR".* Über die europäische Anti-Atomrüstungs-Bewegung siehe der Spiegel, 25 (1981), *„Pazifismus '81: ,Selig sind die Friedfertigen'".* Das gegenwärtig zunehmend hervortretende Phänomen der komplexen gegenseitigen Abhängigkeiten und seine Implikationen analysieren Robert O. Keohane und Joseph S. Nye, *Power and Interdependence: World Politics in Transition,* Boston 1977.

12. Verhandlungen

Zum Problem des diplomatischen Verhandelns im allgemeinen s. die klassischen Werke von Wicqueford und Callières, sowie die neuere Untersuchung von Harold Nicolson, die alle bereits in den Literaturhinweisen zu Kapitel 1 angeführt worden sind. Die Darstellung des Verhandlungsprozesses anhand des einfachen Zwei-Partner-Modells im vorliegenden Kapitel stützt sich auf eine Reihe von Arbeiten, insbesondere auf Fred C. Iklé, *Strategie und Taktik des diplomatischen Verhandelns,* Gütersloh 1965. Als Beispiel für einen Politikwissenschaftler, der ausführlich über das Thema Verhandlungen geschrieben hat, möchten wir Iro William Zartman nennen; siehe beispielsweise sein Buch, *The 50% Solution,* New York 1976, insbesondere Kapitel 1 „The Analysis of Negotiation", sowie, im Hinblick auf die Rolle von „Referenten" in Verhandlungsprozessen, ders., *„Negotiation: Theory and Reality"* in: Journal of International Affairs, 29 (1975), S. 69–77. Wichtige Beiträge zu einer allgemeinen Theorie des – nicht nur diplomatischen – Verhandelns sind von vielen anderen Autoren geleistet worden, nicht zuletzt von denen, die Analysen von Verhandlungen zwischen Arbeitgebern und Gewerkschaften geliefert haben. Siehe beispielsweise Richard E. Walton und Robert M. McKersie, *A Behavioral Theory of Labor Negotiations,* New York 1965.

Die Konferenz über Sicherheit und Zusammenarbeit in Europa hat, da sie erst vor wenigen Jahren stattfand, noch nicht viele eingehende wissenschaftliche Würdigungen gefunden. Erwähnenswert ist William I. Bacchus, *„Multilateral Foreign Policy Making:* The Conference on Security and Cooperation in Europe" in: *The Politics of*

Policy Making in America, Hrsg. David A. Caputo, San Francisco 1977, S. 132–65.
Abgesehen von aktuellen Berichten in Zeitschriften wie dem *Economist* oder Leitartikeln in Fachzeitschriften, die sich mit internationalen Beziehungen befassen, läßt sich kaum etwas einigermaßen leicht Zugängliches finden. Einen guten Einstieg bietet H. Molineu, „*Human Rights and Détente: The Case of CSCE*", eine unveröffentlichte Arbeit, die im März 1977 an der Universität von Ohio entstanden ist. Die Texte der KSZE-Schlußakte hat H. S. Russell im *American Journal of International Law,* 70, (1976) S. 242–72 unter der Überschrift „*The Helsinki Declaration*" analysiert. Äußerst brauchbares Material findet sich in „*Conference on Security and Cooperation in Europe*", Hearings before the Subcommittee on International Political and Military Affairs of the Committee on International Relations, 94. Kongreß, 1. Sitzung, Washington, D. C., 6. Mai 1975.

13. Abschreckung

Die allgemeine Darstellung der Abschreckungstheorie, auf der das in diesem Kapitel Gesagte beruht, findet sich bei Alexander L. George und Richard Smoke, *Deterrence in American Foreign Policy: Theory and Practice,* New York 1974. Zu den brauchbarsten Erörterungen dieser Thematik gehören: Bernard Brodie, *Strategy in the Missile Age,* Princeton 1959, Kapitel 9; Karl W. Deutsch, *Die Analyse internationaler Beziehungen* Frankfurt/M. 1971. Robert Jervis, „*Deterrence Theory Revisited*", World Politics, 31, 1979, S. 289–324; Stephen Maxwell, „*Rationality in Deterrence*", Adelphi Paper Nr. 50, Institute for Strategic Studies, London, August 1968; Patrick M. Morgan, *Deterrence: A Conceptual Analysis,* Beverly Hills/Kalifornien 1977; John Raser, „*Theories of Deterrence*", Peace Research Reviews, 3 (1969), Sonderausgabe; sowie Thomas C. Schelling, *The Strategy of Conflict,* Cambridge ²1963, insbesondere Kapitel 2, 3, 5 und 8.

14. Einschüchterungsdiplomatie

Die Darstellung in diesem Kapitel fußt auf der von Alexander L. George, David K. Hall und William E. Simons in *The Limits of Coercive Diplomacy,* Boston 1971, vorgelegten allgemeinen Theorie der Diplomatie der Einschüchterung. Weitere brauchbare Arbeiten zum Thema sind: Paul Gordon Lauren, „*Ultimata and Coercive Diplomacy*", International Studies Quarterly, 16 (1972), S. 131–65; ders., „*Theories of Bargaining with Threats of Force:* Deterrence and Coercive Diplomacy" in: *Diplomacy; New Approaches in History, Theory and Policy,* Hrsg. Paul Gordon Lauren, New York 1979; Thomas C. Schelling, *Arms and Influence,* New Haven 1966; Glenn H. Snyder, „*Crisis Bargaining*", in: *International Crises, Insights from Behavioral Research,* Hrsg. Charles F. Hermann, New York 1972; sowie Glenn H. Snyder und Paul Diesing, *Conflict Among Nations,* Princeton 1977.
Auf die ägyptische Krise gehen die meisten verfügbaren Allgemeindarstellungen zur Geschichte der Diplomatie ein; diese Arbeiten eignen sich auch am besten als Einführungsliteratur und für den allgemein interessierten Leser. Auf diese Episode nehmen sehr viele historische Arbeiten Bezug, die sich mit der Orientpolitik der Großmächte beschäftigen, da die ägyptische Krise den Hintergrund für spätere Konflikte in dieser Region bildete. Es liegen aber auch thematisch enger begrenzte und

vom Ausmaß her überschaubarere Darstellungen vor, so etwa Kenneth Bournes meisterhaftes Buch *Palmerston: The Early Years, 1830–1841*, New York 1982 oder C. K. Websters *The Foreign Policy of Palmerston, 1830–1841*, London 1951. Beide gewähren auch interessante Einblicke in die Denkweisen und Motive der beteiligten Hauptakteure. Empfehlenswert als Einführungen in den Gesamthintergrund des Geschehens im Nahen Osten sowie auch wegen der darin enthaltenen Bibliographien sind: William Miller, *The Ottoman Empire and Its Successors 1801–1927*, London ³1966, und Stanford J. Shaw, *History of the Ottoman Empire and Modern Turkey*, 2 Bde., Cambridge 1976–1977.

Eine brillante Darstellung der amerikanischen Japanpolitik vor dem Zweiten Weltkrieg bietet Herbert Feis in seinem hochgeschätzten Buch: *The Road to Pearl Harbor: The Coming of the War Between the United States and Japan*, Princeton 1950. Über dieses Werk hinaus, das einen ausgezeichneten Einstieg in die Thematik ermöglicht, sollte der wissenschaftlich interessierte Leser es mit Nobutaka Ike (Hrsg.), *Japan's Decision for War*, Records of the 1941 policy conferences, Stanford 1967, oder mit Paul W. Schroeder, *The Axis Alliance and Japanese-American Relations*, Ithaca/New York ²1958, probieren. Wer sich für die japanische Sichtweise und für eine Analyse der politisch-bürokratischen Entscheidungsprozesse im Japan der Vorkriegszeit interessiert, dem sei Robert J. C. Butow, *Tojo and the Coming of the War*, Princeton 1961, empfohlen, eine Arbeit, in der allerdings die amerikanische Politik im Vergleich zu den vorgenannten Werken eher beiläufig abgehandelt wird. In allen genannten Arbeiten findet der interessierte Leser Hinweise auf Spezialuntersuchungen und Primärquellen zum Thema.

Über das Erdölembargo von 1973 liegt eine enorme Zahl von Untersuchungen vor; fast alle, insbesondere aber die späteren, die sich dem Gegenstand in retrospektiver wissenschaftlicher Analyse widmen, sind lesenswert. Sehr zu empfehlen sind in dieser Beziehung die vom International Institute for Strategic Studies herausgegebenen *Adelphi Papers*, insbesondere die folgenden Ausgaben: Nr. 111 *(The Arab-Israeli War, October 1973: Background and Events)*, Nr. 114 *(The Middle East and the International System, Teil I – The Impact of the 1973 War)*, Nr. 115, *(The Middle East and the International System, Teil II – Security and the Energy Crisis)*, Nr. 117 *(Oil and Influence – The Oil Weapon Examined)*, Nr. 128 *(The Arab-Israeli Dispute – Great Power Behavior)* und Nr. 136 *(Oil and Security-Problems and Prospects of Importing Countries)*. Muhammad Haikal, *The Road to Ramadan*, New York 1975, enthält ein Kapitel über die Ölwaffe, die nach Ansicht dieses Autors jedoch im Krieg von 1973 eine untergeordnete Rolle gespielt hat. Nadav Safran, *Israel, The Embattled Ally*, Cambridge/Mass. ³1981, bringt zusätzlich die Dimension der amerikanisch-israelischen Beziehungen vor, während und nach dem Embargo in die Darstellung ein.

15. Krisenmanagement

Ausführlicher erörtert werden die Voraussetzungen, Modalitäten und Probleme heutigen Krisenmanagements bei A. L. George, D. K. Hall und W. E. Simons, *The Limits of Coercive Diplomacy*, Boston 1971. Wichtige Analysen zum Problem des Krisenmanagements finden sich ferner in einer Reihe anderer Arbeiten; siehe unter anderem Coral Bell, *The Conventions of Crisis: A Study in Diplomatic Management*, London 1971; Ole R. Holsti, *Crisis, Escalation, War*, Montreal und London 1972; Thomas W. Milburn, „*The Management of Crisis*" in: *International Crises:* Insights from Behavioral Research, Hrsg. Charles F. Hermann, New York 1972; Richard Smoke, *War: Controlling Escalation,* Cambridge/Mass. 1977; Phil Williams, *Crisis Management: Confrontation and Diplomacy in the Nuclear Age,* New York 1976, sowie Oran Young, *The Politics of Force: Bargaining during International Crises,* Princeton 1968, Kapitel 8, 9, 10, 13.

16. Kriegsbeendigung

Die allgemeinen Überlegungen zum Problem der Kriegsbeendigung im ersten Teil dieses Kapitels stützen sich auf die folgenden Arbeiten: William T. R. Fox (Hrsg.), *„How Wars End“,* Annals of the American Academy of Political and Social Science, Nr. 329, 1970; Morton H. Halperin, *„War Termination as a Problem in Civil-Military Relations“,* ebd., S. 86–95; Michael Handel, *„The Study of War Termination“,* Journal of Strategic Studies, 1, 1978, S. 51–75; Fred C. Iklé, *Every War Must End,* New York 1971, Paul Kecskemeti, *Strategic Surrender:* The Politics of Victory and Defeat, Stanford/Calif. 1958, das besonders aufschlußreiche Bemerkungen über die Rest-Verhandlungsstärke besiegter Nationen enthält; Robert Randle, *The Origins of Peace:* A Study of Peacemaking and the Structure of Peace Settlements, New York 1973; Janice G. Stein, *„War Termination and Conflict Reduction, or How Wars Should End“* in: Jerusalem Journal of International Relations, 1 (1975), S. 1–25; Major Clinton J. Ancker III. (U. S. Army), *„The Franco-Algerian War: A Study in War Termination“,* Seminararbeit, Fachbereich Politikwissenschaft, Stanford University 1979; sowie Helen Milner, *Case Studies in the Termination of Modern Limited Wars“,* Seminararbeit, Stanford University, Mai 1980.

Die vorliegenden Arbeiten über den Vietnamkrieg und insbesondere über seine Beendigung sind mit zwei grundlegenden Problemen behaftet: Einmal ist weder aus Hanoi noch aus der Volksrepublik China noch aus der Sowjetunion irgend etwas wirklich Brauchbares zu diesem Thema gekommen. Was erschienen ist, ist von so polemischem Zuschnitt und so sehr mit propagandistischen Schlagworten durchsetzt, daß der wissenschaftlich Arbeitende Mühe hat, in diesem Wust relevante Sachaussagen aufzuspüren. Das meiste besteht nur aus Lobgesängen auf die nordvietnamesische Armee. Das zweite Problem ist, daß die entscheidenden Ereignisse erst eine kurze Zeitspanne zurückliegen. Die Auseinandersetzungen und Emotionen, die dieser Krieg entfacht hat, beeinträchtigen zwangsläufig den objektiven Blick. Hinzu kommt bei Werken wie Henry Kissingers *Memoiren,* Bd. 1, München 1979, Bd. 2, München 1982, und Richard M. Nixons *Memoiren* (deutsche Gesamtausgabe 1980) das Bestreben der Autoren, ihre Politik zu rechtfertigen, so daß diesen Werken gegenüber Skepsis geboten ist; beide sind aber gleichwohl unverzichtbare Quellenwerke. Wie berichtet wurde, ließ Kissinger die Drucklegung seines Buches unterbrechen, um in Erwiderung auf William Shawcross, *Schattenkrieg: Kissinger, Nixon und die Zerstörung Kambodschas,* Berlin 1980, einige Umarbeitungen vorzunehmen; sein Buch enthält auch bereits Entgegnungen auf Tad Szulc, *The Illusion of Peace:* Foreign Policy in the Nixon Years, New York 1978.

Im Lauf der letzten paar Jahre sind erste Ansätze zu einer distanzierten wissenschaftlichen Beurteilung des Vietnamkriegs gemacht worden. Dazu zählen: Allan E. Goodman, *The Lost Peace:* America's Search from Negotiated Settlement of the Vietnam War, Stanford/Calif. 1978; Leslie H. Gelb und Richard K. Betts, *The Irony of Vietnam: The System Worked,* Washington, D. C., 1979; hier wird die Behauptung aufgestellt, Vietnam sei nicht etwa ein Betriebsunfall des amerikanischen Systems gewesen, sondern im Gegenteil ein gutes Beispiel dafür, wie dieses System funktioniert und funktionieren soll; siehe ferner Peter Braestrup, *The Big Story*, New York 1978, eine kritische Analyse der Darstellung des Vietnamkriegs in den Medien. Wir werden noch lange warten müssen, ehe jene amtlichen Dokumente verfügbar sein werden, die Aufklärung über die vielen ungelösten Fragen und Widersprüche bringen können, die sich in den genannten Werken finden. Welche Auswirkungen und Reaktionen diese oder jene amerikanische Entscheidung auf der Seite der Nordvietnamesen zeitigte, werden wir vielleicht nie erfahren.

17. Entspannung

An systematischen vergleichenden Analysen zum Phänomen der Entspannung ist bisher von geschichts- und politikwissenschaftlicher Seite relativ wenig vorgelegt worden. Forschungsarbeiten zu diesem Thema werden gegenwärtig an der Princeton University unter der Leitung von Professor Klaus Knorr unternommen. Zwei nützliche Darstellungen sind: Evan Luard, „*Conciliation and Deterrence*", World Politics, 19 (1967), S. 167–89 und John Herz, „*The Relevancy and Irrelevancy of Appeasement*", Social Research, 31 (1964) S. 296–320. Siehe auch Kal Holsti, *International Politics*, A Framework for Analysis, Englewood Cliffs/N.J. ²1972.

Zur englisch-französischen Entente von 1904 siehe insbesondere Christopher Andrew, *Théophile Delcassé and the Making of the Entente Cordiale*, New York 1968; G. P. Gooch, *Before the War: Studies in Diplomacy*, I, London 1936; Zara S. Steiner, *The Foreign Office and Foreign Policy, 1898–1914*, Cambridge/Eng. 1965; und Paul Kennedy, *The Rise of the Anglo-German Antagonism, 1860–1914*, London 1980. Das Haldane-Zitat stammt aus dem Tagebuchbericht über seinen Berlin-Besuch. Siehe George P. Peabody und H. W. Temperly (Hrsg.): *Die britischen amtlichen Dokumente über den Ursprung der Weltkriege*, Bd. 6: *Die englisch-deutsche Spannung: Rüstungen und Verhandlungen 1907–1912*, Stuttgart 1931. Dank an David Jex, der uns auf diese Quelle aufmerksam gemacht hat.

Willy Brandt schildert und deutet die Entwicklung seiner Ostpolitik in: Willy Brandt, *Begegnungen und Einsichten: Die Jahre 1960–1975*, Hamburg 1976. Weitere informative Quellen sind unter anderem Karl Birnbaum, *East and West Germany:* A modus vivendi, Lexington/Mass. 1973; Michael Freund, *Form Cold War to Ostpolitik*, London 1972; William E. Griffith, *Die Ostpolitik der Bundesrepublik Deutschland*, Stuttgart 1981; Peter Merkl, *German Foreign Policies*, West and East, Santa Barbara/Calif. 1974; Roger Tilford (Hrsg.), *The Ostpolitik and Political Change in Germany*, Lexington/Mass. 1975; Lawrence Whetten, *Germany's Ostpolitik*, London 1971, sowie Philip Windsor, *Germany and the Management of Détente*, New York 1971.

18. Der christliche Staatsmann: Bismarck und Gladstone

Die Rolle der Religion im politischen Denken und Handeln Bismarcks erörtern A. A. Meyer, *Bismarcks Glaube*, 4. Aufl., München 1933, Friedrich Meinecke, „*Bismarcks Eintritt in den christlich-germanischen Kreis*", *Historische Zeitschrift*, 90, 1902,

S. 56–92, Otto Vossler, „*Bismarcks Ethos*" ebd., 171 (1951), S. 263–92, und Leonhard von Muralt, *Bismarcks Verantwortlichkeit*, Göttingen 1955. Auch die jüngste große Bismarck-Biographie hebt diesen Punkt stark hervor: Lothar Gall, *Bismarck, der weiße Revolutionär*, Frankfurt/Main 1980.

Zur Religiosität Gladstones siehe die klassische Biographie von John Morley, 3 Bde., London 1904, sowie auch die neuere von Philip Magnus, London 1954. Ebenso bündig wie provokativ ist Peter Stansky, *Gladstone: A Progress in Politics*, Boston 1979; interessante Aperçus finden sich bei Asa Briggs, *Victorian People: A Reassessment of Persons and Themes, 1851–67*, London 1954; ein vergessenes, aber wertvolles Werk ist: A. A. W. Ramsay, *Idealism and Foreign Policy*, London 1925. Sehr klar herausgearbeitet ist die Rolle der Religion in der Affäre Gordon bei Godfrey Lord Elton, *General Gordon*, New York 1954.

19. Die Frage ethischer und moralischer Bedenken gegen die Anwendung von Gewalt als Mittel der Außenpolitik

Besonders gute Dienste bei der Konzipierung dieses Kapitels leisteten Arnold Wolfers' Aufsatz „*Statesmanship and Moral Choice*", veröffentlicht in seinem Buch *Discord and Collaboration*, Baltimore 1962, und Michael Walzers Essay „*Political Action: The Problem of Dirty Hands*", Philosophy and Public Affairs, 2 (1973), S. 160–80. Siehe auch Machiavelli, *Der Fürst;* Kenneth Waltz, *Man, the State and War*, New York 1959, S. 210–17; Hans Morgenthau, *Macht und Frieden: Grundlegung einer Theorie der internationalen Politik*, Gütersloh 1963; Michael Walzer, *Just and Unjust Wars*, New York 1977; Stanley Hoffman, Duties Beyond Borders: On the Limits and Possibilities of Politics, Syracuse 1981; Sissela Bok, *Lying:* Moral Choice in Public and Private Life, New York 1979, sowie Edward H. Carr, *The Twenty Years' Crisis, 1919–1939*, New York ²1956.

Register

Buchanzeigen

BÜCHER ZUM THEMA
ATOMARE BEDROHUNG

Günther Anders
Die atomare Drohung
Radikale Überlegungen
4., durch ein Vorwort erweiterte Auflage von
›Endzeit und Zeitende‹. 1983. XIV, 224 Seiten. Paperback
(Beck'sche Schwarze Reihe, Band 238)

Günther Anders
Hiroshima ist überall
Dieser Sammelband enthält die Schriften: ›Der Mann auf
der Brücke, Tagebuch aus Hiroshima und Nagasaki‹
(1959), ›Off limits für das Gewissen. Der Briefwechsel zwischen
dem Hiroshima-Piloten Claude Eatherly und Günther Anders‹
(1961), ›Die Toten. Rede über die drei Weltkriege‹ (1965)
1982. 394 Seiten mit 3 Abbildungen. Broschiert

Günter Baadte, Armin Boyens, Ortwin Buchbender (Hrsg.)
Frieden stiften. Die Christen zur Abrüstung
Eine Dokumentation
1984. Etwa 220 Seiten. Paperback (Beck'sche Schwarze Reihe,
Band 287)

Daniel Frei
Der ungewollte Atomkrieg
Eine Risiko-Analyse
Unter Mitarbeit von Christian Catrina im Auftrag des Instituts
der Vereinten Nationen für Abrüstungsforschung
1983. 136 Seiten mit zahlreichen Abbildungen und Tabellen
Paperback (Beck'sche Schwarze Reihe, Band 282)

Alexander Roßnagel
Bedroht die Kernenergie unsere Freiheit
Das künftige Sicherungssystem kerntechnischer Anlagen
2., durchgesehene Auflage. 1983. 317 Seiten mit 2 Abbildungen
und 6 Tabellen. Paperback (Beck'sche Schwarze Reihe, Band 279)

Die UNO-Studie: Kernwaffen
Aus dem Englischen von Detlev-Lothar Baehren,
Jürgen Kuhlmann, Siegfried Petrelli und Mathias Schönborn
1982. 255 Seiten mit 18 Abbildungen. Broschiert

VERLAG C.H.BECK MÜNCHEN